山西布商文书辑释

山西民间文献粹编·第一辑　郝平 主编

晏雪莲　周超宇　辑释

商务印书馆
The Commercial Press

中国博士后科学基金第 72 批面上资助"晚清山西布商商业运营中的金融问题研究——以商业文书为中心"（批准号 2022M722010）

2023 年国家社科基金冷门绝学研究专项学术团队项目"太行山传统村落文献的抢救性保护与数字化整理研究"（批准号 23VJXTO20）

2022 年国家社科基金重点项目"近代山西乡村账簿收集整理与研究"（批准号 22AZD122）

2021 年教育部青年基金项目"新见太行抗日根据地孔家峧文书整理与研究"（批准号 21YJC770031）

山西民间文献粹编
总　序

　　历史是特定群体对过往岁月的集体记忆，型塑了当下现实中的自我认知，引领了未来理想中的自我预期。传统史学是史官之学，王朝政治遂成为中国人自我认知和自我认同的主要方式，上下五千年被浓缩在一首朗朗上口的朝代歌之中。普通老百姓在历史上是失语的，他们既没有话语权，也没有代言人。现代新史学诞生以来，史学研究越来越重视将民间社会历史纳入史学的整体叙事之中。然而，研究思路的转变并不是一朝一夕的事情，也不会立竿见影地体现在研究实践之中，两千多年的史学研究传统积累了深厚的基本观念、基本方法和基础史料，要想突破并非易事。仅从史料角度来说，新史学的诞生和新史料的发现密切相关，20世纪以来，甲骨文、简牍文献、敦煌文书、明清档案等的发现大大推动了新史学的发展，产生了一系列标志性成果。这些新史料要么是考古发现的石木载体刻写记录，要么是宗教徒封藏的写本文献，要么是近世官方档案文献。它们虽然也都反映了丰富的民间社会情况，但并非以民间社会为主体创造的史料。宋代以来，人口增长、商业繁荣、印刷术流行、识字率提高、民间文化兴起，这些因素都促使以民间社会为主体创制、传播、使用和收藏的民间文献日益增多。晚明以后，这种情况更加普遍，尤其是清中叶以后的民间文献目前仍大量存世。总的来说，除了徽州文书等少数区域性个案之外，现存民间文献尚未引起史学界的普遍重视。

　　山西历史悠久，文化传统深厚。由于地处山区，又毗邻唐宋以来历朝国都，凡中原有战乱灾荒发生，山西就成了民众重要的避风港，也成了历史文化的保留地。特别是北宋南渡之后，北方迭遭兵燹，朝代反复更替，华北平原人口凋零，唯山西稍显安定。宋代以来山西的这种区位特征决定了山西保留了较为丰富的民间文献。现存山西民间文献主要包括两大类：石刻文献和纸质文献。石刻文献主要是碑刻，主体是村落社会，大部分散落在村落祠庙；纸质文献主要是文书，主体是山西商人，大部分流散在文物市场。碑刻体现了村落社会宋代以来的长时段演变，晚宋时期社会经济的高度发展，国家治理转向间接的经纪型统治，以佛教为代表的建制性宗教走向衰落，村落社会经济和文化进入前所未有的兴盛时期。在经历了金元至明前期的曲折发展之后，文化传统得以延续，在晚明社会变迁的背景下，村落社会迎来了一个新的繁荣时期。村落社会实现了很大程度的自我管理，各种民间习惯法走向成熟，形成了独特的集体经济模式，以戏曲为代表的民间文化繁荣发展。文书有大量土地房产等不动产契约，也有不少民间借贷契约，但最具特色和学术价值的还是山西商人原始经营文书。单件类文书大多是商人票单契据，是商业经营的原始单据和凭证，是商业经营活动正常开展的重要文书基础，其中的民间金融票贴还涉及清中叶以来货币金融领域的重大理论问题。书信介于单件和簿册文书之间，反映了山西商人独特的书信经营模式，是明清时期专业化商人从事跨区域长途贸易过程中解决异地管理问题的制度性方案。簿册类文书多为商业账簿，反映了山西商人合伙制、会计体系、利润结构、商号管理等多方面微观经济的重大问题。商人规程、著述、课本和广告等文书大多是簿册类文书中的独特类型，属于间接经营文书，涉及学徒教育、经验积累、标准制定、商业宣传等方面，为商号直接经营活动服务。村落社会碑刻与商人经营文书这两类文献密切相关，村落社会是山西商人兴起的社会文化基础，山西商人是村落社会发展到一定阶段的转型和升级，将这两类民间文献研究结合起来能够展示一幅山西民间社会整体发展比较完整的历史面貌，也是宋代以来中国民间社会历史演变的一个典型缩影。

山西大学民间文献整理与研究中心是民间文献整理研究的专门机构，是山西大学历史学科长期发展的结果，也是适应学术新趋势和时代新使命的结果。山西大学历史学科历来就有关注民间社会的学术传统，从改革开放以前农民战争研究范式下的捻军研究、义和团和辛亥革命研究，到改革开放之初近代社会史研究方向的探索，再到近20年来水利社会史、集体化时期基层档案、传统村落与土地契约等研究领域的开拓，形成了"走向田野与社会"的学术传统。改革开放以来，史学研究进入新一轮的新史料挖掘、新方法引入和新领域开拓的阶段，特别是进入新世纪以来，文化遗产保护利用日益受到国家和全社会的重视，山西商人研究也促进了晋商文化收藏的热度，大量传统村落和山西商人民间文献井喷式地涌现出来。山西民间文献的学术价值和现实价值越来越受到相关研究者和有识之士的重视。在此基础上，历史文化学院于2013年成立民间文献整理与研究中心，立足山西、扩展华北、面向全国，专门开展民间文献的搜集、整理和研究工作。几年来，中心成员在民间文献的田野调查、文献整理和学术研究方面做出了很多探索工作。

民间文献要么散落于村落，要么流散在文物市场，田野调查是发现、搜集和理解民间文献不可或缺的重要研究方法。中心师生先后在10余个省，数千个村落或会馆开展常态化田野作业，确立了基本的民间文献田野作业方法论体系，包括"史料之搜集、整体之认识和同情之理解"的调查宗旨，"以村落会馆为单位，以建筑遗存为单元，以民间文献为重点"的调查目标，"选点式探查、区域性普查和专题性调查"的调查类型等。

民间文献整理目前缺少学术规范，也缺少标志性和范例式学术成果，这是制约这一领域发展的主要障碍。民间文献有一套不同于士大夫传统的俗文字和民间书法体系，还有一些地方性或专业性的语言文字惯例，这方面的研究基础都非常薄弱。民间文献在版本、装帧和制作等方面均有不规范之处，保存状况和市场流散等原因进一步增加了其整理难度。民间文献整理是这一研究领域的基础工作，涉及金石学、建筑学、文物学、文化遗产学、文书学、档案学、文献学等很多学科。几年来，民间文献整理与研究中心已经整理各类民间文献达数百万字，这方面研究工作仍处于探索阶段，目标是建立完整系统的民间文献学。山西民间文献在时段上主要集中于宋代至民国，区域上以华北为中心辐射全国乃至整个东亚，群体上主要是村落社会和商人，学科领域上主要是明清社会经济史，主题上主要涉及基层社会治理、村落社会惯例与经济、民间文化、生态环境演变、工商业字号利润及其制度基础、商品与市场结构、货币金融体系、商业惯例与文化、政治与民间社会关系、民间社会经济与文化互动等。几年来，中心围绕上述领域成功申请到 2 项国家级重大课题、2 项国家级重点课题、多项国家级和省部级一般课题，出版著作 10 余部，发表论文近 200 篇，初步奠定了山西民间文献整理研究的学术基础。

在山西大学即将迎来双甲子华诞之际，民间文献整理与研究中心特推出《山西民间文献粹编》丛书的第一辑，作为中心献给母校的一份特别的生日礼物。这套丛书是对中心几年来所做文献整理和研究工作的阶段性总结，共包括 6 册，其中石刻文献 4 册，纸质文献 2 册，均由中心老师承担编著任务，是中心集体成果的一次彰显。

郝平辑录的《黎城县碑文辑录》是在县域田野作业基础之上完成的，2018 年暑假期间，中心组织师生在长治市黎城县展开县域民间文献普查，这种研究能够揭示县域范围之内民间文献存量情况。截至目前，中心已经在山西高平、武乡、太谷和河北蔚县等地开展了县域民间文献普查工作，今后将拓展到其他市县。此书是这一类型民间文献搜集整理和研究工作的典型代表。刘伟国辑释的《沁河中游地区传统堡寨村落碑刻辑释》以村落为中心展开民间文献的整理研究，此书选取了晋东南沁河中游地区堡寨这一独特类型的村落为基本单位，立足于村落社会整体对碑刻文献进行系统搜集整理。几年来，中心已经完成的村落民间文献调查达几千处，积累了丰富的个案，目前急需开展类型化、谱系化的研究，这是推进民间文献整理研究最重要的方法。闫爱萍辑选的《山西关帝庙碑刻辑选》以祠庙为中心展开民间文献的整理研究，是作者长期开展关公文化研究的成果积累，体现了关公文化研究与民间文献研究的结合，表现出民间信仰研究从神灵中心转向祠庙中心的研究趋势。现存碑刻绝大部分位于各类祠庙之中，历史时期的祠庙承担了远超当代庙宇的复杂功能，祠庙是村落社会开展各类政治、社会、经济和文化活动的公共空间。与祠庙和民间信仰研究的结合是民间文献研究走向深入的重要途径。杨波辑考的《山西村社碑刻辑考》利用碑刻材料试图从整体上把握山西村社发展的长时段历史演变和综合研究的分析框架，地理空间、社会经济和文化都被整合在村社宋代以来的长时段发展历程之中。晏雪莲、周超宇辑释的《山西布商文书辑释》从山西布商这一行当角度出发综合搜集整理了各种类型的相关文书，包括规程、信稿、运单和契约，其主体是规程和信稿等簿册类文书。山西商人原始经营文书的研究首先要重视对各种形态文书的分类整理研究，更重要的是围绕特定问题综合运用各种类型文书来深化相关主题研究，此书就是这方面的一个很好的尝试。周亚辑释的《山西票号书信辑释》搜集整理了五件反映山西票号经营活动的"号信"信稿。山西票号是从事异地白银货币汇兑业务的金融机构，书信经营制度是解决票号异地经营管理、白银货币跨区域平衡调度、分号之间业务协作、商业信息沟通等重要问题的重要工具。山西票号书信是山西商人书信类文书最典型、最成熟的案例。

以上 4 部与碑刻有关的民间文献著作分别从县域、村落、祠庙、专题和整体四个不同角度展开，2 部与文书有关的民间文献著作分别从书信、文书两个不同角度展开，这些角度大体上代表了目前山西民间文献整理研究的主要视角。

由于出版时间紧张，民间文献整理又异常复杂易错，计划中的几部书稿未能在这一辑中一起出版，收入这一辑的书稿也有部分内容不得不舍弃，这些遗憾只能留待以后弥补。民间文献整理研究尚处于起步阶段，问题不够聚焦，规范不够完备，方法尚在探索，各种问题在所难免，本套丛书的推出也意在抛砖引玉，希望学界同仁多多关注民间文献，共同推动这一研究领域不断向前发展。

郝　平

2023 年 12 月

目 录

前　言 …………………………………………………………………… 1

凡　例 …………………………………………………………………… 18

规程篇

一、《嘉庆四年朝仪撰绸缎梭布行必需》………………………………… 2

二、《咸丰年间湖北各处办布规程》……………………………………… 20

三、《同治十年余庆堂各处办布底稿》…………………………………… 40

四、《清代王宅志恒堂记迭花布底》……………………………………… 75

五、《年代不详买花规程》………………………………………………… 94

信稿篇

一、《道光某年平遥某花店往郏书稿》…………………………………… 108

二、《同治三年平遥某布花店各处收信稿》……………………………… 120

三、《民国四到六年某布庄汾石往来信稿》……………………………… 175

四、《民国十八年至十九年某布毛庄谷津来往信稿》……………………208

五、《民国十九年三至七月平遥庆源昌布花店各处走信底稿》…………273

其他篇

一、花布商人运单……………………………………………………340

二、花布商人合约……………………………………………………343

前　言

　　自明中叶起，商品经济高度繁荣，进入继西汉、两宋之后的又一高峰。在商品性农业发展的带动下，全国各地区商业联系日益紧密，长途贩运开始兴盛，在粮食、棉花、棉布、生丝、丝织品、盐、茶七类与人民生活息息相关的大宗贸易商品中，又以粮食和棉布最为重要。据许涤新、吴承明统计，鸦片战争前，全国商品市场上粮食与棉布的流通额分别为13883.3万两和9455.3万两，二者共占国产商品流通额总量的66%以上。①

　　在明代，棉布是北方驻军重要的军需物资和同草原民族交换战马的主要商品，同时也为北方居民生活和外贸所必需。面对如此大的市场需求，山西布商应运而生。经过有明一代的发展，山西布商逐渐建立了完整的运营模式，在"南布北运"中处于垄断地位，行商范围遍及全国重要城镇，至民国时期仍活跃在西北和华北地区。18世纪前期，中俄贸易通道开通后，山西商人在恰克图贸易中逐步占据重要地位，山西布商也深度参与其中，以张家口为中转基地，将棉布大量运往恰克图。

　　19世纪前期，布匹在恰克图贸易中占据重要地位，甚至充当一般等价物。据《俄国各民族与中国贸易经济关系史（1917年以前）》载："恰克图只允许进行易货贸易……被交换货物的价值并不是表现为货币数量，而是用某种在贸易中最为畅销的商品来表示的。在1800年以前，这种作为交换单位的商品是中国的棉织品——'中国布'，从1800年起，则为中国茶叶。"② 中

---

① 许涤新、吴承明主编：《中国资本主义发展史　第一卷　中国资本主义的萌芽》，人民出版社2005年版，第294页。
② 〔苏〕米·约·斯拉德科夫斯基：《俄国各民族与中国贸易经济关系史（1917年以前）》，宿丰林译，徐昌翰审校，社会科学文献出版社2008年版，第218页。

国布和大布曾风靡俄罗斯,俄国革命家 A. H. 拉吉谢夫在1792年的一封信中写道:"'中国布'由于比较便宜,不仅西伯利亚,而且整个俄国中产阶级的人都在使用它,特别是妇女们;而'大布'在西伯利亚就能全部卖光,以致在俄罗斯对其几乎无人知晓。所有城里人和乡下人都用它们来做衬衫;比较富裕的人天天都穿,其他人则是到过节的时候才穿。"[1]从交易额上来看,"从中国输入的棉布,是(恰克图贸易的)主要物品,几乎占整个贸易的三分之二;其次应是茶叶,占交易总额的四分之一以上;而后是丝织品和丝线"[2]。到了19世纪,由于俄国本土棉纺织生产发展以及西欧纺织品的激烈竞争,中国棉布在俄国的进口额开始下降,但仍然占据一定比例。

由于商人和商业很难入正史,关于布商的史料搜集起来并不容易,导致学界对山西布商的研究多为流于表面的泛泛而谈,这与山西布商在商业史、市场史、外贸史中的重要地位并不相称。在日常经营活动实践中,山西布商产生了种类丰富(包括规程、信稿、账册、单据、清单、合约、万金账等)、数量丰富(仅就《晋商史料集成》收录规程和信稿而言,前者为13份,后者为26份,二者共计有原始文书2200余页)的原始商业文书。近年来,此类文书屡屡面世,不仅因其重要的文物价值而为收藏界所青睐,更因其重要的史料价值而为广大研究者所珍视。

信稿与规程是现存布商文书中数量最多、内容最丰富者,书信为互通商业信息、下达业务指令的工具,规程则近于专业性的商业指南,再加之账册、合约等其他文书,山西布商经营活动的真实场景得以呈现。然限于布商文书整理工作的相对不足,以及此类文书自身存在书写不规范、行话多、计算多、行文结构不甚清晰等问题和特点,以此类文书为基础史料展开的研究

---

[1] 〔苏〕米·约·斯拉德科夫斯基:《俄国各民族与中国贸易经济关系史(1917年以前)》,宿丰林译,徐昌翰审校,社会科学文献出版社2008年版,第192页。

[2] 〔俄〕A. H. 拉吉谢夫:《关于对华贸易(1792年)》,引自孟宪章主编:《中苏贸易史资料》,中国对外经济贸易出版社1991年版,第140页。

受到了诸多限制，文书的史料价值也未能得到充分发挥。在此背景下，对文书的全面认识、科学整理、合理释读工作显得更为急切与重要。

一、山西布商文书的特征

与票号史料的搜集、整理及研究工作相比，山西布商文书的相关工作颇为滞后。在《晋商史料集成》未公开出版前，绝大多数布商文书散落在收藏机构和收藏家之手，难以为学界利用。进行山西布商研究的学者除工商会馆碑刻外，所能接触的文书仅包括少量规程和《清咸丰年间山西襄汾丁村商人书信》等。其中《清咸丰年间山西襄汾丁村商人书信》原件现存于丁村民俗博物馆，最早刊发于《明清晋商资料选编》；[1]规程则被收入史若民与牛白琳所编著《平、祁、太经济社会史料与研究》的史料部分。[2]随着2018年《晋商史料集成》的出版，山西布商研究面临的资料匮乏问题彻底改观，其后，山西省晋商文化基金会选择了其中七本布商规程，以成书年代顺序排序，加以简介后影印出版。[3]此外，还有许多收藏家手中亦藏有大量山西布商文书，如忻州的安晓华先生收藏有关清代民国时期忻州杂货花布商人的文书数百本（件）；太原的权贵生先生收藏有光绪三十三年（1907）至民国二十五年（1936）间忻州布商天德和账本35册；如斯种种，不胜枚举。此即为山西布商文书留存与整理现状概貌。

---

[1] 张正明、薛慧林主编：《明清晋商资料选编》，山西人民出版社1989年版，第147—159页。
[2] 史若民、牛白琳编著：《平、祁、太经济社会史料与研究》，山西古籍出版社2002年版，第557—568、628—631页。
[3] 山西省晋商文化基金会编：《办布规程》，中华书局2019年版。

（一）规程文本与内容特征

规程包括规则与流程，商业规程类似于商书，为介绍从商经验、传授经商技巧的书。明清时期，与商品经济发展相适应，商书开始盛行，它由商人或民间书坊编撰出版，以阐述商业规范、商业道德、商业经营理念、经商技巧，介绍商品知识、行业特点及行旅指南等为主要内容，以商人为主要阅读群体。① 具体到布商规程，其内容就是对布商在长途贩运贸易中涉及的货币兑换、资金调拨及商品购销等具体问题的相关要求与规定。

规程作为私人编撰、注重实用、主要面向商人群体的商业指南，并无一定的书写格式与规范。从整体上而言，可将笔者所见规程的内容大体分为五部分。一为作者的自序，其写作原因、经商思想得以在其中体现。如《清代王宅志恒堂记迭花布底》中，作者在介绍全国棉花市场概况、河北太行山东麓各棉产地棉花品质分类等内容之前，自叙其撰写《买花规程》的原因：

> 从来人之养身者，衣也。衣之所出者，花也。花之所系大矣哉。富贵所必需，贫贱所必赖，而日用之不可缺者也。且夫世人止［只］知花之养身，而不知花之产于何处者众。予因此事欲得其详而不能，遂向历年以久之客长请诸教益，将花之高低，消［销］之多寡，略叙其详。②

二为对伙友言行举止、经商细节的规定和要求，体现着山西商人严格且灵活的人事制度、职业规范及吃苦耐劳、和衷共济的商业品质。如《清代榆次锦泰蔚办布规程》中规定：

---

① 参见张海英：《走向大众的"计然之术"——明清时期的商书研究》，中华书局2019年版，"导言"第3页。
② 刘建民主编：《晋商史料集成》第68册《清代王宅志恒堂记迭花布底》，商务印书馆2018年版，第292页。

一嘱我号初走四川，并非陈业，准要时刻谨慎，尽心竭力，勤俭为是，勿要放荡由己而行，以免外人议论，分外之事，万不可为矣。一嘱我号临行，上路穿戴总以褴褛为是，不可奢华，沿路小费多花，勿要打算，勿因小节而累大事，再嘱己身当要郑重保养身体，号事方能不□，即与号已两有益矣……一嘱在川人位务须上和下睦，要按次序而行，既在一处同事，巧拙贤愚不能均匀，尔扶我助，同心协力，居心如此，自然财发泉涌矣。①

三为以市镇为纲，介绍不同市镇的地理方位，银色平码，资金调拨方式，店口，商号，商品种类、规格、购买成本、购买模式、包装与加工方式，货物销售模式、费用、成本与利润计算方式等。试以《同治十年余庆堂各处办布底稿》为例：

禹州，河南开封府管，离洛二百四十里。彼处平比九九平每百两大一两七（钱）。所办之布长四丈六七尺，宽一尺二（寸），线子四百五六十条，系混庄布。自拆布线子四百七八十条。二十七疋［四］成卷，重六十二三斤。缝二疋［四］头苫布一连，工钱十五文。每条卷绳绳钱三十文，经纪店用钱十五文……

石固镇，两座土城，南截许州管，北截长葛县管。在禹正东，离禹四十里。在彼万盛店、王公顺、久兴店、王公和三［四］店办布，其平比九九平每百两大一两七（钱）。所办之布长四丈五六，宽一尺二（寸），线子四百四五十条。买布系店至［主］看庄，裁尺一尺六（寸）作一尺，每疋［四］用钱廿五文，店得二十文，客抽五文……

郏县，系河南汝州管，在禹正西，离禹九十里。彼处平比九九平每

---

① 刘建民主编：《晋商史料集成》第68册《清代榆次锦泰蔚办布规程》，商务印书馆2018年版，第160—178页。

百两大一两七钱。所办之布长四丈三（尺），宽一尺一（寸），线子三百六七十条。以大卷三十二疋［四］成卷，重七十一二斤，每条绳绳钱廿文；以小卷十七疋［四］成卷，重三十七八斤，每条绳绳钱十文。缝二疋［四］头苫布一连，工钱二十文。每疋［四］店用钱二十文，与客抽回用钱五文。在彼住店，每天出火［伙］食钱一百文，烟茶酒肉客人自备……①

四为对运输路线的说明，包括重要节点城镇、运输方式、运输主体、相关商号、路线距离、各项费用、包装规格等信息。试以《咸丰年间湖北各处办布规程》为例：

无论发东西两路，总由樊城新打洪行店过载分路。假如发东路者，由赊发禹郡或发洛邑，发郭家嘴，郭至泽府转平。若是发西路者，由新野县或发禹洛或发曲沃转平。新野发脚回时而为夏季，无驼，甚是难发。春冬有驼之时，较比东路发脚甚速，难如此佳。而西路发脚洛路，布内难保无虞，市场损坏短少。若由东行，设路过载行店妥实，其两路脚价大势等耳……由旧口每卷下河小力钱十五文，河至新打洪水脚钱七十文，樊城厘金钱四十八文，发东路至赊水脚装船昔年白布以三十八卷一载，近来以四十卷作为一载，每载船脚五两至七两，每两以九扣付钱，若付银将钱依樊地时价作合……②

五为其他内容，包括对各类商品称量标准、白银平色、借贷利率、行业规范等的说明，不一而足。仍以《咸丰年间湖北各处办布规程》为例：

---

① 刘建民主编：《晋商史料集成》第 68 册《同治十年余庆堂各处办布底稿》，商务印书馆 2018 年版，第 113—114 页。
② 刘建民主编：《晋商史料集成》第 68 册《咸丰年间湖北各处办布规程》，商务印书馆 2018 年版，第 86—87 页。

赊旗镇……五户杂地，买卖客商往来，货物淘淘［滔滔］不断，有在彼积存卖者，亦有过载者，不可甚记，可为马［码］头之要地也。彼地交易各货，行店经手，其成盘各货平码秤头有一定样式，皆因昔时年深日久，近有不固之客商遇便生巧，行店含糊过货。将昔年之规，虽不能尽弃，以致屡屡不整。于道光十二年五月，我花布杂货行新正行规、秤头、平码，以致整年之变，是以重条修秤三杆……令［今］将一应规款详注于后：一议十六两足平秤一百零三斤，底过秤照旧规加一三明算，无论何货总以公议之秤过秤。一议买卖囤户或走或存，不许原号抄总号，另要过秤，行店不议抱号……以上所议之款，若不遵规，如犯条略多过［过多］，客货者察出公罚用银入官，会馆罚戏三尺［次］，设席四桌……发脚平码秤头行规：驼秤加二算，每百斤毛银若干，九七、九六扣驼平纹银，八八扣赊钱平纹银。骡秤加一算，每百斤毛银若干，九八、九三扣骡平纹银，九五扣赊钱平纹银……金［今］将发秤开列于后：粉皮秤加三算，其平九七五五兑付，行用里外四分。粉面秤加五算，其平九七四兑付，行用里外五分。粉条秤加一算，其平赊钱平兑付，行用里外四分。其粉条每包抽绳除皮四斤，连绳在外共合除皮七斤……①

在实际情况中，一部规程并不会完全包括以上内容，各部分内容之间也并无明显顺序，且部分规程写作缺乏条理，存在前后内容分散、重复，甚至矛盾的情况，但这并不妨碍其实用价值的发挥。

（二）书信文本与内容特征

在电报等现代通信设施未普及前，书信为山西布商跨区域经营得以正常运行的基本保障。总号与分号、分号与分号、不同商号之间的商情互通及总

---

① 刘建民主编：《晋商史料集成》第 68 册《咸丰年间湖北各处办布规程》，商务印书馆 2018 年版，第 103—108 页。

号对分号的遥控指挥主要依赖书信进行。作为商业书信，布商书信在文本和内容上都极具鲜明特色。

总体而言，布商书信在书写、收发、保存等方面都体现出规范性与组织性两大特征。发信方在正式寄信前，为保证信息准确性，并为日后业务查询留下根据，均会拟定好草稿，并按设计好的顺序编号排列，草稿装订成册后即为"信稿"，"正信"为依据草稿誊抄好后正式发出之信。有时，若"正信"所载内容较为重要，为防书信丢失影响业务，发信方会再寄出一封内容一样的信，称为"副信"。与发信方相反，收信方在收到来信后，会将信件内容誊抄于"信稿"册上。信稿虽非正式书信，但书信初始形态仍有迹可循。对布商书信进行整理分析，再结合学界现有研究成果，① 可得知布商正式书信格式如下：

标题：内容包括信件编号，发信时间、地点、对象等，其格式为"××月××日由××寄去第××次信"。写信方信稿标题格式与之相同，收信方所抄录收信稿标题格式则为"××月××日收由××寄来第××次信"。

启辞、思慕语：此为书信的开场白，常见有"敬启者""敬复者""敬恳者""××宝号台照""××贤弟/仁兄升鉴""启者"，视对方身份而有不同，部分信件还随时令写有恭祝对方身体健康、生意兴隆或表达对方来信我方已经获悉之意的客套语。

复报：对上次发信主要内容进行简要复述、通报最近收接对方书信情况。在传统交通通信条件下，信件在传递过程中难免丢失，故有此复报制度。

正报：此为最重要的内容，报告与收信方有关的业务状况，主要有货物

---

① 此小节内容参阅了闫爱萍、孟伟：《咸丰元年的山西票号书信金融经营——张家口致京师分号书信〈往京书札〉的解读》，《北京史学论丛》，2017年第1期；周亚：《山西票号书信发微》，《中国社会经济史研究》，2018年第4期。

购买、运输、存储、收接、售卖、行情及资金调拨融通等情形。并报告本号与总号、其他分号与总号的书信及业务往来情况。

附报：写信者所在地棉布、棉花、粮食等市场行情，雨水状况，银钱（洋钱/银洋）兑价，标期情形与借贷利息等。

结语：与启辞相似，多用"余事后呈""余不多渎""余事再呈""寸扎不恭""恕草不恭""后有情形，再为详报"等。

祝辞：书信结尾，对收信人表示祝愿、钦敬或劝勉之辞，常见有"专此""专此奉""专此布"等。

再启、后批：写于书信末尾，为对正文、附报的补充说明及随捎信件/物品情况，常以"又及"结尾。

署名：在书信最后写上自己姓名，并加以谦辞，常见有"××鞠躬""××具"等。

以上所列为布商书信"标准化"书写格式，实际书写或誊抄时，较少有完全符合标准格式者，有时会出现部分内容位置较为随意或无法明确归类的情况。试举两例。

其一：

未列次信正月初六日由樊申，二月初一日收，太抄[①]

一元复始，万象更新。遥想诸位老仁台必是吉人天相，福履亨嘉，不卜可知也，可贺可贺，另柬拜贺。启，因客腊廿九日晚带货一路平顺抵樊，并一切等埠号信呈明，沿路雪雨过大，以致上下之船不能行走。到樊之时，人人谣言贼人又在枣阳东滋搔，一股在南召、鲁山地界扎营，彼地人心惊惶，官兵在彼把手［守］，贼人不敢向前行走。从赊发货，别号俱走东大路，西大路不能行走，贼人不说，官兵太多。樊至赊路途平

---

① 刘建民主编：《晋商史料集成》第7册《咸丰某年平遥某布花店各处收信稿》，商务印书馆2018年版，第59—60页。经考证，该信稿应重新定名为《同治三年平遥某布花店各处收信稿》。

妥无碍，是以咱之梭布于月至［之］初五日如数觅船运赊，每载水脚毛银八两，待到赊速为飞发。在樊存放亦是览［揽］船在河下停泊，晚沿路打听看事而行。咱号之货早到樊城不能往赊运动，一者河路不能行船，二且贼人在唐县东搔扰，是此情形，晚与咱臼［旧］、汉亦有信知，勿烦老叔计念。

再叙咱岳、臼［旧］发平之布，前日由樊如数发起，不知咱铺收全与否，待晚到赊择点再信奉报台知。晚在赊、樊两处照拂，咱岳、臼［旧］、汗［汉］之梭布，后首如有收到之布，看事速发。

樊城宝银一千二（百）三四。随统去咱臼［旧］、汉信二封，晚家信二封，至日一并收阅转致。余事再报。谨此奉。兰芬捎。

其二：

七月廿五日邮去第十六号信一封[①]

启者，于月十二日及昨日接津第四十九号，并五十号信两封，各情俱已尽悉，所兑谷本月秋标期万裕恒交咱大洋五千元，留底照收。并收过各号之口票，均依六钱八（分）作银，各照注账，至刻勿念。

前接凉信统来津置水程折，尚有染色货不少，务得先行贪便作染，而且骆驼转眼即要起厂，是以择定常麓弟偕秉温于此月廿七日由要起身赴津，办理一切。所以我弟驻津已有二年，应调回家，异日麓等至津可将账目结便，弟即带账下班为是。

附报，咱处近日雨水甚大，于廿日晚至廿一日，降大雨一昼亘［旦］未息，入地旱地约有二三尺，水地更为无底，一切粮价均属回头。津谷票费六十元零六七，榆次本标议开去年利一百四十五元，冬标月息

---

① 刘建民主编：《晋商史料集成》第8册《民国十八年正月立某布毛庄来往信簿》，商务印书馆2018年版，第552—553页。经考证，该信稿应重新定名为《民国十八年至十九年某布毛庄谷津来往信稿》。

一分二（厘），明春夏均一分二（厘）一，满加三十八元，大洋数六千（文）。余情再详。特此布上。张裕贤弟青照。

彭沂具
己巳七月廿五日泐　第十六号

就《晋商史料集成》所收录布商信稿而言，从道光年间到民国，布商之间的往来书信均具有较为统一的模式，书信俨然是其行业规范及制度之一。同时书信的内容也具备鲜明特色。首先，书信如实记录了各号实际的业务办理情形，涉及信息往来及货物与资金流通过程。其次，书信在附报部分记载了棉花、棉布、粮食等商品市场及货币买卖、标期利息等金融市场的行情，有时也会报告本号所在地其他商号的业务情况。而对于影响自身业务的重大事件，如战争、社会动乱等，信件中也会予以详细说明。最后，书信对货物购销、资金汇兑、资金融通等业务的收入、费用及业务过程均详细记录的内容特征决定了其可作为"记账的原始凭证"。

通过具有规范格式、编号管理、标准内容等体系化特点的书信往来，山西布商不仅得以构建其商业信息网络，[①]实现商情互通和总号对分号的业务遥控，其最原始的业务凭证也得以保留。

二、山西布商文书的史料价值

关于布商商业文书的史料价值，学界所论尚属不多，故在此予以专门论述，以起抛砖引玉之效。布商文书的研究价值很大程度上是由其内容的丰富

[①] 晏雪莲、周超宇：《晚清山西商人与河北棉花贸易研究——以商业文书为中心》，《河北经贸大学学报》，2022年第1期。

性决定的,试以《同治三年平遥某布花店各处收信稿》和《咸丰年间湖北各处办布规程》为例,对其内容进行要素化处理。

表1 《同治三年平遥某布花店各处收信稿》《咸丰年间湖北各处办布规程》内容要素统计

序号	要素	序号	要素	序号	要素	序号	要素
1	书信编号	17	清军活动情况	33	购货地点	49	运输时效
2	发信人	18	社会治安情况	34	购货场所	50	运输距离
3	发信日期	19	天气状况	35	购货种类	51	运输费用
4	发信地点	20	一般商品市场行情	36	货物规格	52	运输单据
5	寄信中介	21	行业规范	37	购货数量	53	运输路线
6	转寄人	22	通行白银种类	38	购货费用	54	存储机构
7	收信地点	23	通行平码	39	购货清单	55	收货种类
8	收信人	24	银钱兑价	40	包装材料	56	收货数量
9	收信时间	25	借贷利息	41	包装方式	57	货物品质
10	抄信人	26	价格变动原因	42	包装费用	58	售货地点
11	统信数量	27	开标地点	43	加工地点	59	售货对象
12	被统信人	28	开标时间	44	加工类型	60	售货数量
13	东家活动情况	29	标期运转情况	45	加工费用	61	售货收入
14	伙友活动情况	30	分号分布	46	运输业务承担者	62	货物捎带种类
15	其他商人活动情况	31	分号功能	47	运输工具	63	捎带价格
16	太平军活动情况	32	分号层级	48	运输数量	64	入账方式

续表

序号	要素	序号	要素	序号	要素	序号	要素
65	厘金税费	71	还款地点	77	白银平色	83	调拨地点
66	各款项计算方式	72	还款期限	78	汇费大小	84	调拨中介
67	借款原因	73	汇兑主体	79	有无票砝		
68	借款对象	74	收汇地点	80	平砝类型		
69	借款数量	75	收汇类型	81	调拨原因		
70	借款方式	76	汇兑数额	82	调拨数额		

资料来源：刘建民主编：《晋商史料集成》第7册《咸丰某年平遥某布花店各处收信稿》，第57—169页；第68册《咸丰年间湖北各处办布规程》，第55—111页。

由表1可见，对《同治三年平遥某布花店各处收信稿》和《咸丰年间湖北各处办布规程》进行要素化处理可得到84个要素（或称为变量），涵盖商号组织结构、人员、信息、商品、资金等要素的流通，以及社会背景、市面状况等情形。若综合其他书信、规程，以及运单和合同、账册等布商文书，所得要素还会更多。如此丰富之内容，无疑会对商业史、货币史、金融史、交通史、邮政史、城市史等专题研究起到巨大的促进作用。同时，这些能够反映传统中国社会经济运行与商业贸易、货币行用、金融体系真实情形的内容也将有裨益于中国本土化理论的建设。

首先是对于专题研究的意义。

山西商人史、商业史、市场史。如上所述，信稿与规程记载了海量山西商人从事棉布和棉花贸易的第一手商业信息，体现了山西布商规范严密的商业运营过程与运营体系构建，信件附报则有较多各类商品市场行情的记载，这些内容有利于反映晚清民国商品经济和市场发展水平与特征、市场活动主体和商品结构、城乡与区域市场格局等，故无疑能够为山西布商和其他与商业史、市场史相关的研究提供充足的资料。

城镇史、交通史、邮政史。与票号类似，实力较强的花布商人也实行"总分号制"经营模式。通过在棉布产地、交通要地、销售市场设立分号和与其他从事棉布买卖、运输、加工的商号建立来往关系，山西布商得以构建较为完善的商业网络。这些商号多开设于城市和市镇之中，以便于其完成商业经营活动，其商品的运输也有赖于由城镇作为节点的交通路线。此外，商号资金调拨和信息传递的完成也离不开密切的城镇网络。故其商业网络的建立和运行也反映着个体及区域城镇的发展程度、特色和城镇间的信息与交通联系。

货币史、金融史、会计史、度量衡史。晚清山西花布商人以长途贩运为主要经营特色，故其商业运营中会涉及许多与货币兑换、白银色平兑、资金调拨、资金融通、债务清算等有关的金融问题。对相关要素进行整理，不难较为直观地获悉传统中国货币流通、行用和金融体系的真实状况。除货币外，商品买卖中也涉及其时各类商品的称量方式，可作为晚清民国度量衡史研究的重要资料。此外，布商账册、万金账等文书则有利于展开对传统中国会计史的研究。

社会史。社会史强调眼光向下，布商文书所载内容即为从前很难入正史的商人及其商业经营活动。布商经营活动涉及"商品—资金—信息"的流通，该过程有效连接了农业、手工业以及货币金融业，体现着传统中国商业贸易与社会生活的一些方面。再加之信稿中对于太平天国运动、捻军、同治回变、中法战争等重大历史事件的记叙和附报部分关于捎办衣物、药物、生活用品等的记载，布商文书对于社会史研究将大有裨益。

其次是对于本土理论构建的作用。

近代以来，受西学东渐影响，西方的研究理论和方法逐步浸入；改革开放后，闭门已久的中国学术界再次受到来自西方学术体系的冲击，后者甚至成为中国学术解释体系的主流。然而实践证明这些理论和方法并不能很好地适用于中国实际。随着中国综合实力的日益提升，争夺学术国际话语权的呼声日益高涨，故我国学术和文化工作者必须立足于中国实际，从中概括总结出能够真实地解释传统中国历史的理论,助力于我国文化软实力的提升。

周亚认为山西票号书信及其所呈现的票号经营实践活动有利于民间文献学、清代民国金融体系构建等领域提炼出本土的具有普遍价值的理论。[①] 山西布商文书虽在内容和特征上都与票号书信有所差异,但其作为民间文献的属性和对布商与票号、钱庄等金融机构的关系,货币行用、资金调拨及融通等金融实态的记录,决定了其亦将在上述领域起到相当作用。同时,布商文书中关于河北、河南、湖北等地土布生产主体、社会分工、市场机制等的直接或间接体现,有益于促进关于原始工业化、半工业化等方面的研究,从而在一定程度上为重新反思、认知近代中国经济发展路径与特征提供助益。

值得说明的是,以上所述基于笔者自身研究方向和学术经历,势必难以将山西布商文书所蕴含的丰富信息全部涵盖,基于其他视角和研究领域,这批文书的利用价值将得到进一步拓展和深挖。

三、山西布商文书的利用方式

《晋商史料集成》的公开出版解决了山西布商等研究面临的最根本的史料缺乏问题,然利用这批资料所面临着的诸多困难,仍制约着研究者的进展。这些困难主要表现在以下方面:其一,信稿与规程均为手写,受书写者个人书写习惯及文化水平影响,部分内容书写不规范,且多存在方言和错别字等情况,再加之文书破损,让读者难以辨认理解。另外,文书中的数字多以苏州码写就,加大了识读困难。其二,规程撰写时以总结经验和传授商业知识为主要目标,并不十分注重文章结构和书写逻辑,各部分内容之间多有

[①] 周亚:《山西票号书信发微》,《中国社会经济史研究》,2018年第4期。

重复、矛盾之处，加大了理解困难。其三，文书中存在众多的行话和术语，由于文书已经脱离其使用环境百数十年，故这类专业性表述难以被现代人所理解。即使翻检同时期文献，也多有令人费解之处。其四，商业文书必然会涉及计算，且山西商人一向以精打细算、"锱铢必较"为优良品质，严格把控成本、明晰经营利润为其基本商业素质，故规程中对商品价格、货币兑换等的计算过程多有涉及，再加之计算方式与度量衡古今不同，理解这些计算过程颇费功夫。其五，由于《晋商史料集成》汇集的晋商文书绝大部分是从市场上购买或从民间零星收购而来，使得对这部分文书严格按其形成地进行归位的难度非常大，① 同时，由于《晋商史料集成》编著者精力有限，难以对海量文书进行细致的归户与时空考证工作，故《晋商史料集成》中命名错误的情况并不鲜见，若不加辨别拿来使用，势必会影响到对文书的释读和利用。若想充分发掘山西布商文书的史料价值，必须运用科学的方法予以整理和释读。

首先是对文书的释读，即对所搜集文书进行鉴别、辨读、标点、分段、注释、点校等。面对其中难以理解的行话和术语，则尽可能多方查阅相关资料，如地方文史资料和口述史资料等，若情况允许，可对文中所涉市镇进行实地考察。如张亚兰通过在安化的考察，理解了"下河力钱"这一费用的来历和记录方式。② 另外，也要通过大量阅读诸如商业史、市场史、货币史、金融史等书籍，以丰富自身基础知识，加深对文书内容的理解。在具备一定的学术素养后，则可对文书在充分研究和合理推断的基础上进行"解构""再次点校""重构""深度研究"等工作。

其次是在释读与理解的基础上，对文书进行合理的"归户"。"归户"首先是针对徽州文书的整理而提出的，徐国利认为关于归户主要有三种观点：

---

① 魏明孔：《明清商帮史资料的搜集、甄别与整理——〈晋商史料集成〉评介及其他》，《中国社会经济史研究》，2020年第4期。

② 张亚兰：《〈行商遗要〉释读与研究》，山西经济出版社2018年版，"前言"第7页。

一是既将文书的拥有人或持有人作为归户性依据,又将文书的事主或当事人作为归户性依据;二是以文书的事主或当事人作为归户性依据;三是将文书的拥有人或持有人作为归户性依据。①这是依据徽州文书的形成与保存特点而言的,故不适用于山西商人文书的"归户"。山西商人文书"归户",应当依据其产生于商业经营过程的特点,将其归为一定的行业和区域,若有可能的话,再将其归为具体的商号。同时,要尽量明晰文书产生的时间,故可将此项"归户"工作称作时空定位与考证。当行业、地域、时间、商号这几项要素都明晰之时,对该文书的整理和研究方能有的放矢。《晋商史料集成》对于文书的命名方式便体现了这种归户方式,但正如上述,《晋商史料集成》中多有命名错误现象,故需要研究者通过仔细阅读、认真考证、多方比对,来正确地命名所用文书。

再次,是对文书进行要素化和表格化处理。如表1所示,无论是依据资料进行综合性研究还是专题性研究,都可将文书要素提取并放置于表格之中,从而有利于进行比对和分析。

最后,对于经过整理研究的文书,应当按照档案学的理论和方法,对其进行档案化管理,以便于日后检索查阅。

---

① 徐国利:《关于民间文书"归户性"整理的理论初探》,《安徽史学》,2015年第6期。

凡　例

一、布商文书照原文以现代汉语简体字录入。

二、为方便阅读及统一书写，原文书中的大写数字"壹、贰、叁、肆、伍、陆、柒、捌、玖、拾、佰、仟"等，分别转换为汉字小写数字"一、二、三、四、五、六、七、八、九、十、百、千"等；凡苏州码，均转换为汉字小写数字；但文书中的"廿""卅"等字，不予转换，悉从原文。

三、布商书信大体按照"复报""正报""附报"并结合具体内容进行段落划分，启辞、思慕语、结语、祝辞等不再单独成段。规程、合约、运单等其他文书根据内容进行段落划分。

四、凡文书有残缺，可据残字或上下文补足的字，外加框线；不能补足的残缺字，用"□"表示，残缺较多的以"【上缺】""【下缺】"表示。

五、凡山西布商习惯用字，或者明显的错别字、语序错乱等，照录原文，并在该字后加"[　]"予以修正；若系普遍现象，则加注说明。

六、凡文书中涉及的地名、计量单位等有省略，根据实际情形，确实需要补充完整的，加"(　)"补足。

七、凡文书中第一次出现的专业术语、地方俚语、重要地名、历史纪年等，随文出注解释。

规程篇

一、《嘉庆四年朝仪撰绸缎梭布行必需》

【简介】

该书为线装手抄本，有文字部分共 50 页，蓝色封面，无字。据作者自序所言："余身充绸缎梭布行，是此行相传有年矣"，"固择夫本行日用之必需者，聊为志焉，以备参考"，"时大清嘉庆己未年秋七月朝仪谨撰题"，可暂将书名定为《嘉庆四年朝仪撰绸缎梭布行必需》。从货物运输路程的终点站在平遥，朝仪在书中也多次提到"本店"，可知朝仪所在的绸缎梭布店的总号应该在平遥。值得注意的是，该抄本在朝仪于嘉庆四年（1799）所撰的基础上还有一些后期增加的内容。如在第 4 页出现"红银加七厘钱，自八年议定"，第 24 页"嘉庆八年秋标改定机"，第 39 页"嘉庆八年冬标布价"，第 50 页"嘉庆十一年七月立，各丝货结价照码兑扣是本"等，说明该书的最终成书年代至少为嘉庆十一年（1806）。该书的作者除了朝仪外，可能也有其他商人。

该书是目前发现的最早的山西布商规程，和后期发现的布商规程相比而言，内容稍显简单，以丝绸梭布行的"货物行情"为主。具体内容可以概括成以下几个方面：第一，作者朝仪自序撰写此书的目的。第二，在苏州收购丝织品的具体规定，包括采买地点、丝织品的种类和价格；对丝织品进一步加工的费用，如踹工、绣工、筒工的价格；炼染各类丝绸以及不同颜色的价格等，这一部分内容最为丰富。第三，苏州至平遥的路程，及运输途中所需的水脚钱、税银等费用。第四，该书第 45—49 页的内容是记录在汉口办棉布各店的平码。第五，该书末页添加嘉庆十一年七月新立的各丝货结价照码兑扣标准。

【录文】

商贾为四民之末，亦世之雅事耳。然以大略言之似乎至易。苟欲存本求源，则积学之老生亦不免贻人笑柄，此下更难问矣。余身充绸缎梭布①行，是此行相传有年矣。在先辈老师之才，高者慢不可攀，卑者靡而且腐。余不忍甘为人下，苟徒衣食。固择夫本行日用之必需者，聊为志焉，以备参考。但货物随时更变，价值早晚不同，况各家另有成规，难以俱载。姑将目前现在行情货物书明于后，请质②之高明者细较增补，旷而充之，庶几不愧于浮生矣。呜呼！自恨才薄，不能细论，所以为中人③也。识之者谅之，诚为一哂。

时大清嘉庆己未年④秋七月朝仪谨撰题。

一论盛泽⑤货如西绫、会改，⑥每疋［匹］⑦踹工⑧六厘，每包纸皮银⑨一钱五（分）。

---

① 梭布：家庭木机所织之布。[明]陈罴斋《跃鲤记》第十折："那一日买一匹大梭布，我问他与那一个做衣服？也说与婆婆庆寿。"
② 质：请教。
③ 中人：中等才智之人，自谦之词。
④ 嘉庆己未年：嘉庆四年，公元1799年。
⑤ 盛泽：今江苏省吴江市南盛泽镇，盛产绸绫，清乾隆五年（1740）移县丞驻此。
⑥ 西绫、会改：均为丝绸品种。
⑦ 疋［匹］："疋"与"匹"古时通用，后续录文以"匹"录入，不再一一标注。
⑧ 踹工：踹绸工钱。踹绸为消除绸面上炼染过程中留下的褶皱的工序。
⑨ 纸皮银：包装费用。

西会①染炼②真红③六钱五（分）、妃色④一钱、桃红⑤一钱八（分）、桂鹅七分、大红六钱、浅色四分、柏色一钱、宝佛一钱四（分）。红银加七厘钱，自八年⑥议定加□□。

炼绢⑦每匹一分二（厘）、炼䌷［绸］⑧绫⑨每匹八分，染桃红绫一钱四（分）。

十两加长⑩绫每匹加四钱。

八两头号西绫袄，八年结价，四。

六两顶阔西绫袄，三一。

五两色清水会改，二二。

四十色清水界双，（空缺）⑪。

---

① 西会：西绫、会改。
② 炼：《说文解字》："炼，铄治金也。"段注："铄治者，铄而治之，愈消则愈精。"高注："《战国策》曰：'练濯，治丝也。'"可知炼是指将生丝或生坯绸匹上的丝脱胶去，同时去除污垢和油脂，练成白色，使其成为熟丝或熟坯，从而使之后的印染获得更好的效果。最早的丝绸练白技艺的文字记载可以追溯至《周礼·考工记·㡛氏》："湅丝，以涗水沤其丝七日，去地尺暴之。昼暴诸日，夜宿诸井，七日七夜，是谓水湅。"郑玄注："涗水，以灰所沸水也。沤，渐也。"传统炼丝绸所用碱剂多为"灰"类，如牡蛎壳灰、草木灰等。灰炼时水洗非常重要，故周代练帛中要反复清、盝、挥、沃。到汉代又发明了捣炼法。而"水湅"是一种微生物发酵的沤渍脱胶法，其活性部分是各种蛋白水解酶。到汉代之后，酶练工艺进一步发展，《齐民要术》："潎生衣绢法。以水浸绢令没，一日数度回转之。六七日，水微臭，然后拍出，柔韧洁白，大胜用灰。"至唐代，胰酶被广泛用于丝绸精炼，并往往与灰炼结合。
③ 真红：正红，大红色。［宋］赵彦卫《云麓漫钞》记："红花以染帛色鲜于茜，谓之真红，亦曰干红。"
④ 妃色：淡红色。
⑤ 桃红：桃花的颜色，比粉红略鲜润。［元］王思善《调和服饰器用颜色》："桃红，用银朱胭脂合。"
⑥ 八年：嘉庆八年，1803年。
⑦ 绢：厚而疏的丝织品，生为绢，熟为练。
⑧ 䌷［绸］："䌷"古同"绸"，后续录文以"绸"录入，不再一一标注。
⑨ 绫：一种细薄而有花纹的丝织品。绫纹理细净，有似冰凌，故名。
⑩ 十两加长：与下文中的八两头号、六两顶阔等均为丝绸的品种和规格。
⑪ （空缺）：山西布商文书中存在部分数值、商号等内容空缺的情况，如此处未写四十色清水界双的价格，后续录文时不再标注。

三五色清水锦^①地，一六。

杂色双裙素绫。

色时花洒绫，每匹。

十两色加阔^②贡素绫。

五幅色清水画绫条。

六两色清水北路花绸。

五两色清水冲北路绸，二五。

四两色加重清尖花绸，二。

三二色水绉双裙绢里，二四。

色水绉绢袄里，每件。

色清水秋罗^③套料。

色清水秋罗袄料。

杭素绸各染房匹件染炼价目，七八五扣^④曹［漕］平^⑤实元银^⑥。真红、榴红^⑦、桃桂红、生发红坊不算炼价，但桃红、桂红向前原系炼染，近来一二

---

① 锦：有彩色花纹的丝织品。《说文解字》："锦，襄邑织文。从帛金声。"《急就篇》："锦，织彩为文也。"盖古锦以厚缯为地，别以彩丝织之。在东汉已经流行，盛于唐宋。元明以后，织锦渐衰。清代风尚，服饰以绸缎以及毛织物为贵，织锦只是做锦匣、枕、靠背等用，衣饰上作为镶边用。

② 加阔：加宽。

③ 秋罗：罗之一种。质薄而轻，有条纹。以多作秋妆，故称。主要产于吴江、昆山、青浦等县境内。［唐］温庭筠《张静婉采莲曲》："秋罗拂水碎光动，露重花多香不销。"

④ 七八五扣：78.5%，支付时按实际价值的 78.5% 计算。

⑤ 漕平：旧时的一种衡量标准。清代改收漕粮为征白银，征银时所用的银两衡量标准称为漕平。张家骧《中华币制史》："昔日江苏、浙江、安徽、江西、湖北、湖南等省漕粮皆征收米石，嗣因事务繁重，室碍滋多，于是乎乃改征漕银，以替漕粮，因是有漕平之设，民间亦互相为用，遂为一般通行之平砝焉。然其标准重量则又各因其地而异。即同一地方，其秤量亦不能得其一定也。"后渐为民间所采用。但各地标准不同，一般常冠以地名，如苏漕平、申漕平等。该规程中"漕"皆写为"曹"，后续录文直接将"曹"改为"漕"，不再一一标注。

⑥ 元银：元丝银，白银的一种，其成色无定制，多为散碎银两。

⑦ 榴红：石榴花似的红色。

十年亦与真、榴红相同,久后浅坊少出炼银。又云进出轴货未免经理再三情说,故此公议桃桂红止[只]①算一半炼银与他。

大红染坊,一一五兑②,九五扣。

真红:匹,六钱;件,四钱。

榴红:匹,四钱;件,二钱五(分)。

桃红:匹,二钱;件,一钱二(分)五(厘)。

桂红:匹,二钱;件,一钱二(分)五(厘)。

浅色坊,一二二兑,九五扣。

每匹炼银三分,每件炼银二分。真、榴红炼银不算,桃、桂红炼银只算一半。

松花③:匹,七分;件,四钱五(分)。

月白④、京酱、果绿:匹,四分;件,二钱五(分)。

玉兰⑤:匹,九分;件,六分。

宝益坊,一一七兑,九五扣。

宝兰:匹,一钱八(分);件,一钱二(分)。

元青⑥:匹,二钱七(分);件,一钱八(分)。

朱库墨:匹,四分;件,二分五(厘)。

鲜红坊,八兑,九五扣。

---

① 止[只]:山西布商文书中有时将"只"写作"止",后续录文以"只"录入,不再一一标注。

② 一一五兑:两种白银的兑换比例,若A与B兑换为一一五兑,则100两A白银可兑115两B白银。

③ 松花:浅黄色,黄中透绿,松树花粉的颜色。《红楼梦》第七十八回:"这裤子配着松花色袄儿,石青靴子,越显出靛青的头,雪白的脸来了!"

④ 月白:清前期为较浅的蓝色。[明]宋应星《天工开物·诸色质料》:"月白,草白二色,俱靛水微染。"清中期以后,月白色中的蓝色成分增多。

⑤ 玉兰:类似于乳白色。

⑥ 元青:玄色,一般用靛蓝和五倍子套染。

每匹九分，每件六分。

苏州房平，九五兑，每平比杭坊平短七钱二（分），杭州庄银杭房平八四三兑。

绣工行规，自八年春标①照老价外加一分五厘。

徐瑞华，绣货老价，银平以苏房平六五五兑元丝银。

色大累缎②绣花袷③坎肩④，三两二（钱）。

色大累缎光素袷坎肩，二两三（钱）五（分）。

色大累缎光素棉坎肩，二两四（钱）。

八五足佛青⑤贡缎⑥绣立水⑦裳片，七两七（钱），宽袖加二钱。

八五足佛青贡缎绣地景裳片，六两二（钱），比立水的下银一两五（钱）。

---

① 春标：标期为商场交解现款之期限。晋省通例，每年分春夏秋冬四标。大致每标相距为三个月，日期则因须选合吉日关系，并不固定。
② 缎：古作"段"。是我国汉代以后开始盛行的丝织品，绫与缎的织法相似，细薄者为绫，厚密者为缎。《天工开物·分名》载："凡罗中空小路以透风凉，其消息全在软综之中。衮头两扇打综，一软一硬。凡五梭、三梭之后，踏起软综，自然纠转诸经，空路不粘。若平过不空路而仍稀者曰'纱'，消息亦在两扇衮头之上。直至织花绫绸，则去此两扇，而用桄综八扇。凡左右手各用一梭，交互织者曰'绉纱'。凡单经曰'罗地'，双经曰'绢地'，五经曰'绫地'。凡花分实地与绫地，绫地者光，实地者暗。先染丝而后织者曰'缎'。"明清以来，以江宁、苏州及杭州三处织造者最盛：苏州以累缎闻名，江宁以贡缎闻名，杭州以花缎为著。
③ 袷：同"夹"，双层的。《说文解字》曰："袷，衣无絮，从衣合声，古洽切。"相对于棉和单而言，指双层无絮的衣物。
④ 坎肩：无袖短上衣。徐珂《清稗类钞·服饰类》："半臂，汉时名绣裙，即今之坎肩也，又名背心。"
⑤ 佛青：一种深蓝色的无机颜料。
⑥ 贡缎：高级棉织物，质地柔软，富有弹性。
⑦ 立水：绣立水时，苏绣采用上下竖针的绣法，具体就是无论刺绣品图案是什么形状、色彩怎样变化，绣线走向始终是上下垂直的。

八尺五（寸）足佛青二府①缎绣②立水厂［裳］③片，六（两）五（钱），宽袖加二钱，比贡缎的下一两二（钱）。

八尺五（寸）佛青二府缎绣地景裳片，五两。

七尺二（寸）色大累经绣龙凤裙片，三两九（钱），真红加一钱。

七二足色大累缎绣时花裙片，三两三（钱）五（分），真红加一钱，比龙凤裙下五钱五（分）。

真红大累绣龙凤十［什］景宫裙，四两五（钱）。

七二足色大累缎绣半打子裙片，三两五（钱）五（分），真红加一钱，比散花加二钱。

杂色大累绣寸镶袷裙，三六，真红加一钱，比裙片加二钱五（分）。

杂色二累缎绣寸镶袷裙，二两七（钱），真红加一钱，比大累的下九钱。

杂色府累绣寸镶袷裙，二两一（钱）五（分），比二累的下五钱五（分）。

杂色大累光素寸镶袷裙，二九，比绣花的下七钱。

杂色二累光素寸镶袷裙，二两一（钱），比绣花的下六钱。

大累缎绣宽袖寸镶袷马褂④，六两二（钱）。

大累缎绣花三镶绸里领衣，三二。

佛青府缎盘金百寿袷裳，三一。

佛青府缎绣金八团袷裳，三。

---

① 二府：江南江宁、苏州二府。
② 缎绣：在各色的缎子上刺绣，根据不同颜色的缎子来选择花样和配色。
③ 厂［裳］：山西布商文书中有时将"裳"写作"厂"，后续录文时以"裳"录入，不再一一标注。
④ 马褂：一种穿于袍服外的短衣，衣长至脐，袖仅遮肘，满语叫"鄂多赫"，因着之便于骑马而得名，亦称"短褂"或"马墩子"。清代初期，马褂为一般士兵穿着，至康熙时期富贵之家也有穿者。雍正后，马褂已甚为流行，并发展成单、夹、纱、皮、棉等服装，成为男式便衣，士庶都可穿着。之后更逐渐演变为一种礼仪性的服装，不论身份，都以马褂套在长袍之外，显得文雅大方。

佛青西纱兰绣地景裳片，四两八（钱）。

七二足色西纱绣时花东坡裙片，二一五，真红加一钱。

色西纱绣洋莲花东坡单裙，二一五，寸镶加一钱五（分）。

七二足色西纱绣龙凤裙片，二两五（钱）。

色府纱绣花东坡单裙，一七，寸镶加一钱五（分）。

色大累绣花加边膝衣，四两。

杂色大累绣花无边膝衣，三五。

色大累绣花枕顶，每块一钱六（分）。

二四大累缎四幅绣花苏式裳袖，七。

以上老价俱系较正清楚，毫无错差，谨记。

一尺二（寸）色大累三幅绣花裳袖，六五。

一尺色大累绣花袄袖，五五。

二四杂色西纱绣苏式裳袖，四五。

代绣八团累缎裳衣，二五。

佛青累缎织金[①]裳片，四二。

佛青累缎织金过线裳片，四六。

佛青累缎织金百寿裙片，三七。

佛青累缎织金过线裙片，四一。

佛青贡缎织金百寿裳片，本色一样价。

佛青贡缎织金百寿裙片。

杂色大累绣龙凤褶裙。

杂色大累绣时花百褶裙[②]。

杂色大累半打子绣花袄，真红加，佛青加。

佛青大累半打子绣花套。

---

① 织金：在织锦中织进金线。
② 百褶裙：折叠出等宽一边倒的明褶和暗褶的裙子。

东城货本店定机[1] **尺杆：**

一丈零五（寸），足小裁宫绸、累丝套料，重。

一丈一（尺）二（寸），足色大累丝、花素宫绸袄料，重。

一丈五（尺）五（寸），足小裁宫绸袍料，重。

一丈四（尺）五（寸），足大裁宫绸套料，重。

二丈零五（寸），足大裁宫绸袍料，重。

一丈二（尺），足花素西纱衫料，重。

一丈一（尺），足花素西纱套料，重。

三丈七（尺），足色大累丝缎通连。

四丈五（尺），足花素宫绸通连。

四丈八（尺），足花素西纱通连。

三丈四（尺），加阔素缎通连。

沈宪成，毛一色，元银七兑；毛一色，纹银[2]六五兑；筒工钱用不除。

三丈七（尺），足佛青光素累缎通连，佛重九钱五（分）。

浅色每尺重九钱，浅色每尺老价银三钱八（分），天青三钱九（分），真红四三。

五一官四丈五（尺），足浅色光素宫绸通连。

浅每尺重七钱，浅色每尺老价银二钱七（分）三（厘），元青下一分，天青加一分，真红加四分。

元每尺重八二、八三，佛每尺重七四、七五。

浅色贡素缎袄、套，每尺老价银四钱七（分）五（厘），佛四钱九（分），

---

① 定机：规定商品规格之意。

② 纹银：清代全国通行的标准银，清朝乾隆年间被确立为全国统一的银锭成色标准。因其徒有虚名而并无实物，被称为"虚银两"。《清朝文献通考·钱币四》载乾隆十年（1745）规定："凡一切行使，大抵数少则用钱，数多则用银。其用银之处，官司所发，例以纹银。至商民行使，自十成至九成、八成、七成不等。遇有交易，皆按照十成足纹，递相核算。"足色纹银的成色为93.5374%，称为"十成足纹"。

真红五钱二（分）五（厘）。

每尺重一两，天青每尺重一两零五（分）。

浅色府贡缎套，天青。

每尺重，每尺价银三钱二（分）四（厘）。

钱永文，毛二色，元丝银九五兑；毛一色，纹银八九兑；筒工钱用除一色。

浅色府累缎袄，每尺价参封银①一钱九（分），真红加二钱。

每尺重七钱，佛青七钱，真红六钱八（分）。

傅德盛，毛一色有余，元丝银足兑，筒工钱用一色。

二丈八（寸）足浅色八丝缎②，每尺价银一钱三（分）六（厘），天青价一钱四（分）六（厘），真红一钱六（分）一（厘）。

邵永盛，银，房平足兑。

三四加阔素缎，每连重一十七，价银四两四（钱）。

钱晋占，毛一色，元银房平七兑；毛一色，纹银六五兑。

色局纱，每尺重五钱五（分），价银二钱四（分）。

花素一样，元青、佛青一样，真红每件衫加七钱。

赵天来，毛一色七、八，元银房平七兑。

浅色局纱，每尺重五钱五（分），价二钱四（分）五（厘）。

花素一样，真红衫每件加八钱。

浅色府纱③，每尺重四钱，价银一钱六（分）五（厘）。

---

① 参封银：苏州的一种白银称谓，参封银一千两可兑换关批票银九百零三两。《光绪二十一年裕成远记各处期口银色底》："江苏周行关批票银，周行钱以洋钱七钱余重。关批票纹银为主。又有宗西批票纹银，比关批票纹银每一千两次色贰两。又有宗参封银，每一千两顶关批票九两零三。"

② 八丝缎：八根纬之缎。从根纬数来看，缎可分为四丝缎、五丝缎、八丝缎三种。

③ 府纱：江宁府所织之纱。江宁即今南京，为清时江南织造所在地。

嘉庆八年,秋标新改定机:

浅色大累丝缎,每尺实平元银三钱三(分),真红加六分,佛加一(分)五(厘)。

花宫绸,浅色,每尺实平元银二钱四(分)五(厘),真红加六分,佛青加一分半。

素宁绸,浅色,每尺实平元银二钱四(分)四(厘),真红六分,佛青一分半。

本店丝货结价,八年价码照码兑扣即系原本。

四二官浅色局累丝缎,二四五,真红加四两五(钱),佛青加一两一(钱)。

三九官浅色加阔素缎,一零四。

一二五官浅色大累缎袄,七四,真红加一两四(钱),佛青加四钱。

一二五官浅色府累缎袄,五一,真红加一两四(钱),佛青加四钱。

一二官佛青府累缎套。

九五佛青仰素缎套,即二府缎。

闪花袄加四钱。

一三浅色魁素缎袄,五八,真红加一两四(钱),佛青四钱。

一二佛青魁素缎套,五七,闪花加四钱。

浅色小累丝缎。

五一佛青元青花宫绸,二三四。

五一佛青元青素宁绸,二三四,元青二二。

二四浅色花宫绸袍料,一零一。

二三浅色光素宫绸袍,一零一。

九六,一七五浅色洋莲宫绸袍,七六。

一七浅色光素宫绸袍,七五。

一六五佛元花宫绸套。

宁绸[①]七二,一六五佛元素宫绸套。

---

① 宁绸:南京绸。

七一，一三色洋莲花宫绸袄，真红加，佛青加四钱。

宁绸加五钱，一二五浅色光素宫绸袄，五，真红加，佛青加四钱。

一二五佛青时花宫绸套。

宁绸加二钱，一二佛元素宫绸套，五二。

五四浅色花素局纱每连，佛青加。

二四浅色花素局纱袍。

一七五色花素局纱袍。

一六五佛、元花素局纱套，元青。

一三五浅色花素局纱衫，真红六四，佛青。

一二五佛青花素局纱套，四七五，元青。

一五佛青西纱绣花地景裳，立水加银。

一五三，九五佛青贡缎绣立水裳。

一二五，九五佛青贡缎绣地景裳。

一二八，九五佛青府贡绣立水裳。

十，九五佛青府贡绣地景裳。

五八，佛青府缎盘金八团袷裳，四八，百寿加二钱。

一二五，九尺五（寸）佛青贡缎织金百寿方补裳片。

八尺佛青贡缎织金百寿团面裙片。

九五佛青大累织金百寿裳片。

佛青大累织金百寿裙片。

八尺色累丝织一色金过线朝裙，七二，真红七八。

九五佛青贡缎本色百寿裳片。

八尺佛青贡缎本色百寿裙片。

八尺色自地大累缎绣花裙片，真红。

自地浅色半绣打子花袄料，一五八，真红一六五。

九五佛青贡缎绣花半打子立水套，一六五，立水。

京酱自宫绸绣五彩金龙蟒立水袍［立水蟒袍］①，旧价，四三。

京酱加重宫绸绣五彩金龙立水蟒袍，旧价，三六。

六五，七五浅色大累缎绣时花裙片，五四，真红加三钱，与半打子绣杂色裙片同。

七九，七六，浅色大累绣龙凤裙片，六七，真红，与太少师同。

六八，七五浅色大累绣半打子裙片，五七。

四二，七五浅色西纱绣花裙片，三五，真红。

真红大累绣龙凤宫裙带，七四。

七五，浅色大累绣寸镶袷裙，六一，真红。

色二累缎绣寸镶袷裙，四八。

色西纱绣花寸镶单裙，三九。

四四，色府缎绣花寸镶袷裙，三七。

色府纱绣花寸镶单裙。

一四五，二尺四（寸）色大累四幅绣花裳袖，一二。

六九，八寸色大累绣花膝衣，加边冬衣加价。

七寸色大累绣花枕顶。

二四色局纱绣花裳袖。

二丈加重门市佛青赤板金缎，一一六。

二丈元青清水滚绒②通连，计重。

五一分佛元光素贡宁绸每连旧价二八五，元青下一五。

一零五色局贡缎袄料，佛青，真红。

九五佛青局贡缎套。

二五雪白芝、实地浩纱衫。

---

① 蟒立水袍［立水蟒袍］：蟒袍又名花衣，因袍上绣有蟒纹而得名，古代官员的礼服。上绣蟒，非龙，只因爪上四趾，而皇家之龙五趾，所以四趾龙为蟒，故称。蟒袍在明代是官员的朝服，到清代才放宽限制，上至皇子下至未入流者都可穿服，只在颜色、蟒数上有区别限制。

② 滚绒：采用蚕丝为原料，将丝绒染成各种颜色，用细铜丝相连，把绒用力搓滚成绒条。

一四，三二阔四丈四（尺）官雪白画纱通连，重一八五，长四丈一（尺）五（寸）。

一七五阔四二官雪白生罗双衫，重二十四，长三丈九（尺）。

四十付［副］^①二丈足月白摹本缎三则袖口，每连。

一百条清水绣绒珠边，每连。

杂色漏地亮纱^②，每连。

一二佛青大累丝缎套料，七两三（钱）。

十两色花湖绉绸袄料，五五，元青加三钱，真红加二两。

天吉绉绸庄，毛一包［色］元银房平九四兑，毛一包［色］纹银房平八九兑，筒工钱用全无。

花湖绉袄，每件足尺二丈，重八两。每两价银：八年，三钱七（分）。

染价：真红、月白一二；宝蓝^③一五；天青一钱五（分）；京酱一五；元青三钱。

宏泰义记，毛一色九五扣原平原兑，八年秋标价。

真清水衣线，五两零七（分），龙綖^④六两二（钱）七（分）。

三珠，五两零二（分），绣花线五两二（钱）七（分）。

琐线，四两九（钱）二（分）。

真红每斤加二两，元青下一钱。

袁润仓，元丝银九二兑。

龙綖每两三钱四（分），三兰^⑤三钱三（分），元青三钱二（分）。

---

① 付［副］：山西布商文书中有时将"副"写作"付"，后续录文中以"副"录入，不再一一标注。
② 亮纱：乾隆《吴县志》卷五十一"物产"："纱，要以苏州为最多，质既不同，名亦各异，凡轻薄爽滑，宜夏服者，皆谓之纱，如亮纱、画地纱、官纱、葛纱等，皆以纱为总名，非同一物也。"
③ 宝蓝：纯净蓝宝石的颜色，鲜亮的蓝色。
④ 綖：同"线"。《康熙字典》："线读为綖，谓缝革之缕。"
⑤ 三兰：三蓝。苏绣的色彩，乾隆时期流行用色调和，喜用金线，彰显奢华；清中晚期则流行水墨绣、三蓝绣，追求典雅意境。

嘉庆八年冬标布价

德高诚记：黑锦七六；漂白四八五；毛石青六二五；上青六三。

源隆森记：红黑锦六八五、红锦六七；毛宝四四五；毛石青五三五；上青五四。

德盛永记：官绿[①]三八五；毛石青五二五；上青五三。

立诚泰记：漂白四八五；毛石青六一五；上青六一。

德源隆记：毛宝四三五；毛石青五三五；上青五三。

正隆诚记：锦尖红扣青六八、黑扣青六五；毛石青五一五；毛宝三九五。

益高元记：锦尖漂白四八；毛石青六两。

鼎和成记：元青飞三二；雪白飞二八；月白飞、杂色飞二九；银红[②]飞三五。

裕和信记：元青三一；雪白二七；月白、杂色二八；银红三四。

文高诚记：红扣、黑扣、雪白飞。

启大通记：雪白飞。

育高诚记：漂白、毛石青、上青。

文裕诚记：红黑锦，漕元银九零五兑。

文裕信记：雪白飞。

信茂毛真红布：毛一色元银；足纹银八六八兑，三平兑。

八年春标价八两一（钱）五（分）。

宏高标白生布：足纹银八二五兑。

世隆标白生布：足纹银八四兑。

姑苏原三封合本店平九五七兑元丝银，兑纹银以九零三。

---

① 官绿：[元]王思善《调和服饰器用颜色》："官绿，即枝条绿。"
② 银红：与天然产的以朱砂为原料的"真朱"相对应，是使用水银进行人工合成的红色。制法是把水银的鲜红色粉末与硫黄混合，所制成的颜色比"真朱"要鲜艳。银红是具有"富贵气"的色彩，为古代上流社会所崇尚。

苏州布上船发东路系由运河卸张秋①起旱，发回路由竹昌由范村②起车，如卸郑家口③，即由获鹿④县发回。浒关⑤报税每甬⑥四分四（厘），九兑之谱，飞花白皮七扣算。如包税连水脚以每甬一钱九（分）五（厘），浒由杨淮宿，税银在内，送张秋交卸。

有由南河路途

苏至六合县⑦，水路五百四十里，路浒关报税，六合至盱眙⑧旱路一百八十里，盱眙报税。盱眙至周家口⑨水路一千一百三十里，路由临淮⑩八里垜，经过至临淮报帏枫至八里垜报税。周家口至朱仙镇⑪水路二百八十里。朱仙

---

① 张秋：运河古镇，位于今山东省聊城市阳谷县。
② 范村：今山西省晋中市太谷区范村镇。
③ 郑家口：今河北省衡水市故城县郑口镇。位于河北省东南部京杭大运河畔。明代，郑氏在此设渡口，时人称"郑家渡口"，后改为郑家口，简称"郑口"。至清中期，郑家口已成为仅次于县城的大集镇，有"小天津卫"之称。
④ 获鹿：今河北省石家庄市鹿泉区。
⑤ 浒关：今江苏省苏州市高新区浒墅关镇，清代为重要常关。
⑥ 甬：度量单位，根据多本布商规程及信稿来看，一甬布多为五匹，如《咸丰年间湖北各处办布规程》："一宗拔尖晚庄白布……以五匹成为一甬，十二甬成一捆"，"一宗正号甬胎布……记每甬五匹整"；有时为十匹："记染光大红每甬十匹，每重六斤之谱。"做甬布所需包装、工具及花费参见《同治十年余庆堂各处办布底稿》："做甬布，以五匹成甬，十甬成包，每甬工钱八文，每甬大约迭油、里纸，甬布绳绳，蒲包、麻袋，票印墨等银二分。每甬用油纸一张，钱六个；里纸一张，钱四个；甬绳绳一条，钱一个；每包用蒲包四个，钱一十一（文）；麻袋一个，钱一百四十（文）；捆包绳绳一条，钱二十（文），系自赁房屋，觅顾伙房。"
⑦ 六合县：古称棠邑。清顺治二年（1645），改应天府为江宁府，六合县属江宁府。今为南京市六合区。
⑧ 盱眙：今江苏省淮安市盱眙县。
⑨ 周家口：今河南省周口市川汇区，明清时期，周家口是西北与江南物资交流的重要枢纽，曾被称为"河南四大商业重镇"之一。
⑩ 临淮：今江苏省宿迁市泗洪县临淮镇，因濒临淮水而得名。
⑪ 朱仙镇：隶属于河南省开封市祥符区，位于开封市西南部。明清时期，朱仙镇因贾鲁河的开通而走向鼎盛，成为"南船北车"的转运处和货物集散地，与广东佛山镇、江西景德镇、湖北汉口镇同为全国"四大名镇"。

镇至杨桥①旱路九十里，杨桥至薄壁镇②旱路一百八十里，薄壁至潞安府③旱路二百四十里，潞安府至平邑④三百九十里。共计水旱路三千三百九十里。

汉镇⑤各布店平码

广大布店：漕平八六扣元丝银。丰有色布⑥；宏有色布，比丰有布下二码。

姚保合店：漕平八四扣元丝银。日丰色布；恒大色布。

黄方至店：漕平。方至色布；恒裕。

德和布店：漕平八七五。天有色布，比丰布下一码七。

松茂布店：漕平八四六兑。谦有色布。

胡履祥店：漕平八五兑。履丰色布。

漕平：广砝九九兑。

西砝：漕平九八兑。

新广砝：漕平九九二兑。

土果平：漕平九六七兑。

苏砝：漕平九六五兑。

钱砝：漕平九八五兑。

药砝：漕平九八四（兑）。

花砝：漕平九七（兑）。

矾石砝：漕平。

---

① 杨桥：今河南省郑州市中牟县杨桥村。北有杨桥口，为黄河津渡处。清于此设镇。
② 薄壁镇：位于今河南省辉县市。
③ 潞安府：今山西省长治市。明以上党郡省入潞州，洪武九年（1376）直隶山西布政司。嘉靖八年（1529）升为潞安府，治长治县。领长治、长子、屯留、襄垣、潞城、壶关、平顺、黎城8县。清因之。
④ 平邑：今山西省晋中市平遥县。从终点是平邑来看，这本规程撰写者的商号总店应设在平遥。
⑤ 汉镇：汉口镇，因汉水入长江口而得名。汉口居长江中游，水陆交通方便，素有"九省通衢"之称。汉口在明代即以商业发达闻名。[明]秦聚奎《汉阳府志》："汉镇市民，不事田业，惟贸易是视。"入清后，商品经济更加繁荣。
⑥ 色布：原色坯布经漂染加工后的各色棉布的统称。

明矾砝：漕平九八（兑）。

四合号，参封银八九九六扣标平封银。

兴广茶记。

至诚明记。

晋昌王记纹银九三。

德高黑扣青，红扣青，光色布，毛色布。

森记红扣青，黑扣青。

全太红扣青，黑扣青。

文裕红扣青，黑扣青。

嘉庆十一年[①]七月立，各丝货结价照码兑扣是本。

佛青贡缎宽袖绣花立水裳片一件一三六；地景裳片一件一一八。

佛青二府缎宽袖绣立水裳片一件一一二；地景裳片一件九。

七五真红大累缎绣结子裙片一件六七；浅色裙片一条六三。

---

① 嘉庆十一年：公元1806年。

二、《咸丰年间湖北各处办布规程》

【简介】

该书为线装手抄本,有文字部分共55页,蓝色封面封底,无字。该书主要内容是介绍在湖北各地收购棉布及加工、包装、运输的过程;书中所记载的行规及其他标准的时间,主要集中在咸丰年间,结合二者可将书名暂定为《咸丰年间湖北各处办布规程》。从棉布运输路程的终点站在平遥,书中多次提到"本号""本帮",可知该书作者所在的布店的总号在平遥,"本帮"应该指平遥布帮,或者更大范围的山西布帮。本书虽然不足万字,但所包含的内容却非常丰富,可谓是巨细无遗,包括在湖北办布的地点、办布方式,布匹质量、规格、种类、价格,包装方式及费用、土布印染、运输路线及费用,重要交通枢纽,资金调拨,银两色平兑,山西花布杂货行新正行规,当日牙行行规等。

【录文】

旧口镇[①],系湖北省安陆府钟祥县[②]所管之地。

---

① 旧口镇:今湖北省钟祥市旧口镇。旧口位于汉水和白水的交接处:"白水,源出聊屈山,西流合寨子河,注于汉水。其入汉之处名曰口。"(《大清一统志》第126卷。)"(汉水)又东南至白口,西有寨子河自东北来注之。"(《续行水金鉴》第149卷。)水路便利。旧口地处钟祥最南端,东与荆门市、京山县相连,南与天门市接壤,西南与沙洋县隔江相望,地理位置较为重要,明代设有旧口驿,陆路亦四通八达。据《荆门直隶州志》载,清乾隆五十六年(1791)安陆府同知署移旧口镇。作为产棉重地、江汉平原的政治中心和水陆交通要地,旧口成为山西布帮在湖北"赴各路办"棉花和布匹的总码头。旧口镇棉布贸易兴盛,有一条专门从事棉织品的贸易街道——布街。旧口的山陕会馆规模庞大,占地40多亩,由关帝行宫、财神殿、聚财厅、议事堂、厨房、宿舍、戏楼、亭子等建筑组成,布局合理,错落有致。1945年,山陕会馆被伪军炸毁。

② 钟祥县:今湖北省钟祥市。

其旧虽属□□之地，而咱帮在彼作为长庄者久矣。湖北出布之处实属不少，若赴各路办买，总有［由］旧之马［码］①头提调。但彼办布用银昔年多回由汉②会兑甚便，于咸丰三年③遭兵灾④，自后又从沙市镇⑤收会。若由咱处捎现标者，总由赊⑥店觅顾信行转旧耳。彼地钱平⑦每百两比漕平大二两二（钱）八（分）。咱付标平九七八扣，彼之钱平也。所使银两样式每百两宝银⑧比足纹银多换钱五文，净存九九，比足纹银少钱一十五文，近来比宝银少换钱三十文。少［沙］市票色银去彼每千两打色银二两即按宝银使用。所出俱系细布，大势样式裁尺长二丈八九，宽一尺。在彼办布先住行店⑨，每一家店主不果［过］⑩与客一间房屋，紧要傢倨［家具］店主按［安］⑪置，其余换银买钱，客自拣择钱铺办理。其买布皆用经纪⑫客，自看庄提调，高低⑬随客自便买布使。

计开⑭发平⑮白布

---

① 马［码］："马"通"码"，后续录文以"码"录入，不再一一标注。
② 汉：汉口镇。
③ 咸丰三年：公元 1853 年。
④ 兵灾：指太平天国运动。
⑤ 沙市镇：今湖北省荆州市沙市区。
⑥ 赊：赊旗镇，今河南省南阳市社旗县。
⑦ 钱平：清代和民初使用的平码，是市平的一种，通用于钱业，钱业与其他行业账项的清算，亦常以此为计算基础。见陈绍闻主编：《经济大辞典》，上海辞书出版社 1993 年版，第 350 页。
⑧ 宝银：又称银元宝、马蹄银，各地铸造的宝银重量、成色各有差异。清中叶后，宝银须经公估局鉴定，批明重量和成色后，方可流通。
⑨ 行店：为客商提供食宿，货物买卖、存储、运输等中介服务的商号。
⑩ 果［过］："果"通"过"，后续录文以"过"录入，不再一一标注。
⑪ 按［安］：山西布商文书中有时将"安"写作"按"，后续录文以"安"录入，不再一一标注。
⑫ 经纪：市场交易之中介。
⑬ 高低：指价格高低。
⑭ 计开：逐项开列之意，清单行头多用此二字提冒。
⑮ 平：平遥县。

一宗提尖白布，裁尺长二丈八九，宽一尺，好布有三百八九十条线子[①]大谱，均钱五百文至六百（文）上下，每卷记成卷五十匹，重六十一二斤，每匹一斤三四两。

一宗顶庄白布，裁尺长二丈八，宽一尺，好布有三百四五十条线子大谱，均钱五百（文）上下，每卷记成卷五十匹，重五十八九斤，每匹一斤二三两。

一宗锦白布，裁尺长二丈七八，宽一尺，好布有三百二三十条线子大谱，均钱四百（文）上下，每卷记成卷五十匹，重五十五六斤，每匹一斤一二两。

钱一千文，咱出用钱二十文，经纪分用钱十文，店主得十文，又出山陕会馆厘头钱二十文，关税厘金钱二文，团练厘金钱六文，每客一天出火［伙］[②]食钱一百六十文，烟茶杂用皆系客备，大每天还得钱四十文。缝四、五匹头苫布[③]每连工钱五文，每条卷绳绳钱二十文。至于成卷俱系经纪打卷，店主管饭，一应挑卷下发上，客亲自调理。至于卷上水印各家所打不二。咱号所办者详注于左款。

一宗晚庄白布，裁尺长二丈五六，宽一尺零七八分，好布有三百来条线子大谱，均钱三百（文）上下，每卷记成卷六十匹，重五十三四斤，每匹一斤一两。

一宗彩边白生兼紫花布[④]，裁尺长二丈五六，宽一尺零二三分，好有布［布有］四百八九十条线子大谱，均钱八百（文）上下，每卷记成卷四十匹。外用顶白布五匹，每卷重六十一二斤，每匹一斤六两五［五六两］。

---

① 线子：棉纱。
② 火［伙］：山西布商文书中往往将"伙"写为"火"，后文以"伙"录入，不再一一注出。
③ 苫布：遮盖货物用的大雨布。
④ 紫花布：以天然棕色棉花纤维制成的布，因棕色棉开紫花得名。紫花布无须印染，经久耐用，曾以南京为集散地，东印度公司亦称其为"南京布"，远销欧美并广受欢迎，尤其是在英法两国，大量女士内衣、长裙和男士裤子都用紫花布来制作。如英国上流社会流行的装扮是"杭绸衬衫配紫花布长裤"。钟祥县也盛产紫花布，据（同治）《钟祥县志》（卷二）载：所出之布有"白棉布、紫花布、蓝棉布、青棉布、红布、缘布、葛布"。

一宗拔尖晚庄白布，裁尺长二丈五六，宽一尺零五六分，好布有三百一二十条线子大谱，均钱三百二三，踩①世美葱白水银二分五（厘）。以五匹成为一甬，十二甬成一捆，每捆油、里纸，麻袋，绳绳共均钱九文。

计开发落［洛］②胎布③

一宗正号甬胎布，系袍料布，大势样式裁尺长二丈八九，宽一尺，好布有四百八九十条线子大谱，均钱五百五六十文至六百五六十文。记成五十匹，每外加顶庄白布二匹，发河南府④染做甬布，记每甬五匹整。

一宗副号甬胎布，样式与提尖白布等耳，做作与正号全［同］⑤。

一宗副付号胎布，样式与顶庄白布相似。惟多线子二三十条，多均钱二三十文，每捆记成连皮五十二匹，成卷做法与正号布等耳。

计开发禹⑥胎布

一宗提尖胎布，与前相似宽长。惟少线子三四十条，少均钱四五十文，每卷记成五十匹，外加顶庄白布二匹，发禹染羊宝蓝五十匹。

一宗顶庄白布，宽长与发平白布相同。惟少线子二三十条，少均钱三四十文，每卷记成五十二匹，发禹染色，与提尖同。

一宗尾庄胎布，宽长与发平晚庄布相同。每卷记成五十五匹，外加顶庄白布二匹，发禹染羊宝蓝。至于成卷现下以六十匹染成色布，均拉每卷重六十二三斤。

一宗旧至河下每卷力钱布街⑦十四（文）、熊街十六（文），旧至樊城⑧每

---

① 踩：踩布，亦称踹布，将染好的布进行压整的程序。
② 洛：今河南省洛阳市。
③ 胎布：未经染色的布。
④ 河南府：古代行政区划，府治今河南省洛阳市，辖区大致为今洛阳市所辖地域。
⑤ 仝［同］："仝"与"同"古时通用，后续录文以"同"录入，不再一一标注。
⑥ 禹：今河南省禹州市。清代民国时，禹州所产棉布在全国，特别是北方各省中享有盛誉。
⑦ 布街：与熊街均为清代旧口镇商业街道。
⑧ 樊城：古城名，今湖北省襄阳市樊城区，北临汉水，是重要的货物中转城市，南方的货物溯长江抵汉口后，转汉水抵樊城起岸，再转陆路经河南到山西。

卷水脚钱①七十（文）。

旧口新添官厘金每卷钱一百文，禹王官厘金。

小向来有匹钱一个，打机户。

多宝湾镇②，系湖北省安陆府③京山县④所管之地。

彼处平钱[钱平]每百两比漕平大二两二（钱）四（分），所使银两样式与旧口等耳。在彼办布先住行店，换银买布，店主招拂，看庄经手。如客在彼不过成卷时略视一二，亦无伙食。买布挨庄勿得纷买，所之出布系细布，较比旧口布宽一寸，短一尺，买布言价俱系银庄毛银⑤，每匹去毛银六分，下余均毛银每两以八二扣钱与客记算，八扣交机夫，即此暗用。每匹客出厘金钱一文，成卷工钱三十文，每卷至旧下河脚力钱四十文。至平从河起船一应发脚与旧口布相似，咱号在彼所办者开列于后：

计开发平

一宗贡庄白布，每匹裁尺长二丈七八，宽一尺一（寸），好布有四百一二十条线子大谱，均毛银六钱上下。记成卷四十五匹，另改五十匹，重六十斤。

一宗福庄白布，每匹裁尺长宽与贡庄布相同，惟少线子二三十条，少均毛银三四分，记成卷五十匹，重五十七八斤。

一宗仁和白布，每匹裁尺长二丈七八，宽九寸，好布有三百来条线子大谱，均银四钱上下，八扣付钱，每匹外加用钱八文，六十匹成卷，重五十五六斤。

---

① 脚钱：运输费用，水脚即为水路运输费用。
② 多宝湾镇：今属湖北省天门市，清代隶属于京山县，在民国五年（1916）设县佐。《京山县志》："民国5年，因多宝湾距县城较远，地势扼要，设县佐。"多宝湾濒临汉水，是汉水上重要的码头之一。
③ 安陆府：古代行政区划。元至元十五年（1278）升郢州置安陆府，治所在长寿（今湖北省钟祥市），属河南江北等处行中书省。辖境相当于今湖北省钟祥、京山、天门、潜江等市县地。
④ 京山县：今湖北省京山市。
⑤ 毛银：一种银色。

记［计］①开湾发禹州

一宗贡庄胎布，每匹才［裁］②尺长二丈八（尺），宽一尺一（寸），好布有四百来条线子大谱，均银六钱之谱，记成卷五十匹，外加低本皮布二匹。

一宗福庄胎布，每匹裁尺长二丈八（尺），宽一尺一（寸），好布有三百七八十条线子大谱，均毛银五钱六七，记成卷五十二匹。

新洲镇③，系湖北黄州府④黄关县⑤管，在汉口东北旱一百三十里。

彼处新钱平每百两比漕平大一两三（分）六（厘），在彼办骑龙布，买布庄钱九八四，买布看庄系托店主包价办买。譬定每匹布钱六百一（十文），与客抽回用钱十五文，以时价钱数⑥合银。成卷布欵［款］⑦与孟布同，以三十二大卷、一十六小卷作为一载。

从新洲发汉口，每载杂使水脚钱四千八九至五千（文）之谱。每载在汉口出驳船脚力纹银一钱六（分）。从汉发樊城，陈上陛过载行⑧收转，每载水脚纹银三两二（钱）。由樊发荆紫关⑨康永店内过载行，每载水脚纹银三两四（钱）。从汉至关，每匹迭⑩水脚纹银四厘六毫。

---

① 记［计］：山西布商文书中有时将"计"写作"记"，后续录文以"计"录入，不再一一标注。
② 才［裁］："才"通"裁"，后续录文以"裁"录入，不再一一标注。
③ 新洲镇：今湖北省武汉市新洲区。
④ 黄州府：古代行政区划，明嘉靖四十二年（1563），黄州府辖黄冈、麻城、黄陂、黄安、蕲水、罗田、广济、黄梅8县和蕲州。雍正七年（1729），将黄陂县划属汉阳府；清末黄州府治黄冈，下辖黄冈、黄安、蕲水、罗田、麻城、广济、黄梅7县及蕲州。
⑤ 黄关县：今湖北省黄冈市。
⑥ 钱数：白银与制钱兑价。
⑦ 欵［款］："欵"与"款"古时通用，后续录文以"款"录入，不再一一标注。
⑧ 过载行：一种行业类型，主要为客商提供买卖说合，食宿，货物存放、运输等业务，并赚取佣金。又名"过载店"。
⑨ 荆紫关：隶属于河南省南阳市淅川县，位于淅川县西北部，地处豫、鄂、陕三省结合部。荆紫关处在山与水的狭险之地，过这道关往东，是南阳和荆楚大地，往西是八百里秦川，有"鄂之门户""陕之咽喉"之称。丹江穿境而过，水陆并通，为南北交通之要塞，古时水运有"丹江通道"，陆运有"商於古道"，明清时期商业高度繁荣，"水陆辐毂，商贾辐辏，繁盛甲于全境"。
⑩ 迭：晋中方言，后常跟数词或与数量相关的词。

26　山西布商文书辑释

　　由关上发龙驹寨①每大卷均脚元银五钱，小卷均脚元银三钱，以四大卷作一担，准跟苦布一连。每担店用元银八分，小力元银二分半。如额外所余苦布每连作脚元银五分，每连苦布出店用元银一分，其脚元银系以八八扣，钱以时价合足纹银。其店用小力元银以九扣足纹银。关至寨一应脚费小力每匹摊干银六厘六（毫）。

　　由寨上发泾阳②骑龙布，每大卷常规算毛重四十斤，除毛半斤，以加二秤归实脚秤三十二斤九两③，大谱每百斤脚元银一两三（钱）。小卷毛重二十斤，除毛四两，以加二秤归实脚秤一十六斤四两五（钱）八（分），照前合脚银。以四大卷作一全担，八小卷作一全担，每担出过河银二分，跟苦布一连，所余苦布每连作重四斤，另算脚银。每全担店用元银六分半，报税纹银一钱三分。寨至泾阳脚元银以八扣泾布平④足纹银，至泾大谱每匹约迭脚税杂使泾布平干银一钱一（分）一（厘）。

　　油［由］泾阳发灵州⑤以二大卷作一担，以小卷作四卷一担，每担跟苦布一连，每担脚元银一两之谱。班［搬］用银一分，店用每担泾店尚与客扣回用元银五分，除回用每担净使元银九钱六（分），泾店现付脚银系九扣泾布平足纹银，下欠灵州脚元银系以九二扣纹银，再以九七扣灵布平干银付给，约均将脚元银以八九五扣，九九漕平足银，每匹骑布泾至灵迭脚费足纹银一分二钱。总而言之，苦布不打脚银⑥，每担龙骑布自汉至灵统记约迭脚税、店用干银三分四（厘）三（毫），再外加灵州布店用干银五分半。至于发宁夏城

――――――――――――

① 龙驹寨：今属陕西省丹凤县，近丹江北岸，古为水陆码头，南北货物集转要地。
② 泾阳：今陕西省咸阳市泾阳县，位于陕西省中部，泾河之北，"八百里秦川"的腹地。
③ 以加二秤归实脚秤三十二斤九两：12斤按10斤计，40斤除毛半斤后为39.5斤，除以12后再乘以10，约等于32斤9两。可视作脚户在运费上对商人的优惠。
④ 泾布平：白银的一种平码，其形成与流行同泾阳的棉布贸易相关。
⑤ 灵州：今宁夏回族自治区灵武市一带。民国二年（1913）全国州改县，将灵州改为灵武县，属甘肃省宁夏道。
⑥ 苦布不打脚银：计算运费时，苦布不计算在内。

内出售迭本① 与至灵州等耳。

骑布汉发荆紫关，四厘六毫水脚摊。关上发寨六厘六，一厘一毫到泾阳。泾发灵州一分二，再加灵用五厘三。发宁亦有脚税用，较灵多加一厘商。由汉发至宁灵地，每匹脚费四分摊。

石牌镇②，系湖北省钟祥县所管之地，旧口西北，距一百六十里。

在彼办布系托布店，办染胎布，长二丈八（尺），宽一尺，以一匹分为二匹。染踩光色布以二十匹合一对，上腰红纸，用红纸绒扎包。以十匹成一甬，外包油纸。以二十甬成一捆作一担，每捆约得油纸等纹银一分二（厘）。彼地买布系讲钱庄，每匹布均钱以九三元银一一申③石牌钱平，纹银以九八六申归漕平。

将所办花色底理开后并附染价：

源高黑扣青六十甬，五分三（厘）；官录［绿］④三甬，三分四（厘）；豆绿六甬，三分四（厘）；西湖绿三甬，六分五（厘）；大红三十六甬，三分五（厘）；棕色六甬，三分四（厘）；金黄一十二甬，三分四（厘）；京标六甬，三分一（厘）；宝兰六甬，三分四（厘）；月兰一十三甬，三分一（厘）；鱼白三十甬，三分一（厘）。

以上染水九五扣元银以一一申石牌钱平，纹银以九六六申漕平，每匹满均重平染价纹银三分五（厘）二（毫）。

统记共成十二甬色布十六包，每包外缧⑤彼布三匹，外套布口口袋十六

---

① 迭本：折合下来的成本之意。
② 石牌镇：隶属于湖北省钟祥市，位于钟祥市西南部，东临汉江，西与荆门市东宝区接壤，南与沙洋县毗邻，北与钟祥市文集镇、冷水镇相连，汉江水道依镇而过。古时因临汉江，水路交通便捷，商贾云集，有"小汉口"之称。从规程来看，石牌镇不仅是山西布商办布的交通要道，也是印染重镇。
③ 申：申水，又称"升水"或"伸水"。清代一般市面流通的宝银要比法定标准银含银量高，在交易中按当地标准宝银含银量与标准银之比例加算若干，谓之"申水"。
④ 录［绿］：山西布商文书中多将"绿"简写作"录"，后文以"绿"录入，不再一一注出。
⑤ 缧：绳索。

个,每个钱一文六,每包厘头银三分六(厘),每包折工银二分。每张在石牌买就染成,屡路脚税满加^①干银一分二(厘)八(毫)。

沙市镇^②,系湖北省荆州府^③管,离府城十五里。

在彼买一宗湖布油纸,每捆记三十刀,每刀十张,每张约迭漕平纹银一分二(厘)。每捆由旧口脚银五分八(厘),每张破四张,包湖色布四甬。大谱每匹摊油纸银一厘。买一宗甬布改莲纸,每块两夹,每夹七刀,每刀二百张,每张迭银八毫。至洛每张连脚银一厘五(毫)之谱。买一宗麻袋,每匹均银一钱二三,每匹做包二个半,长二丈五(尺),每个迭银五分之谱。买一宗甬布绳绳,每斤价元银八分之谱,每斤做甬布一百六十余甬,每条均钱一文。一宗麻布八六扣元银价纹银一钱五(分),绳绳扣同四开甬。油纸每刀记十张,每张加价毛银一钱二三之谱,七五扣纹银。改莲纸染十张为一刀,十二刀为一夹,价元银六钱八六扣纹(银)。一应油纸、理[里]纸、麻袋、蒲包、绳绳,每匹摊银二厘五(毫)。

买一宗包扣青桑皮红油纸,每捆记三十刀,每刀十张,每张迭银一分四(厘),每张破四张,每小张均银三厘五(毫),每匹扣青摊油纸银四毫四(丝)。买一宗毛鹿纸,每块两夹九刀,每刀一百九十张。每刀纹银三钱四(分),每张银一厘五(毫)七(丝)二(忽)。

泗港镇^④

彼地所(出)之布与宝湾^⑤相似,惟面窄四五分,路数不大,难以聚市,咱帮在彼开办者只缘宝湾抢办,逢快出布低赖而均价尚属高贵,以致不能赶

---

① 满加:一共之意。
② 沙市镇:现位于湖北省荆州市中心城区,长江荆江段北岸。早在三千多年前,沙市就是楚国郢都的外港,明代中后期,沙市成为全国十二大商业都会之一,"三楚名镇"誉满天下。1895年,沙市被辟为通商口岸,"百年商埠"由此而兴。
③ 荆州府:古代行政区划,元至正二十四年(1364)朱元璋改中兴路设置荆州府,属湖广行省,治今荆州古城。清沿之。
④ 泗港镇:今属湖北省天门市。
⑤ 宝湾:多宝湾。

办应市。但赴彼办较比宝湾少迭银一二分才为赴庄，若迭价相似，咱处出售遇货缺之时尚可，若疲滞之日售主又是一番讲说，投彼办买岂能不估记耳。在彼办买换银作价与店主商酌，平码银色跟宝湾行规。买布虽系店主看庄，而客总得经手。至于成卷发脚，一应与宝湾全[同]。每卷至旧河下脚力钱。

沙洋镇①，系湖北荆门州②管之地，离旧口四十里，在旧南。

伊处钱平每百两比漕平小四分，所系银两样式系少[沙]市老银③，宝银亦可。所出之布系细布，裁尺长二丈，宽一尺，好布有三百七十条线子大谱，均钱三百至四百（文）之谱。换银买布俱系店主经手。每匹布行用钱五文，无伙食，杂使均价一串，出厘金钱六文。至于成卷泾记一应发脚与旧口全[同]，每卷至旧河下脚力钱四十文。

计开发平

一宗庄布褂料白布每卷记七十匹，每（卷）缠顶庄白布三匹，记重六十一二斤。染做京亮青、石兰，发凉④、肃⑤二州；有发南宫，染踩京油青并杂色十景[什锦]消[销]⑥于介地⑦。如由少[沙]发洛邑，染加套等色销于东西两口⑧耳。

后港镇⑨，系湖北省荆门州所管之地。

盖彼地开行回汉镇，不时贼匪骚扰难以作立。于咸丰五年⑩咱帮赴旧办布，汉口仍是不宁，未能到彼办买，是以无法在后起庄。伊处钱平每百两

---

① 沙洋镇：今湖北省荆门市东南一百四十里处，明设巡司于此，清废，民初设县佐。
② 荆门州：今湖北省荆门市。明初属荆州府，嘉靖十年（1531）隶属承天府，顺治三年（1646）改承天府为安陆府，乾隆五十六年（1791）升为荆门直隶州，民国二年（1913）废除。
③ 沙市老银：沙市流通之银。
④ 凉：凉州，今甘肃省武威市凉州区。
⑤ 肃：肃州，今甘肃省酒泉市肃州区。
⑥ 消[销]："消"通"销"，后续录文以"销"录入，不再一一标注。
⑦ 介地：今山西省介休市。
⑧ 东西两口：东口指张家口，西口指归化城（今内蒙古自治区呼和浩特市旧城）。
⑨ 后港镇：位于今湖北省荆门市沙洋县中南部。
⑩ 咸丰五年：公元1855年。

比漕平大。所使银两样式俱系宝银，若沙市票色老银以彼时价去色作合。所出之布宽长不一，由客定机开买，胎布言价钱庄，装染何色，与店主一并言作妥贴。将银付作买布，店主看庄染色，成包甬包封油纸、里票纸并成捆，工费俱系店主，待布成捆，客去验色而矣。亦无伙食杂使，惟开单时布每匹布出行用钱二文。每包上蒲包二个，每个钱四文，每个麻袋钱九文，每条绳绳钱二十八文，每支竹牌牌钱二文。若要（一）并染色，讲价银庄俱可。每包至旧下河脚力钱二百一十文。彼地所出布花名详注于左。计开：

一宗正号广弘扣青胎布裁尺长二丈，宽九寸四五，有四百来条线子大谱，均钱三百（文）至四百（文）之谱。

记染红扣青一百三（十文），黑扣青九十（文）。每计十匹成甬，重七斤十来两。春夏以八甬，秋冬以九甬成包。

一宗副号胎布裁尺长一丈九（尺），宽九寸，有三百七八十条线子大谱，均钱比正号布少均钱三四十文，其余染水成甬与正号同，重七斤五六两。

一宗三副号胎布裁尺长一丈八（尺），宽九寸，有三百五六十条线子大谱，均钱比副号布少均钱五六十文。

记染红扣（青）一百二（十文），黑扣（青）八十（文），重六斤十来两，记四季十甬成包。

一宗信茂义胎布裁尺长一丈八，宽九寸，有三百八九十条线子大谱，均钱四百（文）之谱。记染光大红每甬十匹，每重六斤之谱，每包秋冬十甬，春夏九甬；记染毛大红每甬五匹，每重二斤十来两，每包秋冬廿甬，春夏十八甬。

一宗永丰德胎布裁尺长一丈五，宽八寸四五，有三百来条线子大谱，均钱。记染板朱红每甬十匹，每重三斤七八两之谱，每色［包］成四甬［季］十甬；记染毛桃红每甬十匹，每重三斤四五两之谱，每色［包］成四甬［季］十甬。

一宗永丰德副号胎布裁尺长一丈四五，宽八寸二三，有二百八九十条线子大谱，均钱。记染光桃枝红、砂绿、官绿、京蓝、月蓝、鱼白、标白、秋香①，每记重十匹成一甬，三斤十来两，十四甬成包。

永隆河②

彼地所（出）之布与旧口布同，惟是面窄三几分，稍外五几寸，身分轻些。逢集布涌客商云集，而在彼办买泾阳帮字号。虽此，若逢旧口集快，机户向旧卖者尚属不少。即如咱帮亦有在彼办者，俱面稍窄，外勿能成副甬布，独办三号青胎（布）尚可。虽属如此，较臼［旧］③布少迭一二分尚可换银作价付庄，在店办理平码银色皆从旧规。买布看庄亲自拣择，高低成卷俱系店主经纪。至与［于］④发脚一应等与旧相同。每卷至旧下河脚力钱。

蚌湖镇⑤，系湖北省安陆府潜江县⑥所管之地，府东北，距府八十二里。

彼处钱平每百两比漕平大，所使银两样式与旧相同。在（彼）办布住行店轮流买布，一家一天，店主看庄，言价钱庄，每匹店用钱十八文。于咸丰五年议出厘金钱一文，伙食杂使俱无。所之布与湾布大势等耳，至于发脚一应与旧口布相同。

德安府⑦，系湖北省五［武］昌府所管之地，距府三百二十里。

伊处钱平每百两比漕平大，所使银两样式。在彼办布每客一尺出伙食杂使钱。所出之布亦系细布，其布裁尺长四丈四（寸），宽一尺零五（分），好布有三百七八（十）条线子大谱，均钱。每匹行用钱，厘金钱，缝苦（布）

---

① 秋香：浅橄榄色，由绿和黄调成，随调配比例不同而颜色有所区别。
② 永隆河：位于今湖北省京山市境内，永隆河有上中下三个码头。永隆河边有一个自然集镇，名为永隆集，商业繁茂，是京山市的西南重镇，素有"小汉口"之称。
③ 臼［旧］：旧口，清时"旧""臼"通用，下文"臼"皆改为"旧"，不再一一注出。
④ 至与［于］：后文遇"至与"皆以"至于"录入，不再一一标注。
⑤ 蚌湖镇：今湖北省潜江市蚌湖村。
⑥ 潜江县：今湖北省潜江市。
⑦ 德安府：古代行政区划，1913年废除，府治今湖北省安陆市。

一连工钱。每匹发老河口①脚力钱。

唐县镇②，系湖北省德安府随州③管，距府一百八十里，府至省三百二十里。

伊处钱平每百两比漕平大，所使银两样式，杂使钱。所出之布俱系细布，其布裁尺长三丈八（尺），宽一尺，好布有三百五六十条线子大谱，均钱。每匹布行用钱，厘金钱，逢苦布一连工钱，每条绳绳钱，每卷以成卷，工钱，每卷发老河口脚力钱。

计开在湖北省办发湾、旧等布规款

无论发东西两路，总由樊城新打洪④行店过载分路。假如发东路者，由赊发禹郡⑤或发洛邑，发郭家嘴⑥，郭至泽府⑦转平。若是发西路者，由新野县⑧或发禹洛或发曲沃⑨转平。新野发脚回时而为夏季，无驼，甚是难发。春冬有驼之时，较比东路发脚甚速，难如此佳。而西路发脚洛路，布内难保无虞，时常损坏短少。若由东行，设路过载行店妥实，其两路脚价大势等耳。

今将各路脚价开列于后

由旧口每卷下河小力钱十五文，河至新打洪水脚钱七十文，樊城厘金钱

---

① 老河口：今湖北省老河口市，因地处汉江故道而得名，挟蜀汉、扼新邓、枕太和、通秦洛，得舟楫之利、扼四省要冲，素有"襄郧要道、秦楚通衢"之称，享有"天下十八口，数了汉口数河口"之誉。

② 唐县镇：今湖北省随州市随县下辖镇。西周及春秋时为唐国都，明清置巡司于此。

③ 随州：今湖北省随州市。

④ 新打洪：今湖北省襄阳市清河口一带，处于汉水、唐白河的交汇处，水陆交通方便，是重要的物资集散地。

⑤ 禹郡：禹州。

⑥ 郭家嘴：位于今河南省郑州市二七社区。

⑦ 泽府：泽州府，清代山西省所辖九府之一，晋城市古称。

⑧ 新野县：今河南省南阳市新野县，位于中原经济区西南门户、豫鄂两省交界地带、南阳盆地中心。

⑨ 曲沃：今山西省临汾市曲沃县。

四十八文，发东路至赊水脚装船昔年白布以三十八卷一载，近来以四十卷作为一载，每载船脚五两至七两，每两以九扣付钱，若付银将钱依樊地时价作合。

从赊发禹，骡脚每卷钱三百五十文至五百文，发马车脚每卷毛银二钱至三钱。由赊发洛邑，骡脚每百斤毛银五钱至一两三钱，发车银每卷毛银三钱至八钱，发驼脚每百斤毛银七钱至一两九钱。

由赊发郭家嘴，车脚每卷毛银三钱至九钱，发骡脚每百斤五钱至一两三钱，发驼脚与发洛等耳。如一脚赊至平，驼脚每百斤一两八钱至六两四钱，俱系毛银，时常骡平和三两之谱。发骡脚每百斤毛银一两九钱至二两八钱。无论赊发禹、洛、郭家嘴、平邑，于咸丰七年①抽拔厘金，发车一辆装布四十卷上抽银三钱。每骡驼一头双布四卷上抽银五分，其银九四、九一扣赊钱平。如发西路者，由新打洪发新野县，每卷水脚钱五十文。由新野发洛邑，驼脚系折半秤，每百斤驼脚纹银二两之谱。

由新野发曲沃，每百斤脚毛银一两五至四两之谱，九一扣驼平②纹银。若有下欠至沃，毛银九扣、九四扣沃平纹银，其彼平每百两比漕平。由曲沃发平以四卷作一担，每担钱二千八（百文）至三千二（百文），每担过载行用元银八分。假如从新野一脚至平，驼脚每百斤毛银五两之谱。每两脚毛银外加行用元银四分，惟禹洛不加用。若是在彼现付脚银，每两以九一扣付驼平纹银，下欠至平以九三扣驼平纹银，其平每百两比漕平小八钱六七。

总而言之，湾、旧之布四季长短脚均摊至平每匹甬布、白布再加一应杂使，以彼办布价作合总共若干即知卖平本也。

汉口镇，系湖北五［武］昌省汉阳府汗［汉］③阳县所管之地，在旧口正东，距省十里，（距）旧六百余里。

---

① 咸丰七年：公元1857年。
② 驼平：驼行的白银称量标准。
③ 汗［汉］：山西布商文书中有时将"汉"写作"汗"，后续录文以"汉"录入，不再一一标注。

伊地虽集镇之地，而有所不同，各省赴彼之物，由其地开办之货，势难以记算，银号票行①周行交易，四路通达，真乃水旱［旱］码头也。别行之规款无须细详，及我布庄在彼办布亦有贪②故账之家，抽掉［调］③期口甚为便妥。

彼处钱平每百两比漕平，所使银两样式系行下炉足纹银，若往彼会兑即以咱处周行无沿课，每千咱处铺色十一两，即彼之下炉豆也。至于布，在彼办布，如有长庄另占栈房一切应等化［花］④费务必重耳，若无长庄即住行店办买。言价值，银以八五扣元银，再以八五扣票色银，九八扣广砝平足兑付银。办买定布总得一月外现成起货，而今又新定规条，皆回，行庄屡屡歇业，以致办布之家受害不浅矣。如货现成起发迟三月付银，若付现银，按大行息规多扣三厘钱付给其办布价直［值］。如要付标平，言价毛银以六八扣咱标平足纹银为度，买扣青，黑扣青比红扣青下毛银四分，毛桃红比板朱红下毛银六分。若在行店定庄成甬，包红油纸、里纸、皮相绳绳俱系伊备，惟麻袋客自办。至于发脚等耳，行店经手。假如办买乡布，言价钱庄，店主看庄，作染、换银、包封应等花费，发脚系客自为办理。在彼办买较比行店之费省银一分之谱尚可，而互相似之迭价即不为也。在店所开之货均属一体，而乡办之梭虽价便宜，货势⑤不能齐楚。若在咱处出卖，如遇货缺之时尚可，若是货涌，较店之货总得少卖半分三厘，甚不利手。今将行店扣青之号详注于后。

宏大布店扣青字号

正号子阳　　永吉玉下二分　　永吉裕下四分

---

① 票行：票号。
② 贪：买之意。
③ 掉［调］：山西布商文书中有时将"调"写作"掉"，后续录文以"调"录入，不再一一标注。
④ 化［花］：山西布商文书中有时将"花"写作"化"，后续录文以"花"录入，不再一一标注。
⑤ 货势：货物种类。

副号祥吉　　聚吉下六分　　贞吉下八分　　瑞吉下五分

有布字号　　正号立丰　　副号宏大下一分半

泰来布店扪青字号

正号泰来　　大吉下二分　　副号成吉　　东吉下五分

有布字号　　正号鼎丰　　副号大丰下一分半

旭高布店扪青字号

正号景昇　　全吉下二分　　副号成吉下五分

有布字号　　正号震丰　　副号大有　　裕丰下一分半

怡滩布店扪青字号

正号怡滩　　天青下二分　　副号恒吉下四分　　乾吉下七分

有布字号　　正号丰有　　副号萃有　　注丰下一分半

松大布店扪青字号

正号福聚　　咸吉下一分　　副号德成下二分　　元吉下五分

有布字号　　正号骏丰　　副号临丰下一分　　永丰下一分半

昌大布店扪青字号

正号昌大　　逢吉下二分　　副号六吉下五分　　东吉下四分

有布字号　　恒有　　昌丰

久大布店扪青字号

正号久吉　　原吉下二分　　副号谦吉　　正吉下三分　　同吉下五分

朱立大布店扪青字号

正号天吉　　副号迪吉　　隆吉下二分　　敦吉下一分

副号万吉下三分　　洪吉下五分　　成吉下四分

永昌布店

信茂大红　　永丰　　板朱

以上各店字号扪青、有布俱正号布，而论所有一应各色加码开列于后。

汉镇布

汉镇布有许多长，裁尺量来丈五长。下色洋漂并鱼月，上色枝红京毛蓝。宋巾虎皮洋连布，棕色秋香金鹅黄①。以上杂色是报［根］底，下边加码在其间。光桃加五毛桃六，惟是石青加三分。毛板朱红十二码，十四原目朱红光。汉得杂色加十数，果绿加四鱼红五。信毛真红四十码，毛真红布三十七。一概扣青二丈长，各号加码前面扬。

南乡皮布行情一钱一分之谱，八五扣。在汉办再以九七、九八扣付。

北乡皮布行情一钱四分之谱，八四五扣，成相发脚样式、扣青布、有布，依四包作为一担。春冬季扣青依九甬成，有布一十四甬成之，夏秋季八甬成，每包上蒲包两个，外上麻袋一个，每个元银八分五（厘），七七扣标平纹银。缝苫布一连工银一分一厘，九扣。每包下河脚力元银一分五（厘），八二扣。驳船元银六厘，八扣。至樊每担元银五钱至七钱之谱，七扣标平纹银。每担布厘金三分，樊至新野县每船依三十六包作为一载，每船脚元银二两之谱，九扣付钱，如伊使银按依时钱价作合。若是樊发赊，以三十八包作为一载，每船价元银五两至七两，每两以九扣付钱。假如由樊新发东西两路大势样式与旧口布同，乡布发汉每包水脚钱四十文。

长江坡②，系（湖）北省德安府应城县③所管之地，在府南，距八十里。

至于从老河口一应发脚，行规平码其平每百两比漕平小。从口发湖北河南南阳府④浙［淅］川厅界荆子关⑤永兴康行，水脚以三一府白布二十卷作为一载，每船载脚元银二两至三两之谱，四扣纹银，再以九八五扣咱标平纹银，付荆至陕西商州龙驹寨悦来和、隆盛行，每卷脚元银四钱，八七扣钱，如付纹银按时价作合，和行每卷行用纹银二分，栈力纹银六厘，二宗九扣纹

---

① 鹅黄：如鹅嘴的颜色，淡黄色。
② 长江坡：今湖北省应城市长江埠街道。地处应城、云梦、汉川三地交汇处，具有四百多年历史，商贾云集，商贸活跃，素有"小汉口"之称。
③ 应城县：今湖北省应城市。
④ 南阳府：历史行政区划，府治位于今河南省南阳市。
⑤ 荆子关：位于今河南省南阳市淅川县，西汉名草桥关，元为荆籽关，清为荆子关，民初改为荆紫关。

银至纹银①，付纹银至脚平每百两比咱标平大银一两一（钱）五（分）兑付。龙至西安府丰盛行，依平秤算系折半秤，每百斤脚元银一两三四之谱。每卷店用小力元银一分八（厘）。二宗俱以九一、九五扣纹银。每卷税纹银三分五（厘），所付之平每百两比咱标平大银一两一（钱）五（分）兑付。西安之泾阳每卷脚钱七十文，扣付纹银安［按］时价合每卷行用小力脚元银一分一（厘），九三扣纹银，所付土平与上等同。泾至灵州复源行计二大卷作一担，脚元银一两，九扣纹银。每担驼钱十文，班［搬］行纹银一分，所付之平与上同。灵至宁夏府本号每卷脚元银一钱，进宁城税用依卅匹，论之外皮不算，若是由龙驹寨直发泾阳亦可。

樊城镇，系湖北襄阳府所（在）之地，在旧口西北。

在彼过载完契，每两毛银九八扣，宝口平九扣付钱，彼处平比赊花平每百两小银一两四（钱），比旧钱平每百小银四两。咱邦［帮］皆在通源店过载，其地提船以四十卷为一载，无行用，每卷厘金钱一百五（十文）。由樊发赊每载水脚毛银五两几至六两，每两扣头前注明。每卷樊至赊水脚钱一百二三。

赊旗镇，系河南（南）阳府南阳县所管之地。

彼处五户杂地，买卖客商往来，货物淘淘［滔滔］不断，有在彼积存卖者，亦有过载者，不可甚记，可为码头之要地也。彼地交易各货，行店经手，其成盘各货平码秤头有一定样式，皆因昔时年深日久，近有不固之客商遇便生巧，行店含糊过货。将昔年之规，虽不能尽弃，以致屡屡不整。于道光十二年②五月，我花布杂货行新正行规、秤头、平码，以致整年之变，是以重条修秤三杆，山陕会馆存一杆，东西两路头周流各一杆，其彼钱平每百两比漕平大银三两二（钱），可使银两样式系九九银、宝银皆可，惟足纹银不行。或［过］买皆遵此规，勿得紊乱。

---

① "至纹银"：或为误写。
② 道光十二年：公元1832年。

令［今］将一应规款详注于后

一议十六两足平秤一百零三斤，底过秤照旧规加一三明算，无论何货总以公议之秤过秤。

一议买卖囤户或走或存，不许原号抄总号，另要过秤，行店不议抱号。

一议棉花大包口底带绳四斤，小包带绳三斤，以一百五十斤老号①作为大包，小者作为小包，过秤后抽绳一根，面较如多者照数公除以免讲说。

一议买卖成盘各立定票为据，三日内过秤，如过三日不得退盘，天雨阻隔不为凭。其银四十两期，如收现银，与行店商酌。

一议花平码根本街钱平九七五五兑付。其价元银先以九八扣用，九四扣纹银，九二扣宝银。

以上所议之款，若不遵规，如犯条略多过［过多］，客货者察出公罚用银入官，会馆罚戏三尺［次］，设席四桌。假如客货到彼或走或存先下栈房，行规列后。

棉花每大包，栈用六分，脚力六厘。发平梭布每卷栈用二厘，行用一钱，发洛并郭②、紫③，栈用二厘，行用四分。发禹郡，栈用二厘，行用三分。

以上所注之栈用并行用俱系毛银以九四、九一扣赊钱平是也。

发脚平码秤头行规

驼秤加二算④，每百斤毛银若干，九七、九六扣驼平纹银，八八扣赊钱平纹银。

骡秤加一算，每百斤毛银若干，九八、九三扣骡平纹银，九五扣赊钱平纹银。

车秤加五算，每百斤毛银若干，九七、九二扣车平纹银，九四、九一扣赊钱平纹银。

---

① 老号：棉产地一定包装规格棉花的重量。
② 郭：郭家嘴。
③ 紫：紫荆关。
④ 驼秤加二算：加一算为加 10%，该句意为在以驼秤为标准称重的结果上再加 20%。

金[今]将发秤开列于后

粉皮秤加三算,其平九七五五兑付,行用里外四分。

粉面秤加五算,其平九七四兑付,行用里外五分。

粉条秤加一算,其平赊钱平兑付,行用里外四分。

其粉条每包抽绳除皮四斤,连绳在外共合除皮七斤。

金针叶秤加三算,其平九七五五兑付,行用里外四分。

瓜子秤整包过秤加四算,散包过秤加五算,其平九七五五兑付,行用五分。

香油秤广砝小五秤过,其平九八八兑付,行用四分。

油饼秤广砝一百零三斤过秤,其平九八八兑付,行用里外三分。

槐子秤加三算,其平九七四兑付,行用三分。

柿并[饼]秤加五算,其平九七五五兑付,行用五分。

核桃秤加五算,其平九七五五兑付,行用五分。

蒲[葡]萄秤加三算,其平九七五五兑付,行用三分。

落花三秤加三算,其平九七五五兑付,行用三分。

红枣秤整包加四算,散包加五算,其平九七五兑付,行用三分。

瓷器平[1]九九七兑,油平九八八兑,杂货平九七八兑。

以上所注各货之秤俱系公议,各平码俱以赊钱平而论,行规元银系以九四扣纹银、九三扣宝银。假如从赊往樊城安陆府装粮,万不可用黄陂、孝感[2]之船,可用挑船装货,颇为正真一二,切记切记。

---

[1] 瓷器平:与油平、杂货平皆为行业内部通用的白银称重标准。

[2] 孝感:今湖北省孝感市。

三、《同治十年余庆堂各处办布底稿》

【简介】

该书为线装手抄本，竖排毛笔书写，正文共 83 页。黄色封面封底，原本包有蓝色麻绸，绝大部分破损，仅残存于四个角，封面有字："辛未年，余庆堂，肥皂一竿，各处办布底高［稿］。"其中"肥皂一竿"墨迹和笔迹皆与其他字不同，应该是后来添写的。从该书的主体内容来看，此辛未年应该指同治十年（1871），理由有三：1.规程中提到的地名为清代地名，如"安陆府""汉阳府""河南府""开州"等；2.所交的税种为关税和厘金，并没有出现民国年间增加的印花税、商税、船捐等捐税；3.亦并未出现火轮船、火车、电报等新式交通通信手段。故该规程可命名为《同治十年余庆堂各处办布底稿》。

值得注意的是，该规程主体部分成书于同治十年，但是后面又增添了两部分内容。第一部分是从正文的 79—81 页，这部分增添时间为"光绪十年（1884）腊月"，新增了 9 个办布地点，只介绍了这些地点的办布行店名称、店平，发货至获鹿和平遥的各项费用；第二部分是正文的 81—83 页，民国二十四年（1935）添加，内容杂乱。

该规程主要介绍山西布商在河南、河北、湖北、山东等地收购棉布、棉花和如何成卷、浆染、包装、运输的过程。从棉布运输路程在山西的终点站为平遥，以及专门有很大篇幅介绍全国各地到平遥的商路来看，余庆堂的总部在平遥。

【录文】

辛未年

余庆堂

肥皂一竿

各处办布底高［稿］

禹州，河南开封府①管，离洛二百四十里。彼处平比九九平每百两大一两七（钱）。所办之布长四丈六七尺，宽一尺二（寸），线子四百五六十条，系混庄布。自拆布线子四百七八十条。二十七匹成卷，重六十二三斤。缝二匹头苫布一连，工钱十五文。每条卷绳绳钱三十文，经纪店用钱十五文。

禹发河口，四卷作一担，每担脚钱一千四（百文）。过河水脚四卷作一担，每担水脚元银一钱二（分），柜用②元银八分。盘孟县③城内脚元银八分。孟发邘邰④每担脚元银二钱六（分）至三钱不等，九一扣孟县粮平纹银。以上俱系四卷作一担。邘邰发泽⑤二卷作一担，每担脚元银一钱七（分）至二钱不等，九扣付布平纹银。泽州发平，四卷作一担，每担脚钱三千三（百文）至三千八九，活价。在禹住店，客人每天出伙食钱一百二十文，烟茶酒肉俱系客人自备，在彼店家与房一间。

计开在禹染布价码，俱系实价

禹州宝蓝，二百八（十文）至三百三（十文）；洋蓝⑥，一百四（十文）

---

① 开封府：古代行政区划，狭义而言指五代梁、晋、汉、周四朝及宋金明清时期对今河南省开封市的称呼。
② 柜用：货物存储费用。
③ 孟县：隶属河南省焦作市，洪武十年（1377）改州为县，始称孟县。1996年，孟县撤县建市，设立孟州市。孟县是河南重要的棉花产地和棉纺织中心，孟县布十分有名，远销西北等地。
④ 邘邰：隶属河南省焦作市。
⑤ 泽：泽州府。
⑥ 洋蓝：清代中晚期从德国、日本等化工染料工业发达国家进口的化学染料，呈色虽然也蓝中泛紫，但非常纯净，没有天然矿物料中的杂质和微粒。

至一百六（十文）；真青①，四百（文）；皂②青，二百五（十文）；月蓝③、临漳灰，系六十（文）；蛋青④，一百一（十）三（文）；油绿⑤，九十六（文）；深鱼，五十文；漂白，五十六（文）；石固洋蓝，一百四（十文）；宝蓝，三百三（十文）；郏县宝蓝，三百一十文；月蓝，钱五十文；贡庄宝蓝，一百四（十文）至一百五（十文）；临库灰、月蓝溟，是三十文。

石固镇⑥，两座土城，南截许州⑦管，北截长葛县管。在禹正东，离禹四十里。在彼万盛店、王公顺、久兴店、王公和三［四］店办布，其平比九九平每百两大一两七（钱）。所办之布长四丈五六，宽一尺二（寸），线子四百四五十条。买布系店至［主］看庄，裁尺一尺六（寸）作一尺，每匹用钱廿五文，店得二十文，客抽五文。每天出伙食钱一百文。缝二匹头苦布一连，工钱十五文。大卷三十匹成卷，重七十四五斤，绳绳钱三十二（文），二大卷作一全担；小卷十五匹成卷，重三十七八斤，绳绳钱十五文，二小卷作一担。

每担发禹脚钱二百五（十文）。禹发清化⑧，每担脚钱二千二（百文）之谱。清发泽，系加二五秤。禹发河口，每担脚钱一千四（百文）。过河水脚元银二钱二（分）。盘盂县城柜用元银一钱六（分）。孟发邢郇三钱，九一扣孟县粮平纹银兑付。邢郇发泽，过山以二大卷一担、四小卷一担，每担脚元银二钱一（分）。泽发平，二大卷作一担、二［四］小卷作一担，每担脚钱

---

① 真青：中国传统色彩之一，属于五正色青色系。真青色近乎深靛蓝，也可称为"靛青"。
② 皂：黑色。
③ 月蓝：淡蓝色。
④ 蛋青：像青鸭蛋壳般的颜色。
⑤ 油绿：光润、清新而浓绿的颜色。据《天工开物》记载，油绿色料是用槐花薄染，青矾盖之而成。清代咸丰、同治时期流行。
⑥ 石固镇：今河南省长葛市石固镇，明清时期商业发达。
⑦ 许州：今河南省许昌市。
⑧ 清化：今河南省焦作市博爱县清化镇街道。

三千八（百文）至四千（文）。又有路过拦车①山，厘金大卷抽钱一百（文），包布一卷钱一百四十文。

郏县②，系河南汝州③管，在禹正西，离禹九十里。彼处平比九九平每百两大一两七钱。所办之布长四丈三（尺），宽一尺一（寸），线子三百六七十条。以大卷三十二匹成卷，重七十一二斤，每条绳绳钱廿文；以小卷十七匹成卷，重三十七八斤，每条绳绳钱十文。缝二匹头苦布一连，工钱二十文。每匹店用钱二十文，与客抽回用钱五文。在彼住店，每天出伙食钱一百文，烟茶酒肉客人自备。

由郏发禹二大卷、二［四］小卷作一全担，每担脚钱五百五（十文）。禹发河口每担脚钱一千四（百文）。过河水脚元银一钱二（分）。盘孟县城内柜用元银一钱六（分）。孟发邘郚，脚元银三钱，九一扣孟县粮平纹银兑付。邘郚发泽，过山二大卷作一担、四小卷作一担，每担脚元银二钱一（分）。泽发平，二大卷作一担、二［四］小卷作一担，每担脚钱三千八（百文）至四千（文）。

五女店④，系河南许州管，在禹正东微偏南，离禹一百二十里；石固东南，离石固八十里。彼处平比九九平每百两大一两四（钱）。所办之布长一丈九（尺），宽九寸，线子二百四五十条，十匹成甬，十甬成包，四包作一担，每甬重五斤半至六斤之谱。缝五匹头苦布一连，工钱二十文。每包捆绳绳钱廿文。每甬油纸二张，每张钱三个半。毛边纸⑤五张，每张钱二个。用甬绳绳一条，钱一文。每包用蒲草包⑥四个，每个钱一十一（文）。用竹签一支，钱一个半。每匹布出用钱四文。

---

① 拦车：今山西省晋城市拦车村。
② 郏县：隶属河南省平顶山市。
③ 汝州：今河南省汝州市。明清行政区划，为直隶州。
④ 五女店：隶属于河南省许昌市建安区。
⑤ 毛边纸：又称"毛头纸""东昌纸"，纤维较粗，质地松软，多用于糊窗户或者包装。
⑥ 蒲草包：以蒲草为材料制作的包装，质地柔软，用以保护货物。

在彼住店，每天出伙食钱一百文。由彼发禹，四包作一担，每担脚钱六百文。禹发河口，脚钱一千四（百文）。过河水脚元银一钱二（分）。盘孟县成［城］内，脚元银八分，柜用元银八分。孟发邢邯，脚银二钱六（分）至三钱，九一扣付孟县粮平纹银。邢邯发泽，二包作一担，每担脚元银一钱五（分）至二钱七八不等，九扣布平纹银。泽州发平，四包作一担，每担脚钱三千三（百文）至三千八九不等。

在彼染一九南府色布价码，俱系实价

真红，钱二百四（十文）；桃红，钱二百（文）；西湖绿①，此二宗色随客自备。

砂绿、水白、官绿、柳绿、松绿、西湖绿、青连［莲］②，以上三［七］宗色俱系钱六十二（文）。

西湖水、玉青、蛋青，以上三宗色俱系钱六十（文）。

枝红、京酱、铁色、棕色、紫檀③，以（上）五宗色俱系七十二（文）。

京蓝、油绿，以上二宗色钱五十六（文）。

桂红、金黄、杏黄，以上三宗色钱四十文。

米黄、鹅黄、羊绒、秋香、朱墨④，以上五宗色钱三十文。

月蓝、月白、洋蓝，以上三宗色钱三十一（文）。

深鱼、鱼白、靠白，以上三宗色钱三十一（文）。

湖绿，钱三十一（文）。

鱼红，钱一百二（十文）。

漂白，二十九文。

文高诚、聚高诚大号梭染价码漕九八三平，比较它［驼］⑤一九银砝合

---

① 西湖绿：原文此处有标记，或为删去之意。
② 青连［莲］：一种蓝紫色，蓝中略微泛红。
③ 紫檀：紫檀木的颜色，紫红色。
④ 朱墨：黑红色。
⑤ 它［驼］："它"通"驼"，下文以"驼"录入，不再一一标注。

咱标平，九七七扣。如付足宝银。

砂绿，钱一百一二；油绿，九十九（文）；官绿、柳绿，钱；真红、鱼红，钱一百二（十）五（文）；枝红，九十（文）；桂红、棕色、铁色，钱；京蓝、深鱼，钱二十（文）；鱼白，五十六（文）；月兰，六十四（文）；靠白，五十六（文）；玉青，七十九（文）；月白，六十（文）；漂白，四十二（文）；羊绒，六十七（文）；鹅黄，五十四（文）；糖青，钱八十四（文）。

大号梭颜色加头

大号之布丈九长，杂色枝红金鹅黄。羊绒朱墨共毛漂白，鱼白松花并月蓝。以上杂色是根底，下边加码在其间。

漂白加一、京蓝二、玉青三、果绿四、鱼红五、砂绿六、羔绿七、青连八。

光漂翠蓝，将加一毛；蓝、洋蓝、玉青，三；鱼红，加五；果绿，加四十四；石青，二；京蓝、青连、羔绿，俱加八；红青，十四五。最良、源隆森记，加十九；文高扣青，二十码；德高扣青，二十七；一概扣青二丈长。

一四标光色布染价码

蛋青，四十六（文）；玉绿、玉青，四十六（文）；水白、砂绿、官绿、柳绿，四十八（文）；深鱼、鱼白，三十（文）；枝红，六十二（文）；宗［棕］色，二十二（文）；京蓝，五十（文）；油绿，五十（文）；鹅黄，三十文；漂白，二十六（文）；砂兰、真红，钱二百四（十文）；桃红，钱二百文。

以上染价连油、里纸等在内。成捆每捆出蒲包、绳索、号签钱六十五文。有梭成捆，与标梭同。

一五有光色梭染价码

板朱红、毛桃红、光桃红、枝红、鱼白、漂白、官绿、砂绿、柳绿、深鱼、月兰、京兰。

从五女发禹有梭一十五甬成包、标梭十甬成包，均以四包作一担，每担至禹脚钱二百（文）。禹至平一应发脚价码，与禹州布同。

由五女发凉州脚银，许梭八甬成捆，五捆作一担。每担至潼关^①脚元银四两三（钱），九扣九九平足银兑付。潼关至泾阳，每担脚银二钱，九四扣泾布平纹银，每担除回用银一分五（厘）。泾发凉四包作一担，每担脚元银一两五（钱），凉平纹银一两三（钱），申九九平足银。连用在内，每担出班［搬］用银一分，卸货酒银三厘五（毫），哈思^②河税银，每担车银八分，驼脚七分，每担除稍色银一分。

以上之银九四扣。泾布平纹银合九九平九五六扣足银。进凉城每担上税银二钱七（分）八（厘）五（毫），合加平银一分七（厘）五（毫）。每担担儿钱三文。每担除现付泾欠凉脚银三钱四（分），扣原平干银。泾发凉二大包作一担，每担税银五分，路过长武^③厘金每担钱一百三（十文）。泾往凉走水路，过兰州^④每担税银六分，现付九扣九九平足兑付。泾布平比九九平每百两大三钱。从五女发潼关，路过陕州^⑤，每担厘金大钱一千一（百文），又杂使钱一十一（文）。

小商桥^⑥，许州管，彼处平（比）九九平每百两大三钱。所办之布长一丈九（尺）。每匹店用钱二文。发五女染光色布，发平顶^⑦南梭出售，每匹出店进店钱二文。

---

① 潼关：关隘名，位于今陕西省渭南市潼关县北港口镇，居秦、晋、豫三省要冲之处，为关中平原东大门。有"畿内首险""百二重关""四镇咽喉"等美誉。

② 哈思：来自蒙古语，意为美玉。哈思山位于甘肃省白银市靖远县北部，属古代边防要地，也是丝绸之路东段北路的重要驿站。《明一统志》卷37"靖虏卫"："在卫城北一百二十里。山势高峻，积雪不消。"康熙《重纂靖远卫志》载："雪山，在北一百二十里。西距黄河，南接分水岭，峰峦层列，岩壑横峙，松柏丛茂，鸟兽蕃庶，积雪冬夏不消，遥望晴岚素雾，亦一方之名胜也。"

③ 长武：今陕西省咸阳市长武县。

④ 兰州：今甘肃省兰州市。

⑤ 陕州：今河南省三门峡市陕州区。

⑥ 小商桥：位于今河南省漯河市临颍县商桥镇。

⑦ 平顶：河南省平顶山市。

汉口梭颜色加头

汉口有布色多良，裁尺量来丈五长。下色洋漂并鱼月，上色枝红金鹅黄。虎皮宋巾洋莲布，棕铁秋香京毛蓝。以上杂色是根底，下边加码在其间。

光桃加五毛桃六，惟有石青将加三。毛板朱红十二码，十四原因朱红光。汉德杂色加十数，果绿加四鱼红五。信光真红四十码，信毛真红三十七。

临颖①发河口，四卷作一担。每担脚钱二千（文）。发禹每担脚钱八百（文）。发五女店，每担脚钱四百文。

临颖县，河南许州管，在五女店正南。离禹一百五十里，离五女店六十里。彼处平比九九平每百两大九钱。所办之布长一丈九（尺）五（寸），宽九寸五（分），线子三百八九十条。每匹出用钱四文，九十匹成卷，四卷作一担。

发至河南府脚钱二千一（百文），系在河南府染鼎奎扣青。至于染价，蓝底二分二（厘），八一扣水平纹银；皂青四分，七九二扣水平纹银。再以八八扣付九九平足纹银兑。按咱标平四十四两短一钱，算水平纹银五十两。

一宗二丈八（尺）胎布，长二丈八（尺），宽九寸五（分），线子三百六十七条，每匹出用钱六文，六十二匹成卷，四卷作一担。每担发至河南府脚钱二千一（百文），系（河）南府染作三号甬布。在临办布住店，每天出伙食钱一百（文），烟茶酒肉客人自备。发至洛邑，每卷上税钱六十六（文）。有一百卷，不过上三四十卷税钱，其余脚票注明转平白布，即不上税。

至于染银，兰底二分，八一扣水平纹银。皂青六分，七九二扣水平纹银，再以八八扣咱标平足纹银。染石兰，每匹银七分，扣头平码与染蓝底同。

五匹成甬，一十一甬成包，每甬工钱八文。鼎奎扣青十匹成甬，九甬成

---

① 临颖：今河南省漯河市临颖县。

包，每甬工钱十文。甬布成甬，每甬大约迭油纸、里纸、甬绳绳、浦［蒲］包、麻袋、印墨、票纸等银二分。

一宗一五胎布，每匹长一丈五（尺），宽八寸，线子二百来条。每匹出用钱三文。此布系侯马镇①客人办，发侯马染毛桃红、板朱红，发平邑出卖，以上二宗俱以四包作一担。每担由发至河口脚钱二百七（十文），河口至平邑应与南梭同。

张潘镇②，系许州、临颖二处所管，在禹东南，离禹一百二十五里。比［彼］③处出布长一丈九（寸），宽九寸，线子二百四五十条。每匹出用钱四文，每天出伙食钱一百（文），染价成包沿路发脚与五女店相似。买一六有光胎布，长一丈六（尺），宽八寸五（分），线子二百来条，每匹出用钱三文。此宗布系湖北客人来此坐庄出卖，每甬三斤一十二三两。又有一宗一九布，每匹出用钱四文，染钱等均与五女店相似，彼处平比九九平每百大一两九（钱）。此二宗布讲价俱系潘平，宝银兑付。

在五女、张潘染一六有光布价码

桃红，钱九十（文）；玉蛋青、五绿，四十五（文）；松砂、官柳绿、水白，四十七（文）；京蓝、油绿，四十八（文）；鱼漂白、月兰，二十八（文）；枝红，六十一（文）；元青，五十一（文）；秋香、鹅黄，钱三十五（文）。

染临二八布一拉两匹一四标梭价码

真红，二百（文）；桃红，二百（文）；砂官、柳官、水白，六十二（文）；玉蛋青、王绿，六十（文）；桂红，四十（文）；漂白，二十九（文）；月蓝，三十（文）；枝红、京酱、棕铁色，七十二（文）；京蓝、油绿，五十六（文）；鹅黄，三十九（文）；深鱼，三十一（文）。以上十七宗染价连油（纸）、裹纸在内，成捆每出蒲包、绳绳、号签钱六十五文。

---

① 侯马镇：今山西省侯马市。
② 张潘镇：隶属河南省许昌市建安区。
③ 比［彼］：山西布商文书中有时将"彼"写作"比"，后续录文以"彼"录入，不再一一标注。

旧口镇，系湖北安陆府钟祥县管。彼处平比九九平每百两大一两八（钱），所使银两样式宝银比足纹银多换钱一十五（文），净纹银比足纹银少换钱一十五（文），沙市票足纹银去彼每千两打色银二两。所出之布俱系细布。

一宗正号甬布，每匹长二丈八九，宽一尺零五（分），线子四百二十条，发洛邑五十二匹成卷。

一宗二号甬布，每匹长二丈八（尺），宽一尺，线子四百余条，发洛邑五十二匹成卷。

一宗三号甬布，每匹长二丈七八，宽一尺，线子三百七十余条，发洛邑五十二匹成卷。

一宗四号甬布，每匹长二丈六（尺），宽九寸五（分），线子三百四十余条。

由旧买正、二、三、四号甬布，以五十二匹成卷，四卷作一担，每担发旧下河钱、脚钱六十（文）；河至樊新打洪水脚钱二百八（十文）；洪至赊水脚钱二百八（十文）；赊发洛邑，每卷水脚银四钱，九扣九九平纹银兑付。如路途磨烂，每匹皮布赔纹银五分，内布赔纹银一钱。在洛每卷上税钱六十六（文）。有一百卷不过上四五十卷，其余脚票注明转平白布即不上税。做甬布，以五匹成甬，十甬成包，每甬工钱八文，每甬大约迭油（纸）、里纸、甬布绳绳、蒲包、麻袋、票印墨等银二分。每甬用油纸一张，钱六个；里纸一张，钱四个；甬绳绳一条，钱一个；每包用蒲包四个，钱一十一（文）；麻袋一个，钱一百四十（文）；捆包绳绳一条，钱二十（文）。系自赁房屋，觅顾伙房。

计开洛染甬蓝布价码

苏石洋海正顶蓝，银七分；鱼月白、月蓝，银三分；宝蓝，一钱八（分）；真青，三钱二（分）；伏青双底、油绿双底，六分；正号双青双底，五分；二三号双青底，四分；临颖双青底，三分；蓝布染坯改底各随各底；鼎奎扣青底系双底，三分五（厘）。

以上染价俱系以八一扣水平纹银，再以八八扣九九平足纹银。

洛染杂色价码

正号双青，七分；提锦光临颍双青，六分；大红、京酱、棕铁色、油果绿，一钱；伏青，一钱零五（厘）；临漳灰、秋香、金平、鹅米黄，三分；桃红，三钱；系鼎奎扪青布，九分七（厘）；皂青，四分一（厘）。

以上染价七九二扣水平纹银，八八扣九九平足纹银，洛邑付染水平比九九平每百两大五钱。

旧口所出之布俱系细布，大势样式裁尺长二丈八（尺），宽一尺。在彼办布，店主与客房屋一间，家具以及调货高低，随客自便。使钱一千（文），出用钱二十文，系店主经纪各得钱十文，每天出伙食钱一百六十文，烟茶杂使钱系客自备。另出每匹布与会馆厘金一文，禹五宫钱一文。系机户出卷绳绳一条，钱二十文，以五十匹成卷，发平系绳纪打卷，店主管饭，上水印各家所打。一发脚，勿论何时，发东西路，总要从樊城新打洪过载，东路从赊发禹洛，或发泽转平。西路从新野发禹洛，发曲沃转平。夏季新野无驼，难发，春秋冬季有驼之时比从东路发甚快，两路脚价大势等耳。由旧下河，每卷脚钱力钱一十五（文）。发新打洪每卷水脚钱七十（文）。洪发赊旗四十卷作一载，每载元银五两至六两，九扣付钱。樊口、新打洪口布每匹厘经[金]钱三文。赊发洛邑车脚每卷五钱至七钱，高脚每卷四钱至六钱，九扣九九平纹银兑付。在赊现付驼车骡与往平发扣头同。由赊往洛九九扣九九平纹银兑付，洪发新野每卷脚钱五十（文）至七十（文），新发洛加五秤，每百斤脚银一两五（钱），大约每卷重四十一二斤。赊发禹州，每卷脚钱五百（文）。新发曲沃加二五程，每百斤脚元银二两五（钱），新现付九一扣驼平纹银，九一五扣漕平纹银，每百两四分合用，又会馆厘金银每担三钱，栈房用银每担七厘，苫布每连羊银一分。曲发平四包作一担，每担脚钱三千（文）上下。

计开汉口钱布发脚厘金式

其处在旧口正东，离旧六百余里，系湖比[北]① 汉阳府汉阳县所管，

---

① 比[北]：文书中有时将"北"写作"比"，后续录文以"北"录入，不再一一标注。

布在应城，去江府办买。

一宗信茂毛真红光真红布，长一丈八（尺），宽八寸五（分），十匹成甬，一十三甬成包，装毛真红麻袋，每个九九平足银一钱五（分）；装光真红麻袋九九平足银一钱之谱。

以上汉光、汉毛真红布，每包赊加三秤，重六十一二斤。

一宗毛桃红、板朱红布，长一丈四（尺），宽七寸五（分），十匹成甬。光桃红、杂色，长一丈六（尺），宽八寸，十匹成甬，一十六甬成包，用麻袋一个，每个九九平足银一钱五（分），由汉每包下力驳般［船］①足纹银二分。

以上有光、毛色赊加三秤，重五十八斤。

一宗广扣青，每匹长一丈九（尺），宽九寸五（分），十匹成甬，每甬重七斤半，八甬成包，每包用麻袋一个，每个九九平足银九分。由汉每包下力驳船钱五十五（文）。每匹红扣染钱一百二十（文），黑扣青染钱九十（文）。每甬用红油纸一张，钱八个；里纸五张，每张钱三个六。每条捆绳绳钱二十五文。汉川②每匹湾皮厘金钱三个八，扣皮厘金钱一个五二五。蔡店③、汉川梭布每包厘金钱一百（文）。汉至樊水脚四包作一担，每担脚元银六钱，七扣付九九平足纹银兑付。缝四匹头苦布一连，工钱二十四（文）；十匹头苦布一连，工钱二十文。樊城、新打洪，不论大小布每匹厘金钱三文，樊至赊镇四十包作一载，每载元银六两不等，九扣付钱。赊发平，各驼每百斤加三秤，脚元银四两一（钱）至四两三（钱）不等，九七扣驼平脚元银，钱平再以九零二扣付九九平纹银。以上广扣青，每包赊加三秤，约重五十一二斤，一家骡平足银，每百两以九八扣元银，九三扣纹银，九五扣赊钱平纹银。赊镇往平久来脚银九扣、九七四扣九九平纹银兑付。

一宗马车平脚银每百两九七、八二、九一扣赊钱平纹银。赊发平每卷行

---

① 般［船］：山西布商文书中有时将"船"写作"般"，后续录文以"船"录入，不再一一标注。
② 汉川：今湖北省汉川市。
③ 蔡店：今湖北省武汉市黄陂区蔡店街道。

用银一钱，赊发洛邑花园镇①每卷行银四分。赊发平、洛、花园镇、禹州、潼关等每卷牵羊银二厘六（毫），栈力银三厘，厘金钱五十（文）；赊发禹州每卷脚钱五百（文）上下。

以上七宗赊发平、洛、禹、潼关，俱系九四、九一扣赊钱平纹银兑付。批赊镇系河南府南阳县管，彼处平比九九平每百两大二两八（钱）。

一宗信茂毛真红布、光真红布，以赊加三秤，每包约重六十一斤半之谱；一宗毛桃红、板朱红、光色布，以赊加三秤，每包约重五十八斤之谱；一宗广扪青布，八甬成包，以赊加三秤，每包约重五十一斤半；一宗贡庄白布、福庄白布，五十匹成卷，以赊加三秤，每卷约重四十二斤；一宗锦尖口布、顶尖口布，五十匹成卷，以赊加三秤，每卷约重四十斤；一宗赊镇往平发湾口卷，每卷赊钱平脚银一两不等，赊钱平比九九平每百两大二两八（钱），十零二八扣九九平纹银兑付。

由洛发黄河口甬布俱系四卷作一担，鼎奎扪青口卷布俱系四包作一担，每担脚钱二百七八，过河水脚钱一百七八。盘盂城内每担脚元银六分，柜用元银五分。孟发邢邰每担脚元银二钱六（分）至三钱几不等。以上俱系九一扣孟县粮平纹银兑付。洛至邢邰四包作一担，邢邰发泽州二包作一担，脚元银一钱至二三钱不等，九扣付布平纹银。泽发平邑四包作一担，脚钱三千八（百文）至四千文。

多宝湾，系湖北安陆府京山县管，彼处平比九九平每百两大一两八（分）。所办之布：一宗贡庄白布，长二丈七八，宽一尺零八（分），线子三百七八十条。一宗福庄白布，长二丈七（尺）五（寸），宽一尺零八（寸），线子三百五六十条。俱以五十匹成卷，重五十四五斤。缝四匹头苦布一连，工钱十五文。五匹头苦布一连，工钱廿文。系机户出卷绳绳一条，钱二十（文）。在彼办布系（店）主换银，看庄系经纪，布系毛银，每匹均价多少在内。赊银二分，再以八二扣钱成卷，每卷出工钱二十五文。共余杂使一应等

---

① 花园镇：位于今河南省郑州市惠济区，濒临黄河南岸，渡口被称为"花园口"。

项以及宝湾至平发脚厘金等与旧口布同。

蚌湖镇，湖北荆州府潜江县管，彼处平比九九平每百两大二两零六（分），使银样式与旧口同。所出之布高低长短不一，与宝湾仿佛。买布一家一天轮流买布，店主看庄，言价钱庄，每匹布出用钱一十八（文），无伙食，至于发脚一应与旧口布同。

代家集①，彼处平比九九平每百两大二两，在彼卖银买钱价，店主办理总要自己经手才好。所办之布系一宗细布，类似湾布，比湾布身空些。伊地土尺一尺零五（分）算裁尺，其布长裁尺上一百二三十尺不一，宽一尺一（寸）。在彼使钱一千（文）出用钱二十（文），每天出伙食钱八十（文），彼处所行者系九钱五（分），至于买布系足钱，买就之布系拉三丈八（尺）长。发禹州洋蓝、宝蓝，如长者均三丈四（尺），系袍料，在禹州染临［磷］灰②杂色；如短者，均一丈五（尺），系马褂料，发洛染光砂绿、果绿，以顶标布，亦染些双青马褂料；如再短者，系布头发布夹回。缝苫布一连，工钱一十五（文）。每条卷绳绳钱二十五（文），计五十匹成卷。禹系水脚，每卷至禹州脚钱五百（文）之谱。

五台庙，系鹿邑县管，在代家集东南，离代集四十里，彼处平比九九平每百两大三钱，所办之布与代集相似，至于尺稍拉布样式发脚等俱随代集之规之布。计在禹州湾口胎布脚价样式，以及旧口至赊水脚，并在赊现付脚银，俱系旧口结算。惟赊至于欠脚系禹州付。赊至禹，每卷车脚钱五百（文）之谱，骡价脚毛银四钱之谱，九七、八二扣付禹平纹银。禹州一年有三会，系三、七、十月，惟春会最大，名曰清明会，所卖之货药材为正庄。各省之人，年人尚彼买货赶会之时，出布更多，比价更大，情因会上之人俱要捎买穿布，彼时发布车脚骡户俱向别处去驼会货，以致布之难发，脚价大些。

---

① 代家集：或为郑家集，今属河南省周口市鹿邑县。
② 临［磷］灰：磷灰石可以用作制造涂料、染料，后续录文以"磷灰"录入，不再一一标注。

由洛发河口甬布、鼎奎扣青四包作一担，每担脚钱二百七（十文），遇[过]河水脚钱一百八（十文），盘孟县城内脚元银六分，柜用元银五分。孟发邢邰每担脚元银三钱，以上俱系九一扣孟县粮平纹银兑付。邢邰发泽以二包作一担，脚元银二钱，九扣付布平纹银，泽发平四包作一担，脚钱三千八（百文）至四千（文）。

铁谢镇①，系河南府洛阳县所管，彼处平比九九平每百两。所出之布长三丈五六，宽一尺一（寸）五（分），线子三百三四十条。大卷三（十）二匹成卷，小卷一（十）七匹成卷，一应脚等与李布同。

李村镇②，系河南府洛阳县管，离洛三十里，彼处平比九九平每百两大一两八（钱），所出之布每匹长三丈五六，宽一尺一（寸）五（分），线子三百二三十条。齐庄之后身长面宽。每年大约九月初二日改机布，时多新机之布，长三丈七八，宽六尺一（寸）五（分），线子三百四十条，身长面宽。一月不如一月，一集不如一集。新旧成卷俱系大卷三十二匹成卷，小卷一十七匹成卷。彼处办布由客看庄，店主与房屋一间，一应家具店主条［挑］用，每匹布出用钱五文，经纪店用钱十文，每天出伙食钱一百文。冬季每月出煤炭钱三百（文），烟茶酒肉客人自备。缝二匹头苫布一连，工钱八文。每条卷绳绳钱二十四（文），小卷每条绳绳钱十五文。本地未有钱铺，今来俱系在洛买钱，钱铺包送李村下庄。洛钱平比九九平每百两大一两二（钱）。李村发河口二大、（四）小卷作一担，每担脚钱二百八（十文），过河水脚元银一钱零五（厘），盘城脚元银六分七（厘）五（毫），柜用元银二分。孟发邢邰每担脚元银三钱上下，以上脚银九一扣孟县粮平纹银兑付。邢邰发泽州每担脚元银二钱八（分）五（厘）至四钱五（分），九扣布平纹银。泽发平脚银二两一（钱）至三两，八六扣州平纹银，八八扣九九平纹银兑付。以上

---

① 铁谢镇：今河南省洛阳市孟津县白鹤镇铁谢村。
② 李村镇：今河南省洛阳市伊滨区李村镇，交通便利，商业繁盛，历来为粮食、药材集散地，曾为"洛阳四大镇"之一，有"小洛阳"之称。

李村至［之］布俱以二大卷、二［四］小卷作一担，泽发平，路过拦车山，四大卷、四［八］小卷各作一担，每担厘金钱四百文。

白沙镇①，系河南府管，所出之布长三丈八（尺），宽一尺一（寸）五（分），比李村身空，如办高布，亦可顶李布出售，均价与李布相似。若办混庄少均银一二分。彼地钱平比九九平每百两大三两。此处之布行于陕西泾阳等地，往平办布、发（布）与李布成卷发脚同。

彭婆镇②，系河南府管，所出之布长四丈，宽一尺一（寸）八九，花色不好，均价与白沙相似，此布行于陕西，其平比九九平每百两大一两八（钱）。

孟津县③，系河南府管，所出之布长三丈四五，宽一尺一（寸），此处之布泽州、祁县④、太谷⑤所办甚多，成卷二十八匹，四卷作一担，咱邑所办稀少。彼处钱平比九九平每百两大一两八（钱）。

偃师县⑥，系河南府管，所办之布长四丈，宽一尺之谱，名曰长布，此布行于泾阳，彼处平比九九平每百两大二两七（钱）。

高龙镇⑦，系河南府偃师县管，所出之布三丈四五，宽一尺一（寸），咱邑所办顶旧机李村布出卖，彼处平比九九平每百两大二两，发脚与李村布同。彼地又出一宗小布，长三丈二（尺），宽一尺零五（分），大三十五匹、小二十二匹成卷。此布者发宁夏以顶孟县布出卖，彼地不起大集不能涌办。

冢头镇⑧，系郏县所管，在郏正东偏北，离郏三十里；（在）禹州西南，离禹州六十里。彼处平比九九平每百两小二钱四（分）。卖银系店主，以禹

---

① 白沙镇：今河南省郑州市中牟县白沙镇。
② 彭婆镇：今河南省洛阳市伊川县彭婆镇。
③ 孟津县：今河南省洛阳市孟津区。
④ 祁县：今山西省晋中市祁县。
⑤ 太谷：今山西省晋中市太谷区。
⑥ 偃师县：今河南省洛阳市偃师区。
⑦ 高龙镇：今属河南省洛阳市偃师区。
⑧ 冢头镇：今属河南省平顶山市郏县。

州平出卖时多。所出之布长四丈七八，宽一尺二（寸），线子四百四五十条。在彼办布系混庄，双旦集卖机户布，每匹用钱二十文，与客抽回用钱三文。大卷三（十）二匹成卷，每条绳三十文；小卷一（十）七匹成卷，每条绳一（十）五文。二匹头苦布一连，工钱十文。二大卷、二［四］小卷作一担，每担成卷工钱五十文。大卷重六十二三斤，小卷重四十一二斤，由冢发禹每担脚钱四百文。

洛阳县，其处在李村西北，距三十里；黄河南，离河五十里，系河府首县。彼处平比九九平每百两大一两一（钱），彼地所出之布俱是干线粗布。

有宗府布，长三丈五六，宽一尺零七八，线子三百来条，重一斤一十四五两。一宗孝庄布，长三丈五六，宽一尺零六七，虽有此布俱不起大庄，线子二百八九十条，其布咱邑不行，在彼所占庄者皆因染作甬布等。代买李村布系自赁房屋，自顾［雇］伙房，各布染就成甬打包，俱系匠人做作。以五匹成甬，一十一甬成包，四包作一担。每担发南岸铁谢脚钱二百六（十文）；南至北岸水脚钱一百七（十文）；北至孟县盘城脚银六分，柜用银五分；孟至邢邸脚银二钱、二钱五（分）；邢至泽每担山脚银一钱五（分）；泽至平全担脚钱三千（文）至三千八（百文）。彼地房成做一甬布工钱八文，每张油纸钱四文，里纸钱一个五，甬绳绳钱二个，每包用麻袋一个，纹银九分，又用蒲包二个，钱四十（文），外用捆绳一条，钱二十（文），一应甬纸甬绳朱墨银二分。

甬布颜色加头

布以白生为根本，月蓝鱼白加三分。苏石洋蓝皆加九，磷灰果绿加八分。京棕大红皆十码，惟有双青钱二分。漂白四分秋油十，十四宝蓝并佛青。另有两色加三十，独见桃红并真青。新今又改果绿色，较比双青下二分。甲子①五月初一日合布，布以白生为根本，月蓝鱼白加六分。苏石洋蓝十二码，油绿果绿钱二分。

---

① 甲子：同治三年，1864 年。

行公议河南府染加头

京棕大红皆十二，惟有双青钱四分。金平磷灰秋香十，二十宝蓝并佛青。另有两色三十四，狂见桃红并真青。

茨沟镇①，河南许州襄城县管，在城正东，离城二十里，离禹九十里。彼处平比九九平每百两大一两。所办之布长四丈九（尺）六（寸），宽一尺一寸五（分），线子四百来条，三十匹成大卷，一十五匹成小卷。每条卷绳钱大卷卅文，小卷一十五文。缝二匹头苦布一连，工钱十文。在彼住店，每天出伙食钱七十文，每匹店用钱一十七（文）。由茨发禹二大卷、二［四］小卷作一担，每担脚钱五百五（十文）。如发清化，每担脚钱二千二（百文）之谱；清发泽系加二五秤；禹发河口每担脚钱一千四（百文），过河水脚元银一钱二（分）；盘城柜用元银一钱六（分）；孟发邢邰元银三钱，九一扣孟县粮银②兑付；邢邰发泽，过山以二大卷一担、四小卷一担，脚元银二钱一（分），九扣布平纹银付。路过拦车山厘金，以四大卷、八小卷各作一担抽钱，白布四百（文），色布五百五六。泽州发平二大卷、二［四］小卷作一担，每担脚钱三千八九至四千（文），改机之布。

武城县③，山东临清州④管，在彼双合店办平［布］，伊平比九九平每百两大一两八（钱）八（分），所出之布系水线则［子］⑤，长四丈八九，宽一尺一（寸）五（分），线子三百来条，三十二匹成卷，重八十五六斤。缝三匹头苦布一连，工钱一十五（文），店用钱一十一（文）半，同必公钱一文。由武城发获鹿二卷作一担，每担脚大钱一千三（百文）；获鹿发平，每担脚大钱二千（文）之谱。

---

① 茨沟镇：今河南省许昌市襄城县茨沟乡。
② 粮银：白银的一种，将田赋折合为白银货币缴纳的税银。
③ 武城县：今山东省德州市武城县。
④ 临清州：今山东省临清市。
⑤ 则［子］：山西商人文书中"则""子"通用，后续录文以"子"录入，不再一一标注。

白塔①，裕远店办布，伊平比九九平每百两大七钱二（分），宽长、线子、成卷、重、发脚等与在双合店同。

黄金庄②，在贺钊③东北，离贺钊六十里，系直隶广平府④清河县管，彼处大丰、协和、巨成店办布，其平比九九平每百两大三两。所办之布系水线子，长三丈八九，宽一尺一（寸），线子三百七八十条。四十匹成卷，重六十五六斤，缝三匹头苦布一连，工钱一十五（文），店用钱十文，零积钱一文。金庄发获鹿二卷作一担，脚大钱一千二（百文）。获邑发平，每担脚钱二千（文）之谱，此系齐庄东布。如从金庄发顺得［德］⑤府，每卷脚大钱四百三（十文）。顺德府发平加五秤，每百斤脚大钱二千（文），每卷约重四十三斤。往金庄捎标每百两脚钱三百五（十文）。

一宗改机东布，长三丈五（尺），宽一尺一（寸）五（分），线子二百五十来条，四十六匹成卷，重六十一二斤。

一宗老机东布，长三丈二（尺），宽九寸，线子二百二十来条，六十匹成卷，重六十斤。

一宗印白胎布，长三丈五（尺），宽一尺一（寸）五（分），线子三百五十来条，四十六匹成卷，重二十来斤。每匹染钱八十文。

一宗南宫布，长四丈四五，宽一尺二（寸），线子三百八十来条，三十匹成卷，重七十一二斤。

一宗尖白布，长三丈二（尺），宽一尺零五（分），线子二百来条，三十匹成卷，重三十五六斤，以四卷作一担。

至于改老机印白南宫，二卷作一担。五宗之布发脚与齐庄布同。

---

① 白塔：今河北省沙河市白塔镇。
② 黄金庄：今河北省邢台市清河县黄金庄镇，位于清河县北部。左上旁批：齐庄东布。
③ 贺钊：今河北省邢台市威县贺钊乡。
④ 广平府：明清时期行政区划，治今河北省邯郸市永年区。
⑤ 得［德］：山西布商文书中有时会将"德"写作"得"，后续录文以"德"录入，不再一一标注。

曲周县[①]，直隶广平府管，彼处平比九九平每百两大一两四（钱）。在永裕店、宏胜店托伊代办。所出之布长三丈八（尺），宽一尺三（寸）五（分），线子三百六七十条，二十匹成卷，重五十五六斤。缝二匹头苫布一连，工钱十文，每匹店用钱一十二个五，每条卷绳绳钱二十（文）。从曲发平一脚四卷作一担，脚钱四千（文）之谱。如由曲发苏曹[②]，每卷脚钱二百八（十文）；苏发平四卷作一担，脚钱二千六（百文）。如发顺德府，每脚钱一百二（十文）；府发平加五秤，每百斤脚钱二千（文），此系齐庄曲宽布。

一宗门庄曲宽布，长三丈五六，宽一尺三（寸）五（分），线子三百五六十条，一十八匹成卷，重四十五六斤。至于发脚一应与齐庄布同。往曲捎标每百两脚银三钱。

隆平县[③]，直隶赵州[④]管。在彼宝和店办布，伊平比九九平每百两大六钱四（分）。所办之布，长三丈一二，宽一尺，线子二百九十条。大卷三十五匹成卷，小卷二十二匹成卷。大卷重五十斤，小卷重三十斤。缝三匹头苫布一连，工钱五文，店用钱十文，每条大卷绳绳钱廿文，小卷绳绳钱十文。从隆发获鹿二大卷、四小卷各作一担，每担脚钱六百二（十文）；鹿发平每担脚钱一千八（百文）。

一宗罗山布，每匹长三丈三四，宽一尺零五（分），线子三百二十来条，大卷以三十五匹成卷、小卷二十二匹成卷，大卷重五十五六斤、小卷重三十五斤。

一宗克山布，每匹长三丈四五，宽一尺零五（分），线子三百三十来条，以大卷三十五匹成（卷），大卷重五十六七斤；小卷二十二匹成（卷），小卷重三十五斤。

---

① 曲周县：今河北省邯郸市曲周县。
② 苏曹：今河北省邯郸市丛台区苏曹乡，地处丛台区东北。清代民国之际，交通便利，为水陆码头。
③ 隆平县：旧县名，1947年与尧山县合并为隆尧县，今属河北省邢台市。
④ 赵州：今河北省石家庄市赵县。

一宗任县布，每匹长三丈二三，宽一尺零五（分），线子三百二十来条，大卷以三十五成卷、小卷二十二匹成卷，大卷重五十一二斤、小卷重三十二斤。

以上三宗之布发脚一应与隆平布同。

开州，系直隶大名府①管，在彼万兴店办布，伊平比九九平每百两大四钱四（分）。所出之布长四丈七八，宽一尺二（寸）五（分），线子四百二三十条。大卷二（十）六匹成卷，重七十一二斤；小卷一（十）五匹成卷，重四十斤。每条卷绳绳钱大卷一十五（文），小卷七个半。每匹杂使钱七文，经纪店用钱一十三（文）。缝二匹头苫布一连，工钱五文。每天出伙食钱八十文。由开发渔洋②二大卷、四小卷各作一担，每担脚钱六百七十（文）；渔发平每担脚钱二千八（百文）不等。如由开一脚发平，每担脚纹银五两，系长骡驼，以二大卷、二〔四〕小卷作一担。彼地出布样式，城东之布微显青牙色，城西之布自来亮白，城南之布自来牙色，城北之布同是硫黄〔磺〕薰过，甚白，不吃染色。

计开彼处染色布价码

宝兰皂青钱五百五（十文），老兰皂青三百五（十文），宝兰三百（文），洋兰二百七（十文），藕兰钱二百五（十文），银灰钱一百八（十文），光鱼白一百二（十文），水平鱼白八十（文），佛青三百（文）。其处平比九九平邑街市平③每百两大二钱零四（厘），比九九平每百两大四钱四（分）。专布干线寸尺〔尺寸〕，长四丈八（尺）五（寸），宽一尺二（寸）五（分），彼处土尺一尺八寸，码齐杆二十八尺，今来不过卖二十六七尺之谱，高布线子四百七八十条。发渔每担钱七百五（十文），渔至平钱二千六（百文），在范村四义店。

---

① 大名府：今河北省邯郸市大名县。
② 渔洋：今山西省长治市屯留区渔泽镇。
③ 街市平：平遥通用的白银称量标准之一。

定陶县①，山东曹州府②管。在彼永兴店住，离开州一百八十里，伊平比九九平每百两大二两四（钱），所出之布长四丈五六，宽一尺二（寸）五（分），线子四百五六十条。二十六匹成卷，重七十一二斤。一十五匹成小卷，重四十斤，与开州布同。缝二匹头苫布一连，工钱十五（文）。每条大卷绳绳钱五十五文，小卷绳绳钱二十七文。每匹出店用钱一个五，杂使钱四文，经纪店用钱十文，每天出伙食钱一百二十文。由陶发至五年，发鱼除苫布每匹脚钱四十二（文），渔洋每匹脚钱五十（文）；渔发平以二大卷、四小卷各作一担，每担脚钱二千八（百文）；如由定发苏曹，除苫布每匹脚钱六十（文），苏发平以二大卷、四小卷各作一担，每担脚钱二千四百文。

马家集③，在定陶西南，离陶五十里，其集出布细布广多，粗布少些。彼处平码成卷发脚与定陶相同。逢双日有集，客人赴集，自带城内经纪，管饭。由定去集系小车推钱，每吊④钱出车钱三文。由集推布，每匹脚钱二文。所出之布长短宽窄与城内相彷。马集原系三界之地，河津、定陶、曹县三县所管。彼处所出细布俱是太原府、交城⑤、介邑⑥等处所办者多。如是咱邑赶伊集买布，上可拣择大线平顺之布。办布三处有头不买：一名石灰头，价钱大小不要，真乃大坏事；一名汾头，价钱要小，还不碍事；一名捶头布，不发卷齐实不买才是。布有五行大病，稀稍、夹页、机短、稍七、页分，五样之布，一时粗心买下不可入卷。总宜细心过目为要，恐坏大事。

办曹州大有定陶发鱼，每担脚钱八百六七。

东明县⑦，直隶大名府管。在彼四德店，离开州九十里，伊平比九九平每

---

① 定陶县：今山东省菏泽市定陶区。
② 曹州府：清代行政区划，治今菏泽市。
③ 马家集：今山东省菏泽市定陶区马集镇。
④ 吊：制钱的计数单位。清顺治年间规定制钱一个称为"一文"，一千文称为"一串""一贯"。
⑤ 交城：今山西省吕梁市交城县。
⑥ 介邑：今山西省介休市。
⑦ 东明县：今隶属山东省菏泽市。

百两大一两九（钱），系陶邑大布。所办之布长四丈八（尺）五（寸），宽一尺二（寸）五（分），线子三百八九十条。以二十六匹成大卷，重六十五斤，每条绳绳钱三十五文；以十五匹成小卷，重三十七斤，每条绳绳钱一十七文。缝二匹头苦布一连，工钱十文，每匹店用钱七文，打卷工钱一文，吃饭自便。由东发渔洋二大卷、四小卷各作一担，每担脚钱一千一（百文）。渔发平每担脚钱二千四（百文），五年每担脚钱一千三（百文）。

李家店，系直隶冀州武邑县①管，伊平比九九平每百两大五钱。在彼办布系托店家代办，所出之布有宗留中布。每匹长三丈一二，宽一尺，线子三百一二十条，三十匹成卷，重三十七八斤。每匹布经纪店用钱四个半，缝苦布一连，工钱十文。由李家店发获鹿四卷一担，每担脚钱一千二三，关钱十文。获鹿发平，每担脚钱二千（文）上下。有一宗柜标白布，长二丈六七，宽一尺，线子二百八十条，五十（匹）成卷，重三十二三斤，其余发脚店用一应与留中布同。有一宗宽磨布，长三丈五六，宽一尺一（寸），线子三百一二十条，大众办此亦不过做皮苦布使用有。有一宗八领布，长三丈八（尺），宽一尺，线子三百八十条，此布高低不等，高布此［比］低布多均钱一百（文）之谱。每匹店用钱四个半，此布系一拉二匹，染光色布以十匹成甬。发平顶京梭出售。五甬成包，发获鹿脚钱五百（文）之谱。获鹿发平，每包脚钱七百（文）之谱。

计开三八八顶布染价每匹大钱

油青六百五（十文），油绿三百一（十文），砂蓝八百（文），桃红、糕绿八百（文），果绿三百（文），真紫、桂紫三百八（十文），真红一千四百（文），杏黄三百二（十文），官绿四百（文），蛋青三百五（十文）。

肥城县②，山东东平州③管，彼处平比九九平每百两。所出之布长四丈五

---

① 武邑县：今属河北省衡水市。
② 肥城县：今山东省肥城市。
③ 东平州：明清行政区划。明洪武七年（1374）降东平府为东平州，清雍正八年（1730）升东平州为直隶州，雍正十三年（1735）降为散州，民国二年（1913）改为东平县。

六，宽一尺三（寸）五（分），线子四百一二十条，二十六匹成卷，重七十五斤。每匹店用钱十文，缝二匹头苫布一连，工钱二十文，每条绳绳钱七十文。由肥发苏曹，每卷脚钱四百六（十文），苏发平每卷脚钱一千二（百）五（十文）。如由肥一脚发平，每卷京钱①三千（文）。路过东阳关②，每卷上税钱系京钱一百六（十）五（文）。

两河，直隶广平府清（河）县③管。彼处平比九九平每百两大二两二（钱）。所出之布：一宗蹬包布，长三丈四五，宽一尺一（寸）五（分），四十匹成卷，重五十三四斤。一宗玘庄色布，长三丈二三，宽一尺一（寸），四十五匹成卷，重四十八九斤。二宗之布，由两河发获鹿，二卷作一担，每担脚钱六百文；获鹿至平，每担脚钱一千三百文。

回郭镇④，河南府洛阳县管。彼处平比九九平每百两大三两六（钱），所出之布长三丈三（尺），宽一尺，线子三百余条。成卷以大三十五匹，小二十二匹成卷；重大（卷）五十五六斤，小（卷）三十五斤。每匹店用钱八文，以二大卷、四小卷各作一担，每担脚钱一百四（十文）。洛至泾阳脚足银一两五（钱），每担厘金钱以四大卷、八小卷，脚钱一千一（百文）。一宗布长二丈九（尺），宽一尺，线子三百余条，四十匹成卷，每卷重五十五斤。由回发洛二大卷作一担，每担脚钱一百四（十文），洛至泾阳脚足银一两五（钱），厘金，四卷作一担，每担脚钱一千一（百文）。

孟县，河南德庆府管。彼处平比九九平每百两大一两九（钱），此系库

---

① 京钱：清代流行于京师、直隶、山东及东北地区的区域性货币。作为实货币，京钱来源于康熙朝七分小钱，乾隆帝的特许是其得以存在并长期流通的合法性基础。作为虚货币，京钱亦锚定制钱，二者保持2∶1的折算关系，在道光以前主要发挥价值尺度职能，道光之后以钱票为载体成为流通甚广的通货，以补充货币供给不足。参见吕长全：《清代京钱考论》，《史学月刊》，2022年第9期。
② 东阳关：在今山西省长治市黎城县东，为太行山一处重要关口。
③ 清河县：今属河北省邢台市。
④ 回郭镇：今属河南省巩义市。

平①，其庄平每百两比标平小三两七（钱）五（分），每百两以九六二五扣系纹银；付干银每百两扣色银二两；付宝银每百两扣色银二两二（钱）；换钱系库平，每百大一两九（钱）。在店每天客人吃肉半斤，一应笔墨账簿茶酒肉俱系店主管，其余烟火纸煤等自备。买机户布银每百两行店打用银二两二（钱），买贩布银每百两行店打用一两五（钱）。每匹布一应杂使银一厘，每条绳绳银一分四厘几。所办之布长三丈二（尺），宽一尺，线子三百二三十条，大卷以四十匹成卷，重五十七八斤，小卷二十五匹成卷，重三十八九斤。由孟发邢邰二大卷、四小卷各作一担，脚元银二钱三（分）至二钱五六不等，八九、九八扣九九平付。邢邰发泽二大卷、四小卷各作一担，每担脚元银三钱二（分）、三钱六（分）不等，九扣纹银，八四六扣九九平付。泽发平二大卷作一担，每担脚元银一两九（钱），八六扣纹银，八四六扣九九平付。路过拦车山，厘金每卷钱一百零七（文）。发平每担以平邑纹银三钱，以八八扣九九平纹银付。平发汾府②每担钱一百六（十文）至二百（文）。府发宁条梁③，每担脚元银四五钱至八九钱不等，除每担以梁元银二钱，下余之银八八扣九九平纹银付。由梁发宁夏，每担脚钱八九百（文）之谱，在宁结算。

　　由平发骆驼脚价系往宁夏一脚之价，发帖批明送梁地某店收转。譬如由平发布，每担至宁脚毛银一两五（钱），八扣元银。除梁至宁以脚银五钱，再以九扣除，平至梁以脚元银二钱，再以咱邑柜用银一钱，又除苦布元银一分，下余之银以元九四扣纹银兑付。梁店与咱每担抽回用银五分，如付柜月银之日，元银以八扣纹银九九平九四四扣兑付。每担至宁如梭布进城官税一钱二（分）九（厘），系干银，每担出店用干银一钱五（分），每担出棚彩干银六分；布进城官税一钱四（分）三（厘），系干银，每担出店用干银三钱，每担出棚彩干银四分，每担出会馆厘金钱一百文。

①　库平：康熙年间制定的白银衡量标准，用于部库征收租税、出纳银两，一两等于37.301克。
②　汾府：汾州府，明清时期位于山西的行政区域，府治今山西省汾阳市。
③　宁条梁：今陕西省榆林市靖边县宁条梁镇。

由孟发泾阳二大卷、四小卷各作（一）担，每担脚元银二两之谱。九扣、九三扣泾平九八银，合泾平比九九平每百两大一两八（钱）。以脚系活，由泾发灵州，每担行用、官柜元银一钱五（分）。每担脚元银五六至八九钱不等，九扣付泾平九八银，合九零一六扣兑付。

由灵发宁每担车脚钱二百文之谱，亦是活价。每担在灵出行用钱四千（文）。如梁地以宁之脚，在宁结算，九扣、九八扣宁平干银兑付。宁城大势平码俱系九九二平足兑。

一凡初立宁夏之庄，出入行纹银十六两，以平邑市平兑付。往后行中花费多少，按银数目阖行公摊。有不敷入行者，每年净贴行中银十六两，其余行中花费多少不管。

一往孟发标阖行立有公账一本，轮流经管一月。标走之后，将账注明某号标银若干，照账开一长单付脚夫带孟，孟标走后即交下家经理。

一行中尪［起］标一家，设有不足一担之数，或三百（两），或五百（两），数家凑合装篓。每百两贴买篓之家篓钱十文。

一往孟发标，每百两脚银二钱二（分），九扣元银、九五扣纹银，合九七三兑付。

一往孟发标银，至少以三千（两）为齐，设不足三千（两）之数，发标之家，按标银数目照常常出脚，以外下短之银，行中补出足三千脚银之数。

一（往）孟每月走标之日，同行无标，着脚夫往孟送信，行中公出脚力钱四两。

一往孟骑标骡①一座，脚元银三两，九扣纹银，原平九七三平兑付。往孟发标骑标骡，苫去红毡，孟县行店留用，每条毡作价纹银六钱。

一往宁夏骑标骡一座，脚银七两，九扣、九五扣九九平，九八扣纹银兑付。

---

① 标骡：镖局之骡，负责运送白银、货物等。

一由宁往平骑标骡一座，脚价宁平干银九两，发标每百两脚干银四钱，宁平足兑，回平之日，每百两又出酒钱十文。

一行中有献牲账一本，各家轮流管理一年，至二月十一日，白虎神前献牲，七月廿二日财神、福神前献，一切祭品、布施需费若干，向管银钱账之家取银钱开销出账。

汉口镇，系北汉阳府汉阳县所属，其处在旧口正东，离旧六百余里，九七六扣标平，彼处比九九平每百两大。所出之布皆在应城长江埠[1]，办买扣青胎布在彼染就，发汉挑配色叠各有字号。大谱行市：副号扣青之银三两四（钱），黑扣青下三码。有布一五、一六加头，与咱邑相彷。每两元银八六、九八扣漕平足纹银，起货交银，定货一月可以起发。如要定货先交银两，每扣一月利，利银按行九九扣一厘可也，银两疲滞，随行市而已。起布之时，出店下力至河岸，每包元银一分六（厘），八二扣纹银，蒲包绳索伊买，麻袋自备。在曾永发所买每个元银八九分至一钱之谱，七七扣汉钱平纹银。从河岸交驳船送货，每包元银六厘，八扣纹银。货船从汉口送樊城，四包作一担，每担水脚银五钱至七钱不等，每两元银以七扣纹银。从樊发赊，四十、三十八包作一载，元银四两至六两上下，每两元银扣八八扣，钱九百文，行用在内。赊发平，每包行用元银一钱，栈力元银二厘，至平脚银厘金发票上同。欠者自有明白，大约与旧口布脚银扣头，斤秤加头俱系一样。由洛邑发泾二大包、二［四］小包作一担，每担至泾脚元银三两二（钱），九三扣元银，九五扣纹银，以原平足兑。路过潼关，每大包上厘金税钱一百二（十文）。泾发凉二大包作一担，每担脚银一两三四至二两三四，活价。每担出担儿钱五文，河税银七分。常武县[2]厘金六包作一担，每担厘金钱四百（文），河厘金每担钱一百五（十文），每担加伴用银一分，外除水银一分五（厘），至于泾阳佃

---

① 长江埠：今湖北省应城市长江埠街道。
② 常武县：今陕西省咸阳市长武县。

[垫]①脚系九四扣泾平兑付。泾平比九九平每百两大三钱,以凉脚银凉平不扣足兑,凉州落地税二大包作一担,每担出税银三钱一(分),又出担儿钱三(文)。由宁条梁发中卫②一百五六十斤重作一担,每担脚银一两八(钱);中卫发凉州每担脚钱一千四(百文)至一千七八之谱。中卫平每百两大三钱,每担中卫出税钱七十文。由凉发肃州均按一十六甬成包,四包作一担。每担脚钱四千(文)上下。至硖口③,每担出税银六分。

汉口所办之布并扣青有梭字号开列于后

胡怡隆布正号天吉玉,扣青元银六八扣九七五平足纹银;副号顺吉生,有布景福、有信茂毛光真红,扣头相似。

朱立大成记副号扣青东吉玉,价系元银六八扣九七五平足纹银。

勤远义布店副号扣青成吉玉,元银六八扣九七五平足纹银兑。

协兴义布店:谦吉厚、敦吉和,元银九七五扣九七五平足纹银,俱系副号。

乡下字号。宏大布店扣青字号:贞吉、祥吉。

永昌顺布店:永丰有、聚有和,元银九七扣纹银,九九七、九七五平足纹,有布字号。

永泰诚布店,有布字号:正丰有、庆丰有、萃丰有。

敦吉厚布店,有布字号:仁丰有,扣头同。

义和利布店,有布字号:志丰有,扣头同。

一宗白生布九五扣纹银,九九七扣九七五平足纹银。

一宗正号扣青比副号价码多加九码之数;红扣青比黑扣青多加三码;板朱红比光桃红多加二分四五;光桃红比毛桃红多加二分三四;光桃红比有光上色多加三分;上色比下色多加一分;信茂红价码元银九七扣九七五平足纹

---

① 佃[垫]:山西布商文书中有时将"佃"写作"垫",后续录文以"垫"录入,不再一一标注。
② 中卫:今宁夏回族自治区中卫市。
③ 硖口:今陕西省汉中市略阳县硖口驿镇。

银。光桃加五毛桃六，惟有石青加三分。毛板朱红十二码，光朱红加十四码。信茂毛光真红加四十码。以上扣青有梭，俱以元银论之。

　　由汉、李二房船行发货，汉至樊系大船，四包作一担，每担水脚元银五钱，七扣付汉钱平，九七平兑付纹银。樊至新野系小船，每船装布四十包，水脚元银二两上下，九扣付钱。新至平邑加五秤，每百斤驼脚元银三两上下，现付九一扣驼平纹银，再以九一五扣漕平纹银。以下以毛银以九三扣驼平纹银，再以九一七扣付九七五平纹银。如从新发曲沃加五秤，每百斤驼脚元银三两四五不等。新现付九一扣驼平纹银，九一五扣漕平纹银，每百两四分合用。又会馆厘金每担三厘，栈房用银七厘，每连苫布羊银一分。从曲发平，四包作一担，每担脚钱三千（文）上下。以上所发新野之布，扣青以八甬成包、有梭以一十四甬成包。夏季由樊发赊系小船，每船装布四十包，水脚元银五两至六两不等，八八扣付钱。赊发平邑四包作一担，每百斤以加一五秤，脚银三两至四五两不等，赊镇现付九零五扣漕平纹银，下以脚银九七、九六扣驼平纹银，九零五扣九八五平兑付。赊发泽以加二五秤，每百斤二两五六至三两不等，每只驼钱六个，行用每担元银一钱，栈用钱三厘，九四、九一扣赊钱纹银。

　　泽发平四包作一担，每担脚钱冬天三千八九，夏天四千（文）至四千二百文，活价。

汉口、长江埠、由子潭[①]至赊发布厘金式

　　汉布上船，每包下力银二分，驳船钱八文，船脚四包作一担。每担水脚银七钱，六八扣付标平足纹银。经蔡甸每匹厘金钱三个半。经汉川每匹厘金钱三个半，沙洋验票放行。至樊城每包厘金钱一百四（十文），樊城至赊水脚三十八包作一载，每载水脚银至贱时三两，至贵时八两，八八扣

[①] 由子潭：今护子潭，位于云梦城南，距县城十八公里，处府河与汉北河交汇处。据《德安府志》图舆载，府河主流自云梦城西的桂花潭，南流至隔蒲潭，再东流至由子潭，折南流绕应城长江埠。

钱付。长江埠布上船，本埠每匹报厘金钱二个半，下力钱六文，由子潭布本由每匹报厘金钱二文。伊染房目下无下力钱，一船湾埠码头钱一百二十（文），麻袋一个钱一百六（十文），再加赊至平每担脚银九两二（钱），赊厘金行用银四钱，拦车山厘金钱五百六（十文），再加往来花费便知若干。

甲子黄金庄、隆平县、鸡泽①等处发布走顺德府②，脚钱留底。黄金庄至顺德府每大卷脚钱四百三（十文）；顺德府至长宁［凝］镇③加五秤，每百斤脚钱一百八（十文）；长凝至平加五秤，每百斤脚钱五百文。隆平县发顺德府，每大卷脚钱一百四十四（文）；顺府至长凝，长凝至平与黄金（庄）因［同］，鸡泽、郓城④至顺德府长凝，长凝至平与黄金庄同。

三年。宝湾贡福庄白布，每卷在湾下河脚力钱十（文）；每打卷工钱二十五（文）；每卷在湾厘金钱五十（文）；每卷至樊水脚钱八十（文）；每卷绳绳一条钱二十四（文）；每卷在沙洋厘金钱一百（文）；每（卷）狮刘［子］口⑤厘金钱五十（文）；每卷樊城厘金钱一百五（十文）；每卷樊至赊水脚钱二百（文）；每（卷）赊镇厘金钱九十（文）；发货每卷用钱一百三（十文）；每卷太行山上下厘金钱三百三（十文）；赊至平每卷脚钱二千零四（十文）。以上每卷共花费钱三千二（百）几，一千三（百文）合标平足银二两四钱六（分）九（厘），每匹均钱四分九（厘）四（毫）五（丝）。

平码处，俱系以九九平而论

张兰镇⑥钱平比九九平每百两小七钱；平邑钱平比九九小一两四（钱）

---

① 鸡泽：今河北省邯郸市鸡泽县。
② 顺德府：元明清行政区划，今河北省邢台市。
③ 长宁［凝］镇：今属山西省晋中市榆次区，后文以"长凝"录入。
④ 郓城：山东省菏泽市郓城县。
⑤ 狮刘［子］口："汉江九口"之一，位于湖北省钟祥市境内。（清光绪八年）《京山县志》卷四"堤防"载："钟邑向有铁牛关口、狮子口、臼口，京山向有张壁口、操家口、黄傅口、唐心口，潜江向有泗港口、官吉口，共九口。明世宗龙飞郢邸，守备太监以献陵风水为名，筑塞九口。"《湖北通志》卷一《钟祥县图》："狮子口，在县东南。"
⑥ 张兰镇：今隶属山西省介休市。

四（分）、花平小二两三（钱）；祁邑公平每百两大四钱七八；太谷公平比九九平每百两小八钱；榆邑钱平与九九平同；寿阳①平比九九平每百两大一两八（钱）；宗艾②平与寿阳平同；交城平与平邑市平同；清源③市平比咱原平每百两大七钱；碛口④平比九九平每百两大九钱八（分）；瓦窑堡⑤平比九九平每百两大一两二钱；归化城平比九九平每百两大一两四钱二分；宁条梁平比九九平每百两大一两一钱二分；宁夏平比九九每百两大二钱四分；凉州平比九九平每百两大一两九钱；肃州平与凉州平同。

各处路程

四川城［成］都府至平三十四天，银色系川白老银，利随本色，本到利到，彼处平九九平每五十两大一两三（钱）二（分）。

重庆府至平三十六天，银色与城［成］都同，到四、五、八、九月快期，其余平和。

京都⑥至平十三天，银色足纹银为主，借货以一年为期，过三月以后，随借主便还，期口二、三、四月，各行生意跟买货俱足银，系快期。九、十月囤粮，快期。冬、腊月生意归结之时，平和。正月、五月银疲。六、七、八月天津洋船买货，疲快不等。

天津至平十一天，至京二天，银色头白宝、二白宝，白宝利随本色，本到利到，周行以元宝为主，期口临时再讲，七、八、九月银两不多。

东口至平十五天，至京四天，至通州七天，银色系足宝银，周行以四标为期，利银以九一扣付足纹银，本到利到，润［闰］月不算。四标系大寅标，四、七、十月标。此处之票，不论收交，总以四标为主期口，时常平和，十月快些。

---

① 寿阳：今山西省晋中市寿阳县。
② 宗艾：今山西省寿阳县宗艾镇。
③ 清源：今山西省太原市清徐县。
④ 碛口：今山西省吕梁市临县碛口镇。
⑤ 瓦窑堡：位于今陕西省子长市。
⑥ 京都：北京。

沈阳至平二十八天，至京十五天，银色系竟［镜］宝，比足宝、毛宝、毛色（多）二三钱至七八钱。街市行拨兑，如换现银，每千两加银一两至三四两不等。彼地钱六千（文）顶大钱一千（文）用。

山陕西省①至平十三天，银色系陕足纹银，实利，本到利到。泾阳至平十二天，银色系下炉足纹银，无论收交，总以月底为期。六月系快期，利银以九四扣足纹银，布平为妥。

东昌至平十二天，银色系竟［镜］宝，期口半年为限，本到利到，付纹银，外行付足银。

汴梁至平十二天，银色系足宝，利随本色，本到利到，期口临时再讲。

江苏苏州至平三十二天，银色系关批、西比［批］足纹银，西批比关批每千两高二两，参封银九零三兑。借以三月为限，利银外行不扣，内行以九七扣，毛一五色，期口二月半至二十日交东口茶票，快期。三月至四月半，微疲。四月半至五月初十日新系［丝］上市，以及太谷办货之时，微快。五月初十日至十月底，疲。时惟桐油有些会兑常德之银。要遇东口茶客在福建办货之家甚多，即到苏地不出。此不是行常之时，亦遇时耳。腊月期疲快不等，正、腊、冬月收泾阳、东口交皮客之银，二、三、四月收泾阳交水烟客之银，四、五月收汉交米客之银，五月半至七月收常德班之银，腊、正月收重庆红花客之银。

扬州至平二十九天，银色系净来关或来关，比净来关每千两毛水一两至一两五（钱），临时再讲。利随本色，本到利到。

湖北省汉口镇至平二十四天，银色系下炉足纹银，补足纹银每千两毛水五六至一十一两。如汉交元宝每千两与元宝②，每千两与元宝额外要加银五两。借货半年为期，利月付清纹银。

沙市至平廿六天，银色系足纹银，实利。利随本色，本到利到。

湖南常德府至平廿六天，银色系市纹银。彼处伊要立足宝银，每千两扣

---

① 山陕西省："山"或为误写，应为陕西省，此处指西安。
② 每千两与元宝：此处应为误写。

毛五两，利随本色，本到利到。市纹银比纹银每千两水三钱，足纹银比元宝每百两毛水银二钱。

广东广州府至平六天，银色系番银，每百两比大宝银毛水一两五钱，期口不等，按时而行，实利，本到利到，九分。

贡福提锦尖二八白口布，染价俱系实价。

真红、桃红、水蓝、油托砂绿、驼色、大红、京酱、棕铁色、燕青俱系一百四（十文）；宝蓝二百六（十文）；元青、秋香七十五（文）；鹅黄、平黄一百（文）；鱼白五十（文）；佛青一百八（十文）；官绿一百八（十文）；磷灰九十（文）；月兰、双青一百六（十文）；深月兰底六十（文）；踩光、鱼白三十五（文）；一四踩光二十文。

郏县本地布，双兰、毛兰五百（文）；正兰、松绿二百八（十文）；佛青三百二（十文）；水兰二百三（十文）；大红、油托、砂绿二百一（十文）；光鱼白一百五（十文）；鱼白一百（文）；银灰、库灰一百六十文。

齐庄东布、孟津布、李村布，大红、京酱、油托、砂绿一百七（十文）；正兰二百六（十文）；双兰、毛兰四百二（十文）；水兰二百（文）；鱼白八十（文）；光鱼白一百二（十文）。

开石、定禹、武曲、东陶，大红、京酱、棕铁色、油托、砂绿一百二（十文）；双兰、毛兰五百二（十文）；正兰三百（文）；水兰二百四（十文）；鱼白一百一（十文）；元青一百四（十文）；月兰皂青二百五（十文）；正兰皂青四百（文）；银漳灰一百三（十文）；光鱼白一百七（十文）；元青、桃红、村红、佛青三百四（十文）。

甬布每匹二丈八尺，祁公平每个大。

光绪十年^① 腊月

元氏^② 义成上店、宝和上店、锦泉次店、广义次店。（店）平九九五平，

---

① 光绪十年：1884 年。
② 元氏：今河北省石家庄市元氏县。

钱［银］二钱八（分），以钱二分打用，每包除皮二斤。每担甩子钱二千（文），绳绳钱二百（文），发获脚钱六百（文）。

尹村天益店、天和店。（店）平九九五①。每担甩子钱一千三（百文），绳绳钱二百八（十文），以钱二分打用，每担除皮五斤半，踹包钱一百（文），光［关］税钱廿（文），发获脚钱三百五（十文）。

王村合盛店、贾村②云川店。（店）平九九五③。每担甩子钱一千三（百文），绳绳钱二百八（十文），以钱二分打用，每担除皮五斤半，踹包钱八十（文），出店税钱六十（文），发获脚钱三百（文）。

晋州④魁元店。（店）平，每担甩子钱，四十包布每担，绳绳钱六十（文），发获脚钱二百六（十文），获至平脚钱一千五（百文）。每匹厘金钱二文。

南丰常太店。（店）平，四十包布每担至获脚钱、绳绳钱共钱三百一（十文），至平同。

隆平广顺、宝和、恒大布店。（店）平九九七六，三十二成卷，二卷作一担，三匹苦布一连，每担绳绳钱七十（文），缝苦布九文。每匹布二分打用，发获每担钱七百二（十文），至平脚钱发顺德范村每斤折半秤，钱二百六（十文）。三二小布每至平脚共钱四百（文）。获发平每担钱二千二（百文），至一千七八。每匹厘金钱四文。

巨获［鹿］公兴店。（店）平一百零零五，京钱，此地出一带棉花货、一八光梭、二八贡庄布，至获每斤脚钱十三文。

鸣玉冀振祥写字的，带随。裕太布店平一十零二二二，京钱四十（文），齐庄布至获每担脚钱大钱一千三（百文），杂使与隆平相似。

---

① 九九五：原文此处有标记，旁边写"一十零零六"。
② 贾村：位于今河北省石家庄市。
③ 九九五：原文此处有标记，旁边写"一十零零六"。
④ 晋州：今河北省晋州市。

永义魁

三□□那化

元利昌宝号，市清，用道通知化平遥县，扣利□，共毛银元洋一角，普通大天布一匹，二十四年[①]。兰原色标布市，平遥县政府□□新肥，临讲书脚见□□税记。堂堂谈景德茂记日月，三十二号。

民国　永义魁

义泰永乾兴

[①] 二十四年：民国二十四年，1935年。

四、《清代王宅志恒堂记迭花布底》

【简介】

该规程为黑紫色封面，左上黄底黑字书写"王宅志恒堂记迭花布底一本"，蓝色封底；正文共54页，以行楷书写办买棉布、棉花规程；每一张经对折后线装。内容包括晚清时河北、山东、河南各棉布产地布平、布匹规格、买布成本、布店等信息；全国棉花市场概况；高县棉花市场上产自河北太行山东麓各棉产地棉花的品质分类；从棉产地批发棉花至山西的买花成本、买花路线、棉产地与目的地棉平换算、银钱色平兑等信息。

【录文】

禹州，布平比咱捎平每大七钱五（分）[1]。系汴梁省[2]开封府所管之地，在赊镇正北，距赊三百六十里；在洛阳县东南，距洛三百二十里。加伙食、杂役、绳绳三十六文。厘金脚钱至府[3]十八文，泽至祁脚钱五十二文。每卷计布二十五匹，外缠津白皮布二匹；色布二十四匹，外缠津白皮布一匹；二八口兰衬布[4]一匹，长四丈五六，宽一尺一（寸）五（分），重六十一二斤。每匹线子四百五六十条。染价：宝兰四百二十文、毛光二百六十文、漳灰八十文。店口[5]：丰盛店。

---

[1] 布平比咱捎平每大七钱五（分）：布平与捎平均为白银称量标准，前者比后者每百两大七钱五分。"每大"中间省略"百两"，下同。

[2] 汴梁省：河南省。

[3] 府：泽州府。

[4] 衬布：用于衣服内层，起补强、挺括等作用的布料。

[5] 店口：为在外购买货物的商人提供食宿，货物买卖、加工、包装、运输等服务的商号。

许昌，布平比咱捎平每大九钱五（分）。系汴梁省许州所管，在禹州东北，距禹五十里。加伙食、杂役、绳绳钱二十文。厘金钱八文，至河口脚钱二十文，至泽府厘金脚钱二十文，泽至祁脚银五十文。每卷计布三十匹，长四丈五六，宽一尺一（寸）五（分），重七十五六斤；小卷十五匹，重三十八九斤。每匹四百三十来条线。染价：洋兰二百二十文、宝兰四百二十文、老兰一百文、皂青一百廿文。店口：久兴店、聚德店、王公和、恒发店。

郏县，布平比咱捎平每大九钱。系汴梁省汝州所管，在禹州西南，距禹九十里。加伙食、杂役、绳绳钱八文。厘金脚钱至河口二十五文，至泽府二十三文，泽至祁脚钱四十文。每卷计布二十七匹，长四丈二三，宽一尺一（寸），重六十一二斤。染价：宝兰四百二十文、光青二百六十文。店口：广顺店、如松店、心一店、德益店。

李村，布平比咱捎平每大九钱五（分）。系汴梁省河南府洛阳县所管，孟津西北，距孟六十里；洛阳东南，距洛三十里。加店用、四路杂役、绳绳钱九文；伙食、杂役钱十文。至河口脚钱四文，至泽厘金脚钱二十六文，泽至祁四十文。每卷计布三十二匹，长三丈八（尺），宽一尺一（寸）五（分），重七十四五斤，每匹四百一二十条线。店口：五常店、全盛店。

孟津，布平比咱捎平每大九钱。加伙食、杂役、绳绳钱二十文。厘金脚钱至泽府十三文，泽至祁厘金脚钱五十二文。每卷计布三十二匹，长三丈三四，宽一尺一（寸），重六十五斤。共加脚钱一百文。店口。

偃师，布平比咱捎平每大一两四五。加伙食、杂役、卷绳钱八文。厘金脚钱四文，泽至祁厘金脚钱五十文。每卷计布三十二匹，长三丈六（尺），宽一尺一（分），重五十七八斤。共加脚钱一百文。店口：泰盛店。

孟县，布平比咱捎平每大九钱。加店用钱九（文），伙食、杂役、绳绳钱七文。至泽厘金脚钱十文又五文，泽至祁脚钱二十四文。每卷计布四十匹，长三丈二（尺），宽一尺，重五十八九斤。假如贩布均银三钱八（分）

三（厘），以九伸布平白银三钱零八（厘）四（毫）。① 外加店用银三厘，杂役、伙食、卷绳银三厘六（毫）。至泽厘金脚银八厘五（毫）；泽至祁厘金脚银一分四（厘）三（毫），共脚银二分九（厘）四（毫）。店口：协和店。

贡庄，布平比咱捎平每大。加伙食、杂役、厘金花费脚钱。每卷计布五十匹，长二丈七八，宽一尺，重五十七八斤。染价：大红一百文、油绿一百一十文、棕色二百文、洋兰一百文、宝兰一百八十文、月兰四十文、秋霄一百五十文、鱼白一百文。

临颍，布平比咱捎平每大七钱五（分）。加伙食、杂役、绳绳钱三十文，油纸钱十二文，蒲包子钱十五文，绳绳钱四文。厘金脚钱至泽十文，泽至祁厘金脚钱二十文。每甬计布五匹，正巨和、二洪泰厚每甬重五斤，长二丈七八，宽九寸。染价：兰底双青一钱一（分），洋兰八分，顶兰九分，石兰、漳灰八分，油绿一钱五（分）。

五女店，布平比咱捎平每大七钱五（分）。系许州管，在禹州正北，距禹一百二十里；石固东南，距石八十里。加伙食、杂役、绳绳钱五文，油纸钱四文，绳绳钱二文，蒲包子钱五文。厘金脚钱至泽十五文，泽至祁二十文。每甬计布十匹，每捆十甬，长一丈八九，宽九寸。共加脚钱六十文。水白、砂绿、官绿、松绿，以上四宗每匹染价钱五十八文；柳绿、湖绿，二宗染价钱五十七八文；枝红、京酱、棕色、铁色，四宗六十一文；油绿、玉青、蛋青、玉绿、豆绿，以上五宗五十六文；羊绒、鹅黄、朱墨、秋香、桂红，以上五宗三十八文；月兰、月白、鱼白、深鱼白、漂白，以上六［五］宗钱二十八文；真红二百文；桃红一百二十文；鱼红七十文。布以白生为根本，月兰鱼白加三分；苏兰石兰皆七码，临朱果绿皆八分；京棕大红皆十码，惟有双青钱二分；漂白四分，秋香十四，宝兰伏青加三分。

---

① 假如贩布均银三钱八（分）三（厘），以九伸布平白银三钱零八（厘）四（毫）：3.084÷3.83≈0.81，故此处当为"以八伸布平"。

定陶，布平比咱捎平每大一两零六（分）。系山东济南府曹州府管。外加店用、杂役、卷绳、伙食钱十四文。至鱼［渔］①厘金脚钱三十文，至祁五十五文。每卷计布二十六匹，小卷十五匹，长四丈四五，宽一尺二（分），重七十一二斤，共加脚钱一百文。店口：泰昌店、和合店、三成店。

　　曹府②，布平比咱捎平每大一两零六（分）。一应花杂役、脚钱与定陶相似。每卷计布二十六匹，小卷十五匹，长四丈三四，宽一尺二（寸），重七十斤。店口：公成店、同兴店。

　　开郡③，布平比咱捎平每大一钱三（分）。系北直隶保定府④大名府⑤所管。每卷计布二十六匹，小卷十五匹，长四丈八九，宽一尺二（寸）五（分），重七十斤。在彼办布，每匹同心公抽钱二文。店用经纪、卷绳钱十四文，杂役、伙食钱十四文。至渔洋脚钱十二文，至祁脚钱五十三文，共脚钱加一百文。店口：庆远店。

　　陶邑⑥，布平比咱捎平每大七钱六（分）。每卷计布二十六匹，长四丈八九，宽一尺二（寸）五（分），重七十斤。每匹同心公抽钱二文。店用、杂役、卷绳、伙食钱十四文。至渔洋厘金脚钱三十八文，至祁厘金脚钱五十五文，共加脚钱一百文。店口：四德店。

　　齐庄，布平比咱捎平每大一两二（钱）五（分）。每卷计布四十匹，长三丈八九，宽一尺一（寸），重八十七八斤。旧机布长三丈五六，宽一尺，重七十一二斤，外加杂役、伙食钱二十四文。顺府至长凝厘金脚钱六十四文，长至祁厘金脚钱十三文，共脚钱加一百文。旧机加八十文。店口：德和店、协和店。

---

① 鱼［渔］：渔泽镇。后续录文以"渔"录入，不再一一标注。

② 曹府：曹州府。

③ 开郡：开州，明清民国时期行政区划，属直隶大名府，州治今河南省濮阳县。

④ 保定府：当系误写。

⑤ 大名府：今河北省邯郸市大名县。

⑥ 陶邑：定陶。

保安，布平比咱捎平每大五钱三（分）。计布二十匹，计木尺一千六百五十尺；二十一匹，一千六百三十尺。长短不齐，宽一尺二（寸）五（分），重七十七八斤。店口：大桑、同义、仁兴店。

威县①，布平比咱捎平每小五钱八（分）。系北直隶广平府所管。在曲州[周]东北，距曲六十里。每卷计布二十二匹，长三丈二三，宽一尺一（寸），重三十八九斤。外加伙食、杂役钱二十文。顺至长②脚钱六十四文，长至祁脚钱十三文。店口：公盛店。

桃园③，布平比咱捎平每大三钱。计布十二匹，长四丈三四，宽一尺二（寸），重三十八九斤。加伙食、杂役、绳绳钱十五文。厘金脚钱加七十文。

定机，布平比咱捎平每大三钱。每卷计布三十二匹，长四丈三四，宽一尺一（寸），重六十七八斤。加伙食、杂役、绳绳钱二十文。至顺脚钱十文，顺至长脚钱二十文，长至祁脚钱五十文，共加脚钱一百文。

柜标，布平比咱捎平每大一钱五（分）。每卷计五十匹，长二丈八（尺），宽九寸，重三十五六斤。外加伙食、杂役、绳绳钱十文。厘金脚钱至顺二十文，长至祁二十文，至长脚钱四十文，共加脚钱九十文。

武城，布平比咱捎平每大八钱四（分）。每卷计布三十二匹，长四丈四五，宽一尺，重九十八九斤。共加杂役、伙食、脚钱一百二十文。店口：双合店。

白塔，布平比咱捎平每大一钱五（分）。每卷计布三十二匹，长四丈四（尺），宽一尺二（寸），重九十八九斤。共加伙食、杂役、绳绳、脚钱一百二十文。店口：裕远店。

曲宽，布平比咱捎平每大五钱六（分）。每卷计布二十匹，长三丈四五，

---

① 威县：今河北省邢台市威县。
② 长：长凝。
③ 桃园：今河北省晋州市桃源镇。

宽一尺二（寸）五（分），重四十五六斤。外加伙食、杂役、卷绳钱三十文。顺至长脚钱七十文，长至祁十五文。共加脚钱一百二十文。店口：人和店、兴盛店。

平乡①，布平比咱捎平每大一钱。每卷计布二十五匹，长三丈一二，宽一尺二（寸），重五十五斤。加伙食、杂役、绳绳钱二十文。厘金脚钱至顺二十文，至祁六十文。

邵固②，布平比咱捎平每大八钱五（分）。每卷计布二十二匹，长三丈四五，宽一尺一（寸）。外加杂役、伙食、卷绳钱、脚钱一百文。店口：协和店。

南宫③，布平比咱捎平每大三钱。加伙食、杂役、绳绳钱二十文。至顺府厘金脚钱二十五文，顺府至长四十文，长至祁脚钱十五文。每卷计布十三匹，长四丈六七，宽一尺三（寸），重四十斤。共加脚钱一百文。

五方巾，布平比咱捎平每大八钱五（分）。共加伙食、杂役、卷绳钱十五文。至顺府厘金脚钱四十文，顺至祁厘金脚钱三十五文。每卷计布二十五匹，外缠改机皮布一匹，长三丈四五，宽一尺一（寸），重四十斤。店口：协和店。

手巾，布平比咱捎平每大八钱五（分）。加杂役、伙食、卷绳钱十五文。至顺府厘金脚钱十文，顺至祁脚钱十五文。每卷计六十连，每连十条。

口庄，布平比咱捎平每大八钱五（分）。外加伙食、杂役、绳绳钱十文。至顺府厘金脚钱二十五文，顺至祁厘金脚钱十五文又三十五文。每卷计布二十五匹，长三丈，宽九寸，重三十四五斤。

临州④，布平比咱捎平每大八钱五（分）。外加伙食、杂役、绳绳钱三十文。至顺府厘金脚钱四十文，顺府至长凝镇厘金脚钱三十文，长至祁厘金脚

---

① 平乡：今河北省邢台市平乡县。
② 邵固：集镇名，位于今河北省邢台市威县县城东南部。
③ 南宫：今河北省南宫市。
④ 临州：疑为今河南省林州市。

钱十五文。每卷计布二十二匹，长三丈二三，宽一尺一寸五（分），重二十一二斤。

一柱香，布平比咱捎平每大八钱五（分）。外加伙食、杂役、卷绳钱十文。至顺府厘金脚钱二十文，顺府至祁厘金脚钱六十文。每卷计布二十匹，外缠改机皮布二匹，长三丈五六，宽一尺二（寸），重四十四五斤。店口：协和店。

大、二被面，布平比咱捎平每大八钱五（分）。外加杂役、伙食、卷绳钱三十文。至顺府厘金脚钱四十文，顺至祁厘金脚钱三十文。每卷计布二十二匹，内有改机皮布一匹，长三丈五六，宽一尺二寸五（分），重四十六七斤。店口：协和店。

大菜瓜，布平比咱捎平每大八钱五（分）。外加杂役、卷绳、伙食钱三十文。至顺府厘金脚钱四十五文，顺至长脚钱三十文，长至祁十文。每卷计布二十二匹，内有改机皮布一匹，长三丈五六，宽一尺二（寸），重四十五六斤。协和店。

贺钊，布平比咱捎平每大八钱。外加伙食、杂役、卷绳钱三十文。至顺府厘金脚钱四十文，顺至长脚钱三十文，长至祁脚钱十五文。每卷计布二十二匹，长三丈二三，宽一尺零五（分），重三十八九斤。店口：双和店。

任县[①]，布平比咱捎平每大二钱。外加伙食、杂役、绳绳钱二十文。至顺府厘金脚钱三十文，顺至祁厘金脚钱四十文。每卷计布三十五匹，长三丈二三，宽一尺一（寸），重四十三四斤。店口。

隆平，布平比咱捎平每大一钱。伙食、杂役、绳绳钱二十文。至顺府厘金脚钱三十二文，顺至长脚钱十五文，长至祁脚钱十文。每卷计布三十二匹，长三丈二三，宽一尺，重六十四五斤。店口。

枣园[②]，布平比咱捎平每大三钱。每卷计布四十五匹，皮、衬布各一匹，

---

① 任县：今河北省邢台市任泽区。
② 枣园：疑为今河北省邢台市威县枣园乡。

长三丈二三，宽一尺，重五十八九斤。共加杂役、伙食、卷绳、脚钱一百一十文。店口。

栾城邑①，布平比咱捎平每大五钱三（分）。每卷计布五十匹，又有四十五匹成卷，皮、衬布三匹，长二丈七八，宽一尺，重五十六七斤。共加脚钱九十文。店口：恒茂店。以上捎平比祁公平每小二钱三分。

从来人之养身者，衣也。衣之所出者，花也。花之所系大矣哉。富贵所必需，贫贱所必赖，而日用之不可缺者也。且夫世人只知花之养身，而不知花之产于何处者众。予因此事欲得其详而不能，遂向历年以久之客长请诸教益，将花之高低，销之多寡，略叙其详。一花之顶尖者，关东锦州②、异［冀］州③，京东乐亭④，青色，绒细长软，如扯开花蕊如丝光明，出处亦不宽，地内收量亦不多。而［二］尖花者，太沧［仓］州⑤、南通州⑥、澄［邓］州府⑦、上海县，绒细绵软，花发暗。安陆府、天门县、甘镇驿⑧花，毛眼绒细，做得干净。沔阳县⑨、沙湖、岳口⑩、沙市花与河沙⑪花相似。武昌府东北乐江一代［带］⑫花与获鹿花相似，就是毛眼软些，成色最低，花不干净。陕西、吐鲁番花去甘肃；关东、京东销至本省；太仓州花销至广东、广西、浙江、江苏、妥［安］徽边界；江湖花销至湖南、湖北、四川省；河南赊镇

---

① 栾城邑：今河北省石家庄市栾城区。
② 锦州：今辽宁省锦州市，关东即山海关以东。
③ 异［冀］州：今河北省衡水市冀州区。
④ 乐亭：今河北省唐山市乐亭县，京东即京城以东。
⑤ 太沧［仓］州：明清时期江苏太仓地区的行政区名称，后续录文以"太仓州"录入，不再一一标注。
⑥ 南通州：今江苏省南通市。
⑦ 澄［邓］州府：今河南省邓州市。
⑧ 甘镇驿：今湖北省天门市干驿镇。
⑨ 沔阳县：今湖北省仙桃市。
⑩ 岳口：今湖北省天门市岳口镇。
⑪ 河沙：今河北省邯郸市邯山区河沙镇。
⑫ 代［带］：山西布商文书中有时将"带"写作"代"，后续录文以"带"录入，不再一一标注。

诸花销陕西多，山西少；里府①花销山西全省，山东数处；四川土花销本省；吐鲁番花销至甘肃省、陕西省；山东海边花销至省下；保定府等处花销至京东少，东西两口、宣化府②等处多。漳德府③等处并广平府等处，又直隶府各处花，到高县④付秤大小、花色高低，并办花规式开列于后。

头牌花

威县、贺钊、广宗⑤、清平⑥、干集⑦、香城固⑧、小城镇、下堡寺⑨、七级镇、马头镇、枣园巷［乡］、黄金庄、夏津县⑩、高唐州⑪、南宫县、花上、浮桥口、元氏。

二牌花

隆平、魏家庄、晋州、梅化⑫、芜极⑬、东曹⑭、候［侯］房⑮、两河⑯、泥阳⑰、

---

① 里府：或为清代河北保定府、正定府等地。
② 宣化府：今河北省张家口市。
③ 漳德府：今河南省安阳市。
④ 高县：今山西省临汾市曲沃县高显镇。成书于嘉庆年间的《万里行程记》载："由史村南行，四十里至高县镇。镇为曲沃县所辖。直隶省栾城、获鹿所出棉花、布匹，贩运者皆卸集于此，商旅甚多。"［清］祁韵士撰，马山明点校：《万里行程记》，山右历史文化研究院编：《山右丛书：大唐创业起居注（外七种）》，上海古籍出版社2016年版，第233页。
⑤ 广宗：今河北省邢台市广宗县。
⑥ 清平：县级行政区划，明清属东昌府，1952年划归山东省聊城专区，1956年撤销。
⑦ 干集：今河北省威县城东偏北，属于梨园屯镇。原为山东冠县在威县的行政集市中心，名中兴集。
⑧ 香城固：今河北省邯郸市邱县香城固镇，位于邱县西北。
⑨ 下堡寺：今河北省邢台市临西县下堡寺镇，位于临西县西部。
⑩ 夏津县：今属山东省德州市，因"齐晋会盟之要津"而得名。
⑪ 高唐州：今山东省聊城市高唐县，清为直隶州。
⑫ 梅化：今河北省石家庄市藁城区梅花镇。
⑬ 芜极：今河北省石家庄市无极县。
⑭ 东曹：今河北省晋州市小樵镇东曹村。
⑮ 候［侯］房：今河北省石家庄市无极县南侯坊村，清代民国时期逢四、九日为集。山西布商文书中有时将"侯"写作"候"，后续录文以"侯"录入，不再一一标注。
⑯ 两河：位于今河北省石家庄市，明清逢三、八日为集。
⑰ 泥阳：今河北省石家庄市藁城区丘头镇丽阳村，俗称泥阳、泥乡。历史上为藁城县八大镇之一。

西旺、北旺、定州①、清风②、明月③、小章、深泽④、小樵⑤、位伯⑥、南董⑦、赵庄⑧、海滩⑨、常营⑩、宁晋⑪、北章、后章、商城⑫、河沙、笼曹⑬、武安⑭、邯郸、磁州⑮、马头、周村、沿村、雷陈、黎林堡⑯、清凉寺⑰、洪河⑱、临铭关⑲、天台山⑳、辛店㉑、赵州、栾城。

三牌花

获鹿、郊马㉒、休门㉓、谈村㉔、岗上㉕、孙村㉖、振头㉗、行唐㉘、

---

① 定州：今河北省定州市。
② 清风：今河北省定州市清风店镇。
③ 明月：今河北省定州市明月店镇。
④ 深泽：今河北省石家庄市深泽县。
⑤ 小樵：今河北省晋州市小樵镇。
⑥ 位伯：今河北省辛集市位伯镇。
⑦ 南董：今河北省石家庄市藁城区南董镇。
⑧ 赵庄：今河北省石家庄市藁城区赵庄。
⑨ 海滩：今河北省晋州市海滩村。
⑩ 常营：今河北省晋州市常营村。
⑪ 宁晋：今河北省邢台市宁晋县。
⑫ 商城：今河北省邯郸市成安县商城镇。
⑬ 笼曹：今河北省邯郸市永年区刘营乡龙曹村。
⑭ 武安：今河北省武安市。
⑮ 磁州：今河北省邯郸市磁县。
⑯ 黎林堡：今河北省邯郸市永年区梨林堡村。
⑰ 清凉寺：今河北省邯郸市肥乡区辛安镇清凉寺村。
⑱ 洪河：今河南省安阳市安阳县洪河屯乡。
⑲ 临铭关：今河北省邯郸市永年区临洺关镇。
⑳ 天台山：今河北省邯郸市肥乡区天台山镇。
㉑ 辛店：今河北省邢台市任泽区辛店镇。
㉒ 郊马：今河北省石家庄市栾城区郊马镇。
㉓ 休门：今河北省石家庄市休门街道。
㉔ 谈村：位于今河北省石家庄市，旧称范谭村。
㉕ 岗上：今河北省石家庄市藁城区岗上镇。
㉖ 孙村：位于今河北省石家庄市，清代位于获鹿县振头东南。
㉗ 振头：今河北省石家庄市桥西区振头街道。
㉘ 行唐：今河北省石家庄市行唐县。

完县^①。

正定府^②　彼处店秤一十八两

假如二百（文）买，九八秤^③，答曰九八为法，二百（文）为实，乘之得钱二百零四（文）；^④再以老号二百七十斤乘之，得钱五十三千九（百文）。彼处二分打用，外加店用钱^⑤一千零六（十）一（文）。包甬二个，作钱一千五百文；捃^⑥绳二条，作钱五百文；蹬缝包二个，工钱八十文。从府发获，脚钱四百文，厘金钱一百二十文；发祁每担脚钱五千文。店用官税钱四十文。以上连花价九宗，共钱六十一千七百四十一文。正定府平比祁公平每百两大一两六（钱）。祁县卖花系元银，加色^⑦二两，共银三两六钱。以钱数一千六（百）六（十文），合钱六千文，将钱数一千六（百）六（十文）去钱六十文，下余一千六（百文）；^⑧将钱六十一千七（百）四（十）一（文）以一千六（百文）作成银三十八两五（钱）九（分）^⑨。祁县店用每担银四钱，条税^⑩银一钱五（分），共银三十九两一（钱）四（分）。老号二百六十斤付

---

① 完县：今河北省保定市顺平县。
② 正定府：明清行政区划，府治今河北省石家庄市正定县。
③ 九八秤：棉花交易中，买家买100斤棉花，因卖家称量方法，实际只得98斤，棉花单价因而变相提高。
④ 九八为法，二百（文）为实，乘之得钱二百零四（文）：$200 \div 0.98 = 204$。
⑤ 打用、店用钱：付与花店所提供的食宿，代客买卖，棉花加工、包装、运输等服务的费用，二分打用即费用为货物总价值的2%。
⑥ 捃：该字在文书中写作"裙""撑""捃"，捆绑、收束之意。为方便起见，录入时一律写作"捃"。
⑦ 加色：因元银成色较低，在与其他白银兑换时，往往需"加色"数两，此处为每百两加色二两。
⑧ 以钱数一千六（百）六（十文），合钱六千文，将钱数一千六（百）六（十文）去钱六十文，下余一千六（百文）：正定府处100两白银=103.6两祁县元银，3.6两元银=$1660 \times 3.6 = 6000$文制钱（实为5976），则正定府处每1两白银可比祁县元银多兑$6000 \div 100 = 60$文制钱。故每1两祁县元银可兑$1660 - 60 = 1600$文制钱。
⑨ 将钱六十一千七（百）四（十）一（文）以一千六（百文）作成银三十八两五（钱）九（分）：$61741 \div 1600 \approx 38.59$。
⑩ 条税：为避免重复征税而设置的一种附加税。

祁店秤加二^①乘之，得秤三百一十二斤，以三百一十二（斤）再将银三十九两一（钱）四（分）归之，迭祁公平白银每百斤十二两五钱一分。^②

休门　彼处店秤十八两

假如一百五（十文）买，九六秤，答曰九六为法，一百五（十文）为实，归之得钱一百五（十）六（文）；再将老号一百六十斤乘之，得钱二十四千九百六十文。彼处二分打用，外加店用钱四百九（十）九（文）。包甬子二个，作钱一千四百文；捃绳二条，钱四百文；蹬缝包工钱一百文。官税钱四十文。从休门送获，脚钱二百文，厘金钱一百二十文；获至祁脚钱五千文。以上连花价共钱三十二千七百一十九文。休门平比祁公平每百两大一两六（钱），祁县卖花元银，加色银二两，共银三两六钱。以钱数一千八（百文）合钱六千五（百文），每两去数钱六十五文，下余一千七（百）三（十）五（文），将钱三十二千七（百）一（十）九（文），作成银一十八两八（钱）五（分）。祁县卖花店用银四钱，条税银一钱五（分），共银一十九两四（钱）。老号一百六十斤付祁店秤加二乘之，得一百九十二斤，再将一十九两四（钱）以一百九十二斤归之，得迭祁公平白银十两零一钱。

临清　彼处店秤十六两

假如二十二千（文）买，九七秤，将二十二千（文）以九七归之，得每斤实秤钱二百二（十）五（文），再以老号三百斤合钱六十七千五百文。店用一分，钱六百七十五文。包甬子钱二千八百文；捃绳钱二百八十文；蹬缝包工钱二百四十文。从临发曹^③脚钱二千六百文，曹发祁脚钱十一千文。共钱八十五千零九十六文。以钱数三千五（百文）将平色银若干去加数。临清

---

① 老号二百六十斤付祁店秤加二：正定府棉平为十八两，棉花运往祁县后需在原重量基础上加20%，以适应祁县棉平。

② 以三百一十二（斤）再将银三十九两一（钱）四（分）归之，迭祁公平白银每百斤十二两五钱一分：39.14÷3.12≈12.54。规程中记作"十二两五钱一分"，是商业文书部分内容计算不精确的体现。

③ 曹：苏曹。

平比咱捎平每小一两零五（分），以三千五（百文）合钱七十文，共钱价三千五（百）七（十文）。将钱八十五千零九（十）六（文），合作银二十三两九（钱）一（分）。祁店用银四钱，条税银一钱五（分），共银二十四两四（钱）六（分）。临花到祁付店秤九二秤，亦有九一二三（秤），将老号三百零九斤以九一扣秤二百八十四斤①，再将银归之，得迭公平白银八两六钱。

振头　彼处店秤二十六两

假如买三合出六秤，以每合钱七十文乘三六秤，合钱二百五（十）二（文），②再以老号一百七十斤乘之，得钱四十二千八百四十文。彼处二分打用，外加店用钱八百五十七文。包甬子二个，作钱一千四百文；捃绳二条，钱四百文；蹬缝包钱一百文；官税钱二十文。从振发获脚钱一百八十文，厘金钱一百二十文；获发祁每担脚钱五千文。以上连花价九宗，共钱五十千零九百一十七文。彼处平比祁公平每大七钱五（分）。祁县卖花白银，每百两外加色二两，共银三两五钱，以钱数一千七（百）五（十文）合钱六千（文），每两去数钱六十文，将钱五十千九（百）一（十）七（文）作成银三十两零一钱三分。祁店用每担银四钱，条税银一钱五（分），共银三十两六（钱）八（分）。再将老号一百七十斤按付祁店加六三乘之，得二百七十七斤。将银三十两零六（分）八（厘）以二百七十七斤归除，每百斤迭祁公平白银十一两零七分。

王村　彼处店秤二十四两

假如买三合子出六秤，以每合子钱六十八文乘三六秤，合钱二十四千四（百）八（十文），③再以老号一百七十斤将钱二十四千四（百）八（十文）乘之，得钱四十一千六（百）一（十）六（文）。彼处二分打用，外加店用

---

① 将老号三百零九斤以九一扣秤二百八十四斤：284÷309≈0.92，故此处当为"九二扣秤"。
② 假如买三合出六秤，以每合钱七十文乘三六秤，合钱二百五（十）二（文）：70×3×[1+（0.6÷3）]＝252。
③ 假如买三合子出六秤，以每合子钱六十八文乘三六秤，合钱二十四千四（百）八（十文）：68×3×[1+（0.6÷3）]＝244.8，故"二十四千四（百）八（十文）"当为244.8文。

八百三（十）二（文）。包甬二个，作钱一千五百文；捃绳二条，钱四百文；蹬缝包工钱八十文；出店用官税钱六十文。从王村送获脚钱二百二十文，获厘金钱一百二（十文）；从获发祁每担脚钱五千（文）。以上连花价九宗，共钱四十九千八（百）二（十）八（文）。彼处平比祁公平每大六钱五（分）。祁县卖花每百两加色银二两，二宗共银三两三钱。以钱数一千八（百文）合钱六千（文），每两去数钱六十文，下余一千七（百）四（十文），将钱四十九千八（百）二（十）八（文）作成银二十八两六（钱）四（分）。祁县店用每担银四钱，条税银一钱五（分），三宗共银二十九两一（钱）九（分）。将老号一百七十斤按付祁店秤加六三乘之，得二百七十七斤，将银二十九两一（钱）九（分）以二百七十七斤归除，每百斤迭祁公平白银十两零五钱四分。

谈村 彼处店秤二十四两

假如买三合子出六秤，以每合钱六十八（文）以六三乘之，得钱二百四（十）四（文）八，再以老号一百七十斤乘之，得钱四十一千六百一十六文。彼处二分打用，加店用钱八（百）三（十）二（文）。包甬子二个，作钱一千四百文；捃绳二条，钱四百文；蹬缝包工钱八十文；出店用官税钱四十文。从谈村送获脚钱二百文，获厘金钱一百二十文；获发祁每担脚钱五千（文）。以上连花价九宗，共钱四十九千六（百）八（十）八（文）。彼处平比祁公平每大六钱五（分）。祁县卖花系白银，每百两加色银二两，二宗共银三两三（钱）。以钱数一千八（百文）合钱六千文，钱数一千八（百文）去钱六十文，下余一千七（百）四（十文），将钱四十九千六（百）八（十）八（文）作成银二十八两五（钱）六（分）。祁县店用每担银四钱，条税银一钱五（分），以上三宗共银二十九两一（钱）一（分）。将老号一百七十斤按付祁店秤加六三乘之，得二百七十七斤，将银二十九两一（钱）一（分）以二百七十七斤归除，迭祁公平白银每百斤十两零五钱一分。

栾城 彼处店秤二十六两

假如买四合子出四秤，以每合钱六十八（文）将四四乘之，得钱二百九

（十）九（文），再以老号一百八十斤乘之，得钱五十三千八（百）二（十文）。彼处一分打用，加店用钱五百三（十）八（文）。包甬子二个，作钱一千文；捃绳二条，钱二百文；蹬缝包二个，工钱八十文。出官税钱二十文。从栾送获脚钱二百二十文，获厘金钱一百二十文；获发祁脚钱每担钱五千（文）。以上连花价九宗，共钱六十千五（百）九（十）八（文）。彼处平比祁公平每大五钱。祁县卖花系白银，每百两加色银二两，二宗共银三两。以钱数一千七（百）六（十文）合钱五千三（百文）。将钱数一千七（百）六（十文）去钱五十三文，下余一千七（百）零七（文），将钱六十千五（百）九（十）八（文）作成银三十四两四（钱）三（分）。祁县店用每担用银四钱，条税银一钱五（分），以上三宗共银三十四两九钱八分。再将老号一百八十斤按付祁店秤加六三乘之，得二百九十三斤，将银三十四两九（钱）八（分）以二百九十三斤归除，得迭祁公平白银每百斤十一两九钱三分。

尹村① 彼处店秤十八两

假如一百六（十文）买，九八秤，答曰九八为法，一百六（十文）为实，归除得钱一百六（十）三（文）。再以老号二百六十斤乘之，得钱四十二千三百八十文。彼处二分打用，外加店用钱八百三（十）七（文）。包甬二个，作钱一千五百文；捃绳二条，钱四百文；蹬缝包工钱八十文。出店用官税钱四十文。从尹送获脚钱二百四十文，获厘金钱一百二十文；获发祁每担脚钱五千（文）。以上连花价九宗，共钱五十千五（百）九（十）七（文）。尹村平比祁公平每百两大一两五（钱）。祁县卖元银，每百两加色银二两，共平色银三两五钱。以钱数一千八（百文）合钱六千三（百文），将钱数一千八（百文）去钱六十三文，下余一千七（百）三（十）七（文），将钱五十千五（百）九（十）七（文）作成银二十九两一（钱）二（分）。祁县店用每担银四钱，条税银一钱五（分），共银二十九两六（钱）七（分）。将老号二百六十斤按付祁店秤加二乘之，得三百一十二斤。将银二十九两六（钱）七（分）

---

① 尹村：位于今河北省石家庄市。

以三百一十二斤归除，得迭祁公平白银每百斤九两五钱一分。

赵庄　彼处店秤十八两

假如一百六（十文）买，秤，答曰秤为法，一百六（十文）为实，归除得钱一百六（十文）。① 再以老号一百三十斤乘之，得钱二十千零八百文。彼处二分打用，外加店用钱四百一（十）六（文）。包甬子二个，作钱一千五百文；挶绳二条，钱四百文；蹬缝包工钱八十文。店用官税钱四十文。从赵发获脚钱二百五十文，获厘金钱一百二十文；从获发祁每担脚钱五千文。以上连花价共钱二十八千六百零六文。赵庄平比祁公平每百两大一两五（钱）。祁县卖花系白银，每百两外加色银二两，二宗共银三两五钱。以钱数一千六（百）七（十文），合钱五千八（百文）。将钱数一千六（百）七（十文）去钱五十八个，将钱二十八千六百零六文以一千六（百）一（十）二（文）合作银十七两七钱四分。祁县店用银四钱，条税银一钱五（分），共银十八两二钱九分。老号一百三十斤付祁店秤加二秤，将老号一百三十斤以一百二乘之，得一百五十六斤，再将银一十八两二（钱）九（分）以一百五十六斤归除，每百斤得迭祁公平白银十一两七钱一分。

威县　彼处店秤十六两

假如二十四千（文）买，九四秤，答曰九四为法，二四为实，归除得钱二百五（十）五（文）。② 再以老号三百斤乘之，得钱七十六千五百文。彼处一分打用，外加店用钱七百六十五文。包甬子二个，作钱二千六百文；挶绳二条，钱八百文；蹬缝包二个，工钱一百二十文。从威发曹脚钱三千文，曹发祁脚钱每担十千文。以上连花价七宗，共钱九十三千七百八十五文。以钱数三千三（百文）合作银二十八两四（钱）二（分）。威县店平比祁公平每百两小一两六（钱）。祁县卖花元银，每百两外加色银二两，去平一两六

---

① 假如一百六（十文）买，答曰秤为法，一百六（十文）为实，归除得钱一百六（十文）：最终计算结果仍为160文，可知赵庄与高县棉花称量标准一样。

② 假如二十四千（文）买，九四秤，答曰九四为法，二四为实，归除得钱二百五（十）五（文）：$255 \times 0.94 \approx 240$，故"二十四千（文）"当为"二百四十文"。

（钱），下余四钱。将银二十八两四（钱）二（分）以四钱伸平银一钱一分。祁县店用每担银四钱，条税银一钱五（分），以上共银二十九两零八分。老号三百斤内出秤九斤，共老号三百零九斤，按付祁店九二扣秤，二百八十四斤归除，每百斤迭祁公平白银十两零二钱四分。

贺钊　彼处店秤十六两

假如三（百）四（十文）买，九八秤，将三百四（十文）以九八归之，得实秤钱三百四（十）七（文）。再以老号三百斤乘之，得钱一百零四千一百文。店用一分，钱一千零四十文。包甬二个，作钱三千文；捃绳二条，钱三百六十文；蹬缝包工钱一百二十文。从贺发苏曹脚钱一千八百文，曹发祁脚钱七千文。共钱一百一十七千四（百）二（十文）。贺平比捃平每百两大一两五（钱）。祁县卖花白银，每百两加色银二两，二宗共银三两五钱。以钱数四千一（百文）乘之，得钱十四千三百五十文。每两去数钱一百四（十）三（文），将钱一百一十七千四百二十文以钱价三千九（百）五（十）七（文）归之，得银二十九两六（钱）七（分）。祁县每担店用银四钱，条税银一钱五（分），三宗共银三十两零二钱二分。到祁每担老号三百零七斤，付祁店秤以九扣秤二百七十六斤，将银三十两二（钱）二（分）以二百七十六斤归除，得每百斤迭祁公平白银十两零九钱五分。

金庄[①]　彼处店秤十六两

假如二百六（十文）买，九三秤，将二百六（十文）以九三归之，每斤实钱二百八十文。老号三百斤再将钱二百八（十文）以三百斤合钱八十四千文。包甬子二个，钱二千八百文；捃绳二条，重五斤，钱七百文；蹬缝包二个，钱二百四十文。彼处店用一分，打用钱八百四十文。发苏曹脚钱每担二千八百文，曹发祁每担脚钱一十一千（文）。共钱一百零二千三百八十文。以钱价三千六（百）二（十文），合银二十八两二（钱）八（分）。祁店用银每担四钱，条税银一钱五（分），共银二十八两八（钱）三（分）。金店平比

---

① 金庄：黄金庄。

祁咱捎平每大一两二（钱）五（分）。祁县卖花系白银，外加色银二两，共银四两五钱。将二十八两八（钱）三（分）以四五伸平色银一两三（钱）①，共银三十两零一钱三分，以二百八十九斤归之，每百斤迭祁公平白银十两零四钱一分。

贺钊花　到高县每担老号三百斤

三百四（十文）买，九八秤，安下三百四（十文）以九八归之，迭实秤钱三百四十七文。以老号三百斤乘之，得钱一百零四千一百文。加店用钱一千零四十文。包甬钱三千文；捃绳钱六百文；蹬缝包钱一百二十文。发苏曹脚钱一千八百文。共钱一百一十千零六百六十文。以钱数四千一（百文）合银二十六两九（钱）九（分），另安元银加色七两。贺平比高县平每大一两，以一零九乘之，二十九两四（钱）七（分）。再加苏曹发高县脚银一两七钱，高店用银二钱，共银三十一两四钱七分。以三百零九斤归之，迭五零九秤。②

振头花　到高县每担老号一百七十斤

价三百八（十文），合秤以七十合，每斤钱二百六十六文。③以老号一百七十斤乘之，钱四十五千二（百）二（十文）。二分开用，钱九百零四文。包甬子钱一千五百文；捃绳钱四百二十文；蹬缝包钱一百文。官税钱二十文。发获脚钱二百二十文。共钱四十八千三（百）八（十）四（文）。以获钱数一千八（百文）合银二十六两八钱八分，另安元银加色银九两八（钱）。获平比高县平每大一两一（钱），以一百一十二两乘之，三十两零一钱。再加获去高县脚银四两八（钱），高店用银三钱，共银三十五两二钱。老号一百七十斤，以加五编号二百五十五两归之，每百斤元银十三两八钱。再以价

---

① 将二十八两八（钱）三（分）以四五伸平色银一两三（钱）：每100两多4两5钱，则28.83两多28.83×（4.5÷100）≈1.3两。
② 共银三十一两四钱七分。以三百零九斤归之，迭五零九秤：31.47÷3.09＝10.18，每百斤棉花成本价为10.18两，"五零九秤"或为成本价占卖价的50.9%之意。
③ 价三百八（十文），合秤以七十合，每斤钱二百六十六文：380×0.7＝266。

元银二十两归之,迭六九秤。① 假如苏曹发高县每担脚银一两七(钱),现银一两,九一扣威邑平纹银。下欠高店如自付,九零五扣纹银;如是托高店付,九二扣纹银。假如店存花每担官税银一钱五(分),店用银每包自起一钱卖了,每包二钱卖了,一兑月交银,祁公平白银不俱[惧]色疲快,每五十两加色银一两。高店卖花规式:假如卖了花元银一千两,元银色六两二(钱),看该收银若干,答曰九百四十一两六(钱),内加②;如一千两去了六十二两,外加不能。

正定府

义和店一十八两秤,付祁加二秤,以每百斤出八斤,迭价每担老号二百六十斤。包甬子钱一千六百文;捃绳钱三百文;蹬缝包钱八十文。发获脚钱四百文。店用按银二分。吊号出皮六斤③,高县绳钱五百文,出皮八斤,安大七钱三(分)④,共钱二千三百八十文。发祁四千文,厘金钱一百二十文。

---

① 每百斤元银十三两八钱。再以价元银二十两归之,迭六九秤:$13.8 \div 20 = 0.69$。
② 内加:高店白银与元银比价为106.2:100,卖了1000两,理论应收高店银$1000-62=938$两,若收941两6钱,则为内加。
③ 出皮六斤:减去包装重量。
④ 安大七钱三(分):正定府处每百两白银比祁县大7钱3分。

五、《年代不详买花规程》

【简介】

该规程共40页，无封皮封底，以行楷书写买花规程。买花规程，顾名思义即对棉花贸易具体过程及相关方面的指导和规范。内容包括全国棉花市场概况、高县市场上棉花的品质分类、从棉产地批发棉花至山西的具体过程以及高县棉花市场上棉花贸易的具体细节、高县棉花外运及河北棉花南运赊旗的路线与成本等。规程中多次提到厘金，经查河北征厘始于咸丰八年（1858）；①又，当时获鹿作为河北棉花运往山西之中转站地位尚未被石家庄取代，②故规程写成年代为咸丰八年至清末民初之间。

【录文】

从来人之养身者，衣也，衣之所出者，花也。花之所系大矣哉，富贵所必需，贫贱所必赖，而日用之不可缺者也。且夫世人只（知）花之养身，而不知花之产于何处者众，予因此事欲得其详而未能。遂向年以久之客长请诸教益，将花之高低，须［需］之多寡，略叙其详。一花之顶尖者，关东锦州、异［冀］州、京东乐亭县，青色，绒细长软，如绵扯开花蕊如丝光明，出处亦不宽，地内收量不多。二顶尖花者，太仓州、南通州、澄［邓］州府、上海县，绒细绵软，花色发暗。安禄［陆］府、天门县、甘镇驿花，毛眼细软，做得干净。沔阳县花、沙湖、岳口、沙市花与河沙花相似。武昌

---

① 罗玉东：《中国厘金史》，商务印书馆2017年版，第400页。
② 光绪三十三年（1907）正太铁路修成后，石家庄逐渐取代获鹿成为山西与河北之间货物运输的中转站。

府、东北乐江一带花与获鹿花相似，就是毛眼软些，成色最低，花不干净。陕西、吐鲁番去甘肃省；关东、京东花销至本省；太仓州花销至广东、广西、浙江、江苏、安徽边界；江湖花销至湖南、湖北、四川省；河南赊镇诸处花销至陕西多，山西少；里府花销山西全省，山东数多处；四川土花销本省；陕西花销本省；吐鲁番花销至甘肃省多，陕西少；山东海边花销至本省；保定府等处花销至京东少，东西两口、宣化府等处多；北乐江一带花低。

高县批买花规式

假如买下晋州花，五分五厘秤，异日卖了四分五厘秤，问每包花该长银若干，答曰一两二（钱）。法曰每包一百三（十斤）重为实，以捎秤① 一百五（十）五为法，归除得八十三（点）九（斤）。再以每包一百三（十斤）为实，以卖秤一百四十五为法，归除得九十斤。除过先买秤八十三（点）九（斤），净长花六斤用在内。②

假如买下隆平花，二分秤，卖了一分秤，问每包该长银若干，答曰二两二钱。法曰每包一百四（十）五（斤）为实，以卖秤一百二（十）为法，归除得一百二（十点）八（斤）。再以每包一百四（十）五（斤）为实，以卖一百一（十）为法，归除得一百三（十）一（点）八（斤）。除过先买一百二（十点）八（斤），净长花十一斤用在内。

假如买下威县花九十五斤顶一百斤③，异日卖八十五斤顶一百斤，问每包该长银若干，答曰三两六钱。法曰一百四（十）五（斤）为实，以买秤九十五为法，归除得一百五（十）二（点）六（斤）。再以每包一百四（十）五

---

① 捎秤：每包棉花运目的地经加秤或出秤后的重量与"落秤"后买主实际支付重量之比，此处之五分五厘秤、四分五厘秤均为捎秤。
② 除过先买秤八十三（点）九（斤），净长花六斤用在内：晋州花"老号"130斤，买主以"捎秤"五分五厘买，实际支付83.9斤的价格（130÷1.55≈83.9）；再以四分五厘秤卖出，实际得到90斤的价钱（130÷1.45≈90）；这6斤计价重量之差即为花商利润（90－83.9=6.1≈6）。
③ 假如买下威县花九十五斤顶一百斤：批买威县花时，买主买100斤，实际得到95斤。

（斤）为实，以卖秤八十五为法，归除得一百七十（点）零六（斤）。除过先买秤一百五（十）二（点）六（斤），净长花十八斤用在内。

假如批下宁晋、隆平花三分五厘秤，异日出卖，除用要长银一两五（钱），问买主该（捎）秤若干，答曰二分四厘秤。法曰按每包一百四（十斤）为实，以卖捎秤一百三十五为法，归除得一百零三（点）七（斤）。加上九斤秤一百一（十）二（点）七（斤）为法。再以每包一百四（十斤）为实，归除得买主捎二分四厘秤。①

批威县花一分五厘秤，问卖主以老号落秤②若干，答曰八一三秤。以老号一百五十斤去一十零半（斤），净一百三（十）九半（斤）为实，以一百一（十）五归除，得卖秤一百二（十）二（斤）。再以原老号为法，归除得八一三秤。③

假如东曹、海滩、小章花卖八八秤，问买主该捎秤若干，答曰二分一厘。法曰以每包原号秤一百三（十斤）以八八秤乘之，得一百一（十）四（点）四（斤）为法。再按一百三（十斤）加出秤八斤为实，以一百一（十）四（点）四（斤）归除，得秤一百二（十）一。

批买晋州花二分秤，问卖主落秤若干，答曰八八四。秤法曰以一百二（十）为法，按每包加出秤八斤为实，归除得一百一（十）五（斤）。再以原号一百三（十）为法，以一百一（十）五（斤）为实，归除得八八四秤。

假如有宁晋花卖，七七秤，问买主捎秤若干，答曰三分秤。按每包原老号一百四（十斤），以卖七七秤乘之，得一百零七（点）八（斤）为法。再以原秤一百四（十斤）为实，再加每包出秤一二斤，归除得捎秤三分。

假如休门、谈村花卖加四二秤，问买主捎秤若干，答曰二分三厘秤。法曰按老号八十斤（以）一百四（十）二加乘之，得一百一（十）三（点）六

---

① 计算方式为：140÷1.35=103.7；140÷(103.7+9)=1.242。
② 落秤：为"捎秤"后买主实际支付重量与原"老号"重量之比。
③ 再以原老号为法，归除得八一三秤：(150-10.5)÷1.15=121.30≈122；122÷150=0.81333。

（斤）为法。再以原老号八十斤付高县秤加七五乘之得一百四（十斤）为实，归除得捎二分三厘秤。

批休门、槐底①、谈村花三分三厘秤，问卖主以原老号落秤若干，答曰加三一二五秤。法曰以秤八十斤以加七五秤乘之，得一百四（十斤）为实，以一百三（十）三为法，归除得一百零五斤为实，以原老号八十斤为法，归除得加三一二五秤。

假如漳德府、辛店、洪河屯、商城、磁州等处花卖九秤，问买主捎秤若干，答曰三分三厘秤。法曰按老号一百一（十）五（斤）以九秤乘之，得一百零三（点）五（斤）为法。再以老号一百一（十）五（斤）按加二秤乘之，得一百三（十）八（斤）为法，归除得捎三分三厘秤。

如栾城花卖加二秤，问买主捎秤花若干，答曰三分三厘秤。法曰按老号八十五斤以加二秤乘之，得一百零二（斤）为实。再以老号八十五斤，按付高县秤加六乘之，得一百三（十）六（斤）为法，除之得捎三分三厘秤。

假如买栾城花，二分秤，问卖主以老号落秤若干，答曰加三三秤。法曰按老号八十五斤以加六秤乘之，得一百三（十）六（斤）为实，以一百二（十）为法，归除得一百一（十）三（点）三（斤）为实，再以八十五斤为法，归除得加三三秤。

如批梅化花三分秤，问卖主以原秤落若干，答曰八十一斤。法曰以一百三（十斤）为法，按原号再加出秤七斤为实，归除得一百零五（点）三八（斤）。再以原号一百三（十斤）为法，以原一百零五（点）三八（斤）为实，归除得八十一斤。

假如梅化花卖八十五斤秤，问买主捎秤若干，答曰二分四厘秤。以老号一百三（十斤）以八十五斤乘之，得一百一（十点）半（斤）为法，再以原秤加出秤七斤为实，归除得捎二分四厘秤。

---

① 槐底：今河北省石家庄市裕华区槐底街道。

漳德府等处并广平府，连直省①各处花到（高）县付秤，大小不一，花色高低不一，高县秤付各处长短开列于得后。

头牌花

威县秤一十六两，到镇每包短十斤②；平以高县平，每短三钱。贺钊秤一十六两，到镇每包短十二三斤；平以镇平，每大八钱六七。广宗秤一十六两，到镇每包短八九斤；平以镇平，每大八钱上下。清河秤一十六两，到镇每包短十斤；平以镇平，每大八钱上下。干集秤一十六两，到镇每包短十斤；平以镇平，每大一两四五钱。七级秤一十六两，到镇每包短七八斤；平以镇平，每大七钱二三分。

二牌尖花

隆平秤一十六两，到镇每包短五六斤；二宗平以镇平，每大七钱。魏家庄秤一十六两，到镇每包短八九斤。

二牌花

深泽一十七两秤，到镇每包出七八斤。小章一十七两秤，到镇每包出八九斤。晋州一十七两秤，到镇每包出十斤。雷陈一十七两秤，到镇每包出十二三斤。位伯、小樵一十七两秤，到镇每包出五六斤。海滩一十七两秤，到镇每包出十斤。以上六宗平以镇平，每大八钱。店用二钱；包甬钱二千八（百文），捃绳钱七百五（十文），踩包一百八（十文）；付获鹿脚钱二千（文），俱京钱。

两河、北旺，一十七两秤，到镇每包出十二三斤；平以镇平，每大八钱一分。梅化一十七两秤，到镇每包出七八斤。赵庄一十七两秤，到镇每包出十斤。南董一十七两秤，到镇每包出十二三斤。泥阳一十七两秤，到镇每包出十斤。定州一十七两秤，到镇每包出四五斤。清风、明月一十七两秤，到

---

① 直省：直隶。

② 到镇每包短十斤：威县秤与高县秤同为十六两，仍短十斤可看作去除包装重量或买家利润所在。

镇每包出六七斤。以上平以镇平，每大七钱三四。宁晋一十七两秤，到镇每包出一二斤；平以镇平，每大八钱上下。栾城二十六两秤，到镇每包付加六上下秤，平以镇平，每大四钱。

漳德府等处花

商城二十两秤，到镇每包出二十二三斤；二宗平以镇平，每大七钱四五。河沙二十两秤，到镇每包出二十斤。北、后章二十两秤，到镇每包出二十二三斤；二宗以镇平，每大六钱五六。磁州二十两秤，到镇每包出二十三四斤。马头二十两秤，到镇每包出二十一二斤；平以镇平，每大六钱七（分）。周（村）、沿村二十两秤，到镇每包出十八九斤；平以镇平，每大六钱上下。黎林堡二十两秤，到镇每包出二十五六斤。清凉寺花，到镇每包出二十三斤。辛店花，到镇每包出二十二三斤。洪河屯花，到镇每包出二十三四斤。武安二十两秤，到镇每包出二十二三斤。临洺关二十两秤，到镇每包出十八九斤。天台花，到镇每包出二十三四斤。

三牌花

获鹿、郊马一十七两，到镇每包出八九斤；二宗以镇平，每大八钱上下。岗上一十七两秤，到镇每包出十一二斤。谈村、槐底、休门二十八两，付加七二三秤；二宗以镇平，每大九钱。振头二十六两，付加五六七秤。行唐二十二两，付镇每包出二十二三斤；二宗以镇平，每大七钱。完县一十六两，付镇每包短十一二斤。

河南花

安居[①]、厉山[②]、勾氏[③]、偃（师）、孟县俱是二十两秤；武安自干花二十两秤，镇上付秤不一，不可批买。

---

① 安居：今湖北省随州市随县安居镇，为历史文化名镇，古有"小汉口"之称。
② 厉山：今湖北省随州市厉山镇。
③ 勾氏：今河南省洛阳市偃师区缑氏镇。

高县镇归式

十六两秤，每百斤重二三斤，二十两元银，死官价，活秤。如行情贱，二十两银买一百余斤，如行情贵，二十两银买几十斤。秤用银每担三钱，脚银如自付九零五扣，店垫付九二扣，活行情。从只店起别店卖，无起用[①]，亦无夯包工钱，谁家店起谁家出。至于规式，另开于后。花捎蒲州府[②]、平阳府[③]各州县以及陕西一带，高县发咸阳县，每担脚银二两四五。

泾阳县

秤十六两，以高县每包到彼短八斤。店用元银三钱，以高县平每大二钱八九。随时定价，元银九四扣纹银，加色银一两换粮银。

四外卖花聚货码头

汉口秤按赊镇到彼每包出六七斤，花价元银，随时定价。九一五下炉[④]，足色九八扣。漕平用按银式二分，每百两二两除用银。

咸阳县

秤十六两，平秤加一，随时定价。元银九四扣纹银[⑤]，纹银加色一两换粮银。平以高县平，每大一两有零。用银每包元银二钱，每（包）出会馆银三分。高县付彼秤每百斤顶九十四斤。

四川重庆府

天下第一聚货处。秤一十六两，以高县秤每包大三四斤，随时定价。纹银直上，用银每包二钱。

赊旗镇

秤加一三秤，随时定价。元银九四扣纹银，按银除用。花捎本省、汉口，从水路一带往南，多销陕西，山西少。假如赊镇花行情每百斤十八两顶

---

① 起用：店用钱。
② 蒲州府：清代行政区划，山西省永济市古称。
③ 平阳府：明清行政区划，治所在今山西省临汾市。
④ 九一五下炉：100 两散银在银炉锻造成整银，最后得 91.5 两银子。
⑤ 元银九四扣纹银：每 100 两元银相当于 94 两纹银。

汉口二十两，顶相［湘］潭十六两，顶常德府十八两，顶沙市按十八两，六五归二七七。四处照此行情，从赊镇起载，如水脚并平色秤头与赊镇落银一样。

办南花

路程发脚规式大包使费。如发驼包以折两算。

柳园口①

过黄河南岸，每大包均脚钱一百六十七文。

黄河南岸

至朱仙镇四十里旱路。车钱每大包三百（文）上下，店用在内。

朱仙镇

至北舞渡②水路四百里，每大包船钱三百（文）上下。

北舞渡

至赊镇二百二十里，起旱路。每大包如车钱如干③一千（文）上下；如雨大，路途泥泞，车钱三四千（文）。如路途泥泞，从朱仙镇完二契至祥县水路五百里，每大包脚钱四百五（十文），祥县至赊镇一百六十里，有驼，谨计。

赊镇

货卸过载行，不可卸花店，卸过载行每包用银一钱，各花店每日来着人做盘，若卸花店，别店不能做，只可一家卖。

威县公盛店、全盛店、三和店平比咱祁公平每小七钱六七；云台三和店同。方家营④隆盛店、头百户⑤三兴店平比祁公平每小七钱七八。香城固广泰店，新店集盛店、裕盛店平比祁公平每小四五分。七级万聚店平比祁公平每大一钱上下。

---

① 柳园口：今河南省开封市柳园口乡，位于开封正北十五公里处。
② 北舞渡：今河南省漯河市舞阳县北。
③ 如干：如无雨雪天气，道路干燥。
④ 方家营：今河北省邢台市威县方家营镇。
⑤ 头百户：今河北省邢台市威县头百户村。

直隶等处买花规式

假如休门、槐底、谈村、岗上俱二十八两五钱秤，付高县每百斤加七五秤，买合子每一合子下钱六十八（文），死盘活秤①。每担包皮钱八百（文）上下。二分开用，钱八百（文）上下。捃口绳钱二百七八；蹬包钱六十（文）。条税出店钱八十（文），税钱廿（文）；出店钱四十（文）。送获鹿每担脚钱一百七八十（文）。

振头市上买花二十六两秤，付高县加五五秤，亦买合子，每一合下钱七十（文），杂使店用与休门相似。

栾城二十六两秤，付高县加五七八秤。每一合下钱五十六（文）。店用一分五（厘），现付八百（文）。官税钱六十（文）。获脚钱四百八（十文）。踩包一百二（十文）；捃口绳三百（文）上下。杂使比休门每担多钱四五百（文），一分半开用。

郄马、梅化一十七两秤，到高县每包出四五斤，花随时足价，杂使与栾城相似，花包俱送获鹿。

宁晋县一十六两秤，到高县有顶的，亦有短二三斤的，花随时定价。店用二分，现付八百（文）。捃绳三百五（十文）；包甬一千四五；踩包八十（文）。官税钱三十八（文）。不送获鹿，一脚从宁晋发高县，按钱二分开用。杂使与休门相似，脚银约四两上下。

隆平县一十六两秤，到高县每包短三四斤，花随时定价，买主不开用。花包发苏曹每担脚钱一千（文）上下，杂使脚银与威县相似。

威县、贺钊一十六两秤，到高县每百斤付九十三斤。花价活的，每斤用钱二百（文）。每天伙食钱一百（文）。蹬包钱七十（文）；捃口绳钱三百（文）；包甬钱四十（文）；每担细布包皮钱一千二三上下。花包亦送苏曹，每担脚钱一千（文）上下。

---

① 死盘活秤：棉花价格不变，但每斤棉花实际重量随市场行情而变。

漳德府、辛店、洪河屯、水冶①、磁州、商城俱二十两秤，到高县每包出二十二三斤，每斤用钱二个，每担杂使钱三千（文）上下。

晋州、束鹿②、深泽俱一十六两秤，到高县每包出花四五六至十斤。花随时定价，俱二分开用，每担一应杂使钱三千二三，送获鹿脚钱在内。

定州清风店一十七两秤，到高县每包出三四斤，每担一应杂使钱三千三四。

假如买晋州一带花，每担按二百六十斤为实，如价每斤一百五（十文）为法，乘之得三十九千（文），加每担一应杂使钱三千一（百文），共钱四十二千一（百文）。以钱数一千一（百）二（十文）归除得元银三十七两五（钱）九（分）。再加脚银五两，共元银四十二两五（钱）九（分），以二归成二十一两二（钱）九（分）。③按每担二百六十斤，再加出皮绳八斤为法归除，成本八十斤。

假如买休门、槐底花，每担老号按一百五（十斤）为实，如三合子出五买为法，乘之得水号五百二（十）五（斤），④再以六十八（文）乘之得三十五千七（百文），加一应杂使钱二千二（百文），共钱三十七千九（百文）。如宝银钱数一千二（百）三（十文），除平色一十一码，以一千一（百）二（十文）⑤归除得元银三十三两八（钱）四（分）。再加脚银五两，共元银三十八两八（钱）四（分）。以二归成一十九两四（钱）二（分），按原老号一百五（十斤）归除，迭秤加（一）二九五成本。⑥如发祁一样算法，每担买价

---

① 水冶：今河南省安阳市殷都区水冶镇。
② 束鹿：今河北省辛集市。
③ 共元银四十二两五（钱）九（分），以二归成二十一两二（钱）九（分）：42.59÷2=21.295，"以二归成"即每担为两包之意。
④ 每担老号按一百五（十斤）为实，如三合子出五买为法，乘之得水号五百二（十）五（斤）：150×3.5=525。
⑤ 如宝银钱数一千二（百）三（十文），除平色一十一码，以一千一（百）二（十文）：1230-110=1120。
⑥ 以二归成一十九两四（钱）二（分），按原老号一百五（十斤）归除，迭秤加（一）二九五成本：19.42÷1.5=12.95。

钱并脚钱若干，以宝银钱数三码合白银多寡，按原老号再加出秤归除得可知十几两。

假如买威县、贺钊、香城固、广宗县花，每担按老号三百斤为实，每斤以二百（文）买为法，乘之得六十千（文）。按钱一分开用，钱六百（文）。每担包皮钱一千二（百文），包绳钱三百（文），蹬包钱七十（文）。发苏曹脚钱一千（文）。一应共钱六十三千一（百）七（十文）。以宝银一千六（百文）加平一码，除色一十一码，以一千五（百文）归除得元银四十二两一（钱）一（分）。再加脚银三两，共元银四十五两一（钱）一（分）。以二归成二十二两五（分）五（钱），按每担三百斤再加出秤七斤归除，得成本七十三（点）四六秤。

高县镇批买花并行规式

秤一十六两，每百重二三斤，价元银二十两，死盘活秤。如行情贵，二十两银买七八十斤，如行情贱能买一百七八十斤。用银每包一钱五分，脚银如自付九零五扣，如店垫付九二扣。如钱脚自付、店付俱不扣，活行。从只店起别店卖，无起用，亦无夯包工钱，谁家起卖谁家店出用。至于卖花规式，另开于后，花销蒲州、平阳两府各州县以（及）陕西一带，高县发咸阳，每担脚银二两四五钱。

假如批下晋州花，五分五厘秤，异日卖了四分五厘秤，问每包长银若干，答曰一两二钱二分。法曰每包重一百三（十斤）为实，以捎秤一百五（十）五为法，归除得八十三（点）九（斤），再以每包重一百三（十斤）为实，以捎秤一百五（十）五为法。

栾城每合五十六（文），二十六两秤。包皮、杂役连发获每担三千（文）上下，付祁加五五，平比祁公平每大四钱。振头每合七十（文），二十六两秤，杂役与栾相似，送祁店秤加五五秤。

休门、谈村、槐底每合六十八（文），二十八两秤。包皮、杂役连发获每担脚钱二千七八，付祁店秤加七秤，平比祁公平每大六钱。

办南花路程

尖庄儿①大兴店装船,发新乡县②大包,每包京钱九百(文)上下。住店聚盛店,卸货振兴店、太和店、晋太店。新乡装车,发河北杨桥口,每包大钱约三百(文)之谱,店是同兴店,过河每包钱七十(文)之谱。从河南装车发张市③双盛店、张林庄同心店,每包大钱四百四五。从张市、张林庄装船发北舞渡,每包大钱二百五六,店是同信店、大兴店、义盛店。从舞渡装车发赊旗镇,每包大钱五百(文)上下。

买威县花到赊镇路规样式

成大包踩二百斤之谱,每包绳三斤半,六十合钱,蹬包钱五十(文),包皮钱八百(文)上下。发尖庄六十里,脚钱三百(文)上下。尖庄装船发新乡县一千一百里,脚钱四百(文)上下。新乡县发黄河北岸赵家口九十里,装车钱四百(文)上下。过黄河船钱六十二(文),行用钱十文。南岸发板桥④五十里,装车钱二百(文)上下。板桥装船发北舞渡九百里,脚钱四百(文)上下。北舞渡装车发赊镇,二百四十里,脚钱一千(文)上下。货到卸过载店,(店)用银每包一钱,行用银六分,藏力银六厘。另有花店承盘,按老号付八四五秤之谱。卖价元银,现银九八扣,用账期九七扣,用九四扣纹银加宝银随便。威平到赊花平每小六钱之谱,卖现银以三分开用,卖账期二分开用。

赵州买花规式

二十六两秤,过祁店秤加五五秤,每合下钱六(十)四(点)七九二(文),死盘活秤。□□打钱,二分开用。每担包甬子钱六千(文),蹬缝包工钱□□,捃绳钱六百□□,口绳钱一十二(文)。税钱二十四(文)。择包钱十(文)。至祁脚钱二千八九。平比祁公平每小一钱九(分)。

---

① 尖庄儿:今河北省邢台市临西县尖庄镇。
② 新乡县:今河南省新乡市。
③ 张市:今河南省开封市尉氏县张市镇。
④ 板桥:今河南省郑州市中牟县板桥村。

假如买赵州花五合子出四四，每合下钱六（十）四（点）七九二（文），迭祁店秤每斤价钱若干，答曰二百二（十）七（点）五（文）。法曰按老号每担一百八十斤，以五（点）四四乘之得水号九百七十九斤二，再以六（十）四（点）七九二（文）乘之，得钱六十三千四（百）四（十）五（文）为实。再以原号一百八十斤以一（点）五五乘之，得二百七十九斤为法，除实得每斤价钱二百二十七（点）五（文），杂使、脚钱、店用在外。

信稿篇

一、《道光某年平遥某花店往郄[①]书稿》

【简介】

该信稿为线装手抄本，封皮封底均为黄色厚纸，封皮字迹破损较多，依稀可见"道光""立""铺""往郄书"等字；信稿有所残缺，今存52页，以行书抄录道光某年由平遥花店寄往郄马花店的商人书信，共19封；每一张经对折后线装。信中多提到平遥花市行情、银两、书信、清单寄平信息以及和曲沃县高镇花市、花店相关的内容，可知该花店在平遥和高镇亦开立机构。《晋商史料集成》编纂者将该信稿定名为《道光某年平遥某花店往郗书稿》，实系将"郄"误认作"郗"，应更正为《道光某年平遥某花店往郄书稿》。

信稿主要内容为某花店平号与郄号关于平遥、郄马、高镇三地棉花市场行情、银钱兑价、业务往来情况等商业信息的互通及内部业务沟通。

【录文】

新正月初六日托路友捎去一信

启者，于去年应中等回平，勿庸计念矣。平邑花行情才踰新年，尚未买卖，待开秤以后，再为详报。咱内号所存之花，以定随行出卖，高镇[②]之花亦不日登程赴高县，行情比去年微许伸长[涨][③]，亦定于出卖。秀芝兄带来

---

① 郄：郄马，清代属直隶获鹿县。光绪《获鹿县志·地理下》载，北郄马、南郄马属塔塚社，位于县东南七十里处，其中南郄马有街道四、庙宇十一、井泉九，市集每月逢二、七日为期。见上海书店出版社编：《中国地方志集成·河北府县志辑》，上海书店·巴蜀书社·江苏古籍出版社2005年版，第75页。

② 高镇：高显镇。

③ 长[涨]：后作"涨"，后续录文以"涨"录入，不再一一标注。

之信函一［已］领明，祈勿悬望。亨泰店与山合店脚钱之事，咱号如数收了，惟起税包包钱四百五十文，至向山合店收要。合盛短花之事，复添会与合盛较论，尚无底据。此上。

新正十八日托路友捎去一信

启者，新正十五日标骡回平一讫书信、清单、银袱包俱照字收明。

今报平邑花行情：初十日开孟子、郊马花零销十五两，两河花十六两之谱，① 亦不甚行动，统主皆无。咱店开秤定标到再为定套花标②，定于廿八日起程，于十五日英发兄起身去高镇，暂无回音，不日有信，速为再报。咱平、高二处之花定了随行出售，勿庸远念。初九日恒兴昌温掌柜去西路与咱带办，十七日捎来银六百两，书内呈的旧年未办之花，交候信再办。

又说钱数，咱与岗上少一码，此事未冗真假。弟定于正二月不能上去，总的［得］③ 待英发兄回铺可以起身。郝彭吉去年十一月出铺，刻下店中人少，因此不能赴店。所有别事，标上再报。此上。

新正廿八日标骡带去信二封

敬启者，冀世和送去银两、书信、标单一并查收。于月廿四日收到十四日来信，内云领明。有十八日行路人捎去一信，想该收讫。内云亨升店之钱伙在两河临行之时，当面对恒富兄交卜［拨］兑钱④ 三千文，系乔掌柜支使，

---

① 初十日开孟子、郊马花零销十五两，两河花十六两之谱：与别的商品不同，棉花价格以重量表示，即"棉有定价，不视丰欠为增减，惟于斤衡论轻重"（见［清］方观承《御制棉花图》）。

② 花标：购买棉花的资金。

③ 的［得］：山西布商文书中有时将"得"写作"的"，后续录文以"得"录入，不再一一标注。

④ 卜［拨］兑钱：商业贸易中用于周转而永不兑现之钱。山西布商文书中有时将"拨"写作"卜"，后续录文以"拨"录入，不再一一标注。

俟后有无账目，弟就不知了，待伊下来问明，再为达信。三合店、合盛公前书呈明，刻下无事。

廿七日收到英发兄从高县来信，报的小焦、郊马花行情八十一二斤①，栾城花加一二分秤②，两河花八十四五斤，亦不大行动。咱存之货他定于随行出手，伙速达去信交伊，不必二意随行，速速卖了为是。伊临行之时，言说买下花银，从高县如有顺脚一直速捎去郊马四五千两，如无顺脚要捎在平邑。至日咱亦不等，下标着人送上去，兄台不必计念。

再报，平邑花行情：刻下两河花零销十五两七八，郊马花十五两之谱，亦不行动，统主盖无一个，想出手暂时实实不能。咱店开秤廿二③，外有买头可矣，如无，候信再为之事。此上。

再达者，两河常太、新和店俱是一千五（百）文。众客人交咱包数，伙言说彼处无人，是伊店捎来之信不妥，咱应承接账之日，除过此钱，俱已无事。西路来信说与岗上少钱数半码，兄今标问明一样开来为佳。有去年九、十月卖了统盂一百四十包，至今并未接倒［到］秤头，下标再结局。账目、开单、现收银，字号另有一单，算还过十月廿日借代［贷］，至日注明。平邑所存之花有手即卖，不必远念。郊店三四月借项该钱铺一应之事，弟时时在心，过二月十一日大标自有安排，兄台毋庸介意。

二月廿五路人捎去郊店之信

敬启者，于月十六日随路行人捎去一信，想该收到。廿一日标骡回平，书信、清单俱照字收明，有一应事件，屡屡着人催讨，不得结局。

有汾府欠项，旧年腊月去过，说下今年清楚。并西路借项，恒兴昌而义

---

① 报的小焦、郊马花行情八十一二斤：小焦、郊马之花以八十一二斤顶一百斤。小焦：今河北省晋州市小樵镇。
② 栾城花加一二分秤：购买栾城花，商家在原有重量基础上虚增10%—20%，如购买100斤棉花，实际只得到83.3—90.9斤。
③ 咱店开秤廿二：以22两为一斤之意。

兄正月初九日起身暂未回来，不知收来否，如未收讫，过了此标，定于去汾府结局一回。再报高县之事，英发兄新正十五日起身捎来一纸回信，至到二月廿日捎来信，花亦未卖，亦不报虽〔谁〕家卖了多少，日销多少，惟有写的客少，总不行动。郯店已开交平安排，弟不知伊按下甚〔什〕么主意。

随捎去往高县草稿二支，至日细看情由。此上。

三月初三日标骡捎去郯店之信一封

敬启者，前月廿五日程天富捎去一信，想该收到。今标冀如恺送去众号银两、标单、书信一并查收。

顺报，刻下平邑花行情与前信小一两点，仍然不行动。于廿九日收到英发兄一信，卖过小焦花一百包，合八十一斤秤，郯马花卖过二十包，八十斤秤。下剩言说有手即卖，写来先卖下的银两，只初三四日从高县一直捎去郯马大约有二千二三百两，收到至〔之〕日一应下短多少，速达来音。

下标再捎聚福庆借项银一千两，系咱二月春标上还项太多，因此言明，收还本银一千两整，二月初十日止利，咱平店使用，不必多算日期。一应新旧开支并西路俱指下标再付。当时宝银钱数一千五（百）六（十）二三①，显涨。有义太万长支，系冀如恺字号，伊带去银两说在外结局，报台知之，至日收要。又有恒兴昌并昌记小包钱如数归回，平店来往账开一单来。专此奉上。

三月二十九日冀如恺捎去郯店之信一封

敬启者，于月二十六日标骡回平带来书信、物件、清单，一并收明。

花标以定秋上起程，秀芝、经文二人一准定于四月初六日起身赴店，咱号之事，伊等上去面叙其详。赵有、赵秉义四月十几他母三周年，与张伙计如霍菁华在店可交他二人见字起身，亦可将弟单衣物随伊身捎来，千万勿误。如不能起程，待后亦可。

---

① 宝银钱数一千五（百）六（十）二三：白银与制钱的兑价。

八月十九日捎去郄店第一次信

念在自伙,套不呈叙。敬启者,于月十三日思显兄与应中兄相随布标①赴郄,料想未到。又于十八日收到标骡捎来之信,内云领明。

今随冀如恺标骡捎去聚福庆宝银一百两零零八钱七分,新泰合宝银五百零六两一钱五分。又捎去咱店宝银一百零一两九钱一分,一并查收。开去复隆永花三担,随行急办,速发本号查收,另有伊开花帖②一纸。新泰合系新隆店字号,又开办郄马花五十担。目下咱邑郄马花十一(两)五六之谱,两河花十二(两)五六,仍然不行。咱店与亨泰店卖郄马花一百五十包,尽落十一(两)四(钱),系昆源大记买过郄马花一百三十包;思俭堂买过二十包,价银十一(两)五(钱),俱系冬标期。再报,昆源大在平会客数十余家,意欲到彼挂秤,不知所点何地。

刻下宝银易钱一(千)五(百)八(十)六七。再无别报。此上。将郄马小花包捎来十来个,捎去鱼社鞋一对,钱四百二十文。

廿八日昆源大捎去郄店之信一封

启者,于月十九日冀如恺标骡捎去咱店第一次信并标银,想该一并收到。廿二日张锦兄路过在咱店闲谈一时,亦未捎信。廿六日收到郄店十八日起来之信,内叙领明,内统之信俱已转付,勿庸计念。

刻下两河、郄马花与前行情相似,咱店郄马花俱以卖清,惟两河花所存七十余包。武大经兄在平会使过纹银五十两,以平店原平共短七钱五(分),至日向孔世芳兄收要。咱邑聚兴世记开花五担,卸本号查收。另有一开花帖,汾府合盛公记开花五中担发汾府本号查收,如无【下缺】

---

① 布标:购买棉布的资金。
② 花帖:山西花店托付位于直隶棉花产地市场的花店办花,其买花信息写于"花帖"之上。

（无题）

启者，于前月十九日冀如恺捎去咱店银两、书信想该一并妥收矣。又于前月廿八日昆源大安进元兄带去咱二次之信，亦不复渎，至日查收。

昆源大自带标银一万来两，大约伊号在常营地方挂秤。再报，咱邑棉花行情比前信微显昂涨一二钱，咱邑零销之花皆存微末，皆因屡得彼地来信，不能上货，银价与平两不相合之故耳。万庆店卖与兴滛德海棠①花一百包，十月内交货，每百斤价干银十一（两）八（钱）。

刻下咱邑利息屡屡昂涨，银两甚为少，月息五厘有零，冬标每千两满加②一十二（两）五六，周转之家，大约冬标长利总在六十两。

于九月初一日标兵捎来咱店三次之信，内云领悉矣。内统之信俱以转付，勿庸计念。惟冀如恺随大标捎去新泰合、聚福庆并咱店银两、书信，想该妥收，来信并不提叙半字，至日见字速捎一信，以免计念。随书捎去李英发兄退约二张。宝银易钱一千六（百）二（十文）。余不多渎。特此呈上。

十二日冀世和送去郏店第四次信二封

启者，于月初三日李吕连带去第三次信，内包英发兄退约二纸，想该收到。又于月初九日收到第三次来信，内记二件俱以领明。又于十二日收到第四次信，内记二件亦俱以知悉。

所有新泰合前书开去花五十担，侯正旺兄与伊言明，亦不过随行而办，并无抱[包]揽之说，所有捎去伊号标银，不出脚钱而已。目下咱邑棉花行情与前相似，咱内号所存郏马、两河花俱以[已]卖清。随捎去内号卖花清单九纸，裕成和记卖花清号单一纸，至日付伊。又捎去西路开办花帖一包，

---

① 海棠：或为海滩。
② 满加：满加利，常与标期联系。本标借贷利率多在上标决定，为更好适应市面上白银供需关系的波动，满加利应运而生，数值表示为借贷者借贷1000两白银一年后需支付的额外利息数。若某市场主体在某标期借款1000两，标利为10%，3个月后还款，满加利为80两，则需要支付的利息数为（1000×10%）×（3÷12）+80×（3÷12）=45两。

另有收西路平邑银钱单一纸，至日一并验收。三合店高四兄会使柳林①复盛永原平宝银五十两零六钱二分，至日向三合店收要。

再启，咱与西路所办之花，诸事可与干上相合为妙，不然承恐伊等不办。收隆兴义记长支钱一千零五百文，系清账。有李英发去年应承㢴路五字号销账之说，所欠钱亦不过数百文，至日将伊等之账照单俱以销清勿误。

目下平邑银两缺少，月息五（厘）半至六厘之谱。宝银易钱一千六（百）四（十）一二。余不多渎。特此呈上。随脚捎去咱店衣包三件，又捎去恒茂成皮烟十包，共用钱四百五十文。

启者，咱号买过亨泰店郄马旧花五十包，价干银十一（两）六（钱），期至冬标交宝银三百两，下余至腊月廿五日全交。又买昆源大旧现花一百三十包，价干银十一（两）七（钱），期至冬标三厘起息，至腊月廿五日交还。咱卖过晋州空花五十包，每百斤价干银十（两）二三，冬标交宝银一百两，其余长年五（厘）半行息，陆续卖过六七十包。

再启，振兴樊张爷随标带去六七百两赴郄买花，银两倘有不足，咱店多寡可以应承，勿沮。再报，咱店暂时不可自办，待后行情落实，再为行止。恒茂成赵盛都兄会使过原平纹银五十七两，至日收要。专此上。

十六日昆源大捎去郄店第五次之信，内计二封

启者，于月十三日冀世和捎去第四次信二封并各号银两，想该妥收。又于十九日孝义标兵捎来五六次信，俱以妥收领明。又廿五日咱邑标兵捎来七次之信二封，内叙领明，并西路平邑清单，俱以验收。惟书内报的在恒兴昌有信，问昌记并无信息，至日稽查。所有恒义公欠咱旧长支钱，今年三月冀如恺捎去纹银五十两，除收净欠咱旧长支钱八十余千（文）。今标冀世和捎

---

① 柳林：今山西省吕梁市柳林县。

去伊号宝银五十余两，以此论之，将旧欠长支，想该收清。

再启，恒义公新欠长支收过，至日再为送报。

再启，余庆恒办花帖上要小花包一个，并不要包布六匹，至日查明。有开来西路清单，永裕长等蹬包工钱亦有八十文，蹬包工钱倘然不亦，将此查明。今随书开去同心利办花三十担，随行卸咱店；益裕长办花十担，伊言一百六十文买，直秤①可办，如其不能，候行情到直秤，再与伊办买为佳，亦卸咱店。所有积玉源之花，至今未到一担，至日速为摧［催］发。咱店今标捎去一千来两之谱。宝银易钱一千六（百）五六。特此呈上。

启者，恒义公后首多寡，万不可与伊办花，咱卖不可待直秤而办。专此上。

九月初九日冀如恺捎去第六次信二封

启者，于前（月）十六日托昆源大范兄带去咱号第五次信，内计二件，想该早到。又于前月廿六日收孝邑标兵捎来八次之信二封，并各局。

再，又叙新泰合办花一事，惟志兄批买花五十担，至后又批买花五十担，接来咱信，同人较论，并无批买之说。新泰合与咱店虽有信息，不足为凭。思显兄与恒兴捎来之信亦收到矣，至今尚未回平。咱店今标捎宝纹银②三千余两，另有一单会去自成永咱店原平宝银三十两。众号开去之花，亦另有一单。再报，万成、万原二号该③咱借项俱以转过，心诚中该银一事，至今分文未收，亦无样式，待后或是何样，再为呈报。

目下两河、东曹等花零销一十二两，郊马花一十一两七八。目下宝银易钱一千六（百）七八。余不多渎。专此上。后批，随标捎去衣包一个，分包花包一块，咱应收共借鞋钱二千三（百文），注过来往账。

---

① 直秤：不对棉花重量进行虚增或折扣。
② 宝纹银：整银，形状有"马蹄"、"双耳"、长方形等，其衡量以库平为标准。
③ 该：晋中方言，"欠"之意。

另启者，五福恒捎去宝银四百余两，尽银办买，不可余外多办。下余五七十个可踩小花包，与五福恒发来。五福恒系咱恒兴伙计刘炳蔚兄字号，至日办买，总宜看照，与别号不同，卸咱店收。再与长盛母办花五大担，与伊说妥，再伊去应承，老兄酌夺而办，系细绳自折干净为是，知本了收。

再报，宏兴世该隆泰店长支多寡，咱店净［尽］数兑付清楚，与宏兴世开来一单。再至买过昆源大、亨泰店二号之花，咱店有赔卖别号之花。以此论之，相顶大约方有空货，一旦来包，不必介意。上。

十一月初二日冀世和捎去第七次信

启者，于前月初九日冀如恺捎去第六次信二封并号银，系借过咱店之银，月七厘，来年春标还。

再报，招贤恒义公该咱长支分文未收。前信报去会使复盛永宝银一事，比郑店平短六分，来信系短八分，至日以六分注账①。恒兴昌捎去入本银一千二百五十两正［整］②，与前入本平一样，宝上长平系咱店捎去现银之内，至日同梁、石二东君将此本银，伊勿庸介意。所有办起之花，定于不发高县，办起花多少尽数发平，以比交伊等空货。

目下咱平店除交共该外空货三百五十来包，恒远昌记之花共收到六十来担，亦卖过四十来包，咱店后首自办之花，少买秤头，以干为妙。同心利记办起之花俱以同心利捎六七百余两起，该在郑结算，至日（注）过咱来往账，与平捎一信。又转捎去万聚魁银一小包、书一封，至日付三合店收。

目下咱邑月息，春、夏标期六厘之谱，秋标五厘八九。郑马花行情一十一两六七，两河花十二两。宝银易钱一千七（百）二（十文）。随捎去黄酒一篓，皮烟廿包，进文衣包一个。此。

---

① 注账：做账、记账之意。
② 正［整］：后续录文以"整"录入，不再一一标注。

另达者，咱店卖过定两河、东曹花二百五十包，均价干银一十一两八（钱）五（分），短配过郯马花九十余包，至日将上好籽棉另挑验明。咱店与众号并恒兴入本银，会使西路银两各一单，西路平邑开办之花，另有一帖。有仁义永清单，上有小包布十匹，发票上并无包布，至日速为稽查。又有复盛际清单上快［筷］子一百廿把，发票上只是六十把，一并查明。

再启，捎去恒茂成、善业堂卖花干银尽数付清捎去，至日交代伊号。另有清单二支，将标脚钱向恒茂成结算。有裕成和卖花银一事清单，早已开去，零销棉花亦能行动。

十一月初七日托行路人捎去八次信一封

于月初二日接来十次信，前信呈明，再不复渎。目下冀世和捎去第七次之信并各号银两，开去之花，另各有一单，至日照单收验。

启者，有汾府协裕和前信照原帖办花五担，恒兴昌问讯伊号事业甚是不佳，倘若未有办起，更妙。如伊之花办起，定于改发平邑咱店收，万不可发去伊号。今随书会使天长耀干宝银五十两零二（钱）七（分），大一（钱）一（分）。一处可打旧年，两河包印照旧。字号酌量办理，以备交咱定货则已，赔点为是，未必交［教］外人知晓。

再启，恒庆店卸在咱店之花，按老号每包均拉出秤十斤之谱①，此货亦匪［非］咱店办来之花，每包出秤三几斤，货方甚潮，即与众号办来之花，人皆言咱店秤固此。咱店不能多开货，至日不时打听，看伊号以甚□□□有隆泰店卖过德顺店现干银一十一两以滞。

再达者，与长盛母办来之花，每包出秤二三斤，伊言办花五担为止。与兴盛长办来之花，每包出秤亦是二三斤。兴盛长收办来之花，定于退与咱店，尚未说妥。隆泰店与客办来之花，每包出秤十斤有余。皆是一处之花，咱店与新旧二店差秤甚多，实不知其情也，老兄等酌量而思办理。伊

---

① 按老号每包均拉出秤十斤之谱：每包棉花在老号基础上虚增重量十斤。

等问咱与别店秤小之情，并无回答之言。咱店现有卸隆泰、恒庆与客办来之花，自较出秤大小实系大□。会过恒昌公干宝银五十两四（钱）二（分），大一钱，天长号办花五中担，恒昌（公）办花三中担，俱系随口急办，速发本号收。

再报，恒庆店卖与德顺店郊马花五十担，每百斤价干银一十一两一（钱）五（分），系年程年外交货，腊月十五日交银一千两，下余之银交货交银，所有会来郝兆岚宝纹银照来信付清。所有咱本号之花随捎小花包数个，再捎来褡连［裢］布一匹。宝银易钱一千七（百）四（十文）。□□□收惟通顺公记清单未明，至日一并捎来，勿误。前标会使之银，实系三义合记字号所有。五福恒在郊存钱再与办花一担，下欠之再为结局。今标捎去众号银两并本号之银二千一百五十余两，会使之银咱郊店来往账目各有一单。

再启，谦和成记于十月间随口办花五中担，一时开样式，照此样式咱店只有自买自卖。此。初十日广盛□副信一封。

廿八日冀如恺送去第九次信一封

启者，于十一月初一日恒庆店捎来十一次之信，十五日捎来十二次信，廿三日行路人捎来一信，廿一日标骡带十三次信，业已知明。

因协裕和办花一事，伊号长支平店俱以收清，勿念。上标捎去通顺公纹银五十两，各号清单【下残】等遗忘亦是有之【下残】办起，咱店吃亏一二，亦要办就以备明春再开□□之货，亦不失信。

目下平邑月息春标期九厘，夏秋标七厘之谱。宝银易钱一千七（百）一（十文），花行情一十一两七八，兴裕公办花五中担，另有一折。此。

再启者，老兄见字可将短欠长支、该外借项银，□□支使，铺存货物家俱［具］等项，以备恒兴明春算所有。报来新隆店抢办花情，来信教在平项一十一两之谱，买花价项。刻下咱邑照此行情，亦能办买。皆直省来信，屡屡涨价，因而亦能办买。见字则以设法再［在］彼办理为是，万不可往后推迟，已滞［以致］亏本。所卖过空盘①三百五十包，书到之日，年内伙友亦可回铺，则□将春秤买完再为随便回铺。至于春盘行情，酌量开盘，总以货好干净为是。有冀如恺在咱店浮借钱三十四千一百零七文，存伊纹银六钱三分，老兄亦然知之。今标见字，兄台在彼与伊如何结局，与平捎来一信。此。

---

① 盘：盘价，随着交易规模的扩大和花店集聚，花价遵循一定的价格形成机制，称为"盘"，实际行情围绕"盘价"上下波动。

二、《同治三年平遥某布花店各处收信稿》

【简介】

该信稿为线装手抄本，封皮和封底均为黑紫色，其上无字；正文今存111页，以行楷抄录各地分庄及其他商号由岳口、樊城、沙市、赊镇、孟县、黄金庄、绛州、泽州、曲沃、兰州等地寄往某布花店平遥总号之信，共107封；每一张经对折后线装。信稿原名《咸丰某年平遥某布花店各处收信稿》，经考证，应定名为《同治三年平遥某布花店各处收信稿》。信稿内题为《补六月初七日收广仁记由绛捎来第十二次信，五月廿六日申》的信件提到存义公票号，该票号成立于同治元年（1862）前后，[1] 故写信时间当不早于此年。又，有6封信件题目中明确提及于甲子年某月日收发，[2] 查同治三年（1864）为农历甲子年，故该封信稿年代应定为同治三年。

【录文】

吴楚东南坼[3]

昔闻洞庭水，今上岳阳楼。吴楚东南坼，乾坤日便夜浮。[4] 亲明无晋泉，涌露道锦权。栾万广东便，亲积善厥章。赵薛春景童，金宽调吴麟，厚银李

---

[1] 张巩德主编：《山西票号综览》，新华出版社1996年版，第148页。

[2] 分别为《二月廿一日收泽府大来店，甲子二月初三日申》《第四次信癸亥腊月十九日由岳口申，甲子二月廿四日收到》《第五次信癸亥腊月廿四日由岳口申，甲子二月廿四日收》《未列次信甲子正月廿八日自沙市申，二月二十六日收到，珏抄》《二月廿八日收到黄金庄大丰店信一封，甲子二月十四日申》《二月廿八日收到黄金庄协和店信一封，甲子二月十三日申》。

[3] 下文的古诗当与信件无关，或为商家利用抄过古诗的纸张抄写信稿。

[4] 昔闻洞庭水，今上岳阳楼。吴楚东南坼，乾坤日夜浮：[唐]杜甫《登岳阳楼》，原诗无"便"。

新风冻。赵氏连城璧，由来天下传。送君还旧府，明月满前川。① 主人不相识，偶坐为林泉。莫谩愁沽酒，囊中自有钱。② 小苑莺歌歇，长门蝶舞多。眼看春又去，翠辇不曾过。③ 边地莺花少，年来未觉新。美人天上落，龙塞如始应春。④ 君家住何处，妾住在横塘。停船暂借问，或可是同乡。⑤ 游人五陵去，宝剑值千金。分手脱相赠，平生一片心。⑥ 尚有绨袍赠，应怜范叔寒。不知天下士，犹作布衣看。⑦ 花枝出建章，凤凰管发昭阳。借问承恩者，双蛾几许长婕。⑧ 沅湘流不尽，屈子怨何深。日暮墓秋风起，萧萧枫树林。⑨ 此地别燕丹，壮士发冲冠。昔时人已没，今日水犹寒。⑩ 知有前期在，难分。⑪（古诗上有"家""调""苑""塘""赠""衣""宽""生""花"等字，与古诗和信稿无关。）

来信处

正月二十四日收孟邑⑫**信美店信一封，十七日起，太抄**

绿柳垂金，寒梅吐玉，正生意兴隆之时，不卜可知矣，欣贺欣贺。启

---

① 赵氏连城璧，由来天下传。送君还旧府，明月满前川：[唐]杨炯《夜送赵纵》。
② 主人不相识，偶坐为林泉。莫谩愁沽酒，囊中自有钱：[唐]贺知章《题袁氏别业》。
③ 小苑莺歌歇，长门蝶舞多。眼看春又去，翠辇不曾过：[唐]令狐楚《思君恩》。
④ 边地莺花少，年来未觉新。美人天上落，龙塞始应春：[唐]孙逖《同洛阳李少府永乐公主入番》，原诗无"如"。
⑤ 君家住何处，妾住在横塘。停船暂借问，或可是同乡：[唐]崔颢《长干行·君家何处住》。
⑥ 游人五陵去，宝剑值千金。分手脱相赠，平生一片心：[唐]孟浩然《送朱大入秦》。
⑦ 尚有绨袍赠，应怜范叔寒。不知天下士，犹作布衣看：[唐]高适《咏史》。
⑧ 花枝出建章，凤管发昭阳。借问承恩者，双蛾几许长：[唐]皇甫冉《婕妤怨》，原诗无"凰""婕"。
⑨ 沅湘流不尽，屈子怨何深。日暮秋风起，萧萧枫树林：[唐]戴叔伦《过三闾庙》，原诗无"墓"。
⑩ 此地别燕丹，壮士发冲冠。昔时人已没，今日水犹寒：[唐]骆宾王《于易水送别》。
⑪ 知有前期在，难分：[唐]司空曙《别卢秦卿》，全诗为：知有前期在，难分此夜中。无将故人酒，不及石尤风。
⑫ 孟邑：今河南省孟州市。

者，目下孟布行情每集出布一千上下匹，贩布均庄平银三钱五（分）之谱、户布均钱四百五六十文，银价库平一千三百七八。专此布达，即请。

未列次信正月初六日由樊申，二月初一日收，太抄

一元复始，万象更新。遥想诸位老仁台必是吉人天相，福履亨嘉，不卜可知也，可贺可贺，另柬拜贺。启，因客腊廿九日晚①带货一路平顺抵樊，并一切等埠②号信呈明，沿路雪雨过大，以致上下之船不能行走。到樊之时，人人谣言贼人又在枣阳③东滋搔，一股在南召④、鲁山⑤地界扎营，彼地人心惊惶，官兵在彼把手［守］，贼人不敢向前行走。从赊发货，别号俱走东大路，西大路不能行走，贼人不说，官兵太多。樊至赊路途平妥无碍，是以咱之梭布于月至［之］初五日如数觅船运赊，每载水脚毛银八两，待到赊速为飞发。在樊存放亦是览［揽］船在河下停泊，晚沿路打听看事而行。咱号之货早到樊城不能往赊运动，一者河路不能行船，二且贼人在唐县⑥东搔扰，是此情形，晚与咱旧、汉亦有信知，勿烦老叔计念。

再叙咱岳⑦、旧发平之布，前日由樊如数发起，不知咱铺收全与否，待晚到赊择点⑧再信奉报台知。晚在赊、樊两处照拂，咱岳、旧、汉之梭布，后首如有收到之布，看事速发。

樊城宝银数一千二（百）三四。随统去咱旧、汉信二封，晚家信二封，至日一并收阅转致。余事再报。谨此奉。兰芬捎。

---

① 晚：写信人自谦之称。
② 埠：指长江埠。
③ 枣阳：今湖北省枣阳市。
④ 南召：今河南省南阳县南召县。
⑤ 鲁山：今河南省平顶山市鲁山县。
⑥ 唐县：今湖北省随州市随县唐县镇。
⑦ 岳：岳口镇。
⑧ 择点：检查货物数量与质量。

第吉次信冬月廿五日由岳口镇申，二月初四日收，太抄

敬启者，于月十三日托步脚①捎回未列次信一封，内叙咱在汉收会过聚兴成宝银二千两，会成玉宝银五千两，言定咱在平明年太汾春标②无利交伊等无色宝银，每千贴过伊等会费银一十七两，贴费③在汉给楚，三号公较回玉记备咱标平五十两钱砝一副。并报又与咱埠号会定银一万五千两，以及信云一切之事，想该早为投电矣。

兹报，晚于十九日由汉带银七千两，廿三日平顺抵岳，祈勿记念。今将带岳之银，旧号银两所存无几，定于发旧银三二千两，报台知之。今随字由赊永盛店转发回平铺第元号布数共计一百二十卷，花色均价具在，至日查收。

刻下岳口钱价钱平宝银八钱一（分）。余事后呈。专此奉。太臣捎。

第三次副信去腊月初三日由岳起，二月初一日收到，太抄

启，因前月廿八日随布由赊永盛店转去第二次信，内叙发去川庄益大布一十卷、益顺布一十卷、大改德全布六十卷、正高布三十卷、三阳布一十卷、五匹头苦布二十连。是日又由赊转回第二次副信一封，内呈一切想该早为清鉴矣，不复再冗。

兹报，百川通④在刘泰丰定过布二百卷，价银三钱七（分）；谦裕敦定过

---

① 步脚：专责寄信之人。
② 太汾春标：清代及民国时期，在中国北方商品交易中，为完成由商品赊销和货币借贷引起的债权债务的清偿和结算而通行的民间金融制度，标期分年标、季标与骡标等。年标一年一次；季标一年分春夏秋冬四次；骡标在季标之外，共有八骡。标期具体日期并不固定，由各商号商议。按地域划分，标期有东口标、西口标、太原标、太谷标、太汾标等。
③ 贴费：汇兑白银或银元的汇费。
④ 百川通：山西票号，由祁县渠家的渠源浈、渠源洛、渠本立等人于咸丰十年（1860）合伙创办，总号设在平遥城内南大街134号。（见张巩德主编：《山西票号综览》，新华出版社1996年版，第106页。）百川通在全国享有盛誉，山西商业专修学校教科书《晋商盛衰记》称赞百川通经营之盛、利润之高曰："光绪庚子，清帝西巡，大局岌岌，各商停滞，而票商执券兑换者，上海、汉口、山西各处，云集雾合，幸赖各埠同心，应付裕如，由是而信用益彰，生意尤盛。如平遥帮之百川通，原本银十万两，作为十股，连人股二十股，共分三十股，而四年结账，每股获利二万二千三百两，共获利六十六万余两。"

布二百卷，价银三钱七（分），系在戴人和定买，伊等所定之布，大约月半后可以起发。其余陕西客人，均未买办，惟老河口客人仍然抢办，以致布价屡次升涨，报台知之。今随字由赊永盛店转发回平铺布数共计一百二十卷，花色均价书于信尾，至祈电阅。

刻下岳口钱价八钱一（分）。余容后报。专此奉。太臣捎。

二月初四日收孟邑信美店信一封，新正月二十三日申，太抄

宝主相交，浮言不套。敬启者，目下每集出布六七百匹，户布均钱四百七八、贩布均庄平银三钱五（分）一（厘）六（毫），钱价库平宝银一千四（百）一（十文），籽花①加二五秤，每斤价钱一百二十文。余不多渎。特此奉。

未列次信正月廿二日由赊起，二月十四日收到，太抄

敬启者，于月之初六日由樊转去一信，内统去咱汉、旧信各一封，晚家信二封，想该早至妥收，毋庸复冗。

晚于廿一日带布由樊到赊，贼人在南召李青店②、韦湾③，大约往西逃走不少，赊镇人心又显安然。咱号之货待一二日有驼，急速运发咱铺，勿烦老叔悬念。现下发骡每全担至平脚纹银七两五（钱）至八两，发驼每百斤脚毛银五两四五。咱岳、旧发赊转平之布，赊店共收到湾、旧布八十卷，湖苦布二十连；岳口布一百卷，苦布二十连。

近于月之初三日，今着张全仁驼驼去咱本号贡庄白布一十六卷、信盛贡庄白布八卷、四匹苦布六连；三五岳口一百二十卷、五匹苦布二十连，每百斤至平脚毛银五两四（钱），赊付下欠去驼平纹银一百五十两。

---

① 籽花：未经脱籽的棉花。
② 李青店：今河南省南阳市南召县县城所在。
③ 韦湾：今河南省南阳市南召县韦湾村。

又于月之初十日，发郭家咀转去咱五十本号贡庄白布二十五卷、五十信盛贡庄白布二十三卷、五十口白布四卷、七三京庄布四卷、四匹湖苦布一十四连，每百斤至郭脚毛银一两九（钱），约想早已平安到铺。今托张明礼之骡捎去咱白布小包一个，至日照汉八次信查收。

再报，赊镇去岁十月初三日新起寨，厘金出一百两厘金，再出四两十（钱）寨银。宝银数一千一（百）二三，一并报老叔知之。余事再报。谨此奉。

二月二十一日由凉往梁信一封，癸亥十二月廿六日由凉申，珏抄

适接来信，备悉一切。步脚崔天基于十二月廿四日晚刻送来平寄凉信五封，逐一妥收。今凉公同商酌，虽在迟延，姑念孤苦，三号共赏酒钱二千五百文，外每号付路费纹银一两，至日向伊扣除。惟云梁存李村孟布俱已转发汾府，以暂时世道论之所见，亦是待后世道平靖，路径通销，再作主意定夺。

今凉城自腊月以来，由草地相继而到各样长布以及孟白布三千余卷，以致各布均属迟钝。即到来年正二月间，料亦难望起色。我号发回汾府之布，后即平靖亦要将李村布抽留。临县①、碛口等处出卖凉城线条粗大之布，一概不认。是以李布定于不必发凉，别号前来李布欲以六钱五六出卖，概无受主。至于孟布，倘宁、梁一带仍能卖五钱七八，即可在彼出卖，如发凉城，亦不过卖六钱三四之谱，尚未卜能到否。

此时凉郡各货迟极，正号湖布九钱三（分），我号不存；孟布六钱五六；李村布不行；德安布九钱，俱系有行无市。钱数二千七（百）五（十文），月利一分。随统去凉寄平信一封，至日速转是妥。专此。

二月廿一日收泽府大来店，甲子二月初三日申

接台来音，云及前贶之谕，恐惧路上阻滞，小店尚未领阅。

---

① 临县：今山西省吕梁市临县。

今来示云小店经发宝号各布齐此，给账清单奉平之情。前遵洛铺来信，李府布已竟［经］结清。前寄发八单由祁转致，此刻想台电阅。至于禹账，待孟单抵泽，并小店之单，一统奉去，勿须怀意。新号李布收到发去元至二号，仰祈查照。片纸不恭。专此奉。

二月初四日由赊捎来未列次信一封，廿四日收到，兰芬记捎来

敬启者，于前月廿二日托张明礼骡捎去未列次信一封，外带小包一个，谅该早至妥收。

近于廿六日着广和泉驼驼去咱一十二两汉光真红布九包、一十六两毛板朱红布七包、九两红黑扣青布六十包、五十本号贡庄白布七卷、五十信盛贡庄白布九卷、四匹湖苎布二十三连；三二府大布八十卷、四匹苎布二十连；三五孝感布一百卷、四匹苎布五连。府布共作四十担，干布共作三十三担，三三贡庄布共作六百七十二斤，梭布共作四千零三十斤。每六两一（钱）合毛银七百三十四两四（钱）一（分）三（厘），扣驼平纹银五百四（十）一二，除付下欠去驼平纹银三百八十四两。

又捎去大布二捆，伊自带去十两驼平钱砝二副，谅必平安早已到铺。现下永盛店将咱岳口布如数收到，惟旧口布除收尚短二十一卷未到。又于廿九日接得咱汉、旧信二封，内叙又发出府大布四十六卷、口沙洋布九十四卷，此布尚未到赊，待后到赊，先将旧口布速为运发。目下发脚时时涨价，樊城货船一涌到赊，并赊店存货无数，以致骡驼缺极之故。发平，驼六两四（钱），骡每全担八两至八两五（钱）；发郭，驼三两一（钱），骡二两一（钱）；发洛，驼三两，骡二两一（钱）五（分），车路未开。

又于月之初二日，接得咱汉来信一封，内云教晚打听绛州①、解州②路径。晚问讯数号，陕帮之货并将咱帮之货俱往绛州运发，在彼过载南关豫诚

---

① 绛州：今山西省运城市绛县。
② 解州：今山西省运城市盐湖区解州镇。

店，是以将咱岳口、孝感府布，扣青布照信往彼运发，至祈老叔或着何人赴彼，来信提明。

随统去咱汉、岳、口信三封，至日一并收阅。宝银数一千二（百）九（十文）。余不冗叙。谨此奉。再报，现下发绛州每百斤四两六七。

第四次信癸亥腊月十九日由岳口申，甲子二月廿四日收到

敬启者，月之初三日随布由赊永盛店转回第三次信，内叙发去川庄益大布一十卷、益顺布一十卷、大改德全布六十卷、正高布三十卷、三阳布一十卷、五匹头苦布二十连。是日又由赊永盛店转回第三次副信一封，想该早为收阅矣，毋庸复冗。兹报，岳口景况宝银钱价八钱之谱，布行情与前报相似。

再及，咱邑公益盛在熊益泰行定过布三百卷，布价三钱七（分）五（厘）。至于日兴盛买过布六百卷，至今俱已发起，至后亦未付银定布。其余诸号之布尚未运发，所有咱号之布赶廿二三日可以发起。今由赊永盛店转发回平铺第四号布共计数二百卷，花色均价注于信尾，至祈查收。余容后报。专此奉。

第五次信癸亥腊月廿四日由岳口申，甲子二月廿四日收到

敬启者，于月之十九日随布由赊永盛店转回第四次信，内叙发去川庄益大布三十卷、益顺布二十卷、大改德全布六十卷、正高布六十卷、三阳布三十卷、五匹头苦布三十四连。是日又由赊永盛店转回第四次副信一封，谅想早收鉴矣，不复冗渎。

再及，岳口钱数布价与前相似。刻下云梦、岳口等出布之处，钱数屡吊[掉]，布价屡涨，皆因沙市、老河口短庄客抢办之故耳。今随字由赊永盛店转回平铺第五号布，共计数二百四十卷，花色均价注于信尾，至祈查收。余容后报。专此奉。

二月初一日孟县信美店捎来吉次信，廿四日收到

宝主相交，套言勿叙。启，因于十八日奉去新春贺帖一纸，想早收阅，其余勿再冗渎。

兹报，今随信孟邑敬成店由泽东升店转去宝号第元号孟布三十担，计四十匹成卷，六十卷，四匹头苦布三十连。祈台查收为妥。

再报，孟至邢孟布每担脚银二钱三（分），邢至泽每担脚银三钱六（分）。再报，目下每集出布一千余匹，户布均钱四两八（钱）几、贩布均庄平银三钱五（分）几厘。钱数库平宝银一千四（百）二（十文），籽花加二五秤，每斤钱一百一（十）几，一并报知。专此奉。

二月初三日孟县信美店捎来二次信，廿六日收到

敬启者，于二月初一日敬成店由泽府东升店转来发去宝号孟布三十担，计四十匹成卷，六十大卷，四匹头苦布三十连。想早收阅矣。又着敬成店由泽府东升店发去宝号孟布三十五担，计四十匹成卷，七十大卷，四匹苦布三十五连。祈台查收为妥。再报，孟、邢脚银照前。余不多渎。特此奉。

未列次信甲子正月廿八日自沙市申，二月二十六日收到，珏抄

敬启者，晚于月廿三日由旧抵沙，将咱正月二十日应收日升昌[1] 荆沙道白银二千五百两如数收清，即托义逢德先带旧镇以备我号办布使用，预报知之。

再及，晚由旧临行之时，长荣叔叙及咱号正月所收昌记银两恐怕不符 [敷][2] 二月使用，其余二月到期之银由沙收银回旧，总在三月初旬，因而着晚在沙再收会银三五千两，以备二月使用。

---

[1] 日升昌：山西票号商，成立于道光三年（1823）前后，总号位于平遥西大街路南，民国十二年（1923）改营钱庄业务。见张巩德主编：《山西票号综览》，新华出版社1996年版，第54页。

[2] 符[敷]：山西布商文书中有时会将"敷""符"混用，后文根据文意更正，不再一一标注。

兹报，今咱在沙收会过介邑庆泰公荆沙道白银三千两，言定咱在平三月底无利交伊无色宝银，每千两贴过伊会费足纹银五两，贴费在沙结楚。与伊立去凭信一封，公较去伊自备五十两钱砝一副，至日除净纸皮，连内串钱绳绳左右足兑，其平比咱标平每百两小六钱八（分）兑交，至期交给缴信是祝。晚一二日内带银三千两即速回旧。

刻下沙市钱价钱平足银八钱零五（厘）。余事再呈。专此奉。

二月廿八日收到黄金庄大丰店信一封，甲子二月十四日申

春风昨［乍］暖，桃柳生辉。遥想宝号生意兴隆，财源并茂，欣慰欣慰。敬启者，呈报目下宝银易钱二千九（百）四（十文），齐庄布均钱九百一（十文）上下。刻下每集上布四五百匹，皆因棉花价大，籽花一十四千（文）上下，净花各处尚未开秤，但统庄所卖行情成盘一十三两之谱。彼地雨水足用，四处甚实安稳，看此光景，太平气象，祈勿悬念。预报台知，后有情形，再为详报。特此奉。

二月廿八日收到黄金庄协和店信一封，甲子二月十三日申

娇花映日，巧燕迎风。遥维爷台生意兴隆，财通三晋，利达九州，与时正茂，不卜可知矣。敬启者，呈报目下宝银钱数二千九（百）四（十文），齐庄布下市均钱九百一二，籽花行情一十三千（文）之谱。敝地春景雪雨不缺，粮价平和，人心皆安，奉台知之。寸札不恭。专此布。

二月十九日孟县信美店捎来三次信，三月初一日收到

宝主相交，浮言勿套。敬启者，于月初六日回脚带来宝号来谕，内情敬领，惟寄洛信，小店刻时着敝伙送洛回谕，遵洛号之命，随集开庄。

附报，每天出布一千余匹，户布均钱四百九（十）几、贩布均庄平银三钱六（分）几，库平钱价一千四（百）二（十文）。余不多渎。特此奉。

三月初五日收到芬记由赊二月十八日寄未列次信一封

敬启者，兹同月之初四日托广兴店范伙计捎去未列次信一封，并统咱汉、岳信三封，想该早已妥收。

前信所报咱号之货、发绛州之布，至今尚未运动，天降大雨数十余天，路途难行，现下发脚大涨，发绛州驼五两一（钱），发平七两二（钱），发郭咀四两六（钱）。咱号未能起发，待后路途通顺，再为可也。再闻李青店之贼窜至葛县地界搔扰，又一股在樊城东津湾滋扰，彼地人心慌乱，上下之路不通，此时赊镇赴汉之货甚多，暂为俱不教往前行走。

刻下收到咱岳口布二百六十卷、德安布四十六卷，除收尚短岳口布并旧口布大约三五日内平安到赊，勿烦老叔计念。宝银易钱一千二（百）五（十文）。余事再呈。谨此奉。

二月廿九日孟县信美店捎来四次信，三月十一日收到，珏抄

宝主相交，浮言勿套。敬启者，于二月十三日捧读宝号来谕，内情敬领。

小店即速将宝号之信送洛，遵董爷之领开庄，共买贩布一百七八，使庄平银六十四两七（钱）二（分）；买户布七十八（匹），使钱三十八千二（百）四（十文）。于十八日贵处来标一万余两，布价猛涨三分有零，小店即着敝伙与洛送信，宝号面示止庄。

刻下每集出布二千匹上下，户布均钱五百二（十文）上下、贩布均庄平银三钱八（分）之谱，钱价库平银一千四（百）二（十文），籽花加二五秤，每斤钱一百一十几文。余不多渎。特此奉。

二月廿一日兰芬由赊捎来未列次信一封，三月十四日收到

敬启者，于月之十八日托张明礼捎去未列次信一封，想该早已收阅，毋庸复冗。

又于廿日着李文广驼驼去咱五十本号贡庄白布一十三卷、五十信盛贡庄白布十一卷、五十本号口白布二卷、四匹头湖苎布六连。每六两九（钱）合毛银七十五两二钱一分，扣驼平纹银五十五两四钱四分，除付下欠去驼平纹银四十两。

又于是日发去绛州德顺店收转三五岳口布二百二十二卷、五七头苦布三十七连，每担至绛州脚毛银五两一（钱），除付下欠去驼平纹银二百两。刻下又定过绛州驼四五十只，脚价照前。除发下存之货，大约三二日内速为往绛运发，前后共发出岳口布八百卷，至今如数收齐，惟旧口布尚未收齐，待后收齐，急速备驼飞发，勿烦老叔计念。其别情形，与前报相似。

宝银数一千零八九。余容后报。谨此奉。

癸亥腊月初三日太臣由岳口捎来第三次信，三月十四日收

启，因前月廿八日随布由赊永盛店转去第二次信，内叙发去川庄益大布一十卷、大改德全布六十卷、正高布三十卷、三阳布一十卷、五匹头正高苦布二十连。是日又由赊转回第二次副信一封，内呈一切，想该早收清鉴矣，不复再冗。

兹报，百川通在刘泰丰定过布二百卷，价银三钱七（分）；谦裕敦在戴人和定过布二百卷，价银三钱七（分），伊等所定布卷大约赶月半后可以起发，其余陕西客人均未办买，惟老河口客人仍然抢买，以致布价屡次升涨，报台知之。今随字由赊永盛店转发回平铺布数共计一百二十卷，花色均价书于信尾，至祈电阅。

刻下岳口钱价八钱一（分）。余容后报。专此奉。

二月二十七日兰芬由赊捎来未列次信一封，三月十七日收到，珏抄

敬启者，于月之二十一日托雷伙计捎去未列次信一封，想该按日早收到矣，勿再复渎。

近于二十二日发去绛州德顺店三五岳口布四百五十八卷，五匹苦布七十七连；三二德安白布四十六卷，四匹苦布一十二连。脚价仍照前报，共欠去驼平纹银四百七十五两。

又于二十四日着杜清溪驼驼去咱铺五十本号贡庄白布六卷、五一信盛贡庄白布一十二卷、五十本号口白布二卷、沙梭布八包、炮箱一只、四匹湖苦布八连。同日又着伊驼驼去五十本号口布五卷、七三沙白布三卷、四匹湖苦布二连，每百斤至平脚毛银六两九（钱），除付共欠去驼平纹银六十七两。随带发票二张、十两驼平钱砝二副、咱发布信一封，谅必平安早已到铺。接咱汉来信，内云又发出扣青、扣青布一百三十八包，孝感布一百四十卷，此布尚未到赊，待到之时随行连发，祈勿计念。

刻下赊镇宝银数一千二（百）六七，其别与前报相似。余事再呈。谨此奉。徐徐而来镇宅。

三月二十三日收到世元由孟未列次信一封，三月十四日起，纪抄

揖别未久，浮文勿呈。敬启者，弟等于初九日行至拦车遇百川通范兄由沙市回里，据言樊城方左数处乡庄被捻匪长发放火横行，兼老河口亦然。且又言李青店之贼匪已窜至河南府西庐氏①、嵩县②等处，洛地人民未免惊慌。弟等于十一日平顺抵孟，屡有由南岸过河到孟者，询悉森王③发马兵数千由东西行孟津，洛阳因支兵差拉骡甚紧，咱号等所占之骡不敢过河。且此地于十一日晚天降大雨，直至十三日早而雨始息，天色渐晴。今酌定原骡由孟返平，脚夫许伙计定于十四日觅车送咱号等过河，或往洛或往李④，看势而行。待将洛标交代，速赴禹郡。

目下孟地每集出布不足二千匹之数，贩布每匹均银三钱九（分）之谱、户布均钱五百二三，钱平宝银易钱一千三（百）九十（文），籽花二十两秤，

---

① 庐氏：今河南省三门峡市卢氏县。
② 嵩县：今河南省洛阳市嵩县。
③ 森王：太平天国将领，原名侯裕田，名管胜，嘉应州（今梅县区）人，生于道光九年（1829）。初为清朝士兵，战斗中被太平军所俘，后加入太平军，并屡有战功，同治三年（1864）天京陷落后出走，次年死于广州。
④ 李：李青店。

每斤价钱一百一（十）几。咱号孟存银两亦未开庄办买，不过临麦口^①无日，今番大众连会票共来银七千来两，视其大势，其布价恐一刻难望缩小。待到洛时交代咱伙与孟关照，俟其价小，再为办理。所有咱号各货孟泽俱已不存，大来店隔第十一帖，李布伊伙不日到平交给。再者伊店借万盛堂银三百两，系月一分二厘，六月期，其利言之再再难以升涨，言定原利转票，至于利银至期与洛给楚。余不冗渎。谨此奉。

三月初二日兰芬由赊梢来未列次信一封，廿三日收到，纪抄

敬启者，于前月二十七日托会成玉捎去一封信，谅该早到收阅，毋庸复冗。

近于二十七日收到红黑扣青布四十包、四匹湖苦布一十连。又收到沙洋梭布四包、发洛胎布五十二卷、五匹口苦布十三连、四匹湖苦布一连，前次旧发平洛路隔之布，至今如数收齐。又于二十七日着双盛成驼去咱五十本号口白布三卷、七三沙洋白布一卷、四匹湖苦布一连，每（担）至平脚毛银六两九（钱），除付下欠去驼平纹银七两。又于二十八日着朱喜兰骡驼去咱扣青布八包、四匹湖苦布二连，每担至平脚纹银七两五（钱），除付欠去钱平纹银一两，二宗之布想该不误，早已到铺。刻下赊镇除发净存梭布三十六包、发洛胎布二十卷，不日有骡驼速为飞发，勿烦老叔悬念。

再报，目下发平驼六两九（钱）至七两；发郭三两七（钱）；发洛骡二两六（钱）、马车每卷一两四（钱）四（分）。

宝银易钱一千三（百）一（十文）。余事再报。谨此奉。

三月廿三日收到由赊来未列次布信一封，二月廿日起，纪抄

敬启者，今着李文光驼驼去咱五十本号口白布二卷、五十本号贡庄白布一十三卷、五十信盛贡庄白布十一卷、四匹头湖苦布六连，每六两九（钱）

---

① 麦口：麦子将熟未熟之时。

合毛银七十五两二钱一分，扣驼平纹银五十五两四钱四分，除付下欠去驼平纹银四十两，至祈一并验收。赊号发布之事随到速为催发。

宝银数一千二（百）七八。余事再呈。谨此奉。

二月二十四日由赊发来未列次信一封，三月廿三日收，纪抄

敬启者，今着杜清溪驼驼去咱五十本号贡庄白布六卷、五十信盛贡庄白布一十二卷、五十口白布二卷、沙梭布八包、炮箱一只、四匹湖苦布八连，重一千四百零五斤，合毛银九十七两四（钱），扣驼平纹银七十一两五（钱）一（分）。

同日又着伊驼驼去五十口白布五卷、七三沙布三卷、四匹湖苦布二连，重三百二十八斤。每六两九（钱）合毛银二十二两六（钱）三（分），扣驼平纹银一十六两六（钱）八（分），除付共欠去驼平纹银六十七两。随带发票二张、十两驼平钱砝二副，至祈照票验收。

宝银数一千二（百）六七，其别再信奉报。余不冗叙。谨此奉。

四月初一日兰芬记由赊镇捎来未列次信一封

敬启者，于月之初一日托公益盛张余庆兄捎去未列次信一封，约想按日早到收阅，不复冗叙。

又于是日着恒盛成驼驼去咱京庄褂料布四包、四匹头湖苦布一连，共重二百六十四斤，每六两九（钱）合毛银一十八两二（钱）二（分），除付欠去驼平纹银一十两，谅该不误，早已到铺。

又于月十一日接得咱旧来信，内云又发出平洛口布一百零二卷、湾布七十二卷、沙夹港布一十二卷、五匹口苦布六连、四匹湾苦布二十一连，此布尚未到赊，待后到赊速为飞发。至此赊镇洛布一卷不存，净存发平扪青布三十二包。至于脚钱大小，无脚如发郭咀转平，车路难行，骡驼缺极，恐怕沿路阻隔，因此迟发大约三五日，内定于发骡为是。

宝银数一千三（百）三四。刻下发洛车每卷脚毛银一两四（钱）八

（分），发平骡每全担八两。随统去汉、旧信各一封，至祈一并收阅。余事再报。谨此。

四月初四日收到黄金庄协和店来信一封，三月十七日申

忝在厚交，浮词勿呈。敬启者，呈报刻下宝银钱数二千九（百）四（十文），齐庄布下市均钱九百六七，籽花行情一十一千二（百文）。敝地春景雨水足用，麦苗又佳，秋稼棉花俱已安种，预奉台知。后有情形，再为详报。寸楮①不恭。特此奉。

四月初四日收到黄金庄大丰店信一封，三月廿日申

念在厚交，套不敢呈。启者，于月十六日捧读来谕，其情领悉。有宝号捎来标平宝银六百一十七两六钱三分，如数收讫，祈勿锦念。所委办之布，小店遵命拣选速办。今随书捎去银衣六块，至日查收为感。

呈报，刻下宝银易钱二千九（百）四（十文），齐庄布均钱九百五六，籽花行情十二千（文）上下。花苗普种，麦苗甚佳，雨水足用，预报台知。后有情形再报。草楮不恭。特此奉。附启，标骡驼去廿齐庄布二小卷，均钱九百四（十）六（文）。

四月初四日收到曲邑宏盛店信一封，三月二十日申

夸词弗伸。启者，日昨雷来泰之脚抵曲捎去云缄一幅，内示领明矣。并寄到标平宝银三百零七两二钱五分，照信如数收讫。

曲平每两易数京钱二千九（百）二（十文），作合注账。开买之货随办即发，及于货之成色身分，小店自无不竭力拣择，勿须台等锦念。惟今年以来布不多上，未能速于办事耳。

---

① 楮：纸的代称。《陆玑诗疏》："幽州人谓之榖桑，或曰楮桑。荆、杨、交、广谓之榖，中州人谓之楮。江南人绩其皮以为布，又捣以为纸。"

刻下门庄大布连用均价一千四（百）五六，齐庄大布均钱一千五（百）二三。今将银衣随脚带去至日验收。余不瓒渎。专此奉。

四月十二日广仁由绛州捎来第二次信一封，四月初四日申，纪抄

敬启者，于前月二十四日由介十里铺捎回第吉次信一封，二十五日将我货俱已发清，所短苦布、干布、大纸皆由协义店发回。

晚从平阳府高县、曲沃问讯兑会平交之项，皆无合宜成章。协在沃所交之银，二十九日交清，凭信抽存，伊号异日捎平，抽伊收银贴再缴。于初二日抵绛，发绛之货全数收齐。初三日与协和信①定过浮借伊银一千两，伊十八日在绛交咱，咱月底在沃交伊。晚十九日由绛起身赴翼②，二十日交世兴章凉平宝银一千两，月底在沃交天成和银二千两，协和信银一千两，此三千两之项，我货能已卖出则已，否则顶些贴费收会平交之项，亦比送银合宜。

目下绛州各布价元银：德安八钱三（分）、益大五钱七（分）、益顺五钱五（分）、德全五钱四（分）、正高五钱二（分）、三阳五钱，有行无市，其布平元银合咱标平八九三扣干银。往凉发货之事，车骡概无长脚。前月半兰州客遇兰回脚之骡，每担布绛至兰脚纹银一十七两。耳闻解会③各布价比绛各小一二分。刻下绛地钱数宝银一千三（百）八（十文）。余不冗呈。谨此奉。

四月十八日收鸣鸾由李村四月初一日寄来不列次信

启者，晚于三月卅日到李。经由偃邑，彼地共有长布客五十余家，以致布价大有升涨，每集出布千数百匹，每匹均钱八百三四，每集出大布三几百

---

① 协和信：平遥帮票号，创办于咸丰三年（1853），财东是榆次聂店村王家的第12代传人王栋，民国二年（1913）末歇业。见张巩德主编：《山西票号综览》，新华出版社1996年版，第93—106页。
② 翼：今山西省临汾市翼城县。
③ 解会：解州庙会。

匹，均钱七百三（十文）。钱价一千五（百文）。李村每集出布五千（匹）之谱，均钱六百二三。钱价一千四（百）四五。晚定于初二日返洛后并报知之。此上。

四月初六日兰芬由赊捎来未列次信一封，四月廿六日收，珏抄

敬启者，兹因于前月廿九日着东升店骡送去咱扣青布十四包、四匹头湖苦布四连，除付欠去纹银一两七（钱）五（分），兼带咱未列次信一封，内统汉号信二封，想该早已妥收，不复再冗。又于月之初一日接得未列次信二封，内情已悉。

今着万兴隆驼送去咱扣青汉色布一百二十二包、四匹头湖苦布三十连，每百斤至平脚毛银八两五（钱），除付欠去驼平纹银三百两。又发去绛州德顺店三五孝感布一百四十卷、四匹头苦布三十五连；三二德安白布一十六卷、四匹头苦布四连；十两扣青布四十包、四匹头湖苦布一十连，每担至绛脚毛银六两八（钱），除付欠去驼平纹银三百一十两。刻下赊镇发平布一卷不存，净存发洛布四卷，待有脚随行速发，请勿锦念。

宝银一千三（百）五（十文），其别与前报相似。余事再呈。专此奉。

四月十八日广仁记由绛州捎来第三次信一封，廿八日收到

敬启者，今日接得元、二次信各一封，内情均已领悉。

目下绛地德安布价元银八钱二（分），川庄岳口布二十余天概无做开行情，买主皆系甘省①土客，因绛土亦不行，各带货赴谷者多。咱号昨日扣定长车二辆，各布配搭往平发货。一百零五斤秤，每百斤至平一千四（百文）合钱，尚未装车，至日照发票查收。一则土客赴谷，再者可赶榆会，至今发凉长脚概无，后有兰州之脚即由兰转凉，我货即发，预报知之。

---

① 甘省：甘肃省。

今与蔚泰厚①言定，本月廿八日在沃收伊足宝银三千两，共贴伊路费银一十五两，在沃结楚。咱在平太汾夏标无利交伊无色宝银三千两，其平照伊锡砝，每百两比咱钢砝大三钱二（分），未立票砝，各凭各信，至期交给为妥。晚明日赴翼交世兴之项，其天成之项月底由沃再送翼交伊，至祈勿念。

目下绛地钱数宝银一千三（百）八（十文）。余容后报。谨此奉。

四月廿二日广仁记由沃邑捎来第五次信一封，廿九日收

敬启者，于二十日托永隆符王清栋兄捎回第四次信一封，内统第三次信并凉、肃信，想该收阅，不再复呈。

是日交过世兴章凉平足宝银一千两，共小一十八两，伊凭信尚未到翼，立来收银帖一纸。廿二日在沃会使过元丰玖②足宝银一千五百两，言定太汾夏标在平交伊无色宝银一千五百两，共贴伊会费银七两五钱，在沃结楚，其平比咱铜砝每百两大八钱，无票砝，各凭各信，至期交给是祝。

廿二日交过肃会来忠信成肃平足宝银一千零三十两，共小八两二（钱）四（分）。又交过源顺和肃平足宝银五百两，共小四两，凭信二封。抽消又浮借过元丰玖干银五两七（钱）六（分），并贴费月底在沃找伊，至祈注账。余无别报。谨此奉。

四月二十日广仁记由沃邑捎来第四次信一封，四月廿九日收到

敬启者，于十八日捎第三次信来，及捎起十九日至沃，我肃号与永隆符有信，祈伊专脚往平送我凉肃之信，皆因内有交票项二宗。晚剪视凉肃之

---

① 蔚泰厚：原为绸缎布庄，道光六年（1826）改组为票号，总号位于平遥县城西街，是继日升昌票号后最早兴起的、经营时间较长的一个重要票号，民国十年（1921）歇业。见张巩德主编：《山西票号综览》，新华出版社1996年版，第70页。

② 元丰玖：票号名，创办于咸丰九年（1859），总号位于平遥城内。见张巩德主编：《山西票号综览》，新华出版社1996年版，第143页。

信，系会来临晋^①人忠信成谢登禄兄肃平足纹银一千零三十两，又源和顺谢廷耀兄肃平足纹银五百两，刻下伊亦到沃，晚由翼回曲，定于由沃安置交伊抽凭信。

今视凉信内报各布价值不当，无脚，即有亦不合发凉，若发芝川镇^②、三元^③、秦州^④等处出售，能卖更好，否则由彼再往凉发可已［以］。

随统去凉第六次信一封，肃未列次信一封，至时一并收阅。余不冗呈。谨此奉。

五月初二日收到孟邑信美店信一封，四月十九日申

宝主相交，浮文勿套。敬启者，刻下每天出布二千余匹，户布均钱五（百）一（十）几、贩布均庄平银三钱八（分）几，钱价库平银一千四（百文）。余不多渎。特此奉。

五月初三日收到富盛荣信一封，二月十三日由肃申

旭景方新，韶光正丽。伏惟武大爷阁下介无疆之体，居得为之地，以及宝号生意可庆可贺矣。敬启者，缘因有复聚恒号欠小号泾布平银^⑤五百两整，昨年在肃言定伊至十一月底如数与宝号处交付，至今亦不知伊将银交到否，倘若小号人在平不待言矣，如若未在，恳劳爷台与小号赐一催信，伊若将银未交，凭信与伊从肃再为经收。兹因此家字号甚不妥硕，祈台见字千万勿误，所有一切劳神之处，容日面谢。言不尽矣。特此奉。

---

① 临晋：今山西省运城市临猗县临晋镇。
② 芝川镇：今陕西省韩城市芝川镇。
③ 三元：三原，今属陕西省咸阳市。古称"池阳"，位于关中平原中部，地理位置险要，商贸发达。
④ 秦州：今甘肃省天水市秦州区。
⑤ 泾布平银：清代民国通行于陕西三原地区的白银，比西安省议平每千两大二十六两，因银色较差，与西安地区的白银进行兑换时，每千两需贴四十两。

五月初六日收到孟邑信美店第三次信一封

敬启者，于二月初三日敬成店由泽府东升店转发去宝号孟布三十五扫，计四十匹成卷，七十大卷，四匹头苦布三十五连，祈台早收阅矣。又着敬成店由泽府东升店转发去宝号孟布八担，计四十匹成卷，十六大卷，四匹苦布八连，祈台查收为妥。

再报，目下每天出布二千余匹，户布均钱五百二（十文）、贩布均庄平银三钱八（分）几，钱价库平银一千四（百文）。余不多渎。特此奉。

五月十二日收到黄金庄协和店捎信一封，四月廿七日申

契交勿套，随字候安。敬启者，于月之廿四日雷常骡送来爷台华翰，并寄来标平宝银三百零七两八钱三分，依札收入。随市与台作过钱数二千八（百）八（十文），所委买之布，遵谕业已办毕。随统去清单一纸，至希收电。

再呈，直省秋禾棉花俱长茂盛，麦田又佳，启奉台知。寸楮不恭。特此布。

五月十二日收到黄金庄大丰店信一封，四月廿六日申

承蒙光顾，套不敢伸。兹因月之廿四日接得华笺，敬聆一切，兼捎来原平宝银二百零四两五钱，照信收讫录账，勿用计念。

前次委办之布，由顺府大兴店收转平三号至卅四号四十齐庄布三十二卷，三匹头苦布十六连，想该按日妥至。今来之标样，小店遵来谕竭力拣选办理，速发为是。时值收麦临迩①，各处之布不大甚上，更加织布者无甚大利，以至如此。

临书宝银换钱二千八（百）八（十文），迟；齐庄布均钱九百五（十文）；籽花行情顶高者十千（文）有零，次者九千五六。雨水足用，麦苗甚好，秋禾棉花俱已安种妥，或各票俱疲，一并报台知之。余不叙。特此奉。

---

① 临迩：临近。

五月十三日收到绛州广仁记六次信一封，初四日收

敬启者，于前月廿二日托新泰厚①捎回第五次信一封，谅早收视，不再复冗。

前定会蔚泰厚之银，廿八日收过伊足宝银三千两，共大平银九两六（钱），还过协和信浮借足宝银一千两。廿九日代天成和交世兴章凉平足宝银二千零五十两，共小平银三十六两九（钱），凭信未到，立来代天成和收银帖一纸。于初一日天成和李兄到沃收银，咱向伊验过收帖，伊将凭信留绛。初二日咱与伊相随到绛，伊执凭信又要收银，与伊已经弄得不睦，今专信请其掌柜，待伊到绛，看其如何办理，看此事不到翼，世兴章不能了结。后首如何办理，再为详报。

今咱号在绛刻就图书二个，报台知之。于前月廿八日收赊发来三五孝感白布一百四十卷，内有霉点者千数来匹，赔银二十五两。又十两头永泰扣青梭四十包、四匹头苦布四十五连，有脚即于发平。咱在绛卖过熊益大布一十卷，价元银五钱九（分）；在沃卖过熊德全布六卷，价银五钱八（分）三（厘），沃布平元银除讫净合咱标平八七扣干银。

刻下绛地各布价元银：德安八钱一（分）、扣青梭三钱一（分）、孟布四钱九（分）。晋泰昌在绛卖过孝感白布六十卷，价干银四钱八（分）五（厘），二三手各下二分行情，孟下以致各布掣手。绛地钱数一千三（百）八（十文）。余容再报。谨此奉。

补四月廿二日兰芬记由樊捎来未列次信一封，五月十五日收

敬启者，于月之初六日由赊托蔚盛长②记捎去未列次信一封，想该不误，

---

① 新泰厚：平遥帮票号，前身为绸缎庄，清道光六年（1826）改组为票号。财东是介休北贾村的侯家和平遥城内人赵一第。最初资本有15万余两银，后期发展为26万两。民国十年（1921）歇业，历经95年。总号设在平遥城内，先后在全国设有26个分号。见张巩德主编：《山西票号综览》，新华出版社1996年版，第143页。

② 蔚盛长：票号名，道光六年（1826）创立，总号位于平遥城内，民国五年（1916）歇业。见张巩德主编：《山西票号综览》，新华出版社1996年版，第87页。

早已妥收，不复冗叙。

晚一路由赊催货，行路之时又收到旧发平、洛口湾布三百四十八卷，晚与行店叙明，教伊随行速发。二十一日抵樊，到樊之时，十四日又提起扣青色布一百一十四包，发洛新机胎布八卷，晚与赊店有信教伊赶快是妥。于是日接得未列次来信一封，其内之情均已领悉。

再者，耳闻贼匪又在旧口火烧房屋、人民铺户不少，咱帮之人览［揽］船俱在河下逃躲，一言难尽，实惟苦不可言矣。又接咱汉来信，捻匪又窜至长江埠等处，彼地人心惶惶，不定一空，咱所定之布，俱在河下。又收到扣青色布六十包，紧已赶快提起，晚随后沿路催发，至祈勿念。

樊城宝银钱数一千二（百）三四，其别再信奉报。余容后报。谨此奉。

五月初六日孟邑信美店来一信，十六日收到

念在相交，套不申叙。敬启者，刻下每天出布五六百匹，户布均钱五百二（十文）上下、贩布均庄平银三钱九（分）上下，钱价库平银一千四（百）一（十文），籽花加二五秤，每百斤钱一百一十四五文。余不多渎。特此奉。敬求台便捎至京都大应门外，请交。

五月十七日收到高兰芬由赊捎来未列次信一封，三月廿九日申

敬启者，于月之十七日托步脚捎去未列次信一封，并统汉、旧信各一封，想该早至妥收，不复再冗。

又于廿四日收到扣青、扣青汉色布一百四十四包；孝感布一百四十卷；德安布一十六卷，发洛一百匹，新机胎布四卷，待后有脚急速飞发，祈勿计念。今着东升店骒发去咱九两扣青布一十四包、四匹湖苎布四连，每担至平脚纹银八两三（钱），除付下欠去纹银一两七（钱）五（分），至祈一并验收。

刻下发平驼又涨至八两四（钱），发郭咀车每卷一两六（钱）四（分），发洛车每卷一两五（钱）七八，发绛州驼六两八（钱）。宝银数一千三（百）四五。随统去汉口信二封，至祈一并收阅。余事再报。谨此奉。

五月十七日广仁记由绛州捎来第七次信一封，初七日申

敬启者，于初四日托恒泰昌郑兄捎去第六次信一封，恐有迟误，随录去信底一纸，至日并阅。

是日收赊发来三二德安魁尖白布十六卷、四匹头苦布四连。前月十九日扣泰和店姚三娃车发回德安提尖白布十卷、新改二卷、四匹头苦布三连；熊益大白布八卷、益顺十八卷、德全二十四卷、正高十二卷、三阳六卷、五匹头苦布十一连，共重三千一百一十二斤，一四合钱四十三千五百八十四文，全欠。

今又扣泰和店孟寿、杜长荣、杜元宗车发回三五孝感云锦白布十九卷、锦尖三十一卷、提尖二十卷，内有一卷短布二匹，跟去四匹头苦布十七连；十两头永泰扣青梭四十包、四匹头苦布九连，一百零五斤秤共重五千五百七十五斤，一十四合脚钱七十八千零五（十文），现付脚钱八千零五十文，下欠回脚钱七十千文。孝感布卷内有霉点，多寡轻重不匀，至祈谅收所有。天成和掌柜至今未到。目下时届麦口，买主脚户更少，将货再发几车，晚即回里。布价钱价均照前报。余不多渎。谨此奉。

五月十七日收到广仁记由绛捎来八次信一封，十一日申

敬启者，于初七日托泰和店捎去第七次信一封，随发去三五孝感白布七十卷、四匹头苦布十七连；十两头永泰扣青梭四十包、四匹头苦布九连，想该收阅矣。今接平号无次信一封，内云领悉。

肃号花名原单无统来，想是对信遗误，到沃之时，只可照客数目交给。晋兴永之银信内报明三百六十二两，下余数宗有凭信则已，若无，赶紧开来一单，以备照兑。

刻下绛地布货涌至，买主甚稀。发凉之脚自四月到今概无，发兰之脚概无大班。遇有骡一二十头，不跟人骡，柜上亦不敢扣，咱号发回之货想榆会该可合宜。各布近日无市，钱数宝银一千三（百）八（十文）。其余勿冗。谨此奉。

五月十九日广仁记由高县捎来九次一信

启者,于十一日由协和信,信内统去第八次信一封,想该收阅,不复再冗。

晚于十一日由绛赴沃,十四日由沃赴高县,在高与祁县德盛源定会五月底在高收伊祁公平足宝银一千两,两无贴费,亦无票砝。六月初一日咱在祁县交伊祁公平镜宝银①一千两,其平比咱钢砝共大平银四两四钱,至祈交结为妥。所有晋兴永等号至十四日尚未到沃,待见伊等之面,是何样式,再为顶兑。余不再冗。谨此奉。

五月廿二日收到泽州府大来店捎来一信,十四日申

恃契削浮,恕套莫呈。敬启者,兹因前月河内县属窑头②、长平所安上下局抽筹厘金一事,台等必许早知。今邢邺行店来泽相商,公请彼邑举人魏先生已在怀府③府宪投递禀呈,现下尚未批出。今邢行店统来禀呈底藁[稿]原誊一纸,随札呈上,至祈均阅,待后是何再信详报。

目下布匹暂不能运发,现在邢地停存,惟茶叶照常绑发,并无阻滞,特报台知。片纸不恭。专此奉。

五月廿四日广仁记由绛捎来第十次信,六月初一日收

敬启者,于十五日托永盛店米兄捎回第九次信一封,内报五月底在高收,六月初一日在祁交德胜源祁公平镜宝银一千两,比咱钢砝平共大四两四(钱),此情想早洞悉矣。

于初五日在绛卖过德安魁尖白布一十卷,价元银八(钱)三(分)五(厘)。十六日接得第三次信一封,内统肃号花名原单一纸,俱各领悉。即日浮借永隆符之银交过李元兆兄肃平足宝银三百六十二两,所有梁双全兄等之

---

① 镜宝银:清代祁县使用的主要白银种类,"镜宝"意为银成色绝佳。
② 窑头:今河南省沁阳市紫陵镇窑头村。
③ 怀府:怀庆府,明清时位于河南的行政区域,府治河内县(今河南省沁阳市),民国二年(1913)废府存县。地理范围相当于今焦作市、济源市及新乡市原阳县。

银出月再不来取,晚就亲送伊处交代。咱自初七日至今发回之布,随统去照单一纸,至祈验收。所有下余之布,有脚全数发回。

目下各布无市,钱数宝银一千三(百)六(十文)。余容再呈。谨此奉。批后,至日信胜无市,钱捎至平邑东大街处。

五月廿一日高兰芬由赊捎来未列次信一封,六月初三日收

敬启者,于前月二十二日由樊捎去未列次信一封,想该早到收阅,不复再冗。

廿三日咱在樊收会过介邑义安村[①]任必连兄伊平宝银二百五十两,正言定在咱邑张兰晋记六月廿日交伊无色宝银,与伊当面公对去五十两,伊自备钱砝一副,伊平比咱标平每平大一两二(钱)。与伊立去凭信一封,至祈照信交给,共贴过咱会费银五两,贴费在樊给我,至祈将银注录汉号之账为是。所会之银在樊垫厘金水脚使用。晚于初二日由樊抵赊,初三日接得未列次来信一封,其内之情均已一切领明,来信云及朱喜兰等送平之布,照信稽查。又于前月廿四日着赵万洪骡送去扣青色布八包、四匹头湖苎布二连,每担至平脚纹银八两三(钱),除付欠去纹银一两。廿八日又着裴孔尧骡送去扣青梭布四包、四匹湖苎布一连,每担至平脚纹银八两三(钱),除付欠去纹银五钱。二宗之布,料想早已到铺。

刻下赊镇除发净存梭布一百六十余包,发平白布二百四十余卷,发洛胎布二百七十余卷,数宗之布至今尚未起发。南阳府差务甚紧,以致骡马车概不敢行走,陆续沿路拉车一者不能发货,二且咱邑下班[②]之人仍在赊镇居住,十数余天不能动身,待后路途通达,速发勿误,请勿锦念。

宝银数一千三(百)三四。随统去旧口信二封、晚家信二封,至祈一并收阅。余事再报。专此奉。

---

① 义安村:今山西省介休市义安镇义安村。
② 下班:山西商人所开商号中的员工有休假的待遇,称为"班期制"。一般情况下,班期与账期为同一周期,有节省费用之考虑。员工赴商号工作称为"上班",结束工作回家称为"下班"。

六月初五日收到孟邑信美店来信一封，五月廿一日申

宝主相交，浮言勿套。敬启者，目下每集出布三四百匹，户布均钱五百三（十）几、贩布均庄平银四钱之谱，库平银钱价一千三（百）九（十文）。余不多渎。特此奉。

六月初九日收到梁广仁由绛捎来第十一次信，五月廿五日申

敬启者，于廿四日托张贞元车随布捎回第十次信一封，内统发布照单一纸，想该收阅矣。有前扣定伊车，今发回三五熊益顺白布四十卷、正高白布一卷、五匹苫布七连，共重一千三百九十四斤，一四合脚钱一十九千五百一十六（文），现付钱五千文，下欠钱一十四千五百一十六文。又泰和店刘显良车发回熊德全白布五十卷、五匹苫布八连，共重一千七百斤，一四合脚钱二十三千八（百文），全欠。

廿四日接得第四次信一封，内统凉号原信二纸，俱各领悉。惟天成和之事，凉号将二号之银共报数目总是一千两，有脚。晚一二日内赴翼，世兴章代收之银若是未用向伊取来。天成和李兄自初六日回去，再无人来，亦无信息。今托德顺店马掌柜赴彼知照，凭信若在，约伊带凭信来取。总而言之，咱以抽消凭信为是。今在沃卖出三五熊德全白布十四卷，价元银五钱八（分）三（厘），咱号除发连曲沃所存十五卷样布，共存一百二十余卷，买主甚属稀少，遇有价值可以做到，不能放手。

钱数宝银一千三（百）五（十文）。余不冗呈。谨此奉。

五月十六日泰臣记由荆沙捎来未列次信一封，六月初九日收

敬启者，于月初八日晚由旧带银五千两赴沙，初十日顺抵沙市，将带来之银于初五日出放，与庆隆生记沙钱平老银五千两整，每月八厘与咱行息，期限九月半，咱来沙市向伊收银。再者咱带来之银欲出放与咱帮票号，奈伊等皆存银两而暂无用项，因而才出放于生记使。至于生记底里本银五万两，在沙放账为生，伊东君即是沙市本街邓府，该号中执事者介邑城内人梁凌云，咱帮复泰谦、光泰永等号旧日长放与伊银两，况咱连手豫顺通任兄尽知伊号底里，祈台勿庸计念。至咱旧号除出放账以外，尚存银二千八百余两，复玉尚存银会票一千两，今夏办布足够使用。

刻下沙市钱价钱平足银七钱七（分）四（厘），晚定于明天回旧。余事再呈。专此奉。后批，庆隆生与咱立过借票一张，晚已带回旧口矣，又统去另启一纸，至祈并阅。

另启，今在沙闻及百川通来信，旧口之庄已定收结，伊号往旧之人范氏魁兄，号中着伊赶八月赴中湘办事。咱号湖北人手缺乏，至日如用此人来信提叙一二，以好向伊商量。虽是此说，此亦不过在沙闻此信息，俟晚回旧在［再］[1]与长乐叔面为叙谈。为此。又及。

补六月初七日收广仁记由绛捎来第十二次信，五月廿六日申

敬启者，于廿五日托张贞元车捎回第十一次信一封，内报伊拉川庄岳口布四十一卷，加二五秤一千三百九十四斤。车户以小五秤重过共重一千四百七十四斤，一四合脚钱二十千零六（百）三（十）六（文），现付钱五千（文），下欠钱一十五千六（百）三（十）六（文）。

今与祁邑存义公[2]定会五月底在绛收伊足宝银一千两，六月初一日至十五日在祁交伊伊平祁镜宝银一千两，伊平比咱钢砝每五十两大三钱八（分），共大平银七两六钱，无票砝，亦无贴费，各凭各信，至期交给为祝。余事别报。谨此奉。

五月十六日黄金庄大丰店捎来信一封，六月初十日收

既属知己，浮套勿伸。敬启者，兹录宝号前委办之布小店业已办毕。今

---

① 在［再］：山西布商文书中有时将"再"写作"在"，后续录文以"再"录入，不再一一标注。

② 存义公：票号名，创办于同治元年（1862）前后，总号位于祁县，民国五年（1916）歇业。见张巩德主编：《山西票号综览》，新华出版社1996年版，第148页。

托乾盛晋记武爷带去草函兼清单一纸，至祈收阅。

再报，清河方左夏田均有七八分收成，秋禾花苗俱佳。笔下宝银换钱二千八（百）八（十文），齐庄布均钱九两六（钱）有零，一并呈台知之。草字勿恭。肃此奉。

六月十五日接范晋记由绛六月初一日捎来一信

敬启者，晚于前日托咸亨泰捎去一信，因张梦顺兄未到，致晚心急无法。是日以扣定三源之车，定于初二日现身。梦顺兄于卅日晚间到绛，云及沿路受累兼之脚少，是以迟迟时日。但绛州目今麦秋之际，脚无甚缺，只得赶紧扣车以定初二日一同起身，恐平计念，故急修函奉报。

目下绛州德安布行情八钱四（分），两益店卖布一十六卷，惟岳口布大众存布未满千卷，暂无售主，德安存之颇多。目下绛州钱数一千三（百）六（十文）。余容后陈。特此。

六月十六日接兰芬记由赊五月廿七日起信一封

敬启者，于月廿一日托赵廷佐捎去未列次信一封，并统信等内报等情想该早至妥收，勿再冗叙。

月之廿五日接得由平四月廿七日寄来之信一封，内情俱已领明。惟云旧口军需之情，前信亦已叙明。至于旧已于三月廿八日失守，果系贼匪火烧铺户房屋十有七八，惟布街损坏有限，咱帮之人仍在河下安身，咱帮人等实属平［凭］天万幸，所伤货物等俱是零星等件。至于四月初六日寄去平之信，旧口军需不提，赊镇纷纷不起，作法往平寄信。朱喜兰等送平之布，前日行店定着人沿路催发。刻下发货之事，仍是路途不通，至于细情，与前报相似。今托晋泰昌闫洪士兄捎去映玺记用宝兰曲绸一匹，共使标平足银七两一（钱），至祈将银收旧号之账，注伊之账。

随统旧号信一封，太臣兄家报一封，至日一并收阅转致为是。宝银数一千三（百）五六。余后再报。专此奉。

六月初二日绛州德顺店捎来一信，十七日收

九夏平分，火扇张突，恭惟爷台福履亨嘉，财同山岳，德与日新，兼之生意财源涌进，利与增盛，不叶可知矣。敬启者，弟今见泰和店执台之信，内云短布以［一］事自赊镇发绛。小店宝号之布一票，孝感布共数一百四十卷、四匹苦布三十五连，此帮内有少［少有］孝感布，九匹水湿布一千零九十七匹，共收赔欠纹三十两零四钱，与台报知。再有发绛之布还有短布，并其水湿，随后另有清单通报。再呈，宝号范爷于前月廿八日平安抵绛，大约不日动身赴凉，此刻正在农忙之际，车脚不便，因而耽延两天，与台略表一二。

随报绛州布之行情，德安府布八钱一二至八钱二三，亦有八钱；应山[①]布九钱二三；枣阳布八钱八九；河南长布六钱八九；浙河[②]布八钱五六；安居布九钱一二；孟县布四钱九（分）五（厘）至五钱；岳口布五钱七八。大略报知，并候均安。再者，所有杨振汉所送之布，宝号将伊脚钱扣下六千文，此情原系小店与太［泰］和店未报明白，祈台付伊将所扣脚钱如数付给。

七月初四日绛州泰和店寄来一信，十七日收

敬启者，于前月三十日午刻接读宝号来谕，内云短布一节，扣存脚户钱六千（文），小号立刻与德顺店知照，此事伊号业已查明，原系赊镇发来短货，与杨振汉无干矣。当时与宝号发货，伊号未曾与小号说明，原非脚户之错，此故德顺店之错。

今托原脚带去德顺店与宝号之信一封，祈台一观自明。又统去小号一信，祈将扣存脚钱一并给付为妥，勿误是荷。专此。

---

① 应山：今湖北省随州市应山县。
② 浙河：今湖北省随州市曾都区浙河镇。

六月廿一日收高兰芬由赊捎来信一封，初六日申

敬启者，于前月廿七日晋泰昌闫洪士兄捎去未列次信一封，外带去映玺记用宝兰曲绸一匹。内统去旧号信一封、泰臣兄家报一封，内报等情，料想早已收阅，不复冗叙。

时下赊镇路径平妥无碍，近于二十八九日由郭咀聚盛店转去扪青色布五十五包、五十本号贡庄白布一十二卷、信盛贡庄布三十五卷、五十口白布四卷、四匹湖苎布二十七连，每卷至郭脚毛银一两五（钱）三（分），梭布每包一两七（钱）。又着马车发去洛邑胎布一百九十七卷，每卷至洛脚毛银一两四（钱）八（分）。又发去一百匹新机胎布八卷，每卷毛银一两八（钱）。又于月之初一日又由伊店转去扪青色布三十包、四匹湖苎布八连，每包至郭脚毛银一两七（钱）四（分）。初二日又收到旧发平布四十八卷，发洛胎布三十六卷。近于是日着李长庆等骡送去五十本号贡庄白布二卷、信盛贡庄布六卷、四匹湖苎布二连，每担至平脚纹银八两三（钱），除付欠去纹银二两，数宗之布谅该不误早已到铺。

刻下赊镇除发净存发平白布二百二十九卷、梭布七十七包，发洛胎布一百零一卷，待有脚随行速发，至祈勿念。现下脚价大涨，赊镇两月所存之货概不能起发。至今路途通达，因此脚价大涨。

再报，河南夏田均有四五分收成，至今雨水缺少，粮价大涨。宝银钱价一千三（百）三四。余事再报。专此奉。

六月十一日孟邑信美店捎来一信，廿五日收

宝主相交，浮言勿套。敬启者，刻下每天出布三四百匹，户布均钱五百五十几、贩布均庄平银四钱二（分）几，库平宝银一千三百七十文。余不多渎。特此奉。

五月三十日范晋由绛州捎来一信，六月廿六日收

平铺拜别，遵谕西驰。敬启者，晚于廿六日抵沃，廿八日由沃到绛，询

赴凉路径仍无确信，只云由三源［原］^①到虢县^②是必由之路，虢县以下大约由宝鸡^③越牛山^④，即由青州左近绕路可至兰省^⑤，然亦难以预料，只可旋问旋走。

近日绛州风言长毛^⑥仍到西安^⑦之路南离省五十里之殷家卫^⑧，在彼盘踞，有云官兵又胜，贼仍退入山中，议论纷纭，俱难足信。惟是洪兴吴张兄刻未到绛，据日计算双池^⑨到绛四天可至，既云廿四日起身，两不失误，今已卅日尚无踪影，定是别有事故，未曾起身或因路途难行，以致中止。似此候之无益，使晚万里征夫一身廖路，皆游龙叔之赐也。

至于绛州亦有兰省高脚，但是半月不定，一月不定，难以久候。况且每骡一头至兰脚银二十两，焉知何日有脚。今日店主人云及初一二日有走三原客人四位，俱是扣车到彼，晚以无法以定扣车，相伴先到三原再为寻伴西行。至于绛存之布，除发平外尚存川庄德全布百有余卷，俱是头首之布，且不行动，大约以定发平。广仁兄定有详信呈报。兹不多渎。谨此奉。

七月初八日收兰芬由赊捎来一信，六月二十一日申

敬启者，于月之初八日着吕秀等骡送去一十六两毛板朱红布一十二包、九甬扣青梭布四包、四匹头湾苎布四连，每担至平脚纹银九两三（钱），除付欠去纹银二两，并信想该早收视矣，不复冗叙。

---

① 源［原］：山西布商文书中有时将"原"写作"源"，后续录文以"原"录入，不再一一标注。
② 虢县：今陕西省宝鸡市陈仓区虢镇。
③ 宝鸡：今陕西省宝鸡市。
④ 牛山：又称牛头山，位于今陕西省安康城区西北三十九公里处，属花园、谭坝两乡的界山，主峰海拔1547.5米。
⑤ 兰省：甘肃省。
⑥ 长毛：太平军。
⑦ 西安：今陕西省西安市。
⑧ 殷家卫：今陕西省西安市长安区引镇街道。
⑨ 双池：今山西省吕梁市交口县双池镇。

今由郭咀聚盛店转去五十本号贡庄白布一十五卷、五十本号口白布七卷、信盛白布五十八卷、八甬扣青梭布五十四包、九甬扣青包、十甬汉色布六包、四匹头苫布三十五连，每卷至郭脚毛银一两六（钱）八（分），梭布每包一两九（钱）。又由伊店转去五十本号贡庄白布二十二卷、五十口白布二十一卷、信盛白布九十一卷、四匹头湾苫布三十四连，每（卷）至郭毛银一两六（钱）四（分）。又发去洛邑胎布三十二卷，每至洛脚毛银一两五六，至此赊镇汉、旧之布，卷包不存。

月十八日接得未列次来信一封，内情俱已领悉，并统信等亦已转致。惟云厘金票前随货带去洛胎布厘金票，前信如数统去洛邑，至祁老叔勿念。宝银钱价一千三（百）七八。再报，刻时往汉旧之路不通樊城，兵勇甚重，沿路时刻掳船，不知兵勇往何处而走。上下之船不能行走，一者不惟掳船，二且概无养勇之粮，以致一带人心不安。

随字统去咱晋记信一封。至祈转致为是。余容后报。谨此奉。

七月初二日孟邑信美店捎来一信，十一日收到

宝主相交，浮言勿套。敬启者，刻下每集出布一千余匹，户布均钱五百五（十）几、贩布均庄平银四钱三（分）几，库平钱价一千三（百）四五。余不多渎。特此奉。

七月十三日高兰芬由赊捎来未列次信一封，廿四日收

敬启者，于月之初四日托百川通记捎去未列次信一封，内报等情想该早到收视矣，毋庸复冗。

咱今在赊收会过永隆符赊钱平宝银一千五百两，正言定咱邑秋标交伊无色宝银，共贴过伊会费银六两，贴费在赊找给，未立会票，各依各信为凭。与伊咱晋记三家当面公对去符记自备赊钱平钱砝一副，至祈照砝交给。伊平比咱标平每千大一（两）三（钱），至祈将银注录汉号之账为是。再者，今接咱汉来信，内云发樊通源店转赊梭布五十八包，接樊来信此布如数收到，提起时下尚未到赊，待到之时速为飞发，勿烦老叔计念。

赊镇宝银钱价一千四（百）四五，其别与前报相似。余容后报。谨此奉。

七月初四日高兰芬由赊捎来未列次信一封，廿五日收到

敬启者，于前月廿一日托赵步脚捎去未列次信一封，内统咱晋记信一封，料想早到收阅转致，勿再冗渎。于廿六日接得未列次信①一封，其内之情均已一切领明。

刻时咱邑日升庆号由孟来赊，问及太行山厘金卡，在赊上过厘金，旧、汉等布并洛染就甬布，有赊厘金票俱能往前而过，并无阻隔。惟禹、石、李布尚未议妥。

再者，樊城兵勇俱往麻城②一带而去矣，时下彼地尚属平靖。再报，永盛店今来发货不比往年，会银不能起发。前者日兴盛所发货，随货完契交银，咱赊除前净短银一千余两，此银暂在赊浮借。晚与咱旧有信，今接咱旧来信，因路途不通，难已托捎，或是由彼兑赊无人兑收，咱定于在赊兑使，但若有汉、旧合宜之银更好，不然定于会使咱邑。刻下会咱邑秋标每千两贴票号银一十二三两，赊镇银两缺极之故耳。

宝银钱价一千四（百）四五，其别与前报相似。余容后报。谨此奉。

七月十五日孟邑信美店捎来一信，廿六日收

宝主相交，浮言勿套。敬启者，刻下每集出布一千余匹，户布均钱五百五（十）几、贩布均庄平银四钱三（分）几，库平钱价一千三（百）五（十文）。余不多渎。特此奉。

七月十五日高兰芬由赊捎来未列次信一封，七月廿七日收

敬启者，月之十三日托永隆符步脚捎去未列次信一封，内报咱在赊收会

---

① 原信稿为"于廿六日接得未列次信次信一封"，其中"次信"应系重复书写，兹删去其一。
② 麻城：今湖北省麻城市。

过伊号赊钱平宝银一千五百两整，言定在咱邑秋标交伊无色白银，未立会票，各依各信为凭。与伊咱晋记三家当面公较去符记五十两，自备赊钱平钱砝一副。至日去净纸皮连内绳绳左右兑交，伊平比咱标平每平大一两三（钱）三（分），共贴过伊会费银六两，贴费在赊找给，至祈将银注录汉号之账为是。十四日收到扣青汉色布五十八包、四匹湾苦布一十五连，待有脚之时随行速发，勿烦老叔悬念。

再者，今接咱旧由彼六月廿四日寄来之信，内报大约赶七月还许办发湾布一二百卷，晚待等此布抵赊，速为催发。随字统去旧号第十四次信一封，至祈一并收阅，钱价与前报相似。余容后报。谨此奉。

芬兰记七月廿五日由赊转来未列次信一封，八月十四日收

敬启者，于月廿二日着裴家骒送去咱铺八两扣青梭布五十六包、十两汉色布二包、四匹头湾苦布十五连，每担至平钱平纹银九两一（分），除付欠去纹银七两二（钱）五（分），并信料想按日早已到平收视矣，不复冗叙。

又于廿四日接得未列次来信一封，其内之情均已一切领明。再者，耳闻樊城又收到咱旧发樊转赊湾布八十卷，今又问及咱帮由樊来赊之人，此布亦已提起，时下尚未到赊，待到之时定于一脚发平，预报老叔知之。至于咱发洛胎布，近接咱洛来信，内报俱已收齐，勿烦老叔计念。

刻下宝银钱价一千四（百）二三，发脚仍与前报相似。余容后报。谨此奉。

八月初九日孟邑信美店捎来一信，廿五日收

宝主相交，浮言勿套。敬启者，目下每集出布一千（匹）之谱，户布均钱五百二十几文、贩布均庄平银四钱一分之谱，银价库平一千三百六十文。余不多渎。特此奉。

八月廿三日广仁记由两渡①捎来一信，廿五日收

敬启者，梁锡明所拉之布，伊前托人捎在平裕泰店四卷，下有卅八卷皆存伊家，惟苦布七连因失盗，虽是等着当票尚未赎出，求人与咱号定赶廿六日一准送到。收到之时，有无短弊，与晚往绛州德顺店捎来一信，待见平信如何结局，晚再回里。谨此奉。

八月十二日振翎记由渔洋捎来未列次信一封，廿四日收到

敬启者，于月初一日由范村奉去未列次信一封，内叙等情想该早电阅矣，勿再复叙。

晚于初三日由范村起程，沿路又催起开、陶、曹州之布二十余担，料必亦许到铺。于初九日顺抵渔洋住天庆店，伊等四店共存咱号开、陶等布七十九担半。今已发起陶布卅七大卷、四小卷；开布四十二大卷、二小卷；保安布十六卷。至此渔店净存咱号陶布七大卷、四小卷；开布十七大卷、四小卷；保安布卅三卷。定于十三日驼至渔洋如数装发，台等勿念。及至渔地花苗长得甚好，每亩约有八九十斤收成，暂无客办。

刻下彰德②钱价一千三（百）三四，棉花加三秤，每斤大钱一百七（十文），约迭咱邑花平足银一十二两八九，照此行情，内外小合，后有情形再报台知。是日顺德府大兴店至渔，云及栾城棉花微显虫伤，赵州棉花水伤，黄金庄、威县长得甚好，俱未开秤，亦无行情，俟后得其确信，再为祥〔详〕报，晚定于十三日赴开报台知之。专此奉。另批，目下渔洋四店尚存众号之布均有千担之谱，正在秋忙之际，脚显稀少，一刻不能涌发。又及。

八月廿六日收到泽府东升店信一封，八月十九日申

捧接台函，其情领悉矣。敬启者，今收到宝号捎来宝银六定〔锭〕，计

---

① 两渡：今山西省晋中市灵石县两渡镇。
② 彰德：明清行政区划，治所位于今河南省安阳市。

原脚平纹银三百二十两零九钱二分，照信收明。小店遵谕以一千三（百文）作过钱数，至祈注账为感，所有捎银脚钱付清。再者，所存宝号之布，刻今驼脚起厂①遇脚速为发去，祈勿悬念。恕草不恭。专此奉。

八月廿六日收到泽府大来店信一封，八月十九日申

接台来谕，其情领明。随托郝永际骡捎来宝号原平宝银二百一十五两七钱三分，照信收明，欠来脚钱业已付讫，勿念。

叙及作画钱数按以敝地刻下市价一（千）三（百文）合注宝号账矣，至祈录账是感。又及，宝号之布刻下除发净存白布五十四卷、许梭布十八包、禹色布十二卷。目下驼脚业已漏头，不日可以发清，祈勿计念。计发去许梭布元至四号，白布元至十一号，至祈查照，倘有隔号，早赐来音，即好催送可也。恕字不恭。专此奉。

八月廿七日收到孟邑信美店信一封，八月十六日申

宝主相交，浮言勿套。敬启者，于十五日郝家捎来宝号洛信一封，即转洛，祈勿念矣。刻下每集出布七八百匹，户布均钱五钱四（分）几、贩布均庄平银四两一（分）几，库平银钱价一千三（百）七（十文）。余不多渎。特此奉。

八月廿七日收到大丰店信一封，八月初八日申

念在厚交，俗词勿伸。敬启者，于前月十三日托温常骡由祁捎去草札一纸，想该按日转递，勿须再冗。但敝地之秋景，自奉信之后，属显秋旱，直［早］苗犹可，而晚苗似乎减色，大约不过六七分收成，惟棉花虽系缺雨，究竟支持有当，刻下每亩现十八九斤。威、贺、临清、高唐、夏津、南宫、

---

① 起厂：春夏之际，骆驼全身脱毛，不能运货，故春夏必须休息，谓之"下厂"；秋冬起运，谓之"起厂"。

清河以及武安、临铭关、闫村等处花苗约有八九收成。耳闻栾、藁、赵州以至河北一带浇花皆谓受害，惟旱地花似有六七分收成。时下谢炉[①]集挂秤者二百六（十文），买九三四秤。山东潍黄［坊］县[②]客籽净花皆买，以致籽花十千（文）之谱。

小店于初四日开秤二百六（十文），买九四秤。齐庄布均钱九（百）七八。时届秋收，农人无暇纺织，每集上布二三百匹，宝银换钱二千（文）。忝属过爱，敢伸鄙诚，是所望于赐光。至于后事利钝，非小店之送睱也。余言再报。肃此奉。附启，成音之后天降普雨。

九月初二日收到高兰芬由赊捎来一信，八月十九日申，九月初三日收到此信

敬启者，于前月廿五日托赵廷佐步脚捎去未列次信一封，内报等情，想该早到收阅矣，毋须复冗。

于月初二日收到旧发赊转平湾布十八卷、四匹头湾苦布二十连。又于初五日又收到发樊转赊广兴店发平湾布八十四卷、发洛沙夹港布六卷、四匹头湾苦布二十二连、四匹头口苦布二连。近于月之初七日着吕秀等骡送去咱铺五十本号贡庄白布二十六卷、五十信盛贡庄白布七十卷、四匹头湾苦布二十四连，每担至平钱平纹银八两，除付欠去纹银十二两。随带去永盛、广兴店发票二张，咱发布信一封并信等，料想按日早已妥收。除发下存之布，后首有脚随行速发，如有常骡更妙，不然由郭咀泽州转平。现下常骡稀少，发郭咀骡每百斤脚毛银仍是一两五六，发泽州每全担钱平纹银五两一二，晚将此次之布发起定于回汉，预报老叔知之。

又于初七日接得未列次来信一封，其内之情均已一切领悉，惟云赊号收会银两一事，前托百川通所捎之信，赊镇发货并合银两亦已叙明，次信想该早收阅矣。至平收会银两，屡接旧号来信，皆因路途惶乱难已托捎。襄河内

---

① 谢炉：今河北省邢台市清河县谢炉镇。
② 潍黄［坊］县：今山东省潍坊市。

连日过兵，却抢混掳船只，咱旧未敢托捎，因此教晚在赊收会咱邑之项。如往旧口兑会，旧口之银实属务少，收会汉口之银，每千两贴伊等银十数余两，因而无法收会咱邑之项。至祈老叔愿量愿量［原谅原谅］。再者，永盛店发货不惟垫付脚银，二且厘金不能而报，咱号发货随货完契交银。

刻下赊镇宝银数一千四（百）一二，今随字统去旧寄平第十五次信一封，至祈一并收阅。余容后报。谨此奉。

七月初七日范晋记由秦州转来信一封，九月初七日收

敬启者，晚于七月初六日平顺已到秦州，暂住广兴合号，托伊速扣妥脚前赴兰省，但目下秦州左近贼匪四起，离州东北百里之张家川①回匪盘居［踞］，西北数十里之莲花城②，亦是贼匪所占。孔［巩］昌③一带路仍不通，由秦赴兰之路，竟绕山路而行，亦甚当险。秦州四面俱有官兵防守，统为报知。但晚由绛赴三原之路，颇亦平静，惟黄河以西村庄竞［竟］成丘墟，遂站谁云，住店而四壁全者恒少，田地荒芜，人烟寥落，真令人目之而心伤。

三原虽立布店，刻下销货有限，晚在彼源发店、信盛店问讯各布行情，德安布七钱八（分）、孝感布五钱七（分），平码系泾阳布平九九三定平足银，行店一分五（厘）打用。路由虢县镇亦有行店数家：山西店、聚盛店，询问各布销货景况，似与我号之布不同，且亦不成庄口。秦州虽是销货之地，目今军需不息，亦非有为之地，但晚在秦州问悉小青扣凉州行市五钱左近，如平号所存之货发起则已，如尚未发，兼湖色布、褂料梭青、小青扣，望祈赶快驰发是为至祝。

刻下秦州钱价一千零六七。余容后陈。谨此奉。

---

① 张家川：今甘肃省天水市张家川回族自治县。
② 莲花城：今甘肃省天水市秦安县莲花镇。
③ 孔［巩］昌：历史行政区划，清代时治今甘肃省定西市陇西县。

九月初八日收高兰芬由赊寄来未列次信一封，八月廿一日申

敬启者，于月十六日托蔚长厚记捎去未列次信一封，统去旧寄平信一封，又于十八日托徐天源步脚捎去未列次副信一封，二信料想收阅矣，勿再冗叙。

月之十八日着福永盛骡送去咱铺五十信盛贡庄白布八卷、四匹湾苦布二连，每担至平钱平纹银八两，除付欠去纹银一两。近日由泽州府东升店转去五十本号贡庄白布一十六卷、五十信盛白布一十二卷、四匹湾苦布七连，每担至泽钱平纹银五两三（钱），二票之布谅该早已到平妥收矣。今又着戴永聚骡送去咱铺五十本号贡庄白布二卷、五十信盛白布六卷、四匹湾苦布二连，每担至平钱平纹银八两，除付欠去纹银一两，至祈验收。再者，又发去洛邑胎布六卷、五匹口苦布二连，每百斤至洛骡平毛银二两六（钱）。

刻下赊镇除发净存发平湾布二十四卷，俟后有脚速为运发，勿烦老叔计念。其别仍照前报，惟钱价一千四（百）一（十文）。余容后报。谨此奉。

九月初八日收到孟邑信美店一信，八月卅日申

宝主不套，浮文勿叙。敬启者，皆因廿四日接台来谕，内情敬领，惟捎地黄①之事，因前日脚户未捎，今日托郝家骡户捎回地黄一包，计连皮重五斤半，祈台查收是妥。

再报，目下每集出布七八百匹，贩布均庄平银四钱三（分）之谱、户布均钱五百六（十文）之谱，库平银钱价一千三（百）六（十）五（文）。余不多渎。特此奉。

九月初九日范晋记由兰州捎来一信，七月廿二日申

敬启者，前由绛州、秦州奉去之信，想该呈照。

今晚于月之廿二日业已平安到兰投宿南关天成店，内寓凉帮平番之客，

---

① 地黄：中药名。玄参科植物地黄的新鲜或干燥块根，秋季采挖，除去芦头、须根及泥沙，鲜用或炮制后使用。可分为鲜地黄、干地黄以及熟地黄。

俱与我号认识。叙及咱伙在兰与通泉广定会过凉八月标交伊银一万七千两，伊在谷来年二月标交咱，每千两贴过咱会费银二十七两。闻说咱伙违礼兄在兰两日生意定过即为起身，第三日兰省官员即出谕单，相请要上捐输。晚到兰省城一闻此信，即嘱店家即为扣脚，以定明早起身赴凉。至于秦州赴兰路径，既为回匪绕路，复为官兵拉脚绕路，更加秋雨连绵，是行人之苦况倍觉维艰。今幸托号中洪福平顺抵兰，知阅谨念，奉报台知。

刻下凉城孟布行情八钱二（分）、德安布一两二（钱）、湖布一两。余不多陈。谨此奉。

九月十一日收到德晟记由泽捎来一信，九月初三日申

敬启者，晚等与晋记于初二日平顺抵泽。兹报，咱泽之货大来店刻下俱已发清不存，惟东升店尚存我号湖色等布五百六十余件，随统去伊店发货单一纸，至祈收阅。想庆邦兄昨日由泽赴南往铺，亦有确报，尝谓几开行过载，看更以公平为要。就照东升店进来办事，诚有赘不循其情，晚等查伊所过之货，薄（厚）多寡不一，笔难细述。

是日开单以后，即又发去平铺湖许色梭三十二包、湖白布二十卷，谅该按日早至矣。窥其大势，驼脚渐多，言定三五日内如数发清，至于窑头厘金卡局一事，究实仍无样式。八月迄今所过之布湖布而已，我定明日动身走邦赴洛，到彼之日再奉台知。

刻下泽地宝银钱价一千三（百文），发脚价照前。余容后报。谨此奉。

九月十七日收到刘庆邦兄由孟起未列次信一封，九月初四日申

敬启者，于月之初一日由泽东升店奉去无次之信，内附东升、大来二店收发货单二纸，料该收照，勿再冗呈。

兹因临行之时委晚至孟之日，如孟布均庄平纹银四钱一二，即可开庄速办百八十卷发祁。永丰茶店收存之情，今晚抵孟询问之下，每集出布五六百匹，每匹均庄平纹银四钱四分之谱。因其价高昂，我号亦未开庄。晚已嘱托店主，如其后首缩小，可赴洛号商酌办理，即往祁邑发布之情，今已嘱过店主，前及均庄四钱一二之情，亦是三五天之光景。

刻下孟地宝银钱价一千三（百）五六，棉花廿两秤，每斤价钱二百一二，窑儿头卡局仍无样式，暂刻孟布不能过山。余事后报。专此。

九月二十日收黄金庄大丰店一信，初六日申

久蒙光照，惟有心感。敬启者，于月之初二日雷来太［泰］兄送来宝号瑶甬兼银两，照谕收讫录账，委办之布遵命办理，勿劳远念。时届逢秋之际，各布不大甚上，待后货涌即当急办速癸［发］，焉敢有违台谕。

临书籽花行情，每百斤价京钱十一千（文）之谱，小店二百六（十文）买九二三秤，皆因山东、天津客人涌买以致籽花高昂。齐庄布均钱九百八十（文）上下，宝银易钱二千六（百）九（十文），秋景均有八九分收成，一并奉知。特此。

九月二十日收黄金庄协和店一信，初五日申

契交勿套，随音候安。敬启者，于月之初二日雷来泰兄送来爷台华翰，内情已领，并寄来标平宝银四百一十一两一钱四分，照札收入，随市与台作过钱数二千六（百）九（十文）。至所委买之布，遵谕赶紧拣择办理，便即起发，望勿致念。

另呈，刻下齐庄布均钱九百八（十文）上下，直省秋景棉花均有七八分收成，籽花行情一十千（文）有零，净花行情二千六（百文），买九一二秤。敝地人心皆安，一并奉台知之。寸札不恭。特此布。

九月廿日收黄金庄义盛昌一信，初五日申

菊有佳色，英发天香。遥想宝号百福千祥，毋庸远祝也。兹者，弟等新立店业有缺拜候，伏惟见恕，仍望爷台洞赐光顾小店，无不谨慎办理，以图久远。

附报，笔下敝地宝银行情二千六（百）九（十文），齐庄布均钱九百八（十文）上下，籽花每百斤京钱十千有零，净花二十六千买九十二三斤。西班花客亦有开庄者，兼之山东潍县、河南、天津洋客收买净花，看此花价，难以再小，或到十月半间东客完庄价须平稳。清河左近之花十分收成，高唐、夏津花收不好。耳闻南通州花未收，所以东客洋人买货甚急。专此奉。

九月廿日收曲邑宏盛店一信，初三日申

于八月三十日捧读华札，内云聆悉。

敬启者，今雷来太［泰］兄捎来宝号标平宝银四百一十三两零一分，每平按曲平短银六钱八（分），小店按曲平与台每两换易数京钱二千六（百）六（十文）合入布账，祈勿锦念。所有开来之布，如命随买速发。

再报，目下曲宽顶庄布连用钱一千五（百）八（十文），门庄布一千五（百）一二。随字带去银衣四件，有清单内之布，小店着人去顺催发，不必计念，一并达台知之。恕字不恭。专此奉。

十月初一日接洪士记由孟来第二次信，九月廿二日申

敬启者，近于廿日在孟托温希曾捎去第吉次一信，内统咱金庄用图章样式另一纸，惟恐沿路延误，今随滕去副稿一纸，至祈并笺其报。文耀兄赴黄之说，已于廿二日一早由孟登程赴彼，祈勿念矣。

兹报，刻下孟地出布八百来匹，贩布均庄平银四钱五（分）几、户布均钱五百七（十）几，库平宝银钱价一千三（百文），疲极，虽有市价，实无卖银之主，至于短庄外行办布者亦无贪志。邢郜所存孟布，仍未运发，如后一时能发，大众存标甚多，必然又是抢办。虽属现时孟地籽花二十两秤，每斤钱八十文，不贵，而陕客左近办长布者兼买花之家甚是不少，以致出布无几。况河南李村概无集市，孟洛存标暂无别用，思维之下，大众存办之布，难获月息，迭本皆然。咱号已然到孟则已，想法急发几担，只望咱处伸

［伸］①涨行情而已。此虽冒渎，咱孟往洛顺达，有信早晚回信即可到也。本属蝇头之利，遇此行市错远，洛孟可顾，不敢不俟命身。余容后呈。谨此奉。

同日收接洪士记由孟来第吉次信，九月二十日申

敬启者，文耀兄与晚是日酉刻平顺抵孟，俟有妥脚一二日同耀兄起程赴黄，祈勿计念。至于咱办孟布一事，洛信报明，毋庸细呈。

前者晚等经孟之际，出布不多，贩布均庄平纹银四钱三（分）几。及之到洛，咱号存银无多，不敷彼处所用，因而在洛收会过元发典②票银三千两，想铺接阅，洛信其情亦悉。不料咱今备银到孟出布才多，每集八九百匹，而办布者又添外行并咱帮有三十余号，以致贩布均庄平银四钱五（分）、户布均钱五百七（十文），库平宝银钱价一千三（百文），一千三（百文）无论，咱报行情四钱八九，就照洛办③。

敝号在洛接得由平九月初三日起申来信，只报孟布平价值五钱一二，以此发算，实属不合。况且别号在孟发起之布，仍在邢郜存放，不能运发。晚等思之再四，或者价值相符，发脚通便，暂然亦不能其多办。急发洛号色布立待用皮，既已到孟，遵□洛再为办些皮布发洛使用。遇此之势，实不敢妄为贪办，书言虽然且行且看，忆想平铺往洛不久，亦该银信裁定。再报，一二日咱往沃大兴店写信看其由沃发汾府脚价如何，倘若邢郜左近不通，以备后首运发孟布。余容后呈。谨此奉。

十月初七日收到洪士记第三次信，九月廿九日孟申

敬启者，近于廿二日托赵廷佐步脚带去第二次信，内缄吉次副稿，谅该不误早至，毋庸再呈。

---

① 伸［升］：山西布商文书中有时会将"升"写作"伸"，后续录文以"升"录入，不再一一标注。
② 元发典：《十月初七日收到洪士记第三次信，九月廿九日孟申》一信称"元发当"。
③ 就照洛办：原文"办"字右写有"班"字。

兹报，咱孟业已随集办买，前叙欲候洛邑回信，迄今未见到来，其所俟信者皆回。孟地钱价过小，前者咱洛收会元发当银两之际，伊言当店十数大钱，洛平钱价一千三（百）六（十文），咱尚不欲备李使用。彼时银两未曾收足，不料咱抵孟地屡有短庄抢办，是以钱价陡小。咱号由孟往洛托振一店早送有信，意欲在洛买钱，归孟甚属划算。

昨日蔚长厚、巨兴长等号到孟询悉洛地钱价，仍照前式，意想此钱必许顺妥办就，不久回信总该至矣。咱孟作过银二百两，钱价一千二（百）七（十文），现时孟地出布一千来匹，满迭庄平银四钱六（分）几。近日又到清化、义城、绛州客数号，虽带银两不多，以滞［致］钱数又小，有卖过宝银库平钱价一千二（百）五六之家。

孟于左日接得平寄信美店信以及捎孟标银一千零一十九两四钱五分，外缠李皮布一匹，照信妥收讫矣。其令办发布情逐一领悉，遵谕办理，祈勿念矣。至于窑头厘局不知何日能开，邢邯、孟县阻隔，大众孟布共有二千来卷，无法运发。及云咱号之布，倘若万一不能走泽，或沃或绛转发汾府和盛店收存。前信呈明咱已与沃天兴店有信，窥其由沃发汾脚价若何。刻下陕客从孟发绛四卷一担，粮平足银三两三（钱），并报台知。余容后报。谨此奉。

十月十四日收到文耀记由黄金庄转来第吉次信一封

敬启者，于前月二十日晚由洛动身，于月之初一日一路平顺抵金，居住大丰店，屡路秋景俱属平和。协和店于九月初二日收到咱号之银四百两，九月二十日由顺德府恒兴店转去齐庄布四卷、三匹头苦布二连，均钱九百八（十文）。及至大丰店收到之银二百两，一卷尚未运发，不日可发四、六卷之谱。

今报，金庄宝银钱数二千六（百）九（十文），齐庄布均钱一千（文）之谱。每集出布百十余匹，净花二百六（十文），买九二秤，净花照此行情至平迭花平干银十四两二三。齐庄布迭咱标平干银四钱二（分），花布内外行市均不合宜，金庄各店俱有该外之布，看其大势，出布涌广总在十月底。所有办货之事候咱号来信，如何办理并为酌夺。

再报，武城钱数二千八（百文），布均钱一千七（百）六七；白塔钱数二千六（百）六（十文）；假武城布均钱一千六（百）六七；李家店钱数二千六（百文），柜标均钱六百六（十文）；邵固钱数二千六（百）二（十文），五七方被面布均钱一千零八（十文）；临清钱数二千五（百）四（十文），净花二百六（十文）买九十斤；贺钊钱数二千六（百文），小布、三户布一千一（百）四（十文），二户布一千二（百）六（十文）；曲周钱数二千六（百）四（十文），均钱一千四（百文），齐庄布一千五（百）六七；隆平钱数大钱一千五六，东李布均钱六百六七，次东李布五百五（十）八（文），假充孟津布均钱七百（文）。余不冗渎。专此。

十月二十日收到洪士信一封，初七由〔日〕申

敬启者，于前月二十九日由协和信记①，信内统去第三无次一信，谅必早至阅电，所叙往洛有信，待彼买钱之说。今于是日接得洛号吉次来信一札，内云在洛卖定宝银一百两，九九高钱，钱价一千三（百）五（十）五（文），以此窥来较孟合宜。咱定明日着信美店赴洛起银，如其相似，再卖银一二百两。

现下孟地大势，别店贩布有号钱庄者，是以钱缺，至于邢邵所阻之布，仍未发开。咱今定成四十匹孟布二十卷，每匹在孟连用迭咱原平干银四钱六（分），刻与孟过载店言之有样定发之时，速奉知之。其教染晒红布一事，孟地此一二年咱帮未染，近伊定要涨价，不照旧规，每匹裁楚粮平实足银四分，尚未说妥，俟后再报。

刻下孟地出布一千来匹，户布均钱五百七（十文）、贩布均庄平银四钱八（分），库平宝银钱价一千二（百）六（十文）。余容后报。谨此奉。

十月二十五日收到洪士由孟捎来第五无次一信，初九日申

敬启者，近于初七日托郝永隆捎去第四无次一信，谅必妥至，毋庸复

---

① 原文如此，当为"于前月二十九日由协和信记捎去一信"之意。

呈。所报咱孟定成第元次四十匹孟白布二十卷，四匹头孟苫布十连，号至元号起，至二十号止。每匹在孟连用迭咱原平足银四钱六（分），迭至祁邑均咱原平足银四钱九（分）。

大众孟布未发，邢邰路不开，咱无奈令孟振一店抱转王曲三同店发去泽东升店收下，再发祁邑永丰茶店如数收存。随布与祁永丰店另有布信，教伊往平致照，谅不有误，遇此之势钱布价准不相宜。刻下孟地钱布行情与前报同。余容后呈。谨此奉。

十月廿七日收到泽州大来店寄来一信，十一日申

昨接来谕，其情领明。所云小店开去许梭清单上误收钱三千文，系今春李村布六号赔钱，小店查账此钱亦在其单之外，至祈录账单外是感。

又云，今春小店开去宝号李布清单上收净短二匹苫布二连、三匹苫布二连，据宝号言落定净短二匹头苫布二连。小店即时查账，系照宝号原书单上多收三匹头苫布二连，以此落定净短宝号二匹苫布二连，是以小店彼时料心错收，至祈爷台原谅是祷。计发去府梭元至六号，至祈查照是感。片纸不恭。专此奉。

十月廿九日收到洪士由孟捎来第六次信一封，十九日申

敬启者，于月初九日由泽转去第五次一信，随报发去祁永丰店收存咱元次四十匹孟白布二十卷、四匹头苫布十连，必许不误妥至祁矣。今于十五日接得第吉次来谕，其情领悉，祈勿计念。

兹报，其四次往信所呈咱着信美店赴洛卖银起钱，今于十二日平顺返孟，在洛共卖过宝银五百余两，除费归孟落库平钱价一千三（百）二（十）五（文）。咱定是日成发第二次四十匹孟白布二十四卷，号从二十一号起至四十四号止；又二十二匹晒红布四卷，号至四十五号起至四十八号止，共随四匹苫布十三连。每匹白布迭至祁邑咱平干银四钱八（分），但染晒红之布前信报明伊要涨价，已然议妥，孟地染此布者只有一家，每匹粮平宝银四分，今有染胎二百余匹，下短之布，随为办理。

其今次发出之布，仍然照前转泽东升店收发，祁邑永丰店收下存放，随布与伊店另各有信，至祈致照可也。近日咱帮开庄者多，布价又显丰升，而信美店新开庄者，绛州通盛合、咱邑谦裕敦，现下出布一千余匹，户布均钱五百七（十文）、贩布均庄平银四钱七（分），宝银钱数库平仍一千二（百）五六，钱缺之至。咱孟往洛又达有信，尚欲买钱未审好办与否。昨日孟邑钱铺数号带银往洛买钱，大约此时高钱不得顺式办理矣。

再报，邢郇存布惟永盛昌跟布，旋里在彼催促甚急，今得一音言之有谱，窑头厘金在脚价内，骡夫报完咱已即时往邢。复兴店有信教将咱与晋记之李村等布一统运发，看其如何，后信奉报。今随统去五次副稿一纸，至祈并览。余容后报。谨此奉。

冬月十一日收到曲邑宏盛恒布店信一封

于本月念［廿］①日捧到华函，内云领知。

敬启者，三月间寄来之标银铜朱甚多，小店难以出售，因而少卖钱价两码，祈台见字斟酌，愿［原］谅一二可也。再报，目下银布行情宝银易钱二千六（百文），门庄布连用钱一千五（百）三（十文）。恕草不恭。谨此奉。

十一月十一日收到黄金庄大丰店信一封

忝在过爱，套勿敢伸。敬启者，于月之十六日由顺二次发去四十齐庄布一十二大卷、苦布六连，均钱九百九（十）八（文），内统去清单一纸，祈至验阅为感。

刻下净花二六，买九五六秤，俱系咱西班踩［采］②买，亦买高县货，亦有门庄货，以致籽花每百斤价京钱一十千零二三百文。委置三纸延期过

---

① 念［廿］："念"，"廿"的大写，后续录文以"廿"录入，不再一一标注。
② 踩［采］：山西布商文书中有时将"采"写作"踩"，后续录文以"采"录入，不再一一标注。

晚，缘［原］来标时不甚上货，逢集买布二三十匹，各处皆然，不独金庄为然，载祈台原宥是幸。

临书宝银换钱二千六（百）六（十文），微显活动，齐庄布均钱一千（文）之谱。属在知己，敢伸鄙言。特此奉。附启，发去之布，应印五十八号，内无六（十）四号，祈至泽收为妥。

十一月十一日收到黄金庄第二次信一封，十月二十四日由黄金起

敬启者，于月之初一日托义泉正毛爷捎去第吉次信，谅想妥收，无用再冗。于月廿一日收接第吉次来信，并标银、货折兼晚家信一并照信如数收讫，无用计念。

于十二日协和店由顺德府恒兴店转去咱齐庄布四卷、三匹头苦布二连，均钱九百九（十）二（文）。自收标以后至今共发布八卷，苦布四连，协和店客标甚多，误事甚大，店口虽系妥实，不能办事。刻下有欠外之布数百余卷，于十七日大丰店由顺德府大兴店转去咱齐庄布六卷、苦布三连，均钱九百九（十）八（文）。今随雷来泰标骡驼去咱大丰店四十齐庄布四卷、三匹头苦布二连，均钱九百九（十）八（文），号至七十四号，脚钱付清不欠，至祈查收。

报目下金庄宝银市盘二千六（百）六（十文），齐庄布均钱一千（文）之谱，每集出布一千六七百匹，净花二百六（十文），买九四秤；武城钱数二千七（百文），布均钱一千七（百）七八；白塔钱价二千六（百文），布均钱一千七（百）一（十文）；李家店钱价二千六（百文），柜标布均钱六百六七；邵固钱价二千六（百）二（十文），五七方被面布均钱一千一（百文）；贺钊钱价二千六（百文），三户大布一千二（百）四（十文）、二户布一千三（百文）、三户小布一千（文）、二户（小布）一千零六（十文）；曲周钱价二千六（百）四（十文），布均钱一千五（百）三（十文）。

闻得咱号前回标骡付宏盛店银四百两，晋记王兄于十八日赴曲办事，托伊与咱照应。隆平钱价大钱一千五六、东李布均钱六百五（十）八（文）、次李布均钱五百八九、津布均钱七百一二。各处之布俱不大上，各处净花俱显迟动。刻下内外行市合算无一合宜有可办之货，惟齐庄布暂时虽无利息，尚可有望一节，销路宽广而且亦能利手。

再者，今年出布不甚涌广，祁太平班各号诸客皆无贪办之心，明春必然货缺，布价务必总许起色。其余别布出路不宽，非露鲜明不可办买。照目下行市，不惟获利，而且尚不保其本，因而今次所来之标各处均未付庄。咱号之银二千七（百）四（十两），卖出银一千两，已定揽付大丰店使或办花办布随便。及至大丰店刻下虽不甚殷实，有人在此居住守候办理，尚可妥实，不必计念。

晋记来信，报咱邑南丰花行情十四两五六，咱号下存银一千两，如后首棉花迭至平花平干银一十三两五六，定办三二十担，如行情不到，待后看何处有合宜之货，再为酌夺。晚不日遇便赴李家店、隆平阅视一回再为之计。

来信内云往平兑会之银，此地会项甚属稀少，不能指事，望台运发银两，如欲贪办否，酌夺运发。如是咱邑标骡不来，由祁转运威县，更属顺妥。今随书内统去大丰店清单一支、晚家信一封，至祈收阅为是。余不冗渎。专此。

冬月廿八日收到洪士记由孟转来第七次信一封

敬启者，于前月十九日烦蔚长厚带去第六次信，谅该早至电览。所报前发二次孟白布二十四大卷、晒红布四小卷、苦布十三连，必许不误妥至祁矣，毋庸再呈。

兹报，咱孟于月初三日仍由泽东升店发去祁永丰店收存第三次二十二匹晒红布四卷，号至五十二号止；又四十匹孟白布二十六卷，号至七十八号止，共随去四匹头苦布十四连。白布至祁迭原平足银四钱九（分），随与伊店等另各有信，至祈致照。今于昨日接洛来信，又在洛卖过孟用宝银五百余两，随起来钱四百串，下余之钱后首再送，归孟约落库平钱数一千三（百文）之谱。

近时孟地左近出大布处，惟孟西北二十里禹寺①、仇庄②二处，尚有陕客

---

① 禹寺：今河南省孟州市谷旦镇禹寺村。
② 仇庄：今河南省孟州市赵和镇仇庄村。

办买。每匹布长四寸三四，宽九寸，均钱八百三四，实以三十半匹成卷，重有六十斤。作宝银钱价孟粮平一千二（百）二三，发卖绛州假顶德安出脱①，已滞［致］孟城出布不多，每天出一千二三百匹，户布均钱五百七（十文）、贩布均庄平银四钱七（分），库平宝银易钱一千二（百）五（十文）。昨夜降雪八九寸，钱缺之至，咱孟多日缓办，即别号贪办之家内外不敷，约其标后来银亦不能过多。刻下暂孟存银五百两，孟连洛存之钱共有七百串，乘机办理。余容再呈。谨此奉。成信之后，接读第二次来信，其情领悉，至祈勿念。

十二月初六日收到第八次信，洪士记由孟转来

敬启者，于月初六日托复泰谦孔兄带去第七次信，谅该妥至电览，毋庸再呈。所有二次来谕，令孟之事向洛关照，亿［忆］想洛号往平早有信报。

刻下咱孟存布许成三十余卷，不便速发，其染晒红之布，天色滞延，不能染造，冬月内可发四（十）二小卷之谱。现时孟地出布一千四五百匹，户布均钱五百七（十）几、贩布均庄平银四钱七八，宝银钱数库平一千二（百）三四。至于咱孟冬月底收百川通之票项，孟于昨接得通记赊镇来信，随统来德顺秉二千两会票一张、积义成一千八百两会票一张，俱无钱砝，票上亦不写平码大小。日期临近，难已致照，俟期收毕之日，在孟较砝捎平，报台知之。

今随托郝永隆捎去小笤帚二十六个，至日查收是妥。余容再呈。谨此奉。再启，日新记所用足连早已捎洛，今洛云及染坊染错，又定补织，俟就再捎。又及。

同日收到洪士记由孟寄来第九次信一封

敬启者，于月之廿三日托郝永隆捎去第八次信兼外随小笤帚二十六个，必许不误妥至，毋庸复冗。今于廿四日收接第三次来谕，其情详领，所叙通

---

① 出脱：卖出。

记铜砝业已收明，祈勿念矣。

刻下孟地库平宝银钱数一千二三，出布一千六七百匹，户布均钱五百八（十文）、贩布均庄平银四钱九（分），咱孟一二日可完庄，报知。及至孟收月底票银等情遵命而为，收毕返洛。余事再报。谨此奉。

同日收到洪士记由孟转来第十次信一封

敬启者，于月之廿五日托郝永隆捎去第九次信，路途滞延，未免迟误，今随录去八、九次副稿二纸，至日并览。

兹报，咱孟代通记收票银一事，前信呈明并无钱砝，只有会票二张，平码大小未曾写明，惟通记赊镇来信叙及会砝比己合砝每百两大银二两四（钱）。今日彼号等不认此赊镇之信，大银二两四（钱），伊要广会原砝，不然不交。依伊之平估计较通记合砝每百两才大银一两九（钱）五（分），遇此狡猾实难论理。此交银之主住于乡下，乘伊来城，待咱将大数收定，或该如何，速为详报，大约另较钱砝者多矣。

再报，咱孟县是日定由泽东升店转祁永丰店收存第四次四十匹孟白布五十一卷，号至一百二十九号止；二二晒红布二卷，号至一百三十一号止，共随四匹头孟苦布二十六连。每匹白布迭至祁邑咱原平足银四钱八（分），至日致照查收，至此完庄。元至四次共发去祁存四十匹白布一百二十一卷、二十二匹红布一十卷、四匹头孟苦布六十三连，又发洛皮布一十三卷。

近来孟地钱数库平一千二三，日出布二千来匹，户布均钱五百九（十文）、贩布均庄平银四钱九（分）几之谱。余容后报。谨此奉。

第十一次信十二月初一日由孟邑申，十二月初九日收

敬启者，于前月廿九日由协和信，信内统去第十次信，并随八、九次副信二纸，谅必妥至，毋庸再呈。

但咱孟代收百川通之票银，今日收过德顺秉宝银二千两，平码不兑，一刻难以说明，俟该如何再信详报。惟积义成之银一千八百两，今晚彼号来孟言及伊之银未曾备就，年内许交五百两，下余之银来年再还，至祈向通记将此说明。如彼万一无银，咱不能久在孟住，洛教一二日即为回洛，遇此步脚之便并报知之。

孟地钱布二价与前相似。谨此奉。

十二月十八日收到曲邑宏盛恒信一封，十二月初六日曲申

浮言不伸。启者，日昨接读示谕，内云均悉，所云前单标银少易数二码之事，此银小店受伤实多，而宝号些微之数执定不认。但相交之家，不宜再为冗烦。小店账起银数二码收注宝号之账，以免再信往返，亦不须重开清单。日后倘有再捎标，必祈拣择内中干净者为妥，不然两家吃亏缺时，此预达及于秋后开来之货。

刻下办起廿大布一十六卷，下短之布大料今腊难以办买，兹因冰雪在地，天气过冷，织布者俱不按机，以致集上无布，且价值甚大。

目时曲宽门庄布连用均价一千五（百）八（十文）之谱，宝银钱数二千六（百）二（十文）。余不冗渎。恕草不恭。惟候近安不另。

十二月十八日收到文耀记由黄金庄转来第三次信

启，于月之初一日收接第二次来信，内云领悉，并书捎来之银，照信均已妥收，勿烦计念。

今随书驼去大丰店四十齐庄布二卷、三匹头苦布一连，均钱一千零零二（文），脚钱付清不欠，随书内统去协和店清单一纸，至祈一并查收为妥。

呈报，目下金庄宝银市盘钱价二千六（百）八（十文），齐庄布均钱一千零一二，每集出布四千余匹；武城钱价二千七（百）二十（文），布均钱一千七（百）六七；白塔钱价二千六（百）二十（文），布均钱一千七（百）四五；贺钊钱价二千五（百）八（十文），二户布一千三（百文）、三户布一千二（百）四（十文）；隆平钱价一千五（百）一二，东李布均钱六百八九、次李村均钱六百文上下、津布均钱七百二三；曲周钱价二千六百（文），

布均钱一千五（百）三四；邵固钱价二千六（百文），五七方巾布一千零八（十文）。

于前月初四日晚赴李家店和盛店以及龙化天增店，大势布样甚属繁杂，无用细呈。但咱去年办过德安、衡水①二样之布，目下每匹均价一千八（百）四（十文），定机钱价二千五（百）四（十文），亦不大上货，每集可收三二十匹。再者，比去年每匹多迭银一钱有零，因而咱号未敢开庄。皆因于前月初五日天降大雪二尺有余，天阴十数余天未开，甚属误事，而且京庄客标甚多，办货紧急，因此咱西庄俱未办买，待来春再为之计。

所有咱号前来之银，前信报明卖出银一千两，如数付大丰店，至后又付过伊银七百两，钱数二千七（百）四（十文），下存银三百两，付过夏津县鸿顺布店办买武城布，打双合店扒印试卖。作过钱数二千八（百文），布均钱一千六（百）六七，约至平迭标平干银六钱五（分）。

刻下在大丰店办起净花七担，二百六（十文）买，九五秤，亦已止庄不办，至平迭花平干银一十三两六七。于初一日由获福泉店转去大丰店齐庄布二十卷、三匹头苦布十连，均钱一千（文）。初三日又转去齐庄布十四卷、三匹头苦布七连，均钱一千（文），号至一百零八号。此布至平迭标平干银四钱二（分），今次捎来之银尚未付开。

目下金庄各布店日前所收之标足够今冬办买，皆因年岁丰收，而且天阴雪雨过大，出布稀少。每集出布四千余匹，各处俱不上货，有欲收者，咱不敢付，咱愿付者，伊不敢收，临年无日，恐其办理不起，以致两难。来谕委办隆平布以及料理曲周之事，晚不日起程赴彼，再为酌夺，约其大势即隆平亦不能多办。货开得每集共上布三四百匹，客有十数余家，十天三集，每集每家分布三二十匹。及至咱号所存之银，待后将隆平事办毕返回金庄，余银多寡，看何处何店有余存之布则可现银办现货，何布合宜，再为擘酌办理。再者，咱号年终结账清单明正速为捎平，勿念。余不冗渎。专此。

---

① 衡水：今河北省衡水市。

第十二次信腊月初七日由孟申，十二月十八日收到

敬启者，于月之初一日随步脚带去第十一次信，该早至电览，毋庸再呈。

今于初五日收接第四次来谕，随统之信俱已领悉，兼随之标一千零二十六两九钱一分，外缠李布一匹，照信收讫，至祈勿念。及之前信所报咱收过德顺秉票银二千两，一零二一四扣咱原平宝银二千零四十二两八钱，票给无事。初二日收过积义成票银四百九十九两五（钱）八（分），一零二一一四扣咱原平宝银五百一十两二钱七分，下欠银一千三百（两），再回无银，年内不能交给，前信亦已报明，此情必许早致通记知之。

咱孟本拟近时回洛，而因洛号于初四日送来一音，云及贼风忽至汝界，人民纷逃，恐有窜洛之虑，后首致照回洛。此二三日甚属平和，无甚不雅之信。所有咱在孟代协同庆交杜盛兴之票项会平一千两，九七五六扣咱平标平银九百七十五两六钱。今随统去抽来庆记会票一张，至祈收付。又统去赊百川通托寄孟信一纸。今随字托郝永隆浮捎去包一个，计柿儿□二十五斤、花生果三斤，所使钱交孟出杂使；又随捎日新记□用足连二把，使银若干，定由洛账结回，至日并收。

刻下出布二千来匹，户布均钱五钱九（分）、贩布均庄平银四钱九（分），宝银钱数一千二（百）三四。咱至冬月内完庄，前于十次信呈明，勿冗。余容下呈。谨此奉。再启，随第四次布浮捎去祁永丰店收转平铺收□□头一十斤，勿误查收。又及。

三、《民国四到六年某布庄汾石往来信稿》

【简介】

该信稿为线装手抄本，封皮为墨绿色，中间和左上分别以红底黑字写"民国四年四月吉立""获号信稿"，封底为灰色，无字。正文共74页，其中第73页附有原始信稿7张。《晋商史料集成》编纂者结合封面和信稿内容将信稿定名为《民国四年汾阳某布庄获号信稿》，然此定名有误。由信稿内容可知，接信处为石家庄、获鹿分号寄给汾阳总号的信，其中由获鹿发出之信一封，其余为石号发出之信。寄信处为汾阳总号寄往石家庄和获鹿的信，其中寄获鹿之信两封，其余为寄石家庄之信。寄信处第一封信题为《丙辰新正月十二日寄获第一十三次信底》，查丙辰年为公元1916年，民国五年；最后一封信题为《丁巳新正初二日寄石一十六次信底》，查丁巳年为公元1917年，民国六年。故寄信处信件为汾阳总号于民国五年与六年寄往石、获分号的信。

接信处的信稿按编号可分为两组：第一组为第一十九次至第二十八次，时间为三月二十一日至五月初二日，均为石号寄总号之信；第二组为第吉次至第一十九次，时间为九月初三日至腊月二十九日，其中缺第八次信，第九次信由获号发出，其余均由石号发出。寄信处第一封信中提到"与铺捎来熏鸡、冰鱼，去腊亦已收到"，与接信处《廿七日接得石号第一十八次来信底》所叙"今由义合店捎榆熏鸡包一个，内计二十八只；又冰鱼包一个，内装一十九条，计重卅斤。二宗共用过砝平银七两"对应。由此可知第二组信均发于民国四年（1915）。结合封面内容和第一组信的第一封收信日期为三月二十一日，可较为肯定地确定第一组信亦均发于民国四年。至于为何两组信件时间上出现断裂及九月初三日所收信编号为吉次（寄信处也出现类似情况），则可能与部分信件丢失或未抄录以及该布庄的账期设置等因素有关。另外，虽封面上书"获号信稿"，但总号与石号之间的信件往来明显占据主体地位，且石、获两地相距甚近，可视作一地，故可用石号来代表获号。总号位于汾阳的信息则于信稿中俯拾可见，不再赘叙。

综之，该信稿可重新命名为《民国四到六年某布庄汾石往来信稿》。主要内容为某布庄汾阳总号与石家庄、获鹿分号关于商品及金融市场行情、业务实践、资金调拨、雨水气候等信息的互通以及总号对分号的业务指挥等。

【录文】

接信处

三月廿一日接石庄①第一十九次信底

敬启者，于十六日由津信内统去石号另启一支，内叙津、石过账之事谅想照单各为注录账矣。其别无要，今不再叙。于日前接得铺中十次来函，内云之情各各领明，祈无计念。于是日接得许②号来信，内报咱号在许收恒豫丰之款两竿③，随带伊存银折一圤［块］，向伊凭折收款。该号言及此项非存银人亲手不能取款，照此情形，未知伊两面有何之内云也。祈台见信与咱厚记速为去信，以免错误。随统去丰记与咱来信一封，至时台阅是荷。所有收银折子，后首托妥，速为寄汾，勿念。

再呈，咱号之许布前后共成起布四十担，布价满均九百六（十文），报台知之。余事再呈。专此奉上。后批，接得广顺栈来信，内报咱石号前者由获捎榆吊［调］④铜次银小包一个，该栈托永昌栈武守基兄捎汾，料想妥收乎，来信祈提一笔。又及。

---

① 石庄：今河北省石家庄市。
② 许：许州。
③ 竿：货币的计量单位，此处为一万两。
④ 吊［调］：山西布商文书中有时将"调"写作"吊"，后续录文以"调"录入，不再一一标注。

三十日接石庄第二十次信底

敬启者，于今早接得铺中第十一次之信，内云各情均经领悉，望祈勿念。

再呈，昨日由津会来西砝银一千四百两，扣砝平银一千三百七十二两零一（分），前者由津汇许西砝银三千两，扣砝平银二千九百四十两零零二（分），将许号之款，祈台暂过石号之账为是。二宗共西砝银四千四百两，至祈与津号收账，共砝平银四千三百一十二两零三分，接砝平注取石号之账为是。再及，李布除前信报过之数，今又付过洋元①三千块，今次所定之布，赶麦口恐其不能完庄也，皆因彼地逢集上布五六百匹之故耳，而且出布无日矣。

再呈，咱号今正所付各布店之项，报回布价一千一（百文），洋元七钱二（分），钱数一千九（百）五（十文）。晚于廿日赴隆平、柏乡②，廿五日返石在彼与该等言定钱数一千九（百）八（十文），布价、洋元照前。所报之布，晚二月间抵获，共付布店洋七千元，洋、布二价照前，钱数二千零二（十文）。今又付洋元三千元，洋、布价照前，钱数二千零五（十文）。咱号前后共付李布店之项大约成布六百余卷，锦盛店石布前后共定二百卷。所有咱石号之银项除交过开、许两号而外，石号所定之各布净外短银二千余金③，各情一并呈报台知之。

日前接得许号来信，内云布价涨至九百八九，咱号之银三千金业已买完，满均庄九百五六，照此布价增涨数码估算实属无利。由石与许去信，咱号之事暂为止办，照此布价增涨与家中所售行情实不相符。如后首许地行情回疲④，咱号之事再定行止。余事再续。专此奉上。

四月初三日接石庄第二十一次信底

敬启者，于廿八日寄去石号第二十号信一封，谅早妥至洞鉴矣。内叙昨

---

① 洋元：银元。
② 柏乡：今河北省邢台市柏乡县。
③ 二千余金：二千余两。
④ 回疲：市场行情好转。

日由津会来西砝银一千四百两，扣砝平银一千三百七十二两零一（分），及前者由津汇许西砝银三千两，扣砝平二千九百四十两零零二（分），将许号之款祈台暂过石号之账也，二宗共西砝银四千四百两，至祈与津号收账是祝，共砝平银四千三百一十二两零三（分），以此平注取石号之账为是。其别无要，今勿复述。

兹缘咱石交汇其昌德①平市平宝银一千两，共得伊会费银三十四两，费在石结，未立票据，各依各信为凭。言定咱在平遥本夏标无利收伊平市平周行宝银一千两，至时录底，届期照收勿误。兹呈，今又收会妥韩致文兄咱砝平宝银一百零二两五钱九分，祈台见信妥交该兄是幸。余事后呈。专此奉上。

初十日接石第二十二次来信底

敬启者，于上月三十日寄去石号第二十一次信一封，内报咱石交会其昌德平市宝银一千两，共收伊费银三十四两，费在石结，各凭各信，会伊本夏标收伊平市平宝银一千两。又收会妥韩致文兄咱砝平宝银一百三十两五（钱）九（分），谅想早已留底矣。其别无要，今不再叙。

兹报，咱许号之事共办银三竿，业已完庄。日前与许号去信，照彼地行市增涨四五码头，照此情形与家中所售之情不符，着刘玺先为回石。是日接许来信，内云初八九日回石，咱号买过鸿兴泰一七东石固布四十卷，石庄交货，共大洋六百二十六元八（毛）。

再呈，日前津号做石收砝平银三千四百三十两零零三分，加西砝银共三千五百六十一两八钱，至祈按西砝平与津号收账，以咱砝平注录石号之账为是。日前托仁岩村侯立元捎去许号退来银折一块、原信一封，至刻验

---

① 其昌德：平遥帮票号，原为德记布庄，兼营汇兑，曾因陕帮西广顺倒庄影响，号中汇兑业夹赔颇重，撤庄歇业。后在东家支持和新掌柜宋聚源的努力下复业，业务较前丰盛，账期分红达每股二千余两。见张巩德主编：《山西票号综览》，新华出版社1996年版，第116—117页。

收是妥。咱石、许二处之事，刻已安置妥实，晚定于十三四日赴津，以上之情，一并报台知之。余事后呈。特此奉上。后批，日前由石捎去津、口①月（清单）各一折，谅想妥收阅矣。又及。

十三日接石庄第二十三次信底

敬启者，于初七日寄去石号第二十二次信一封，内报由津号做石西公砝银三千五百六十一两八（钱），合咱砝平三千四百三十两零零三（分），其信想该早经收到，依数各为注账也。惟前信所扣咱砝平三千四百三十两零零三（分）之数，内中错少报尾银砝平六十两五（钱）六（分），至乞再记石号砝平六十两五（钱）六（分），二宗共合砝平银三千四百（零）九两五钱九分，注石号之账。与津号所收西公砝三千五百六十一两八（钱）之数，此二宗相兑无错也。其别无要，今不复述。

兹呈，咱许号之事亦已完庄。日前汉廷弟由许回石，共买一八石布四十五担，计二百七十卷；三和公一百八十卷，元号至一百八十号；广和兴九十卷，元号至九十号，至乞各为留底是祝。许号前后共合由石号用过咱砝平银三千二百二十五两八（钱），至乞依数注账。许号之账与石号收账是善。今次所买之许布迭至一分，每匹均咱砝平宝银六千六百三十七两四五②。随统回许布迭价单一支，至请并阅乃荷。

石号之事，今春共定买锦盛店一七石布二百卷，至今石店仅收到五十余卷，该店近来亦［办］事实属延迟，耽误客事，因而今番咱号又买过鸿兴泰石布四十余卷，自今正至。刻下共合买一七东石布二百五十卷，至此共买三二东李布六百八十卷。各处皆不上布，咱石号之事亦不再为定买矣，后首倘欲添，亦谨遵铺信而行。至此各店之事皆已安置妥帖，晚定于十六日由石赴津。余事再呈。专此奉上。

---

① 口：东口。
② 每匹均咱砝平宝银六千六百三十七两四五：原文如此。

十五日接石庄第二十四次信底

敬启者，于昨日寄去石号第二十三次信一封，内报许号由石号用过砝平银三千二百二十五两八（钱），想该早在洞鉴，依数各为注账也。其别无要，今不冗呈。

兹云，今日咱石号收过冯开通兄大洋二十元，言明在汾交伊，至乞照交为荷，交讫依六钱合砝平银一十四两注取石号之账为是。再呈，今日石号与铺中备妥现大洋六千元，亦已磕榆广顺栈计存，乞台见信着人赴榆收取是祝。收毕依砝平六钱九（分）五（厘）合银四千一百七十两与津号收账，由汾与津号达信为是，此款石号未曾过账。再及，今晚道谦弟令亲李发祥兄平顺抵石，定一二日上工，一切报台知之。余事再报。专此奉上。

廿十七日接石号第二十五次信底

敬启者，于十二日寄去石号第二十四次一信，知已转鉴，故不冗呈。廿一日收接铺中第十二次来信一封，内嘱各情均为敬领，至望勿念。

兹呈，今日咱石号收过张文秀兄大洋二十元，言明会汾，见信交宣柴堡①白成章兄经收，至乞留底照交勿误，交毕依七钱合砝平银一十四两注录石号之账为祝。再及，今讫广顺店随货捎回李布头四百块，至望查收。余事后呈。专此奉上。

卅日接石庄第二十六号信底

敬启者，于廿三日寄去石号第二十五次信一封，内报咱号在石收过张文秀大洋二十元会汾，见信交白成章经收，想该其信早经收到留底矣。其别无要，今不冗呈。

兹及，晚于廿五日由津回石，随带洋元票②一万二千元，定于三两天由

---

① 宣柴堡：今山西省汾阳市宣柴堡村。
② 洋元票：以银元为单位而发行的可兑现纸币。

石调榆，由榆调现洋运汾为是。此项内今日咱在获交过平邑聚源恒、同心裕各大洋一千四百一十八元四（毛）二（分），各作平市平银一千两，两无贴费，言明会平。本夏标在平向伊各收平市平周行宝银一千两，至祈留底，届期各为照收，收毕扣西砝平若干，就便与津号收账是祝。至咱石号之事，刻下各布店之清单尚未齐，候后收齐将账结清下班为是，至祈勿念。余事后续。专此奉上。

后批，前收许号第廿二次信，内报托仁岩村侯立元捎回许号录来之银折一块、原信一封，谅想早已妥收乎，望祈来信提明是盼。此。又及。

五月初一日接石号第二十七次信

敬启者，于廿三日寄去石号第二十五次信一封，约早收阅矣，勿再冗叙。于廿七日又寄去石号第二十六次信一札，内呈咱在获交平邑聚源恒、同心裕各大洋一千四百一十八元四（毛）二（分），各作平市平宝银一千两，言明会平。本夏标向伊各收平市平周行宝银一千两，大约照信各为留底耳。及裕记之款，咱到平向晋泰昌关照收索为是。其别无要，今不再叙。

今咱号在石交过文水①广和永大洋一千元，共作平市平宝银七百零五两，与伊言明会平，本夏标交咱平市平周行宝银七百零五两，至乞录底，届期照收。永记至［在］平原德亨寓住，此款收毕亦与津号收账是荷。咱石号日前两次共往榆捎去洋元票四千块，着榆店在彼调换现洋为是，候接伊来信如何，石号先着一人下班至榆随带现洋回汾是也。今着任义兄携去市布一匹、挡瓶坐子一对、券纸一包、销子②两把、电光扣子一十对，随信一封，至乞查收，以上一切，报台知之。余事后续。专此奉上。

后批，昨日津号用过石号砝平银八两九（钱）二（分），扣西砝银九两一（钱），至乞以砝平与石号收账，按西砝注取津号之账也。此。又及。

---

① 文水：今山西省吕梁市文水县。
② 销子：起固定和定位作用的金属零部件，有圆柱形和圆锥形两种类型。

初二日接石庄第二十八次信底

敬启者，日前捎去石号第二十七次之信，内云本夏标咱号在平收文水广和永平市平宝银七百零五两，谅想早已留底也。其别无要，今不再叙。

兹呈，今日着刘玺记由石动身回铺，随带洋元票子四千一百六十三元二（毛），连前信报台捎榆洋票四千元，二宗共洋八千一百六十三元二（毛），着玺弟至榆速为调现，随带回汾为要，切勿迟误。皆因临标无日，恐其误事耳。今次所运之洋，晚在津估算比由津交家收银项尚属相宜。咱处夏至，各县正在运走粮之时，必然用现洋为先。

再呈，咱石号各布店之清单，除收而外短三家之清单，谅该三五日可以捎来。候伊捎到，速为动身回铺，大约赶出月初五日前后动身，报台知之。一切细情至铺呈为是。刻石无新闻。专此奉上。

九月初三日接石庄第吉次信底

敬启者，弟等于廿六日平安抵石，廿七日春圢兄由石赴彰，着刘玺相随，亦已去许，祈勿念耳。于是日增仁兄从石起程随带现项砝平宝银二万一千两，至日将银与津号收账，就便录注开号之账矣。又在获收过同泰兴付咱号大洋七百三十三元，又善后堂付咱号大洋八百元，二宗共合砝平宝银一千零八十三两一（钱），至时注取获号之账为是。

弟来石之时，得悉大众议开来李布行情，银价二千零六（十文），均主一千一（百文），石布行市九毛二（分）至九毛四（分）不等。李布大众今次共定买五百余卷，照此情形，咱号定于随行先前三二百卷，报台知之。虽是贪办，现下家中亦不可出售耳，皆因彼地之布不拥①之故，视此情形，广出之时约在冬月间也。

刻下元氏花价三百六（十文），洋元作价一千四百七八，买九四秤粗花，买一十八两秤，每斤三百七（十元），洋元作价一千四百八（十文），照此二

---

① 彼地之布不拥：彼处布匹需求不旺之意。

处花价实不相宜，皆因洋行贪办之故也。永兴标于廿三日来获，大众共来现标二万一千金，虽是标银未到，花不相宜，欲贪买李布东石布，暂不上货，将标银同班家家存放。今日接得许州来信，内云布价现时一千零二（十文），行情不通，如要行情开通，大约在一千零五六。刻下多寡概不上货，照此样式，实属家中与外边行情大不相符耳。许号之事，由获去信，内叙将咱八月底收项三竿收毕，着刘玺弟先为回石，赶十月间再为赴彼，亦不候咱号之事。

再呈，弟临行时，在平与恒裕晋①定做妥汉票银六千三百两，言明各兑[对]期②每一千两贴伊费纹银一十七两，费在平给，九月底咱平交伊银一千两，十月半底各交伊银二千两，又十月底交伊银一千三百两，共六千三百两，以上皆是以介平交给。至日留底，至期连费各为交伊是妥，交毕暂注许号之账，后首咱号何处用过再行过账是善，余事续报，特此奉上。再及，咱号所存之斜文[纹]③布，祈台见信勿须出售，照此津地情形，刻时概无现货，行情有涨无疲之势，刻下津地行情三两四（钱），有行无市，皆因无现货之故。或是如何，候接津信再为出售是祝。

今日咱号付过锦源同大（洋）三千元，又锦源泰大洋一千元，银元顶银七钱二（分）④，钱数二千零六（十文），布价一千一（百文），弟等定于出月初四日赴津，此情一并呈台知之。

九月初五日接石号第二次信底

敬启者，于上月廿九日寄去石号吉次信一封，又卅日寄去吉次副信一封，内统许州来信稿一支，谅想各为妥收阅矣，今不再叙。

---

① 恒裕晋：民国年间位于山西平遥的银号。
② 兑[对]期：山西布商文书中有时将"对期"写作"兑期"，后续录文中以"对期"录入，不再一一标注。
③ 文[纹]：后续录文以"纹"录入，不再一一标注。
④ 银元顶银七钱二（分）：白银与银元兑价，此处为一块银元可兑换白银七钱二分。

呈报，咱号今日又付过锦盛店大洋二千五百元，办买东李布前后共付出东李布之店洋六千五百元，报台知之。东石固布咱号刻下未办，日前大众议开东石布行情，天德店、恒和店之货九毛四（分），锦盛店之货九毛五（分），杂店口之货九毛二（分），至祈见信将咱铺中所存之东石布暂刻勿须出售，候后首咱处行情起色再为出售也。照此家中现时所售的行情与外边买价估算实属不符，贪货之家如要有利则可贪办，如无利可以少办。

家中售货应点而已，外边办货皆是现银，家中售货皆是标期，视此估算，按家中行情不为取利，然而贴月息也。按彼地情形，今冬东石布行市万不能疲小耳，皆因棉花价大，线批①行情又涨之故。咱号八月底交恒裕晋汉票银三竿，至期交毕，连费共计咱砝平若干，此款录注石号之账为是，就便与石来信提明是祝。再将永裕诚之事如何式样，示弟知之。余事续呈。专此奉上。

十四日接石号第三次信底

敬启者，于上月二十九日寄去石号吉次一信，月之初二日又寄去二次一信，谅想其信依期各为妥收，今故不再冗呈。

今日石号收过丰泰当现大洋三百元，言明会汾，见信交任占鳌兄手收，至乞令伊讨保，依数交给，交毕以七钱合咱砝平银二百一十两记取石号之账是善。昨日津号与石号送来洋元票一万三千元，共合砝平银九千一百两，至乞依数记取石号之账，与津号收账是祝。此事谅想津号与铺中已有详信也。兹乞将咱号上月底在平交过恒裕晋之介平银三千零五（十）二（两）五（钱），共合咱砝平若干，来信示明，以好注账。

刻下隆平逢集上布百十匹，固城逐日上布十数匹，其别情形与前所报相同。今获邑洋元易银六钱七（分），钱盘②二千一（百）三（十文）。余事后呈。专此奉上。

---

① 线批：棉纱。
② 钱盘：银钱兑价市场行情。

十七日接石号第四次信底

敬启者，于初十日寄去石号第三次信一封，内报咱石号收过丰泰当大洋三百元会汾，交任占鳌兄手收。又报津号与石送来大洋一万三千元，合砝平银九千一百两，谅想其信早在洞鉴，依信各为注账乎，今故不再赘述。

兹呈，日前由石号与开号捎去大洋四千三百七十元，共合砝平银三千零五十九两，至乞依数注取开号之账，与石号收账是祝。再及，前由铺带来张书范君汉口会票一支，计中平银二百两，今日亦已代伊妥收，共合咱砝平一百九十六两五钱九分，至乞照数交给该君，录记许号之账是妥。

刻下隆平逢集上布四百余匹，固城逐日上布五六十匹，询悉许地刻下仍不上布，行情未开，俟后出布涌广，行市开通再为通报。照此情形上布约在十月间耳。永兴标约赶廿日由平来获，今标东李布、东石布行市大众皆看有涨之势，俟后如何，再信呈报。今日获邑洋元易银六钱七（分），钱盘二千一（百）四（十文）。余事后呈。专此奉上。

廿六日接石号第五次信底

敬启者，于十三日寄去石号第四次信一封，内报由石与开号送过大洋四千三百七十元，合银三千零五十九两。又报许号代张书范君收过汉票咱砝平银一百九十六两五（钱）九（分），谅想其信早经妥收，各为注账也。其别无要，今不复述。

十五日收接铺中吉次来信，内嘱各情敬领明悉。所叙贪东石布一节，彼时由石即与天德店、恒和店去信，今随九毛四（分）之行市与咱成买，不料昨日该二号来石云及照咱去信所限九毛四（分）之行情，不能办理。如随今标行市，随后屡续成布，始敢承揽。彼地上布极稀，不能急速成发。

日前永兴标由平来获，平帮共来标洋六千元，今标李布行市未开，李布店因上布稀少，不敢接标，东石布行市亦未开通，各布店均要一块之市，无人贪办，仅是庆泰昌付过恒和店大洋一千元。照此行市，实属内外不符耳。咱号之事贪办与否，乞台来信示明，是所至祝。

再将八月底平交恒裕晋之介平银三千零五十二两五（钱）合砝平若干，一并示明，以好注账。至咱号之李布一事，亦已嘱咐各店速为成发，但隆、固一带刻下仍不上布，隆平逢集上布五百余匹，固城日逐上布八九十匹。

再及，今接许州来信报及许地目下仍不上布，行市未开，大约开盘布价在一千零七八之谱，一并呈报台知。余事后陈。专此奉上。

十月初三号接石号第六次信底

敬启者，于二十三日寄去石号第五次信一封。内报贪办东石布之事，石号十五日由石与天德店、恒和店去信，今随九毛四（分）之行情与咱成买。不料该二号廿二日来石云及照咱去信所限行市不能办买，如随今标行市随后屡续成布，始敢承揽，彼地上布极稀，不能急速成发。二十二日永兴标由平来获，平帮共来标洋六千元，东李布未开行市，李布店因上布稀少，不敢接标。东石布行市亦未开通，各店均要一块之布，无人贪办。咱号之事贪办与否，乞台来信示明。其别无要，今不复述。

兹呈，昨日收接铺中二次来信一札，内嘱各情敬领明悉。所叙再付李布店银项一节，定于遵信照办，至望勿念。石号已与各店去信，令其屡买速发，但隆固一带仍不上布，隆平每集上布五六百匹，固城日逐上布一百余匹。至前者在许所收汉票银三千两，共合咱砝平二千九百八十四两二（钱）八（分），石号已与铺中收账，至乞将八月底平交之项注录石号之账是望。所有本月底、十月半底平交之项，届期交讫暂记许号之账，后首何处调用，寄信相关，再为过账是盼。

今日获邑钱盘一千二（百）三（十文）。余事后呈。专此奉上。

初七日接石第七次信底

敬启者，于上月廿八日寄去石号第六次信一封，谅想妥收，今不赘述。

兹呈，廿九日收接铺中三次来信一札，内嘱随行市买石布百十卷，石号已与天德店、恒和店去信，各定买五十卷，并嘱其与咱速为成发，至祈勿念。至许布一节，刻下许地仍不上布，未开行市，俟后做开行市与铺中寄信相阅为是。东李布目下众店共成起布三十四卷：锦源泰十卷，元号至十号；锦源同十卷，元号至十号；锦盛长八卷，元号至八号；宝泰恒六卷，元号至六号。至乞依号各为落底，至时验收。再及，前托广顺栈随货捎回紫色线毯①两块、海菜包一个、被套三个，收讫之日来信示明是盼。

今日获邑钱数二千一（百）二（十文）。余事后呈。专此奉上。

廿三日接得获号第九次信底

敬启者，于初六日寄去石号第八次信一封，谅想妥收，今不冗叙。

弟于初八日赴隆平，十八日返石，隆、固各店之货俱已嘱付［咐］速为成发，至祈勿念。昨日宝泰恒与咱又成起布八卷，七号至十四号；锦盛长又成起布十六卷，九号至二十四号。至望各为留底是善。

至呈，永兴标十八日由平来获，平帮共来标洋二千余元。昨日议开锦盛店石布行市九毛八（分），天德恒和暨卷镇各店行市九毛七（分），大众共买石布一千四百余卷。咱号之事，今日买过锦盛店石布五十卷，前后共买该店石布八十卷。又付过天德店、恒和店大洋各八百元，嘱其将咱号前次所定买之布五十卷，即随今标行市与咱速为成发为是。东李布今标未开行市，李布店俱未来获，皆因彼地上布稀少之故也。刻下隆平逢集上布六七百匹，固城日逐上布一百余匹。

再及，今日石号收过韩良礼兄大洋七十五元，至祈托顺便捎文水交乾宝成记转伊家中为妥，交讫以七钱合砝平五十二两五（钱），注取石号之账是祝。今托广顺店捎回棉花二斤，收到速转卅号是盼。宝昌兄等十八日平顺抵石，今日赴李一并呈台知之。至南石布一节，今接三和公来信，报及目下许地每集上布五六百匹，做开布价一千零七八。许地廿支细线行市一百零一二

---

① 线毯：一种不起绒的提花棉织毯子，以棉纱线为原料，用宽幅提花机构成。

两；一十四支粗线九十四两。

临书获邑钱数一千五（百）五（十文）。余事后呈。专此奉上。

冬月初三日接得石号第十次信底

敬启者，于二十日寄去石号第九次信一封，内报会汾交韩良礼兄大洋七十五元，合砝平银五十二两五（钱），谅想其信早在洞鉴，各为注账，今故不再赘述。二十五日收接铺中第四次来信一札，内嘱各情敬领明悉。所叙上月底并本月半平交之项六千零七十八两三（钱），许号已依数与铺中收账，至祈勿念。

兹及，昨日由石发汾锦盛店一六石布八卷，元号至八号；又锦源泰李布六卷，一十一号至一十六号；又锦源同李布一十四卷，一十一号至二十四号；又锦盛长李布八卷，二十五号至三十二号。至望各为落底，至时验收是盼。今随货捎去口袋十条，至祈转交增仁兄家中为要。

附呈，南石布情形，刻下许地每集上布一千余匹，均庄一千零五（十文）；廿支细线行市九十七八两；一十四支粗线，九十二两。别无他呈。临书获邑钱盘二千零二（十文）。余容后呈。专此奉上。

初六日接得石号第十一次信底

敬启者，于上月二十八日寄去石号第十次信一封，谅想依期妥收，今不冗述。

兹呈，三十日收接铺中第五次来信一札，内嘱各情敬领明悉。所叙会至顺德府恒兴店照收之款一千两，咱号询问数次，暂刻难以克兑。倘后有赴顺办布之客，亦可克兑，但彼地周行银色低次，咱号不能收库色宝银。昨日石号已与恒兴店去信，俟照兑之后或能克兑办理，或咱号赴顺收使办讫，详细与台奉信呈报为是。

附呈，今日由石发汾锦盛店一七东石布六卷，九号至一十四号，至乞留底是盼。刻下南石固布均庄一千零五（十文）。临书获邑钱盘二千零三（十文）。余事后呈。专此奉上。

十五日接到石号第一十二次信稿

敬启者，于昨日收接铺中第六次来信一封，内嘱各情敬悉领明。所叙贪办许布一节，石号已与许店去信随行办买，至望勿念。至东李布及大毛色布，俟十六七日永兴标由平来获议开行市，咱号付洋若干，再信一并详呈。

兹及，日前由石发汾锦源泰李布八卷，一十七号至二十四号；锦源同李布二十二卷，二十五号至四十六号；宝泰恒李布八卷，一十五号至二十二号；天德店一七石布一十五卷，元号至一十五号。至祈各注号账是盼。随货捎回张书范、武耀庚口袋各五条，至日令鸿谋、延荣各为分转是妥。至于顺德府应收之款一千两，刻已照兑，但彼地银色低次，咱号或收现，或收津票①，或由顺买洋元，准得吃亏银十五六两，此情一并呈报台知。

刻下隆平逢集上布一千余匹，固城逐日上布二百余匹，许州每集上布一千七八百匹，均庄一千零三四不等。获邑银价二千零四（十文）。余事后呈。专此奉上。

廿一日接得石号第一十三次信底

敬启者，于十二日寄去石号第一十二次信，谅想妥收，今不复述。十六日收接铺中第七次来信一封，内嘱各情敬领明悉，至望勿念。

兹呈，昨日永兴标由平来获，平办共来标洋二万余元。大众议开东李布行市：布价一千一（百文），洋元顶银七钱二（分），钱数二千零二（十）五（文），锦盛店石布行市九毛八（分），别店石布九毛七（分）。咱号随行定买锦源泰李布六十卷、锦源同李布六十卷、宝泰恒李布四十卷、锦盛长李布廿卷。又定买天得店大毛色布二卷，布价八百六（十文），洋元作钱一千四（百）八（十文）。今标仝［统］办共买东石布一千七八百卷、东李布五百余卷，至咱号顺德应收之款一竿，已令锦源泰代收，俟收讫再信详呈。

今日由石发汾锦源泰李布十四卷，二十五号至三十八号；锦源同李布廿

---

① 津票：晚清民国之际天津金融机构和商号发行的一种可兑换的金融汇票。

卷，四十七号至六十六号；宝泰恒李布六卷，二十三号至二十八号；锦盛义石布一十二卷，一十五号至二十六号；天德店石布五卷，一十六号至二十号；恒和店石布二十卷，元号至二十号。至祈依信各注号账，是所至祝。许号之事，前日三和公与咱号成起一八南石布六十卷，元号至六十号，布价一千零三（十文），此布着三成店运汾，至乞验收是盼。

获邑银价钱二千零四（十文）。余容后呈。专此奉上。

廿九日接得石号第一十四次信底

敬启者，于月之十八日寄去石号第一十三次信一封，内报今标获邑议开东李布之价一千一（百文），洋元顶银七钱二（分），钱数二千零二（十）五（文）。东石布行市，锦盛店九毛八（分），别店九毛七（分），咱号定买过李布一百八十卷。其别无要，今不复叙。廿一日收接甫［铺］①中八次来信一封，今日又接铺中九次来函二信，内嘱各情敬领明悉，至祈勿念。

兹呈，咱石号之事，今又定买锦源泰李布一百卷，锦源同李布一百五十卷，锦盛店石布七十卷，天德店、恒和店石布各五十卷，呈报台知。再及，石号收过张僖年兄大洋一百元，又石现收张景汉大洋二十元，二宗言明会汾见信交伊，至祈讨保，各为交给，交讫合砝平银八十四两注取石号之账是祝。再者，今日由石与开号送去大洋票五千元，依七钱合砝平银三千五百两，至祈依数记取开号，将银与津号收账为是。于二十一日寓魁弟由津平顺回石，弟定于是日赴许，至于许地一切情形，待抵许时奉信呈明台知。

今日由石发汾宝泰恒李布八卷，二十九号至三十六号；又锦盛长李布一十八卷，三十三号至五十号；又锦源太［泰］李布一十卷，三十九号至四十八号；又锦源同李布一十六卷，六十七号至八十二号；又锦盛店石布一十六卷，二十七号至四十二号；又恒和店石布二十卷，二十一号至四十号。至祈

---

① 甫［铺］："甫"即"铺"，后续录文以"铺"录入，不再一一标注。

录注号账是盼。

获邑钱价二千零四（十文）。余事后呈。专此奉上。

腊月初四日接得石号第一十五次信底

敬启者，于月之廿三日寄去石号第一十四次信一封，内报又定买锦源泰李布一百卷，锦源同李布一百五十卷，锦盛店石布七十卷，天德店、恒和店石布各五十卷。又报去见信交张儋年大洋一百元，又张景汉大洋二十元，与开号送去大洋五千元，赶此信至，谅想早已收览，其别今不复呈矣。

兹呈，于是日又与开号送去大洋票三千元，至祈按七钱合砝平银二千一百两，如数计取开号收入津号之账是祝。前后共与开号送去大洋八千元，呈台知之。今日由石发汾宝泰恒李布一十二卷，三十七号至四十八号，至祈注录号账是盼。

刻下隆平逢集上布二千来匹，固城逐日上布二百余匹。附呈，获邑钱数二千零四（十文）。余事后呈。专此奉上。

十一日接得石号第一十六次信底

敬启者，于月之廿五日寄去石号第一十五次信一封，内报又与开号送去大洋三千元，依七钱合砝平银二千一百两，如数计取开号收入津号之账，赶此信至，谅必早已各为过局。其别等情，今不复冗矣。

兹呈，于日昨芦臣兄平顺抵石，随带之现银按折与铺中收账矣，惟折子上所开之四百五十七两三钱八分之数，此款在榆调换大洋六百五十五元，以七钱合砝平银四百五十八两五钱，至祈依此数目注取石号之账，以免后首有差错也。于日前由石发汾宝泰恒李布一十卷，四十九号至五十八号；又锦源同李布二十六卷，八十三号至一百零八号；又天德店石布三十卷，二十一号至五十号。至祈注录号是盼。

附呈，石地近日落雪七八寸。余事后呈。专此奉上。

十三日接得石号第一十七次信底

敬启者，于月之初七日寄去石号第一十六次信一封，内报卢臣于初六日平顺抵石，随带之现银照数妥收。惟四百五十七两三（钱）八（分）之数由榆调大洋六百五十五元，七钱合砝平银四百五十八两五钱，至祈照此数目注取石号之账为是。其别等情，今不再叙矣。

兹呈，弟于是日由津平顺抵石，咱津号交过石号砝平银三千七百三十一两，至日依数计取石号之账，收入津号之账是祝。再及，顺德府所收之款顺平一千两，合咱砝平银一千零零四两六钱，照数计石号之账是也。兹启者，今收会汾见信迟五七日交东路宗庄李九如大洋二百元，至祈交伊为是，各凭各信，面生讨保，交毕以咱砝平七钱合银一百四十两注录石号之账。弟于昨日赴隆平、柏乡，一往将彼两处之事安置妥式，定于赴许州一回，大约赶廿三四日返石，此情呈台知之。

再及，东李布至此各店共成起布四百零四卷，东石布各店共成起一百五十二卷，视此情形，此二宗之货照铺来信至年终所定之货，大约所错无几耳。弟昨日赴彼鼎力办理，切勿吾台计念也。弟回石之时，各路之布如何，一并详细各各呈明为是。余事后呈。专此奉上。

另启者，兹呈，今日由石发汾宝泰恒李布八卷，五十九号至六十六号；锦盛长李布一十卷，五十一号至六十号；又锦源同李布一十卷，一百零九号至一百一十八号；又锦源泰李布四十二卷，四十九号至九十号；又锦盛店石布二十卷，四十三号至六十二号。至日依此录注号账为祝。又及。

廿七日接得石号第一十八次来信底

敬启者，于十三日寄去许号第三次信一封，谅想妥收，今不复述。十七日收接铺中吉次来信一支，内示皆照所叙。

十月底平交之项砝平银四千三百五十五两七（钱）六（分）整，依数与铺中收账，勿念。至于咱号旧账欠三成店之款，共合平银一百二十八两零四（分），亦已由许号归结该店，至乞照数与许号收账是荷。随统去该店收条一支。兹呈，咱许号之事业已办齐，共买一八石布一百二十五担整，着三诚、协诚二店运汾，随统去号折一支，至讫照折录注号账，异日收齐来信示明。今次石布迭汾每匹均砝平银七钱二（分）八（厘）一二，随统去结账单一折，至乞查阅。至于各布清单，俟明年下班时随结账带汾为是。再呈，昨日由津调许大洋一万三千元，合砝银九千一百两，许号使过八千四百八十九两八（钱）一（分），石号使过六百一十两零一（钱）九（分），至乞依数记取许、石二号，与津号一并收账是妥。

呈报，咱号在许买过粗、细洋线各四十包，共需许平银七千三百八十两，当即原数售于三和公，共作许平宝银七千五百三十两，言明来春与咱买石布一百担整，三月底将布交齐，言定布价一千零四（十文）。按此刻下纷纷议论各处加厘，脚价增涨，咱号所定之布，明春迭汾多均加银二分，倘能来年厘税不加，脚价不涨，大约与今载之布迭价少迭一点。今次所做此生意者，弟视许地情形，明春开盘约在一千零六七之谱，弟今早相随玺弟一同回石，此情一并呈台知之。弟今日接阅铺中第一十一次、一十二次来信各一书，内叙之情各各领明，惟云令弟年前回铺一事，无奈实难遵命，皆因咱津号之事也。咱石号年前之事，按铺信照办已毕，惟津号之事弟定于廿六日由石回津，将津号存之颜料并一切之事安顿妥式。昨云初十日前后由津动身回铺为是，勿念耳。

再及，今由义合店捎榆熏鸡包一个，内计二十八只；又冰鱼包一个，内装一十九条，计重卅斤。二宗共用过砝平银七两，至乞如数与石号收账为祝。余事后呈。专此奉知。后批，随统去呈云五信一封，知［至］日转交为祝。又及。

腊月廿九日接得石号第一十九次信底

敬启者，于月之廿三日寄去石号第一十八次信一封，内报许、石两号用过津号银九千一百两，又许号还过三成店银一百二十八两零四（分），又铺中买鱼等使过石号银七两，赶此信至谅必早为各收取过局。又随统去许号结账折一支，又三成店收条一支，又统去南石布号折一块，又呈云五兄信一封，约该依期妥收，其别今不复叙矣。

兹呈，弟于是日赴津将咱石号之事均已安置妥式，至请勿念耳。再及，德馨堂所要之绒毯①早为定作［做］，不料该号至今尚未全数做成，故而今随货先捎去三块，至日查收送转，务将此情形转告知之为祝。附呈，今日获邑钱数二千零二（十文）。余事后呈。专此奉上。

另启者，今由石发汾锦源泰李布一百零八卷，九十一号至一百九十八号；又锦源同李布一百一十六卷，一百一十九号至二百三十四号；又锦盛长李布四十六卷，六十一号至一百零六号；宝泰恒李布一百卷，六十七号至一百六十六号；又锦盛店石布八十八卷，六十三号至一百五十号；又天德店石布五十卷，五十一号至一百号；又恒和店石布六十卷，四十一号至一百号。至日照信录注号账为是也。

寄信处
四月卅日寄获号第二十五次信②

丙辰③新正月十二日寄获第一十三次信底

启者，于去腊廿七日接得石号第一十八次来信一封，廿九日又接一十九次来信，今正初七日又接吉次来信，内云俱照所报。许、石二号用过津号之银，皆已各为注账，与铺捎来熏鸡、冰鱼，去腊亦已收到。至德馨堂之毯，刻未收到。

再及，今春咱号东李布随后付银，惟锦盛长之布不可再办，因货势甚低，买主俱是不要，该店之货以致碍难出售故也。锦源泰之布甚佳，可以多付伊店银项为是。如做开行市咱号先指三四千金办买，后首定办若干与获寄

---

① 绒毯：按照用棉质量，绒毯可分为棉毯和废棉毯两类。
② 原文该信标题用笔圈起，其后无正文。
③ 丙辰：公元1916年，民国五年。

信再为定规是也。前日铺中与津去信，津号之人先令一同回铺，到石之时，着寓奎①定于相随回里，我弟在石关照办理，此情与津信内俱已叙明。

刻下铺中共收到东李布二百四十八卷，东石布一百四十一卷，各布行情暂未开通，后信再报。汾银价一千九（百）四（十）六七。别不多叙。专此布知。

二月十二日寄获第一十四次信底

启者，于上月十五日接得石号第二次来信，廿四日又接石三次来信，月之初三日又接石四次来信，昨日又接五次来信，内云俱悉。所叙德馨堂绒毯需银八两四（钱）七（分）已收石号之账，并托广顺店所捎线毯等物均妥收。

兼报会使过王莫荣大洋七百七十元，依信留底。各布成起之卷已注号账，勿念。兹随字捎去标银二块，共计砝平干银二千两，外稞定李布皮二匹，至时验收，与铺录账为是。办布之事已嘱显文，信不提及。余事再叙。专此布知。

廿一日寄石号第一十五次信底

启者，前日接得石号六次来信，已悉。至云开、石两处短款一节，此月内铺中定与石备送现洋七八千元，准定他日起身再与石号通信，着人来榆是也。

兹叙，近接州号信，报平庄在西售过东、南李布行市六钱二（分），亦有六钱二（分）五（厘），半市平宝银，夏秋标期，照此价值而论然不［无］月息，亦因顾主皆是不欲多贪，货势不能出快，而售货者即为下价贪做。视其情形，李布唯恐难望起色，咱号李布仅可随众出脱，未敢把持②，否则将布

---

① 寓奎：《廿九日接得石号第一十四次信底》中写作"寓魁"，二者为同一人。
② 把持：观望行情，暂不出售之意。

存放，银期又远，反犹倍亏。今李布不宜多办，近年此布销路甚少，以防后首不易出售之虞为要。

汾银价一千九（百）一二。余事后报。特此布知。

二十三日寄石号第一十六号信底

启者，于廿一日由邮局寄去铺中第一十五次信一封，想早收览。昨日接得石号七次来信，已悉。

兹及，铺中与石备就现洋八千元，票洋二千数百元，定于廿六日由府起身，采臣赴河南带石。廿八九日石号着人到车站关照为是。铺中拟将现洋到榆调换交通票，未知顺办与否，如是好调更善，倘不能如愿，则可运现抵石与开号速送，免误办货之事。见字约计开、石两号用款由津抽调，如不指事，与府速为来信。三月初铺中与石号再送标项四五千金，光以达知。

汾银价一千九（百）一二。余后再叙。专此布知。

廿五日寄石号第十七次信底

启者，于廿三日由邮局寄去铺中第十六次信一封，谅早如期收览，内报各情今不再叙。

兹随字托采臣与石带去现洋八千元，计四块票洋二千七百九十五元，另包二宗共计一万零七百九十五元，至时验收，即以咱砝平七钱作银与铺收账为是。将外稞定皮布四匹托妥寄铺。余无别事。特此布知。

三月初二日寄石号第一十八次信底

启者，前月廿六日采臣带去铺中一十七次信，随捎银元谅想抵石照信妥收。廿七日接得石庄八次来信，已悉一切，至东石布照定就之数办买，无须多办为是。至东李布，按今春出布不佳，分两减轻，咱号则可少贪，将先定之数令该店等成发不少，再多办买。近日铺中收到东、南李布，而南李布每卷较东李布多重三四斤，货势甚显齐楚，咱号只可在南贪买。

昨接李信报，刻下均庄仍照前式，五零小布成至一千二百吊，铺中与李去信，共指二千卷之数，大约能可办是。所有前由铺捎石庄干银二竿，石号如是不缺款项，托妥与李村捎运是也。近日西地李布售价平庄屡次作小，有做过六钱一（分）者不少，皆因货不出快，以致故也。余事再叙。专此奉上。

十五日寄石号第一十九次信底

启者，于初三日接得石号第九次来信，初八日又接十次来信，内云皆悉。

兹报，近日陕西匪人风起数县，该匪破城入内，被抢皆咱所往之处，如此商务闭塞，难以流通，别情未便详述。但若此家中货不能多行售价，难望做好，众家皆然少办，外面布价恐其后首有疲之势，咱号各路办货之事，铺中皆已寄信，俱令缓买减办。至东李布、东石布，将前定之布买齐为止，切勿再付银项是嘱。开、李之事，亦不再备标项，尽前存之款办理而已。至由石庄所捎铁箱刻未收到，随后收讫再信报知。汾地银价现数一千八（百）四（十文）。余事再叙。专此布知。

成信后接得石庄一十一次来信，所叙开号要款一节，但家中情形前已铺中与开去信报明。俟铺中再接开信，应该如何，再作定规，石庄可将家中令其各处减办。石庄无款，由家运现各节，与开寄信叙可也。

四月初七日寄石号第二十次信

启者，于上月十五日接得石号第一十一次来信，月之初三日又接一十二次来信，内云皆悉，勿念。

兹报，昨接州号来信，有正川①亨茂德与咱克至顺德府，由永聚店赶本月廿日交彼地，恒兴店与咱代收顺平宝银五百两，见字托妥赴彼照收，或询问克兑收使自行筹办指事，与台来信提明为是。至由广顺店所发铁箱皮吊均

---

① 正川：今陕西省榆林市榆阳区镇川镇。

已收妥，惟兴厚记之线较［毂］、被套暂未至汾，俟随后收到，再信达报。

汾境前月廿八日降雨四寸之谱，秋田俱已入籽。刻下人心颇安，但为后首天雨如何耳。至石号事务一切办理完毕，将各店之账结清一同回铺为是。陕西匪人刻已窜走，近日平静，官军防守，不至再有扰害也。

汾银价一千八（百）四五。余可后报。专此布知。

九月十三日寄石号吉次信

启者，于初九日尔等由铺起程，谅早平顺抵石，随带银项想各与铺录账矣。

兹报，咱号前在文邑与复源克兑津票万金，内有十月半收五十两，未定何号代交。昨接源记来信，云已定妥届期到津海大道向高林洋行照收永源厚名下为是。

汾地洋元七钱八（分）五六，钱数一千八（百）八（十）五六。余事再报。专此布知。

九月廿四日寄石号第二次信稿

启者，于十六日接得石号吉次来信，十八日接石号未列次信，十九日又接第二次来信，内云俱悉。所叙与广顺栈郭当家随过礼银一两，已与该号收账，至带榆旧印榆次宝，俟有妥便，捎汾为是。兹报，昨接锦源泰来信，内报与咱汇汾交众人大洋五十五元，铺中已经交讫，信至注取该号，即以七钱合砝平照铺来往为是。

再及，平山县①万豫成昨日执获鹿永庆成信向咱使过大洋一千元，该言赶出月初三日在石庄义合永货栈交咱，见字预为关照。收毕仍以七钱合砝平与铺收账，与铺即速来信报明是要。昨日咱又与交城复聚源定做咱在谷现交十月半津收，伊祁公平银六千两，共贴伊费银四两，在汾结，未立票据，各

---

① 平山县：河北省石家庄市平山县。

依各信，见字留底，届期向德界华顺洋行照收，源记名下收讫连贴过伊费银四两，以二去色一同与铺收账为是。及叙秀乡与士衡定于本月廿八日由汾动身到石，定于随带洋七八千块，见字早为妥备，勿后耽误是也。

今日汾银价一千七（百）八（十）四五，如此缩小之风，是因公家有收买制钱之举，以致各处人心做疲，将来如果定行，惟恐犹有再小之势，未知能否缓办也。余不多叙。专此布知。

廿八日寄去石号第三次信底

启者，于廿五日由邮局寄去铺中第二次信一封，想早妥收。昨日接得石号三次来信，并统开信稿，又买物单二支，均经阅悉。所报付过东李布店之项，依信各为注账，至云咱号办买各布等情，东石布先指二百卷之数，东李布先指五六百卷之数，许州布先指五六百小卷之数可也。后首或可添办与否，视其里外各处情形相关而行。

再者，近日谈听津地银项甚涌，彼地用主不广，在津收款谅必好办，至望我弟去津定做冬标期票银二万金之数方可。咱号十月半或对期津收，祁、谷冬标期交，如能得费更善，不然两平亦可，只以看势办理，勿兑铺中现交之项，因不存现，以免出息故耳。现做满加利六七两之谱。汾地近有办买核桃克津之项，两平，无人应承，汾交主非得会费三四两不办。

现下核桃价值好货每斤钱七十（文）上下，收买之家亦不甚多。汾地银价一千七（百）六（十）几。余事后报。专此布知。

十月初二日寄石号未列次信

启者，于上月廿八日由邮局寄去铺中第三次信一封，想早妥收。

兹缘咱与复聚源前定妥十月半津票六千两，彼时该言着咱临期向华顺洋行照源记名下所取。昨接该号来信，云洋行与津去信，报直接交咱，见字赶临期向该洋行照咱号名下收使为是。

汾银价一千八（百）二（十）一（文）。别无及叙。专此布知。

十四日寄石号第四次信

启者,于初二日接得石号四次来信,所报兑回文交韩良礼钱卅千(文),业已与和记去信照交矣。初三日又接未列次来信,内报交过兴记大洋一千五百元,铺中依信注账。初六日又接五次来信,报付李石布店并开号带过之项;又永昌栈得利俱各落账;又兑回李村收大洋三十二元,已经交讫,计过石账。初七日又接六次来信,报克回李村收洋十元。俟取毕,即计石账。其余各情均已阅悉,勿念。

再叙,昨日复聚源与咱号来信,据报,交邑近日做过本月半廿日对期津票,津收主每竿约费六七两。初十日交,廿日津收,约费十两,冬标期未报。近闻津地票款收主稀少,果然如是,津收冬标之项谅省好办。再与州号定买大毛包布六八卷,勿误。

随统去德馨堂在津捎物单一支,至日照办。汾地银价一千八(百)二(十文),大洋六钱八(分)一二。余事再报。专此布知。

廿一日寄石号第五次信底

启者,于十四日由邮局寄去铺中第四次信一封,谅早妥至收览,内情不再冗赘。十九日早接得石号第七次来信,午后又接石号七次副信,内云俱悉。汇回本冬标谷、祁交款二万,依信留底,届期照交不误。兼报兑文交韩良礼制钱一万三十千(文),已着和记交讫,信至收铺往来托雨生所捎物包暂未收到,俟收讫再达报,勿念。

兹报,铺中今又与交城复聚源定做妥本冬标谷、祁交,本月底津收伊祁公平宝银七千两,咱共得伊费白银四十七两,费在交结,未立票据,各依各信,见字留底,到期向针市街[①]恒泰栈内寓万川店收五千两,再向海大道兴记内寓聚盛诚收二千两,两款俱照源记名下即是。又与万和隆定做妥见信迟

---

① 针市街:天津老城中的一条商业街,位于南运河畔,全长一千多米,是天津最早的中药商贸街。

三二日津收伊西砝平银一千零三十七两，此项言前收后交，咱共付伊西砝平费银九两五（钱），费在汾结。随统去该店凭信一支，至时执信向其照收，一同与铺录账，并将得伊费银九两五（钱），连源记费银四十七两，以二去色注取铺账，收讫速与铺中来信照收，交付隆记。至源记之款，临期倘有说调，务与该号往交打电为要。见字随前定行市再买东石布一二百卷为是。及叙，近日永全诚在津收过本标谷交对期票万金之谱，每竿得利一十二两至一十四两，咱号两平，似属错事，颇多未悉，他号与咱代办来信提叙可也。

汾地昨日银价一千七（百）四（十）二（文），今日一千七（百文），银元六（钱）八（分）四。余事后叙。特此布知。

廿四日寄石号第六次信底

启者，于廿一日由邮局寄去铺中第五次信一封，谅早如期收览，惟恐前信有误，今随统去五次信稿一支，并阅。廿一日接得石号第八次来信，并统津信稿一支，均已视悉。兼报乾恒厚邢东在津使过咱号大洋三百元，已令和记代收，俟后收讫，再信达报所有。德平盐店之事，五东已与该盐店去信矣。及叙前石七次信所报付过各布店大洋一万三千元，令铺与石收银一万零五百两，铺中核计错银一千四百两，未悉内有价款或者石号报错，来信提明。

兹报，咱号又与义合货栈定做妥汾交津收伊西砝平银五百两，咱共得伊费干银五两，言明见信向法界马家口永德恒照收。随统去恒记凭信一封，至时执信照收；又与该栈定做妥汾交津现收伊西砝平银一千零三十七两，咱共得伊费干银一十一两，未立票据，各依各信，见字即向河北关下[①]永钰号报单局收使，一同与铺录账，并将得伊两宗费干银一十六两，注取铺账收讫，速报铺知，以便在汾交伊乃要。至前托广顺店转捎南酒、海菜，昨日业已妥收，勿念。

今标祁开长年利七十七两，昨春标息六厘，夏秋五厘九（毫），一十两

---

① 河北关下：天津旧有钞关称"北大关"，该关以西名为"关上"，以东称作"关下"。

加二十六两；平开长期八十两，明春标月息六厘一（毫），夏秋标六厘，一十两加二十三两；谷邑未开。汾地银价一千七（百）四（十）二三，银元行市六钱八（分）四五。余事后叙，特此布知。

后批，今又与义合栈定做妥汾交津收伊西砝平银三百一十一两一（钱），共得伊费银三两三（钱），各凭各信，见字即向法界马家口永德恒收使与铺录账，将得伊费干银三两三（钱）注取铺账，收讫早为来信，以便在汾交伊。此。又及。

冬月初十日寄石号第七次信底

启者，于上月廿七日接得石号第九次来信，月之初一日又接得第十次来信，初五日又接得第一十一次来信，初七日又接一十一次副信，昨日又接第一十二次来信，内云俱悉。所报逐宗收交之项，均各依信注账。由津捎之海菜、南酒业已收讫，至云在直采买棉花之事，今载底价甚重，明春津地售价涨落难定，咱号无须买办，作罢为是。至前铺信相关标资错款一节，乃是石号七次来信报付东李各布店大洋一万三千元，过银一万零五（百元），报信含混，以致铺中未明，故而去信又为关照也。

再叙，昨接解号来信，所云在彼收汇咱号在省城交大洋较会腊月期平邑交项合宜，与铺中来信问铺中兑此省城交款可否，铺已与解寄信，如果相宜，即可兑回。但铺中现时亦无存款，而且由汾不好往省克兑，买洋送现行市亦不合宜。以铺中估计，不若由石庄调运尚可，见字必须预备此款六七千元。俟接解信如是会回汾地已有电局，由汾与石庄打电将款托妥带榆，铺中着人赴榆办理即是。以及亦买许布即早去彼收买，不然临年无日，恐误。

明春售货之事是为当妥，在津所存颜料年内务必尽数出脱，无须存放，将款再作别用为是。汾地银元行市六钱九（分）二三，钱数一千七（百）二（十文）。由津与德馨堂再捎八两里绸一匹，遇便买就，后首捎回为是。刻下汾地银价屡疲，犹有再小之势，如石庄铜元能买，估计银价相宜，可以陆续发回千数八百吊，咱处铜元买银必得按市价加数四五码，或能办否来信提及可也。余事再报。特此布知。

十九日寄石号第八次信底

启者，于十四日①于初十日接得石号一十二次副信，十四日又接石号十三次来信，昨日又接弟十四次来信，内云俱悉。兼报汇款照信留底，开号由石取过大洋二万零二百五十元，已按七钱作银与石收账。前托广顺店所捎德馨堂镜箱并州号火炉、玉山橘子等物，于十一日均已妥收，勿念。

兹报，铺中今又与义合栈定做妥汾交津收伊西砝平银一千零三（十）五（两），咱共得伊费干银十两，言见信迟三二日向法界马家口②永德恒收。随统去恒记凭信一封，至时执信照收，与铺录账，并将得伊西砝平费干银十两注取铺账收讫，速报铺知，以便在汾交伊乃要。所有许州布如能多定，年内共指八九百卷办买为是。近接李村来信报南李布均庄银五钱三四，但出布不多，逢集上布七八百匹，此月会间到腊月可望涌广，而布价未能看小之势，皆因棉花价大之故。

近日祁、谷、文、平、汾及别处银势大显漏紧③，刻下满加尚是二十一二两，无出主银价。前有收买制钱之风，人心先疲，现时因银项缺迫，仍又复增。汾前数日小至一千六（百）三（十）几，今日突涨数十头，落市一千七（百文），亦由谷、平返大所牵也。银元市六钱九（分）一二。别事后叙。专此布知。

廿二日寄石号第九次信底

启者，于十九日由邮局寄去铺中第八次信一封，谅早收妥。昨日接得石

---

① 于十四日：应为误写。
② 马家口：在今天津市东南，民国时属法租界。
③ 漏紧：紧张。

号第一十五次来信，内云俱悉，所报逐宗款项依信各为注账，勿念。前铺信云解庄会省城交款由石运洋一节，此事定于作罢，无须支备。

今接解号来信，报业已做回腊月廿日铺中在平交银二竿，每竿得费八两，至于添办东李布之事，咱号前定之货布店等虽是吃亏，但按今信报伊等所谈银布价迭属甚重，较南李布错之甚多，咱号碍难照此添办。前定之布，至望向该店等均量办理可也。铺中已与李村寄信，今随行速办耳。铺中与咱照论，言定在石交伊大洋二千元，随后用过与铺录账而已。与李村寄信，令由南再兑咱津交款四五千金，先为达知。

汾地银价一千七（百）零八（文），银元行市六钱九（分）一二。余不多叙。特此布知。后批，前托广顺栈与德馨堂所捎木厘一个，并捶敌棍七件，外捳定皮布已与石号销账。

廿六日寄石号第十次信底

启者，于廿二日由邮局寄去铺中第九次信一封，想早妥收。昨日接得石号十六、七次来信，视悉一切，所报逐宗款项依信俱各过账。兼兑回韩致文大洋三百元，俟伊来使，照交不误。至云兴记在石使过大洋四千元，除铺中前信兑出二千元，此宗由铺列过满加，下短之项待与兴记作何办理，后信再报。

今腊州柳号［兄］出门，已令皆不售货，咱号现下各布皆未买起，所办无几，是以未敢抢售，仅待明春再为指布出脱方好，而且当时涨价，雇主皆不心服，亦不好贪做耳。此时各处银势仍属紧迫，谷邑满加尚是二十五六两，平邑二十二三两，出主稀。信至与铺买捎熏鸡六七十只，买便[①]即为运铺。

汾银价一千六七，大洋行市六钱九（分）二（厘）七（毫）。余事后报。专此奉上。

---

① 买便：买完，"便"为完成之意。

廿八日寄石号第一十一次信底

启者，于廿六日由邮局寄去铺中第十次信一封，想该收览，不再复叙。昨日接得石号一十八次来信，视悉一切。并报收过张钟乐之银，合咱砝平四百九十两零五（钱）三（分），依数业已过账。前日与石去电，为咱由解会回腊月初七日在省交财政厅大洋五千五百元，此项由石运榆，临期铺中着人赴榆取用等情。石庄复电当晚收到此信，至石斯款如未发榆，务送齐楚新鲜为是，以免不好交伊之碍难也。

前铺信统去石号来往标资花单①各一支，标资单上开取银一十六两四（钱）四（分），此宗系韩良礼兑钱卅千（文），铺中将此作银。今石信云共一百六十千（文）之数，以钱注取标资，铺中照石信如数列账。将前作银铺中仍行相顶销账，此宗不较则是。兴记在石用过大洋四千元，铺中与伊皆列满加，信至依砝平七钱与铺中取账是也。与铺中腊月半间捎冰鱼四十来斤，以备明正使用，勿误。

汾银一千六（百）八（十文）。余事后报。专此布知。附及，前铺信云与李去信，令由南克津四五千金，现下号中择点，刻津存款无几，是以又与李村寄信，嘱先少克一二千金，俟后收有存项，达信再为多克可也。又。此知。

廿九日寄石号一十二次信底

启者，于昨日由邮局寄去铺中第一十一次信一封，谅早收览，内情不再复叙。今早接得石号第一十九次来信，内云俱悉，勿念。

兹报，济南省正立当有付咱五东宝银三百两，其款早已兑津，因无交处，与东翁来信。今随统去该号原信一封，至时依此与津去信，速为照收，收讫与铺来信是要。此及。

---

① 花单：清单。

腊月初四日寄石号第一十三次信底

启者，于上月廿九日由邮局寄去铺中第一十二次信，并统正立当致五东翁原信一封，谅早如期收览。卅日接得石号第廿次来信，月之初二日又接石号第二十一次来信，内云俱悉。汇回汾交贾光谦大洋五十元，亦已交讫。兼报逐宗款项各为依信过账，并兴记又在石使过大洋一千元，铺中已按七钱作银与石收账矣。

兹报，铺中又与义合栈定做妥汾交津收伊西砝平银五百一十七两五（钱），咱共得伊费银五两，言明见信永德恒交咱。随统去恒记凭信一封，至时将伊信统津，执信照收，俟收毕并将得伊费干银五两一同与铺录账，速为报来，以便在汾交伊是要。前铺信叙着李村由南府会津交项二三竿，昨接李信业已汇就。万聚恒腊月廿日咱在谷交伊银六竿，铺中亦已与李又为寄，只做津款，谅尝未能再作津之交项也，其情并达知之。

汾银价一千六（百）八（十）一（文）。余事再叙。特此布知。

十五日寄石号第一十四次信底

启者，月之初四日接得石号第二十二次来信，初五日又接二十三次来信，十三日又接二十四次来信，内云皆悉。并报兑回交张景汉大洋八元、韩寿金十二元，又兴记交过石号大洋一千元，又运榆五千五百元，铺中俱各依信注账，勿念。

再叙，近日收到锦源同李布府称六十二斤，锦源泰六十斤，照此货势减轻与南李布不符，即少价值，家中不好出售，只可仅［紧］付出之项办买，如此不佳，未敢再为多贪是也。至石庄之事，现时亦将不关紧要，见字安置合式［适］，着桂五在石，我弟年前务必回里，勿延是嘱。

汾银价一千六（百）三（十文），大洋市六钱九（分）四五。余无别叙。专此布知。

廿六日寄石号一十五次信底

启者，于月十六日接得石号第二十五次来信，十八日又接二十六次来信，十九日又接二十六次副信，廿一日又接二十七次来信，廿二日又接二十七次副信，均已视悉。所报逐宗之项，俱已依信过账，捎来熏鸡、冰鱼亦已妥收，勿念。

刻下共收到东李布一百零二卷、东石布二百九十四卷、南石布九百六十卷，并报知之。汾银价一千（六）百八（十文），洋元六钱九（分）一二。余事再叙。专此布知。

丁巳[①]新正初二日寄石一十六次信底

启者，于客腊廿六日由邮局寄去铺中第一十五次信一封，想早收览，内叙各情今不复渎矣。

于廿九日显文平顺抵铺，随带来往单逐宗皆兑。又带另条交李怀忠、郝树棠大洋各五元，亦已交讫，信至以七钱合砝平与铺中收账为是。至在榆存去苦布三连、钱□□一个，又李皮布一匹，俱已捎回，与石销账，勿念。专此布抄。

---

① 丁巳：公元 1917 年，民国六年。

四、《民国十八年至十九年某布毛庄谷津来往信稿》

【简介】

该信稿为线装手抄本，黑紫色封皮，封皮上红底黑字书写"民国十八年夏历正月立""□□□信簿"。正文共计 152 页，78 封信。《晋商史料集成》编纂者将信稿定名为《民国十八年正月立某布毛庄来往信簿》，该定名有误。

来信处有 53 封，收信时间为：民国十八年正月初四至民国十九年一月廿九日；走信处有信 25 封，寄信时间为：民国十八年正月初九日至十月初五日。从信稿内容可知，来信处为天津，如《正月初四日收到第二十七号信一封》中提到"内叙津本月廿日期收过……"；且来信处每封信开头为"敬启者"，可说明天津处为分号。发信处为太谷，如《正月初九日邮去第吉号信一封》提到"前托会元捎谷月份牌，年终已经收到，勿念"；且走信处每封信开头为"启者"，说明太谷为总号。至于反映该商号主要经营商品为皮毛和棉布的信息遍布于信稿中，不再赘述。故该封信稿应命名为《民国十八年至十九年某布毛庄谷津来往信稿》。

信稿主要内容为天津分号与太谷总号关于在天津、绥远、东口、宁夏、甘肃、太谷、榆次等地货物买卖、运输，与其他商号业务及银钱往来、市场行情、金融借贷利率、社会治安等商情的互通以及总号对分号的业务遥控。

【录文】

民国十八年来信处

正月初四日收到第二十七号信一封

敬启者，于月廿三日奉去第二十六号信一封，内叙津本月廿日期收过天亨永①绥票大洋三千元，同日收过义和源口票大洋一千元，又子廉掌柜由津用过西平银二十四两，又邮费税大洋三元，并前收恒裕②洋一千元，皆按六钱八（分）五（厘）作西平结要，至祈各为注账等情，其信谅想呈阅。余情不再细叙矣。

兹呈，津本月廿五日期交过天德玉③凉票泾布平银五千两，同日收过永利银号④口票大洋四千六（百）元，又收过新泰厚口票大洋一千五（百）元，昨日收过五兴公司绥票大洋一千元，至祈皆按六钱八（分）五（厘）作西平与津注账是荷。惟是五兴公司除交下短之洋，该银无款，年内不能指事⑤。以及恒记之洋仍是不交，津已电绥请其交涉为要。

刻津除年终用项而外，余洋四千来元，为咱春标短款，可该调为收项，或是为何，祈来信提明是也。昨托保华兴闫老间捎榆晋丰厚⑥转咱皮袋小包一个，随统去花单一支，至祈照收注津货账为是。

诸货行市与前相仿，大节在迩，无甚交易，发票未做。临池大洋西平六钱八（分）六（厘）。余事再呈。谨此奉上。兰亭当家台鉴。

张裕鞠躬

戊辰⑦十二月廿八日申　第二十七号

正月十一日收到第二十八号信一封

新春鸿禧，随书恭贺兰亭当家增岁之禧。敬启者，客腊廿八日奉去第二十七号信一封，内叙上月廿五日期津收过永利银号大洋四千六（百）元，同日交过天德玉泾布平银五千两，又收过新泰厚大洋一千五（百）元，又收过

---

① 天亨永：民国年间位于归绥的银号，原名天亨玉，曾得到大盛魁的资助。
② 恒裕：恒裕银号，在张家口设有机构。
③ 天德玉：民国年间从事青海羊毛长途贩运业的商号。
④ 永利银号：民国年间开设于张家口兴隆街的银号，经理为山西榆次人田培业。
⑤ 年内不能指事：年内不能指望其将所欠之银还清之意。
⑥ 晋丰厚：晚清民国时经营茶叶贸易的商号。创始于嘉庆十五年（1810），由山西榆次常家与湖南安化谌家联合创办。
⑦ 戊辰：公元1928年，民国十七年。

五兴公司绥票大洋一千元，至祈皆按六钱八（分）五（厘）作西平与津各为注账，并托保华兴闫兄捎榆晋丰厚转咱号皮袋小包一个，随统去花单一支，其信想该收阅，余不细述。

上月底收到第四十号信一封，叙及各情均已敬领，至祈勿念。所要春标短款一节，津意先调发收项三四千元，以待做妥，再信呈知。日前接凉云信①，云咱与勤慎店定妥会津德和永②正月廿日至月底交咱大洋四千五（百）元，暂未照妥，俟期为何，后信详确。再呈，咱津在电报局挂号暗码③已经到期，仍然续挂一年，异日照用可也。

刻下诸货行市未开。其别后叙。谨此。并贺诸位老台新春迪吉之喜。

张裕鞠躬

己巳④新正月初五日申　第二十八号

正月十七日收到第二十九号信一封

敬启者，于月初五日奉上第二十八号信一封，临此信至想早呈阅，不再细述。

特呈，津与同积永做妥会谷春标期交咱大洋四千元，咱在津昨期交伊，每千元得过伊津结费洋四十五元，各凭信，至祈录底照收，按六钱八（分）五（厘）作西平注津账为是。咱要下短之款，祈由谷布置，津不再会矣。

津货行市开盘和平，刻下粗布斜纹显便。随统行市单一支呈阅，宁夏毛做过六百七（十）包，价银三十四两至三十四两五（钱）；东花三十二两四

---

① 接凉云信：原文如此，"云"为误写。
② 德和永：民国时期位于天津的由天津商人经营的杂货店。
③ 暗码：电报密码。商号在通过电报互通商业信息时，为保证商业机密而设置的电报密码，用暗码发送的电报需经过译码方能看懂，商号需为此向电报局支付一定费用。
④ 己巳：公元1929年，民国十八年。

（钱）；驼毛①六十两五六；宁毛②、西花未开。日前同积永、达泉涌各到津羊毛一百余包，又同积永贪过双虎粗布七十包，价银五两二三；三兔粗斜八十包，价五两一（钱）八（分）。

本月底津交兑谷春标收，交主得三十七八元，津收主少，因货帮无甚用款之故。大洋西平六钱八（分）六（厘）。余容后详。谨此奉上。兰亭当家春安。

张裕鞠躬

己巳正月十一日申　第二十九号

正月廿四日收到第三十号信一封

敬启者，于月十一日奉去第二十九号信一封，内叙咱津本月初十日交过同积永大洋四千元，兑谷春标期交咱，至祈照收，按六钱八（分）五（厘）作西平注津之账。并统去洋货③行市单一支，谅该呈阅，余不细述。

于月之十六日收到第吉号信一封，内叙各情皆已领明，至祈勿念。昨恒记、五兴欠咱之款，前因该等不交，津即电绥交涉。兹拣绥信云，情向晋和玉催索，该以央求缓期至远正月底交清。日前玉记之伙来津催款，故咱津收讫五兴公司大洋六百元。又接杨老闾信报友人王振声兄由谷交到咱大洋三百七十元，此款暂在会元银号④浮收，兑津交伊，共得伊津结费洋一十六元，至祈照收，皆注津账，以何作银后信续详。

刻下津地羊毛情形，所存宁毛无多，各家皆意把持，奈洋行不甚急贪，

---

① 驼毛：从骆驼身上采集而来的毛绒，产于西北。成品驼毛手感柔软，穿着舒适，易于打理，御寒性强。
② 宁毛：产自宁夏的羊毛。
③ 洋货：泛指外国进口货物。［清］曹雪芹《红楼梦》第二十九回："广西的同知进来引见，带了四种洋货，可以做得贡的。"
④ 会元银号：民国九年（1920）创建于山西的私人银号，股金13万元，主要股东为榆次县宋家。总号设在太谷县醉乐园巷，在太原设有分号，在天津、汉口设有分庄（暗庄）。另外，该银号还在许昌设有元生润纱厂，在洪洞县设有花庄。1940年，与"和记"商号合组为"聚元商业银号"。

故此尚未做开。洋货行市仍涨，因货缺之故。西花三十八九两、东花三十二几两。本月底津交兑谷春标收，交主得四十来元，大洋西平六钱八（分）五（厘）。近日凉兰邮包①兑符［对付］②能寄，中国货按估价七五上税，外洋货系五税，③邮费三元三（毛）。咱帮寄包之家，亦有津意与凉将鞋袜应销之货邮点。又电恐其不能早到，故此不敢冒然而行，至祈老台斟酌，可该举办或是缓后再行，来信提明可也。再呈，津托王老四捎谷大小信封各二百个，至祈向杨老闰家中关照取回为是。余容再呈。特此奉上。兰亭当家台鉴。

张裕鞠躬

己巳正月十八日申　第三十号

二月初三日收到第三十一号一封

敬启者，于月十八日奉去第三十号信一封，内呈收过五兴公司大洋六百元，又呈王振声交到会元银号大洋三百七十元，至祈照收各为注账等情。并托王老四捎谷杨老闰转咱信封四百个，异日关照取回为是，其信谅该呈阅，余不再述。

兹呈，咱凉兑津本月廿日至月底收德和永之款，关照数次，因其收项不妥，至今未能交咱。据伊之言月底定以交咱，俟期收毕，后信续详。再呈，日前咱津收过恒记大洋五百元，又收过五兴公司大洋五百元，并前收该号洋六百元，及王振声洋三百七十元，至祈皆按六钱八（分）五（厘）作西平与津注账为是。

昨前新泰兴④买过宁毛三百四（十）包，价银四十二两二（钱）。洋货行

---

① 邮包：民国年间，随着西北羊毛贸易的发展，邮局开始参与羊毛运输业务，毛商将羊毛按规定打包后送往邮局托运至西安，再从西安通过火车直运天津。与皮筏运输相比，邮包运输具有省时、安全、受自然环境限制小等优势，受到毛商青睐。

② 兑符［对付］：山西布商文书中，"对付"有时写作"兑符"，后续录文以"对付"录入，不再一一标注。

③ 中国货按估价七五上税，外洋货系五税：国产货物按照估算价值的7.5%收税；洋货则按5%收税。

④ 新泰兴：晚清民国时期由英商在天津开设的洋行。

市平稳，无多贪主。西花三十九两、东花三十二两几。刻下兰凉邮包不收，以此来历，仍不稳妥。谷春标津谷对期票，津交主得五十三四元，大洋西平六钱八（分）五（厘）。其别再呈。谨此奉上。又及，谷会水①提涨，因山西省银行②收款之故。兰亭当家大鉴。

张裕鞠躬
己巳正月二十六日申　第三十一号

二月初七日收到第三十二号信一封

敬启者，上月廿六日奉去第三十一号信一封，内云津收过五兴、恒记洋各五百元，并前收五兴洋六百元，又王振声洋三百七十元，皆按六钱八（分）五（厘）作西平结要等情，其信谅想呈阅，余不细述。

兹呈，昨日咱津收过德和永凉票大洋四千五（百）元，按六钱九（分）作西平；又收过恒记大洋一千三（百）元，按六钱八（分）五（厘）作西平，至祈各为注账是妥。昨期咱津还过大来③银三千两，并呈台知。今日接要第二号信一封，内叙各情均已敬领，着与咱宁贪货一节，遵照办理，所用款项之事由津布置，并不为难，至请勿念。

刻下津现交兑谷见信收交主得六十三四元，大洋西平六钱八（分）四（厘），宁毛行市四十二两左近，未做。其别再详呈。谨此奉上。兰亭当家台鉴。

张裕鞠躬
己巳二月初一日申　第三十二号

---

① 会水：汇水，金融机构或其他商号办理汇款业务时所收取的费用。
② 山西省银行：民国时期山西省重要金融机构，1919年1月1日成立于太原鼓楼街，前身为山西官钱局，成立时定资本额为300万元，实际资本额约11万元，1930年由官督商办改为官办。其发行的银元券和铜元券统称为晋钞。除在省内重要城市和商业区开设分行、办事处、寄庄外，山西省银行也在天津、上海、汉口、北京、石家庄、保定、绥远等地办有分支机构，到1929年，省内外分支机构已达40余处。
③ 大来：大来银号，民国十三年（1924）创办于平遥米家巷，民国十九年（1930）倒闭。

二月十四日收到第三十三号信一封

敬启者，于月初一日奉去第三十二号信一封，内云上月底津收过德和永凉票大洋四千五（百）元，按六钱九（分）作西平。同日收过恒记绥票大洋一千三（百）元，按六钱八（分）五（厘）作西平，皆结要铺来往，至请各为注账等情，其信谅想呈阅，不再复述。

兹呈，日前咱津与宁贪便四十码松鹤粗斜纹布一百七十匹，价银四两八（钱）五（分）；又四十码二飞虎粗布一百六十匹，价银五两三（钱）；又四十码三飞虎粗布一百七十匹，价银四两七（钱）九（分）；二十五包僧帽；洋烛三十六箱，价洋四元六（毛），刻已改便共七十四件，以俟发起，再为呈知。号折后信统去，至祈勿念。

近日做过宁毛一千余包，价银四十二两；宁夏毛做过三百四（十）包，价银三十四五两；驼毛七十来两；西花三十九两、东花三十三两，洋货行市平和，仍是无多贪主。随统去行市单一支呈阅，津与会元①定妥本月半用伊银四千两，二个月期，息一分一（厘）。甘省邮包仍是不收，因货多车批缺之故。

刻下本月半底津谷各对期票，津交主得五十六七元，大洋西平六钱八（分）四（厘）。余事再呈。谨此奉上。又统去银洋行市单一支，并阅。兰亭当家台鉴。

张裕鞠躬

己巳二月初八日申　第三十三号

二月廿二日收到第三十四号信一封

敬启者，于月初八日奉去第三十三号信一封，内统去洋货银洋行市单各一支，期信想该呈阅，余情不再复述矣。

兹呈，咱津与宁贪便之货，于十二日已着吉泰隆装车开行发包，随统去号折一个，至祈呈阅留底转宁是也。前津与绥去信关照包、绥、西办何处合

---

① 会元：会元银号。

宜，咱货好为发往，迄今未见回复，情因装车在急，是以未能久候，故令该开车运包矣。于月十三日收到第三号信一封，各情敬领，着印各片俟遇顺便照捎，至祈一并勿念。日前接凉电，兑津本月底期交同馨号泾布平银五千两，以俟交讫，后信呈知。据绥电云路不靖，暂止贪。

临接电时，咱货已经买便装车发起，未能更改，况且发此年令交通不便，运货为难，若待路途平靖，倘或货车不通，亦难如愿耳。刻下津地洋货行市显便①，中国粗布斜纹涨一钱之谱；西宁毛做过七八百包，价银四十二两至四十三两不一；西花四十三两、东花三十四五两，今日世泽昌到津羊毛二百六十包。

兹据口信云及晋川宏倒闭，将咱存之行货私自抵押九件，正在交涉之中，尚无办法，谅口有信呈明，不再细叙。津闻湟源②回之捣乱，死伤人民甚重，天德玉伤一人，损失三四十两，瑞凝云损失二三十两，咱宁之信多日未见，其余不明细情。

刻下本月底津谷对期票，津交主得六十五六元，大洋西平六钱八（分）四（厘）。余事再呈。谨此奉上。兰亭当家台鉴。

张裕鞠躬

己巳二月十六日申　第三十四号

二月廿七日收到第三十五号信一封

敬启者，于月十六日奉去第三十四号信一封，内呈津托吉泰隆发包宁货七十四件，并统去号折一个，斯信谅该呈阅，余情不再复叙矣。

兹据绥信报及咱与天亨永做妥兑津本月底期交咱大洋二千元，并云着津购置麻袋以备毛到使用，津已遵照买便麻袋片③三千条，每百（条）价洋

---

① 行市显便：市场行情较好之意。
② 湟源：今青海省西宁市湟源县，位于青海湖东岸，是青海农业区与牧业区、黄土高原与青藏高原、藏文化与汉文化的结合部。
③ 麻袋片：麻袋，由粗糙结实的粗麻布制成，用以存储和装运货物。

一十五元，暂未发起。又得宁信报云西宁一迠［带］①回回捣乱不堪，颇轻咱号损失八九十金，转呈台知。

近日津地羊毛行市稳妥，世泽昌市过宁毛二百六十包，价银四十二两五（钱）；又大众做过一千来包，价银四十二两至四十三两不等；宁夏毛三十四五两；西花四十二两、东花三十五两；洋货行市平和；粗布斜纹仍涨。随统去行市单一支，并阅。刻下本月底津谷对期票，津交主得六十四五元，大洋西平六钱八（分）四（厘）。其别再呈。谨此奉上。兰亭当家台鉴。

张裕鞠躬

己巳二月廿三日申　第三十五号

三月初八日收到第三十六号信一封

敬启者，于上月廿三日奉去第三十五号信一封，内统去洋货行市单一支，斯信谅想呈阅，余情不再复叙矣。昨日收到第四号信一封，叙及各情皆已领明，至祈勿念。

兹呈，咱津上月底期交过同丰号凉票泾布平银五千两，同日收过天亨永绥票大洋二千元，按六钱八（分）四（厘）作西平；又遵凉信由平托恒裕源代咱交过贾孟龄、张揆文凉票大洋各一百五十元，以六钱九（分）作西平，皆注要铺之册，至请各为注账是妥。今托义丰泰刘兄捎榆晋丰厚转咱名片②三合［盒］③，至祈关照取回为是。咱津上月底借过会元银三千两，又借过大来银二千两，皆两个月期，息一分一（厘）。

日前西宁毛做过二三百包，价银四十二两五（钱）、四十三两不一。刻下存货无多，暂时行市平稳，西花四十一二两、东花三十四五两；洋货行

---

① 迠［带］：山西布商文书中有时将"带"写作"迠"，后续录文以"带"录入，不再一一标注。

② 名片：商业名片，晚清民国时被广泛应用于民间商业活动之中。

③ 合［盒］：后作"盒"，后续录文以"盒"录入，不再一一标注。

市与前相仿；粗布斜纹仍硬，因贪军装之故耳。本月半津谷对期票，津交主得六十七八元，大洋西平六钱八（分）四（厘）。其别再呈。谨此奉上。兰亭当家台鉴。

张裕鞠躬

己巳三月初二日申　第三十六号

三月廿日收到第三十七号信一封

敬启者，于月初二日奉去第三十六号信一封，内呈上月底津交过同丰号凉票泾布平银五千两，同日收过天亨永绥票大洋二千元，按六钱八（分）四（厘）作西平，并由平交过贾孟龄、张揆文凉票大洋各一百五十元，按六钱九（分）作西平，皆结要铺之册，至请各为注账。又托义丰泰刘兄捎榆晋丰厚转咱名片三盒，至照取回等情，其信谅早呈阅，余情不再复叙矣。于月初八日收到第五号信一封，内叙各情皆已领明，至祈勿念。

兹呈，咱津买便之麻袋片三千条，共改卅件，[1] 初四日已着福泉栈装车运包。近日宁毛未做，大谱行市四十二三两；宁夏毛做过二三百包，价银三十五两；西花四十一两、东花三十四两几；洋货行市平和，无多交易。

昨据绥信报及咱市过水货一十六件，绥收款价洋二元六（毛）三（分），并兑津天亨永本月底期交咱大洋五千元。又同期裕源永[2]交咱大洋二千元。又云津发包之宁货，业经妥到，因驼脚显缺，暂未发起，别情谅该呈明，不再细述。

刻下本月底津谷对期票，津交主得六十一二元，大洋西平六钱八（分）二（厘）。附呈，津地银市照常安稳，各行事稀，入春以来雨水仍缺，各路

---

① 麻袋片三千条，共改卅件：将三千条麻袋片分装成三十件之意。
② 裕源永：晚清民国时总号设在张家口的账局，在京师、天津、祁县、归化等地设有分号。

邮包皆然不通，水货行事二元八九至三元不一，皆是零星，亦无多贪之主。闻东省[1]行事不佳。其别再呈。谨此奉上。兰亭当家台鉴。

张裕鞠躬
己巳三月十三日申　第三十七号

四月初三日收到第三十八号信一封

敬启者，于月十三日奉去第三十七号信一封，斯信谅该呈阅，余情不再复叙矣。于月廿日收到第六号信一封，内叙各情均已领明，至祈勿念。

兹呈，津地羊毛情形颇露活色，因先令[2]小之故。昨日美最时[3]、新泰兴共买过世诚和宁毛三百五十包，价银四十四两，照此行市，好货对付，次货不大顺办。宁夏毛行市三十五六两六；西花四十一两左近、东花三十三两几；洋货行市露疲，贪主稀少。

随统去行市单一支呈阅，日前接凉电兑津本月底期咱交自立公泾布平银五千两。又宁信报咱今春筏[4]共净毛[5]一十三万余斤，咱筏开行日期约在此月初间，筏价大谱每担一十九两上下，大众毛筏暂未开行情，因宁属匪人扰乱，不便装筏，故此延迟。别情谅宁呈明，津不细述。

刻下本月底津谷对期票，津交主得四十来元，大洋西平六钱八（分）。余事再呈。谨此奉上。兰亭当家台鉴。

张裕鞠躬
己巳三月廿三日申　第三十八号

---

① 东省：东北地区。

② 先令：英国货币（辅币）单位，1英镑＝20先令，1先令＝12便士。

③ 美最时：德国商人开办的洋行，创办于1806年，1877年设立上海分号。在汉口、广州、天津、汕头、镇江、宜昌、北京、沈阳、哈尔滨等地均办有分号。一战期间，曾短暂歇业，1920年初恢复营业。主要进口欧美工业制成品，出口中国土特产品。

④ 筏：运输工具皮筏，载货筏可分为粮筏和毛筏。清末民初，皮毛商人将从青海、甘肃等地收购的羊毛从黄河水路运往包头，再转车运到天津。

⑤ 净毛：经过加工处理的羊毛。

四月初八日收到第三十九号信一封

　　敬启者，上月廿三日奉去第三十八号信一封，内统去洋货行市单一支，临此信至想早鉴明，余不细述。上月廿七日收到第七号信一封，内兑来四月底收会元洋二千元，遵照录底，兼信叙各情均已领明，至祈勿念。

　　兹呈，上月底期津交过自立公凉票泾布平银五千两，同日收过天亨永绥票大洋五千元，又收过裕源永绥票大洋二千元，津按六钱八（分）作西平，皆结要铺之册，至请各为注账是妥。日前接凉电津，候收电政同仁公益会①大洋三百元，暂未收讫。昨前天德玉市过宁毛一百余包，价银四十四两，又世泽昌市过宁毛一百二十包，价银四十五两。

　　刻下好货行市发涨，亦因货空之故。西花四十一两、东花三十四两；洋货行市与前相仿。本月底津交兑谷夏标收，交主得三十八九元。大洋西平六钱八（分）。余容再叙。谨此奉上。兰亭当家台鉴。

张裕鞠躬
己巳四月初二日申　第三十九号

四月十九日收到第四十号信一封

　　敬启者，于月初二日奉去第三十九号信一封，内呈上月底津交过自立公泾布平银五千两，同日收过天亨永大洋五千元，又收过裕源永大洋二千元，皆按六钱八（分）作西平结要，请各注账等情，其信谅该呈阅，余不复述。于月初七日及昨收到第八、九号信两封，内兑津本月底同和信代庆和裕交咱大洋四千元，遵照录底，兼信叙各情皆已领明，至祈勿念。

　　兹呈，昨日津收过同仁公益会凉票大洋三百元，按六钱九（分）作西平结要，至请妥为注账等是荷。接绥信报咱市过黑货三件，杂票价二元六（毛）二（分），并兑津本月底期收天亨永西平银三十一两零八（分）。

---

①　电政同仁公益会：全称为交通部电政同人公益会，1929年由中华电政同人公益会改组而来，为办理电政同人福利机关。

日前同积永市过宁毛六十包，价银四十四两八（钱）；又长兴店市过一百余包，价四十五两四（钱）；宁夏毛三十五六两；西花三十九两、东花三十三两几。本月底津交兑谷夏标收，交主得四十二三元。大洋西平六钱七（分）七（厘）。日前津代正记与会元做妥本月半交伊洋一千元兑谷，同期义福恒收得伊费洋四十五元，报正记四十二元，津与恒记去信并达该知是也。余及再报。谨此奉上。兰亭当家台鉴。

张裕鞠躬

己巳四月十一日申　第四十号

四月廿七日收到第四十一号信一封

敬启者，于月十一日奉去第四十号信一封，内云津收讫同仁公益会大洋三百元，六钱九（分）作西平结要，请各注账等情，其信谅该呈阅，余不复述。于月十五日收到第十号信一封，叙及各情均已领明，至祈勿念。

近日津地宁毛未做，大谱行市四十五两左近；宁夏毛做过二百三（十）包，价银三十六两五（钱）；西花三十八九两、东花三十三两；洋货行市疲滞，贪主甚稀。随统去行市单一支呈阅，接绥信兑津本月底期交天亨永绥平银三千两。

刻下本月底津交兑谷夏标收，交主得四十七八元。临池大洋西平六钱七（分）六（厘）。余后再呈。谨此奉上。兰亭当家台鉴。

张裕鞠躬

己巳四月廿一日申　第四十一号

五月初七日收到第四十二号信一封

敬启者，上月廿一日奉去第四十一号信一封，内统去洋货行市单一支，其信谅该呈阅，余不细述。

兹呈，昨期津收讫会元银号大洋二千元，同日收过庆和裕大洋四千元，又收过天亨永绥票大洋三千元，皆按六钱七（分）作西平银结要来往。又遵凉电同日津交过自立公泾布平银五千两，至请各为注要账是妥。惟绥兑津昨期咱收裕源永西平银二千两零七（十）二（两），该口霍家裕源字号因起风潮吃紧，难以持，特业经停业声明，咱款不交，暂无办法。故津与绥连拍两电，报明请其设法办理，据绥信报此款未提何期交伊，若以会水观察，想是咱绥现交，津亦与绥去信，嗣后再做会款，祈将绥地交期报明为要。

再呈，昨日津收过天亨永绥票西平银三千一（百两）零八（钱），又同日交过该号绥票西平银三千一（百两）零八（钱），原款想顶，毋须结要矣。又得凉电兑津候收杨敌明洋四千元、杨净忠洋三千元、福生和洋三千元、分交会元洋五千元，皆未收讫。日前绥信报及咱市过黑货二十四件，价洋二元一（毛），并兑津五月廿日期收新泰厚大洋一千五（百）元，廿五日收一千四（百元），又五月底期咱交天亨永大洋一千元，俟期办毕，后信呈知。近日做过宁毛三百四（十）包，价银四十四两、四十四两七（钱）不一；宁夏毛行市三十六两几；西花三十六七两、东花三十二两。

刻下津现交兑谷本月底收，交主得五十一二元，大洋西平六钱七（分）。津借公记之贷昨已到期，交过一德号①大洋一千三（百）二（十）元八（毛）三（分）七（厘），下余五千元，遵照理讫。昨日还过会元贷款银七千两，因洋钱分数小，伊不愿再转。当用过吴丰新栈银五千两，利息四钱；又用过天亨永大洋三千元，利息三毛，并呈台知。余容再呈。谨此奉上。兰亭当家台电。

张裕鞠躬

己巳五月初一日申　第四十二号

五月十四日收到第四十三号信一封

敬启者，于月初一日奉去第四十二号信一封，内呈上月底津交过自立公凉票泾布平银五千两，同日收过天亨永绥票大洋三千元，又收过庆和德大洋四千元，会元大洋二千元，皆按六钱七（分）作西平银结要，请各注账等情，

---

① 一德号：一德银号，民国时期位于太原的银号，总号位于东米巷4号，成立于民国八年（1919），共有资本1000万元。

其信谅该呈阅，余不细述。

于月初五日津遵凉电交过隆庆诚泾布平银五千两，已取要铺之册，至请照注来往为是。此款系上月底期因时局关系，电报不灵之故。初三日该号向咱关照，而津未见凉电，又不明该号底落，倘或有点说节，虽有负责之家，办得看是谁家。当此年令不可不慎，故未交伊，恐其向凉交涉，故津与凉发电报明，交讫该号矣。再呈，凉电兑津候收福生和大洋三千元，今已照数收讫，当交过会元洋一千五（百）元，下余洋一千五（百）元，按六钱九（分）西平结要之册，至祈各为注账是妥。又候收杨敌明洋四千元、杨敌忠洋三千元。接凉信报系杨文明、杨文忠之洋，想是电局译错，津已更正，惟其款已今［经］未收，津已电凉矣。

日前义德洋行①买过新泰兴宁毛四百包，价银四十五六两；西花三十六七两，未做，东花三十二三两。刻下本月底津谷对期票，津交主得四十六七元，大洋西平六钱七（分）。咱代正记与万裕恒定妥会来本月底期交义福恒、会元银号大洋各一千元，津本月半交伊，每千得伊津结费洋五十二元，咱报正记五十元，至祈转达。义福恒照收兴聚德正注账，津不另函矣。昨日津地降雷雨二三寸。余事再呈。谨此奉上。咱津又用过会元洋七千元，折息四毛。又及。兰亭当家台照。

张裕鞠躬

己巳五月初七日泐　第四十三号

五月廿三日收到四十四号信一封

敬启者，于月初七日奉去第四十三号信一封，内云初五日津交过隆庆诚凉票泾布平银五千两；又收过福生和凉票大洋一千五（百）元，按六钱九（分）作西平结要之账；并代正记与万裕恒会谷本月底期交义福恒大洋一千元，祈达该号照收等情，其信谅早呈阅，余不细陈矣。于月初九日收到第十

---

① 义德洋行：晚清由华人买办陈祝龄组建的洋行。

一号信一封，内叙各情均已明悉，至祈勿念。

兹呈，津托宝源泰捎谷会元转咱话合宝石针二个，共价大洋一元，津已出账，异日收到转捎咱凉是也。近日津地羊毛情形看大，因货缺之故。日前义德、隆茂①买过宁毛四百余包，价银四十六两七（钱）、四十六两九（钱）不一；宁夏毛行市三十六两七（钱）；西花无市、东花三十四两；洋货行市显疲，随统去行市单一支呈阅。咱借会元洋七千元，十五日已还讫当，又借过该号洋六千元，一个月期，息一分。

昨接凉电兑津本月底期收万顺成大洋五千元。前据口信云及咱帮之货平妥抵口，因贴印花用款已与永利银号定妥会津，本月底期咱交伊大洋一千五（百）元。霍号之事，近日商会着人调查各连号账目，颇有办法，细情谅该呈明。并云津裕源永本月半期有收贾记皮庄大洋一千元，着向永记接洽交咱。惟贾记津地无人，系同和兴代办，关照数次该言无底。闻该与鸿记银号相好，此款以教鸿记扣去，照此来历永记亦有私情，明许咱号，暗许鸿记，不然焉能如此，即向永记交涉。该老闾已经返口，刻住津之伙系一年幼之人，亦无济事，此情已报口知。

刻下本月底津谷对期票津交主得五十四五元，大洋西平六钱七（分）七（厘）。余容后呈。谨此奉上。兰亭当家台鉴。

张裕鞠躬

己巳五月十七日泐　第四十四号

六月初一日收到第四十五号信一封

敬启者，于月十七日奉去第四十四号信一封，内统去洋货行市单一支，并托宝源泰捎去宝石针二个，至祈照收转凉等情，其信谅想呈阅，别情不再

---

① 隆茂：隆茂洋行，由山西灵石县静升村人杨少全在天津开设，资本雄厚，在天津商界具有重要作用。灵石商人由天津出口的皮草、棉花、中药等货物，以及灵石所需洋货均由隆茂洋行经营。

复叙矣。今收到第一十二号信一封，内叙各情均皆敬领，至请勿念。

兹于月之廿日津收过新泰厚绥票大洋一千五（百）元，又廿五日收过该号大洋一千四（百）元，皆结要铺之账，至祈各为注账，以何易银，续信详报。又接咱口信报由绥兑津天亨永本月底期交咱大洋三千元，又兑津会元银号同日交咱大洋四千元。并云口市过隆记牌货一箱，价洋二元一（毛），津收款，暂未兑来。

近日津地宁毛行市大谱四十七两左近，未做；宁夏毛三十七两几；西花三十八九两、东花三十三两几；洋货行市与前相仿，贪主仍稀。刻下山西邮包已经通融，甘省之包仍不收。本月底津谷对期票津交主得六十一二元，出月半底各对期六十来元，大洋西平六钱八（分）。余事再呈。谨此奉上。同日津地降雷雨七八寸。兰亭当家台鉴。

张裕鞠躬
己巳五月廿六日泐　第四十五号

六月初九日收到第四十六号信一封

敬启者，上月廿六日奉去第四十五号信一封，内云上月廿日及廿五日共收过新泰厚大洋二千九（百）元，至请照注来往等情，其信想早呈阅，余情不再繁叙矣。

兹呈，咱津上月底期收讫万顺成凉票大洋五千元，按六钱九（分）作西平结要。同日收过天亨永绥票大洋三千元，又收过会元银号绥票大洋四千元。同日交过天亨永绥票大洋二千元，又交过永利银号口票大洋一千五（百）元，并前收新泰厚洋二千九（百）元，皆按六钱八（分）作西平注要之册，至祈各为注账是妥。上月底津还过美丰新栈银五千两，又还过溥晋银号①银三千两。

---

① 溥晋银号：祁县乔家在中堂与人集股合办的金融机构，前身为恒豫钱铺，后改为溥晋银号。总号设在太谷，在祁县设有分号。

近日津地宁毛行市四十六七两，未做；宁夏毛三十七八两；西花四十来两、东花三十四两。刻下本月半津谷对期票津交主得五十八九元，大洋西平六钱七（分）七（厘）。余事再陈。谨此奉上。兰亭当家台鉴。

张裕鞠躬

己巳六月初三日泐　第四十六号

六月十七日收到第四十七号信一封

敬启者，于月初三日奉第四十六号信一封，内云上底期津收过万顺成凉票大洋五千元，按六钱九（分）作西平；又同日收过天亨永绥票大洋三千元；又收过会元银号绥票大洋四千元；又交过天亨永绥票大洋二千元；又交过永利银号口票大洋一千五（百）元；并前收新泰厚洋二千九（百）元，皆以六钱八（分）作西平结要之册，至请照注来往等情，其信谅该呈阅，别情不再细叙矣。昨得口信报及兑津本月廿五日期收玉记大洋二千五（百）元。

刻下津地宁毛未做，大谱行市四十七两左近；宁夏毛三十七八两；洋货行市平和，无甚贪主；西花无市、东花三十三两。本月底津谷对期票津交主得六十来元，大洋西平六钱七（分）九（厘）。附呈，津地市面照常安稳，惟各行事稀，雨水不缺，随统去洋货、银洋行情单各一支并阅。余事再呈。谨此奉上。兰亭当家暑安。

张裕鞠躬

己巳六月十二日申　第四十七号

七月初三日收到第四十八号信一封

敬启者，于月十二日奉去第四十七号信一封，内统去洋货行市单一支，其信谅早呈阅，余情不再细叙矣。于月十四日收到第十三号信一支，内叙各情皆已领明，至祈勿念。

特呈，今期咱津收讫玉记口票大洋二千五（百）元，已结要铺之册，至祈照注来往，以何易银，再信续详。昨得口信报及咱市过隆记货一箱，口收款，价洋二元一（毛）四（分），并兑津本月底期收恒裕银号大洋一千元。

日前世泽昌市与利济行宁毛二百余包，价银四十七两；又义德行买过宁毛二百来包，价银四十七两九（钱）；宁夏毛三十七八两；西花四十来两，未做，东花三十二两几。现津抵制日货已松，对付照前能办，行市皆涨，贪主亦稀。随统去行市单一支呈阅。出月半津谷对期票，津交主得六十来元，大洋西平六钱七八。余容再呈。谨此奉上。兰亭当家台鉴。

张裕鞠躬

己巳六月廿五日渤　第四十八号

七月十二日收到第四十九号信一封

敬启者，于上月廿五日奉去第四十八号信一封，内云津收讫玉记大洋二千五（百）元，已结要铺之册，至请照注来往等情，并统去洋货行市单一支，斯信谅早收阅，余不再述。昨收到第十四号信一封，内叙各情皆已领明，至祈勿念。

兹呈，咱津上月底期收讫恒裕银号口票大洋一千元，并前收玉记大洋二千五（百）元，皆按六钱八（分）作西平结要，至请照注来往为是。咱津上月底还过大来银一千两，所要秋标短款指定由津抽调，俟与何号做妥，再信报知，勿念。

近日津地宁毛未做，大谱行市四十七两几；西花无市、东花三十一两几；洋货行市与前相仿。本月半津谷对期票，津交主得六十四五元；本月底津交兑谷秋标收，交主得六十三四元。大洋西平六钱八（分）一（厘）。昨得口信报及咱市过黑货二箱，口收款，价洋二元一（毛）三（分）。余事再呈。谨此奉上。兰亭当家台鉴。

张裕鞠躬

己巳七月初七日渤　第四十九号

七月廿四日收到第五十号信一封

敬启者，于月初七日奉去第四十九号信一封，内云上月底期津收讫恒裕银号口票大洋一千元，并前收玉记洋二千五（百）元，皆按六钱八（分）作西平结要，至请各为注账等情，其信谅早呈阅，余情不再细叙矣。昨前收到第十五号信一封，内统来凉石印[①]局花单二支，遵照办理，兼信叙各情均已领明，至祈勿念。

日前咱津与万裕恒定妥会谷秋标期交咱大洋五千元，咱津本月底交伊，每千元得伊津结费洋六十一元，至祈留底照收，按六钱八（分）作西平与津注账为是。再呈，本月半期津收讫恒裕银号、永利银号口票大洋各一千元，亦按六钱八（分）作西平结要，至请各为注账是妥。咱借天亨永洋三千元，此月半已经还讫。近得口信报及兑津本月底期收锦泉兴[②]大洋二千元、恒裕银号大洋二千元、玉记大洋五百元。又得凉电兑津本月底期交天德玉泾布平银五千两。

昨前义德行买过义顺生宁毛一百包，价银四十七两五（钱）；宁夏毛做过一百余包，价银三十八两；驼毛六十七八两；西花三十七八两、东花三十来两。刻下津现交兑谷见信收，交主得六十一二元。大洋西平六钱八（分）。京绥车不通，因河冲坏道路之故。其别再呈。谨此奉上。兰亭当家台鉴。

张裕鞠躬

己巳七月十七日泐　第五十号

八月初三日收到第五十一号信一封

敬启者，于月十七日奉去第五十号信一封，内云本月半期津收讫永利银号、恒裕银号大洋各一千元，并咱津与万裕恒做妥兑谷秋标期交咱大洋五千

[①] 石印：平版印刷的一种，1798 年由德国人 A. 逊纳菲尔德发明，晚清时传入中国，从清末到民国，中国出现了百余家石印局。石印依据的原理为石材吸墨及油水不相容。其优势是制版容易，成本较低，但印刷速度慢，多用于广告、招贴的印刷。

[②] 锦泉兴：晚清民国年间太谷曹家在张家口设立的商号。

元，至祈照收，皆按六钱八（分）作西平各为注账等情，其信谅已收到，别情不再繁叙矣。

兹呈，津遵凉信，交讫大昌兴①大洋二百元，按六钱九（分）作西平结要，请各注账为是。昨得口信兑津本月底期收中记大洋一千元，又八月节期收新泰厚大洋一千五（百）元。

近日津地宁毛显缺，大谱行市四十七两几，未做；宁夏毛行市三十七八两，现津存货亦少；西花三十七两几、东花二十九两；洋货行市显硬，颇有贪主；中国粗布斜纹皆大，因贪军装之故，随统去行市单一支呈阅。刻下本月底津交兑谷秋标收，交主得六十来元，九十冬月半底各对期票津交主得六十一二元。大洋西平六钱八（分）。其别再呈。谨此奉上。兰亭当家台照。

张裕鞠躬

己巳七月廿五日泐　第五十一号

八月十二日收到第五十二号信一封

敬启者，上月廿五日奉去第五十一号信一封，内云咱津交过大昌兴凉票大洋二百元，按六钱九（分）作西平结要，至请照注来往等情，并统去洋货行市单一支，其信谅已收阅，别情不再复叙矣。于上月廿九日收到第十六号信一封，内叙各情皆已明悉，至希勿念。

兹呈，咱津上月底期收讫锦泉兴口票大洋二千元，又收过恒裕银号口票大洋二千元，又收过中记口票大洋一千元，又收过玉记口票大洋五百元，皆按六钱八（分）作西平结要。并同日交过天德玉凉票泾布平银五千两。日前津遵凉信交过闫子材大洋三百元，按六钱九（分）作西平结要，至祈一并各为注账是妥。咱津上月底短款借过美丰新栈银五千两，一个月期，息一分二

---

① 大昌兴：民国年间位于天津的经营货栈业的商号。

（厘）。适接口信，兑津本月半期收世合德①大洋五百元，又同日收永利银号大洋一千元。

再呈，泽田老闫偕秉温宅于月初二日一路平顺抵津，所带路费卅元按六钱八（分）作西平与要收账，并带来咱凉置货水程折一个，至祈勿念。近闻京绥客车对付通融，照此货车不日就许能行。刻下甘省邮包通而不通，皆不稳妥，所与咱凉贪货一层，商酌办理，看势而行是也。

洋货行市与前相仿；西花三十六七两、东花三十二三两；津地银势奇紧，因中秋节临迩，各行用款之故。本月底津谷对期票，津交主得六十四五元，大洋西平六钱七（分）四（厘）。又及，咱代聚德正由津与万裕恒定妥本月半交伊大洋五百元兑谷，本月底期义福恒收使，至祈转达该号照收，与正注账，津不另函矣。余事再详。特此奉上。兰亭当家台照。

张裕拜具

己巳八月初七日泐　第五十二号

八月廿日收到第五十三号信一封

敬启者，于月初七日奉去第五十二号信一封，内云上月底期收讫锦泉兴、恒裕银号口票大洋各二千元；又收过中记口票大洋一千元；又收过玉记口票大洋五百元，皆按六钱八（分）作西平结要。并同日交讫天德玉泾布平银五千两，又交过闫子材凉票大洋三百元，按六钱九（分）作西平银取要之册。所带路费大洋卅元，皆按六钱八（分）作西平遵照注账。并代正记与万裕恒定会妥谷［定妥会谷］本月底期交义福恒大洋五百元，至祈转达，该知照收等情，其信谅该呈阅，别情不再繁叙矣。

于月初十日收到第十七号信一封，叙及各情均已明悉，至希勿念。所与

---

① 世合德：晚清民国年间由山西交城县商人在张家口开设的银号，在天津、宣化、太原等地设有办事处。

咱凉贪货一层，以刻择计①，咱津货款尚在二万六七。又兼银势非常紧迫，勿论利钱大小，放款之家亦是希［稀］少，若再贪图，必得告贷。弟意缓后几日，看势如何。或者咱之羊毛有影到包，咱津再为举办，似觉稳妥，虽出大利借款贪货，亦得关互咱之大局，遇此年令不得不慎耳。洋货行市显硬，因货少之故。近日津地宁毛无货，宁夏毛亦缺，西花无市、东花三十二两上下。刻下京绥货车对付通融，甘省邮包仍又不收。近闻兰筏由上月底有开行之家，但津来见宁信，谅该随行否，以俟如何再为转详是也。

本月底津谷对期票，津交主得六十八九元，大洋西平六钱七（分）七（厘）。其别再呈。专此奉上。兰亭当家台照。

弟常麓拜具

己巳八月十四日泐　第五十三号

八月廿八日收到第五十四号信一封

敬启者，于月十四日奉去第五十三号信一封，所云一切想早收阅明悉，今不再叙矣。

兹呈，咱津本月半期收讫新泰厚口票大洋一千五百元，又收过永和银号口票大洋一千元，又收过世合德口票大洋五百元，皆按六钱七（分）七（厘）作西平结要，至祈照注来往是妥。

再者，咱津前借大来、美丰栈等之短期贷款，遇此银势紧迫，该等要收，以刻下景状，利钱大小概无出主，咱津暂不好周借，则可汇点津谷迟期票项，由要预早安顿。昨与大来银号做妥咱在津本月底期收使伊大洋四千元汇谷，九月半期交伊，每千元咱贴伊费津结费大洋八十六元。又与萃珍长做妥咱在津本月底期收使伊大洋五千元汇谷，本冬标期交伊，每千元咱贴伊津结费洋一百元。又与会元银号做妥本月底期咱在津收使伊大洋三千元汇谷，本冬标期交伊，每千元咱贴伊津结费洋一百元，至祈录底，届期

---

① 择计：计算。

各为照交。再者，咱凉捣做汇款一事，现逢津地银根吃紧，不易布置，恐凉暂兑津交项去信，诚恐不及，以故于月十九日拍凉一电，云凉州复兴隆①银势紧，暂止兑津，交项昌。

近日宁毛无货，宁夏毛亦缺；西花三十六七两、东花新货三十四两；洋货行市皆硬。甘省邮包仍是不通，随统去洋货行市单一支呈阅是也。津谷本月底对期票，津交主得费洋八十元；大洋西平六钱七（分）六（厘）。余容后详。特此奉上。兰亭当家台照。

弟常麓拜具
己巳八月廿二日泐　第五十四号

九月初六日收到第吉号信一封

敬启者，于上月廿二日邮要第五十四号信一封，内呈咱津上月半收讫新泰厚口票大洋一千五（百）元、永利银号口票大洋一千元，又收过世合德口票大洋五百元，皆按六钱七（分）七（厘）作西平银结要，照注来往等情，斯信想早收过，不再复述矣。

兹呈，于上月廿四日、卅日接要第十八、九号信两封，兼另启并凉行市单，一切敬悉，勿念。咱津于上月底收讫大来银号兑谷九月半交伊票大洋四千元，又收过萃珍长兑谷冬标交伊票大洋五千元，又收过会元银号兑谷冬标交伊票三千元，皆按六钱八（分）作西平银结要，至祈照注来往是妥。至于咱津结账，齐八月十五日结束，要铺共取西平银一万五（千）二（百）七（十）一两零二（钱），祈要复核，如无舛错，照注来往是妥。张裕宅已于今日动身带津结账，并公己衣物下班，旋里又带去与要买宝丹五钵兼路费大洋一十五元，一并津皆出账。又带去绥统津与吉泰栈挽账②单兼清单两纸，至祈咱要一直收绥结凉，咱津无须再多往返账矣。今结去张裕宅在津支使过西

---

① 复兴隆：民国年间由回族商人在河湟地区设立的经营羊毛中间贸易的商号。
② 挽账：月底结账。

平银二十两，信至祈要分别注账是也。

附呈，西花三十六七两、东花三十四五两。本月底津谷对期票津交主得九十四五元，现收兑谷冬标交津，交主得一百一十五六元。大洋西平六钱八（分）。其余别情，待张裕宅抵要面呈可也。特此奉上。兰亭当家台照。

弟常麓拜具
己巳九月初一日泐　第吉号

九月廿日收到第二号信一封

敬启者，于月初一日奉去第吉号信一封，斯信想早收阅，今不复述矣。兹于初六、十日联［连］接第廿、廿一号信两封，一切明悉，勿念。

咱津于初四日接凉一电，云九底摩美丰梗药内义唐卢洋参下德修①，阅电之下错字太多，咱向电报局交该向凉复问催促几次，自今尚未问回，咱以电度情，想是收项三千（元）。再者，咱津短款太巨，现逢津地银根奇紧，倘咱凉设有余款，欲由凉调津收项五七千元。以故于初五日拍凉一电，云凉州复兴隆津短款巨，凉有款可再汇津收项五七千（元）。津谷对期票费百二利。

咱津今日定市与永丰洋行宁毛四万斤，价银四十七两，咱先收定银三成，无息，期限三二个月内交货。津地前后共做过批水六十来万（斤），此次永丰四十七两买过廿万（斤），天德玉随市四万（斤），前者利济四十六七两买过四十来万（斤），咱津此月底收交，有此毛款，大普［谱］②暂为相顶。

宁毛现市价四十八两五（钱），洋货行市平稳，随统去洋货行市单一支呈阅是也。十冬半底津谷对期票，津交主得一百四十来元，大洋西平六钱八九。其别再详。特此奉上。兰亭当家台照。

弟常麓拜具
己巳九月十五日泐　第二号

---

① 九底摩美丰梗药内义唐卢洋参下德修：电报原文如此。
② 普［谱］：山西布商文书中有时将"谱"写作"普"，后续录文以"谱"录入，不再一一标注。

九月廿二日收到第三号信一封

敬启者，于昨日奉去第二号信一封，内呈咱津于月初五日拍凉一电，云凉州复兴隆津短款巨，凉有款可再汇津收项五七千（元），津谷对期票费百二利。并呈，咱津定市与永丰洋行西宁毛四万斤，价银四十七两，咱先收定银三成，无息，期限三二个月内交货。兼统去洋货行市单一支，斯信想早收阅，其别今不再复述矣。

兹于今日接口来信，述及到口之货大众售过七八百件咱之货，二元四（毛）至二元四五，完全售清，暂未过平。其余别情谅口呈明，不及细述。再者，咱要冬标之事，不知安顿否，信至祈台择点，以早来信，咱津好为布置。

本月底津谷对期票，津交主得一百三十来元。大洋西平六钱九（分）。其别再详。特此奉上。兰亭当家台照。

弟常麓拜具
己巳九月十六日泐　第三号

九月廿四日收到第四号信一封

敬启者，于月十六日奉去第三号信一封，内呈咱要冬标之事，不知安顿否，祈台择点，以早来信，咱津好为布置等情，斯信想早呈阅，今不复述矣。

兹呈，咱前所售永丰之批水宁毛，过期按四钱折息。咱之羊毛，今接包信仍是无影到包。今与王庆龄兄等买之镜子，已托吉泰栈运榆，信至祈咱由榆关照自取可也。随统去置货单①一支，祈要照注津货账是妥，俟后将脚税挽过，再为与该等结去可也。

再者，接绥信兑津九月底期收复元庆②大洋三千元，又接凉信兑津九月

---

① 置货单：记录所需购买货物数量、种类等信息的商业清单。
② 复元庆：民国时期山西榆次王姓商人在张家口设立的银号。

底期收义同庆大洋三千七百元。并凉于上月十六日随众着福盛昌①之驼由凉发绥六十五两，廿块；顶上水浆②四箱，共作二担，脚价每担五十元，其别谅口、凉两处早为呈明，津不复叙。

再者，今代聚德正与会元做妥在谷本月底期交义福恒大洋五百元，信至祈告该号届期照收，注正记之册是妥。此款在津本月底交，每千元得费一百二十六元，咱报正记每千元得一百二十元。

宁毛未做，十冬半底津谷对期票，津交主得一百三十来元，大洋西平六钱八（分）八（厘）。其别再详。特此奉上。兰亭当家台照。

弟常麓拜具
己巳九月十九日泐　第四号

十月初五日收到第五号信一封

敬启者，于上月十九日奉去第四号信一封，内呈与王庆龄兄等买之镜子，已托吉泰栈运榆，信至赴榆关照自取可也。并统去置货单一支，祈要注津货账。又叙代正记与会元做过九月底谷交义福恒大洋五百元，祈告该号照收，斯信想早收阅，不再复述矣。

兹呈，咱包结津付过发麻袋之税洋五十八元，按六钱八（分）作西平银，津已出账，款收要册。又咱口捎津凉之黄货③一十五两六（钱）五（分），共市西平银四百九十三两七（钱），款亦收要之册。随统去市金花单一支，呈阅是也。

昨日收讫复元庆口票大洋三千元，按六钱八九作西平银；又收讫义同庆凉票大洋三千七百元，按六钱九（分）作西平银收要之册；并同日交讫兴隆永包平银二千两、溥晋银号包平银一千两；又交过天亨永绥平银一千五百两；又交过和记钱庄大洋一千元，津按六钱九（分）作西平注账。以上逐宗

---

① 福盛昌：民国时期位于兰州的从事印染业的商号。
② 水浆：水性浆料，用于在浅色面料上染制印花。
③ 黄货：金条。

祈要分别注账可也，随统去过账单一支。

再，义同庆之洋昨日收讫，今拍去一电，云凉州复兴隆、义同仁收款。于上月廿四、六日接要第二十二、三号信二封，内情领悉，所有信封等物，照捎勿念。着津贪货一层，津已着手贪便染货①十余担。咱津接口来信，兑津十月半收玉记大洋二千元；又同期收新泰厚大洋一千五百元；又廿日收新记大洋二千三（百）元；又廿五日收玉记大洋二千元。咱包来信报及发宁之货，于上月廿间已经渡河上载。又距包不远闻及土匪阻挡毛笺七八十支，不确有咱笺否，其别谅口、包有信详呈，津不复述。

宁毛行市现货四十九两，前几日又有市过批水十二万（斤），价银四十八两。刻下津地银势非常紧迫，因绥、口大盛魁、曹号等连号皆已倒闭，并有省榆钱铺做空②盘，票项甚巨，故此人心不稳。上月底之收交皆具抵补之心，不过对付通融过讫。锦泉兴昨日逃走，该连号津地收交未办，短欠暂不明白。洋货行市、毛市布③显硬，随统去洋货行市单一支呈阅是也。十冬半底津谷对期票，津交主得一百二十四元，腊半一百二十九元大洋，西平银六钱八九。

再者，公记之贷款，咱津与该关照，届期仍原转六个月，月息一分一（厘），呈知，勿念。再者，今统去与凉先贪便之染货单一支，呈阅是也。又及。其别再详。特此奉上。兰亭当家台照。

弟常麓拜具

己巳十月初一日泐　第五号

十月十三日收到第六号信一封

敬启者，于月初一日奉去第五号信一封，内呈包结津付过麻袋税④洋五

---

① 染货：染料，用于将织物上色。
② 做空：金融术语，即预期所交易的商品价格在未来有下降趋势，先将商品以目前市价卖出，等商品价格下跌后再买入，从而获取差价。
③ 毛市布：原色平纹棉布，质地细密。
④ 麻袋税：晚清民国征收的一种商业税。

十八元，按六钱八（分）作西平银；又市黄货西平银四百九十三两七（钱）；又收讫复元庆口票大洋三千元，按六钱八九作西平银；又收讫义同庆凉票大洋三千七（百）元，按六钱九（分）作西平银，宗宗与要收账；又交讫兴隆永包平银二千两、溥晋银号包平银一千两；又交迄天亨永绥平银一千五（百）两；又交迄和记钱庄大洋一千元，按六钱九（分）作西平银，逐宗皆注要册。并统去洋货行市单、金花单、过账单、与凉先贪便之染货单各一支，斯信想早呈阅，其别今不复述矣。

兹呈，由北平交讫马永盛凉票大洋一百元，按六钱九（分）作西平银结要。又由津付过福泰长与安禧买货所垫之洋四十一元，咱津因津谷汇水太大，与人垫款决不能再与人贴汇水矣，以故咱津共得伊津结费大洋五元，按六钱九（分）作西平银一并结要，信至与该共计大洋四十六元为是。再者，咱津代正记与会元银号做妥，津现交兑谷见信期交义福恒大洋五百元，信至祈告该号照收注入正记之册是妥，共得伊津结费大洋六十元，咱报正记五十七元。至与岳子州买之灰斜纹布、虾米，昨日已经与该邮起，所需之洋再信结要可也。

所有与凉贪发之货，大谱三五日内即可装车卅件先为发走。一俟接口来信，有驼则发口，否则发绥矣。计买便三二双鹿三古棉线一包，价银二百七十四两；廿码三鹿三古棉线二包，价银一百九十两；四十码双虎粗布二百匹，五两三（钱）五（分）；四十码三兔粗斜布一百三十六匹，价银五两二（钱）五（分）；四十码漂花眼镜市布三十六匹，价银七两四（钱）；花色板头货一件。

洋货行市与前相仿，宁毛价银四十九两，棉花多日未做。本月底津谷对期票，津交主得一百二十一元。大洋西平六钱九（分）一（厘）。再者，今日接要第二十四号信，情悉勿念。其别再叙。特此奉上。兰亭当家台照。

弟常麓拜具

己巳十月初七日泐　第六号

十月十七日收到第七号信一封

敬启者，于月初七日奉去第六号信一封，内呈交讫马永盛凉票大洋一百元；又津付过福泰长垫安禧买货大洋四十一元，并结要加会费洋五元，皆按六钱九（分）作西平银结要，祈要共计安禧大洋四十六元为是；并代正记与津会元做妥兑谷见信交义福恒大洋五百元，至祈咱要告该号照收注入正记之册。

兹呈，咱津交讫大昌兴凉票大洋一百六十元，按六钱九（分）作西平银取要之册，祈注来往是妥。又昨日托友人马振标捎榆晋丰厚转要本号信封一百个，自行车上用之洋铁气甬［筒］①一支、三零胶水四桶、车油三桶，津皆出账，信至赴榆关照取回为是。至于发凉之货三二日即可开车先行卅件，咱定于发口计二虎粗布八件、三兔粗斜布八件、漂花市布二件、板头货一件、洋腊五件、廿码三鹿棉线四件、三二双鹿线二件。再比咱之色货②，一俟染齐即可装车续发。头、二帮货共计八十来件，计色货二十八件、板头货二件、杂货一十八件。前日接包来信，报及初七日到包毛笺一十一支，至于咱之毛笺一支已到达木麻台。昨日瑞凝霞③接包来电，初八日到包毛笺百十来支，大约咱之毛笺想许定为到包。

刻下津市过宁毛二百来包，价银四十九两四（钱），系栈房与售主包用二钱，买主抵出四十九两二（钱）。前信所报四十八两所售之批水系三礼拜交货。棉花未做，洋货行市平稳与前相仿。本月底津谷对期票，津交主得一百二十来元，大洋西平六钱九（分）一（厘）。再者，咱津代凉石印局所买之货，拟与咱头帮货相随运口，记四五担。又及。其别再详。特此奉上。兰亭当家台照。

弟常麓拜具
己巳十月十二日泐　第七号

---

① 甬［筒］：山西布商文书中将"筒""桶"多写作"甬"，后续录文随文更正，不再一一标注。
② 色货：经染色的织物。
③ 瑞凝霞：民国时期山西商人在西北地区设立的经营皮毛业的商号。

十月廿日收到第八号信一封

敬启者，于月十二日奉去第七号信一封，内呈交讫大昌兴凉票大洋一百六十元，按六钱九（分）作西平结要；又托友人马振标捎榆晋丰厚转咱交印本号信封一百个，并洋车上用之气筒一支、胶水四桶、车油三桶，津皆出账，咱要赴榆取回为是等情斯信想早呈阅，今不复述矣。

兹于昨日收讫玉记口票大洋二千元，津按六钱九（分）作西平银收要之册。至于昨期向溥晋银号照收厚记之洋一千五（百）元，该因下款未能收进，以故虽是有项，亦不能交，以待何时收进下款即能交咱，咱只可候五七日，以俟如何，再呈可也。

再者，岳子州买货共用大洋九元，津加过伊汇费洋一元，按六钱九（分）作西平银注要之册，祈要至日共计伊大洋十元为是，随统去花单一支呈阅转伊是也。所有咱津与凉发口之货卅件并凉石印局之货，大小共一十一件，早已齐备。此次相随公盛涌货四十件，一同托大兴公司运口，定于昨日准能开车，约三四日准能到口。津早已与口去信，达口以早扣驼，货到即能发走。今日接口来信，今有揽发凉之驼，照日新蔚①与凉帮招扣，正逢杲［早］扣，尚未定点，大谱咱之头帮货到口，赶此驼即能发走。并报公义号与咱售于东客货一箱，价洋二元四五。又据包信云德泰店运咱之毛完全妥到。

刻下津地宁毛显疲，四十九两不大顺办。所有咱之二帮凉货一俟包货染齐，托吉泰隆运走，勿念。洋货行市平稳，十底冬标津谷对期票，津交主得一百六十八元，大洋西平六钱九（分）一（厘）。再者，要寄津之二十五号信早已妥收，情悉勿念。其别再详。特此奉上。兰亭当家台照。

弟常麓拜具

己巳十月十六日泐　第八号

---

① 日新蔚：晚清民国年间山西商人在归化城（今呼和浩特市）设立的经营绸缎布匹业务的商号。

十月廿二日收到第九号信一封

敬启者，于月十六日奉去第八号信一封，内呈收讫玉记口票大洋二千元，按六钱九（分）作西平银收要之册；又岳子州买货由津共用大洋九元，加过伊会费大洋一元，亦按六钱九（分）作西平银注要之册，信至共计伊大洋十元为是。并统该买货花单一支，斯信想早呈阅，今不复述矣。

兹呈，昨日收讫溥晋银号代厚记交之大洋一千五（百）元，津按六钱九（分）作西平银收要之册，祈注来往是妥。再者，咱之头帮货并凉石印局之货，今日开车运口矣。今日与口统去凉并石印局之验货折①一个，呈知勿念。今随信统去凉发货号折②一个，至日咱要注凉号账，转凉可也。又统去石印局之发货折一个，至日一并呈阅转凉为是。至于该由津置货共用大洋四百三十五元，津已按六钱九（分）作西平银取要之册；又用过税西平银一十四两六（钱）八（分），津亦注要之册，信至祈与津收账结凉，向该讨要为是。再者，咱之二帮货亦已齐备，三四日内有车即可运走，勿念，津亦拟于发口。今接凉信系九月十八日之信，报及又采便水货二箱，扣妥回教之驼，照一二日内并乾和裕、同积永、达泉涌之货大谱十二三担，由凉开行。

津地宁毛四十九两，仍是显疲。洋货行市无甚涨跌，甘省邮包刻下虽是又收对付通融，能走收的亦是有限，邮费涨至六元六（毛）。十底冬标津谷对期票，津交主得一百零六元，腊半底一百零八元。大洋西平银六钱九（分）。其别再详。特此奉上。后批，石印局之税银一十四两六（钱）八（分），六钱九（分）合大洋二十一元三（毛），连货款总共大洋四百五十六元三（毛），津按六钱九（分）作西平银取要之册，祈照此注津来往是妥。兰亭当家台照。

弟常麓拜具

己巳十月十八日泐　第九号

---

① 验货折：商号用于记录对货物的数量、质量等检验结果的商业单据。
② 发货号折：商号将自己或他人的商品发到指定商号或地点，并作为提货、运输、验收等过程的依据的商业单据。

十月廿八日收到第十号信一封

敬启者，于月十八日奉去第九号信一封，内呈收讫厚记口票大洋一千五（百）元，按六钱九（分）作西平银收要之册。又斯日咱头帮货开车运口，并统去咱凉并石印局之发货号折各一个。又石印局置货并上税共用大洋四百五十六元三（毛），津已按六钱九（分）作西平银注要之册，祈要结凉向该讨索为是，斯信想早收阅，今不复述矣。

兹于月廿一日接要第二十六号信一封，并统宁行市单一支，一切情悉，勿念。至于咱之二帮货一二日能装车，即可开行。此帮货津虑发西之货皆在东口，咱再为运口，倘口脚缺，即全不能早为运走，故此帮货定于托吉泰栈运绥经发为是。此货验货折津恐维桂兄赴包，今已口包呈知，勿念。发货号折一俟咱货开行统要，勿念。再者，今据口来信，马老五之筏毛亦到包，津虑不久即可运津，就是与西再为贪点，货物款项亦是有余。以故于昨日拍凉一电，云凉州复兴隆如宁贪毛短款兑津交项一万（元），恒。津已与包去信，咱毛准以早运津为好，运后恐价益为疲缩。

刻下价银四十七八两，看小，咱津廿日期新记交咱之洋二千三（百）元，咱预早先为订对，该是无信到期去收，则又推咱缓后几日再收。据口来信云，论其字号属［数］一属［数］二，非软弱字号，斯此不顾信用之字号，则可紧力对付，迫收为是。

本底冬标津谷对期票，津交主得九十七八元，大洋西平六钱九（分）。再者，于月十九日托白光先捎要咱印本号信封二百个，想早收到。又及。其别再详。特此奉上。兰亭当家台照。

弟常麓拜具
己巳十月廿四日泐　第十号

十一月初二日收到十一号信一封

敬启者，于月廿四日奉去第十号信一封，内呈十九日托白光先捎要印本号信封二百个，想早收到，斯信大约早为呈阅，今不复述矣。

兹呈，咱托吉泰栈发绥之二帮货，定明日一准开车，今随信统去发凉货号折一个，祈要注凉号账，转凉为是。再者，于月廿五日，咱津收讫玉记口票大洋二千元，以何易银，再信呈知。至于新记之款仍未收讫，咱津昨与厚记去信，交该号或电津，或来人以速催讨，两方协力，勿致延岩［宕］。咱口来信兑津本月底收泰记大洋一千五（百）元；又同期收中记大洋一千五（百）元、衡记大洋一千元；又出月初五日收富记、泰记大洋各一千元；又出月初十日收富记大洋一千五（百）元、衡记大洋二千八（百）元，届期照收，勿念。

今与宁贪便四十码三兔粗斜布五百一十匹，价银五两二三；四码二虎粗布三百六十匹，价银五两二（钱）；四码军人抢［枪］毛市布一百二十匹，价银六两九（钱）二（分）；一十二两白僧帽洋腊九十箱，价洋三元九（毛）五（分）；日光皂廿箱，价洋八元三（毛）。一二日改便即发，勿念。

宁毛未做，行市近日累显疲小，大谱价银四十六两上下；洋货行市平稳，随统去洋货行市单一支呈阅是也。东花三十一两、西花未做。本底津谷对期票，津交主得一百零九两，大洋西平六钱九（分）。其别再详。特此奉上。兰亭当家台鉴。

弟常麓拜具
己巳十月廿七日泐　第十一号

十一月初七日收到第十二号信一封

敬启者，于上月廿七日奉去第一十一号双挂号信①一封，内统咱凉二帮发货号折一个；又洋货行市单一支，并报咱货上月廿八日开车运绥；又上月廿五日收讫玉记大洋二千元，已注要册，暂未易银等情，斯信想早呈阅，今不复述矣。

兹于昨日收要第二十七号信一封，内统标期单并宁铺水程折各一个，一切情悉照办，勿念。今统去宁铺发货号折一个，至祈注宁号账，转凉是也。

---

① 挂号信：通过邮局寄送信件的一种方式，与平信相比，挂号信收费较高，但安全性更高。

咱货拟托大兴公司运绥，一二日即可开车，验货折津已统包矣，呈知勿念。兹于上月底收讫衡记大洋一千元；又收讫泰记大洋一千五（百）元；又初二日收讫新记大洋二千三（百）元，皆注要之册，以何易银，再信呈知。至于上月底应收中记之款，该推咱初五日交咱，则可缓几日收讫，呈知可也。前接包信兑津本月底、阳历一月底各期交天亨永大洋三千元。

宁毛多日未做，洋货行市平稳，本月半底津谷对期票，津交主得一百零八元。大洋西平六钱九（分）。再者，今代正记与会元银号做妥本月半对期兑谷交义福恒大洋五百元，祈达该号，届期照收注正记之册，每千元得过费洋一百零七元，咱报正记一百零四元。又及。其别再详。特此奉上。兰亭当家台照。

弟常麓拜具
己巳十一月初三日泐　第十二号

冬月初十日收到第十三号信一封

敬启者，于月初三日奉去第一十二号信一封，内呈收讫衡记大洋一千元；又收讫泰记大洋一千五（百）元；又收讫新记大洋二千三（百）元，皆注要之册，暂未易银。并统去咱宁发货号折一个；又咱津代正记与会元做妥兑谷本月半期交义福恒大洋五百元，祈达该号知晓照收，注正记之册为是。斯信想早呈阅，今不复述矣。

兹呈，咱之宁货昨日开车运绥矣。今接包电，云宁货发包诚［城］，但货已开车，不好更改，则可由彼筹画［划］① 为是。再者，于昨日收讫泰记、富记大洋各一千元；又收讫中记大洋一千五（百）元，皆注要之册，暂未易银。今与宁又贪便染色货七担，计世乐鸟毛市布六十四匹，价银六两八（钱）；猫帽市漂一百零二匹，价银七两六（钱）五（厘）；双鱼细斜布一百匹，价银四两三（钱）八（厘）。昨接包信兑津腊月半期交会元、和记钱庄、

① 画［划］："画"旧同"划"，后续录文以"划"录入，不再一一标注。

天亨永大洋各二千元；又本月底期交兴隆永大洋一千元；又咱之羊毛业已成梱三票①，今已开车二票，谅包细为呈明，津不复述矣。

津地宁毛行市疲缩，价银四十五两，高林买过七八百包。本月半底津谷对期票，津交主得一百一十二元，大洋西平六钱九（分）。其别再详。特此奉上。兰亭当家台照。

弟常麓拜具

己巳十一月初六日泐　第十三号

冬月十三日收到第十四号信一封

敬启者，于月初六日奉去第十三号信一封，内呈咱宁洋货昨日开车运绥，今又与宁贪便色货七担；又收讫泰记、富记大洋各一千元，并中记大洋一千五（百）元，皆注要之册，暂未易银等情，斯信想早呈阅，今不复述矣。

兹呈，昨日张裕宅带要未列号信一封平妥抵津，所统置货单照办，勿念。并由要带之路费大洋廿元，津已遵信按七钱作西平银收要之册，津出账矣。兹今与万裕恒做妥津现交伊大洋三千元，兑谷本月半交咱大洋一千元；又本月底交咱大洋一千元；又兑榆本月底交咱大洋一千元，榆在同和信代办，共得过伊津结费大洋三百八十一元，届期照收注津之册是妥，以何易银，再信呈知。所说贪布一节，一二日着裕弟赴宝坻②贪办，前者乾和裕买过，价二元零八（毛），现下价银亦是二元零七八。本月底出月半津交货款，咱同帮今秋冬季由口、宝两地，皆为发过三二（十）担不等，弟意咱凉、宁两处可共先贪发三四十担为是。津地住有宝售货者数家，就是由津亦好贪办。

再者，于初六日接凉一电，云针市街德兴栈、复兴隆冬底交自立公泾

---

① 成梱三票：包装成三部分，此处之"票"为计量单位。
② 宝坻：今天津市宝坻区。

银五千两，口收敦裕洋万一兑津否。宝接电之下，口收敦裕洋万一兑津否，津不明底蕴，已与咱包并恒记去信关照，如何再呈可也。又及。前者［接］咱口来信，云及前由口与恒记代售过货之津款，洋三千八百九十六元八（毛）二（分），按六钱八（分）合西平银，已经结要。嗣后该伙到口，言及又要赴津使用，故又着津备交，咱津昨前代该又收过口票大洋五千零五十元。

刻下二宗咱津共存该大洋九千三百九十六元八（毛）二（分），今日恒记陆兄来津，询及该云未曾接凉电信，亦是不明，不过可候三二日。凉仍未来电信，该云与凉去电关照，假若即是，有此宗交咱万一之票项，亦是不能照数交咱，则可以九千几百元兑整数交咱可也。

现下津地宁毛未做，大谱仍市四十五两。本月半底津谷对期票，津交主得一百二十五元，大洋西平六钱九（分）。其别再详。特此奉上。兰亭当家台照。

弟常麓拜具
己巳冬月初八日泐　第十四号

冬月十五日收到十五号信一封

敬启者，于月初八日奉去第十四号信一封，内呈裕弟带津路费大洋二十元，津遵要信按七钱作西平银收要之册，津出账矣。又与万裕恒做妥津现交伊大洋三千元，兑谷本月半底各期交咱大洋一千元；又兑榆本月底交咱大洋一千元，榆在同和信代办共得伊津结费洋三百八十一元，斯信照早收阅，今不复述矣。

兹于今日接要第二十八号信一封，情悉勿念。昨日接凉来电一支，云针市街德兴栈冬底交万顺成泾布平五竿。信至于敦裕恒口收该款之事，昨接包信统来凉电，口收敦裕恒万一之电信一支，云新泰厚、复兴隆收敦裕恒洋万一，廿四日发二担，慎，咱向恒记照收。该言除在咱存之大洋九千三百九十六元八（毛）二（分）外再无余款，则可以九千元整数交咱，下短二千元作退是也。以故今与凉拍去一电，云凉州复兴隆宝信电悉，敦裕洋收过九千

（元），下短二千（元）作退谊。

今津将恒记交咱之大洋九千元，津已按六钱九（分）合西平银收要之册，至于恒记前者口兑津交该之大洋三千八百九十六元八（毛）二（分），津已按六钱九（分）合西平银取要之册，至日与津凉各为注账是妥。今包来信兑来腊月半交天亨永大洋一千元，又冬月底交兴隆永大洋一千元，并统津第三票毛号折一个，计一百四十七包，于月初六日业已托德义公开车，其别津不复报。再者，衡记应交咱之大洋二千八百元，业已照妥。今则交咱一千八百元，余一千元，仍未见信，则可缓后几日。至于富记交咱之一千五百元，延至今日尚未见信，不交。津已与咱包照口经手家公义号去过本快信两封，向是该等遗误未报之故，抑亦是何缘故，祈速电该，以早交咱，一俟如何，再呈是也。

宁毛多日未做，行市四十五两，准是看小。本月底、腊半底津谷对期票，津交主昨日得一百二十七元，今日冒涨一百四十元。大洋西平六钱九（分）。其别再详。特此奉上。兰亭当家台照。

弟常麓拜具
己巳冬月初十日泐　第十五号

冬月廿日收到第十六号信一封

敬启者，于月初十日奉去第一十五号信一封，内呈咱凉兑津收敦裕恒洋万一之事，该除在咱存之洋九千三百余元，外在无余款，则可以九千元整数交咱，下短二千元作退。至于交咱之洋九千元，津已按六钱九（分）合西平银注收。

【下缺】①

---

① 因信件缺失一页，第十六号信详细内容未可知，其主要内容可由第十七号信之复报内容获知大概。

（第十七号信一封）①

敬启者，于月十六日奉去第十六号信一封，内呈初十日应收衡记之大洋二千八（百）元；又富记大洋一千五（百）元，延至十五日完全妥收。连前收过之洋均按六钱九（分）合西平银注要来往。并统去津收过口兑来之票项单一纸，至祈相兑，照单择点。又斯日托同积永王兄捎榆晋丰厚或谷会元转咱红白贡格纸一百张，至祈关照取回，津已出账。并统去洋货行市单一支，斯信想早呈阅，今不复述矣。

兹呈，日昨张裕宅由宝坻回津，已由彼贪便五丈六（尺）卅匹永机布②一百二十件，作卅担，外带永机苫布一百二十四，每匹价洋二元零五（分），津腊月半付款。已托大昌兴厚记由丰台③与咱经发运往包头，一俟到包，咱包可看的与凉、宁分发是也。昨日吉泰栈运咱之吉票羊毛二百二十四包，平妥到津，卸公义栈收，秤短五百来斤；又金源公运咱之三票羊毛七十二包，亦平妥到津，卸美丰新栈收，秤短一百八十余斤。昨日宁毛来津十余车，世泽昌、天德玉内共有五六百包，至于咱售之批水，因行市累疲，不好交货，今同中说合，交咱每包吃亏四斤，暂未过磅，做洋货与前相仿。再者，咱津代正记与会元做妥腊月初一日期兑谷对期交义福恒大洋一千五百元，每千元得津结费洋一百二十七元，咱报正记一百二十四元，至祈咱要转达该知，届期照收，注入正记之册是要。

本月底津谷对期票，津交主得一百三十元，大洋西平六钱八九。其别再详。特此奉上。兰亭当家台照。

弟常麓拜具

己巳冬月十九日泐　第十七号

---

① 原信件缺失一页，联系上下文可知该信编号第十七封，其准确收信日期已难获知，由第十八号信复报可知，第十七号信于冬月十九日寄出。

② 永机布：完全靠手工纺织成的棉布，幅宽不足半尺，颜色以本色棉花为主，有少量的条格布。永机布主要产自河北、河南、山东，以河北高阳的上机布为上品。

③ 丰台：今北京市丰台区。

冬月廿八日收到第十八号信一封

敬启者，于月十九日奉去第十七号信一封，内呈由宝坻贪便五丈六（尺）卅匹永机布一百二十件，作三十担；又五丈六（尺）永机苫布一百二十匹，每匹价洋二元零五（分），津腊月半付款，已托大昌兴厚记由丰台与咱经发，运往包头，已着包至日宁多凉少分发是也。并吉泰栈运咱之毛二百二十四包，与金源公之七十二包，皆平妥到津；又代正记与会元做妥兑谷腊月初一日期交义福恒大洋一千五（百）元，祈达该知照收等情，斯信想早呈阅，今不复述矣。兹于昨日接要第二十九号信一封，内情敬悉，所买之宝丹照买，勿念。

日前德义公运咱之毛一百四十七包到津，卸美丰新栈收，秤短二百七十余斤。近几日来宁毛不断，日来几车，多日未做，皆因行市累疲之故。昨日接包来信，兑津腊月半交天亨永大洋五百元；又吉泰栈运咱之毛十三日由包开车。洋货行市平妥，本月底、腊半底津谷对期票，津交主得一百三十七元，明正底一百二十七元。大洋西平六钱八（分）八（厘）。其别再详。特此奉上。兰亭当家台照。

弟常麓拜具
己巳冬月廿二日泐　第十八号

十九年一月八日收到十九号信一封

敬启者，上月廿二日奉去第一十八号信一封，斯信想早呈阅，今不复述矣。兹呈，上月廿六日金源公运咱之毛一百包到津，卸美丰新栈收，秤短一百九十余斤；又吉泰栈之一百零六包，于昨日亦到，卸平和西栈，暂未收秤。至于咱之批水，于上月底约已交讫，共二百八十二包，随统去市毛花单一支呈阅是也。羊毛行市仍是显疲，日前达泉涌、四箴明市与华孚行毛三百余包，价银四十三两四（钱）。今与凉贪便杂货并洋货卅件，与宁贪便洋货共三十四件，三二日税单齐备，有车即能开车。发往何处，已与口去信询问，口之驼脚顺遂与否再为定点。于上月底交讫自立公凉票泾布平银五千两，又交过万顺成凉票泾布平银五千两，已注要来往；又交过天亨永包票大洋三千元；又交过日新蔚口票大洋五千元；又交过兴隆永包票大洋二千元，按六钱九（分）作西平银，津已注要之册，祈注来往是妥。

兹于今日张裕宅由津动身回要，带过路费大洋二十五元，津已出账，着该弟除花费外，下剩多少无须交柜，作为该弟今次赴津之酬劳费。又带去各物并托友人合见捎谷会元转咱之泾银，呼二托茶叶二斤，相并开一花单，随信统去，至日照单收注津货账为是。所有津出账者，若伙等用之由要归为现卖可也。

再者，咱津上月底至年底之交项太巨，又兼津之贪货办税一应等项，亦然为数不少。又逢羊毛行市累疲，不能顺售。咱津贷款共有三万（元）之谱，已着包凉可暂止兑津交项。倘羊毛不能出手，若再兑津交项，咱津即得又为告贷，就是出利亦显作难。于上月廿八日有万顺成关照，凉兑来上月底代永喜合收咱大洋一万元，该系接信，咱则信电未见，当日即拍凉急电一支，云急凉州复兴隆、永春合冬底收咱洋万元有无，速复止做津交项。赉届期该号收过数次，咱以事关重大，有错该［概］不负责，以故未交，细情待裕弟回要面呈可也。咱包来信又兑津腊月初十日交日新蔚大洋二千四（百）七（十）元，凉又兑来腊月半交元盛永大洋二千元，别不复呈。

再者，咱津代正记与津会元做妥津腊月底交伊大洋八百元，兑谷；腊月半交义福恒大洋八百元，每千元得费洋一百三十七元，咱报正记一百三十五元，至祈转达该号，届期照收注入正记之册。

洋货行市毛市布、粗洋布显硬。本月半底津谷对期票，津交主得一百五十元，大洋西平六钱八（分）八（厘）。其别再详。特此奉上。兰亭当家台照。

弟常麓拜具

己巳腊月初三日泐　第十九号

十九年一月十六日收到第二十一号信一封

敬启者，于月初六日奉去第二十号信一封，内呈托吉泰隆运榆海货罐头箱二件，信至祈要由榆关照自取为是。随统去货号折一个，祈注津货账等情，斯信想早呈阅，今不再复矣。

兹于初七日接要第三十号信一封，内着津与王庆龄兄买之线毯，询问再再，概无该兄所要之尺码，所有者系四尺宽，六尺长，以故未买。况此腊月无顺，人亦不便捎带，祈由榆询买可也。至于吉逢厚①之事，在津闻及咱处出事，咱处闻及在津许系该东得罪小人破坏，谣言概无事实，祈台勿念。所说羊毛疲小之故，因美国有一贸易公司倒闭，牵连亏欠美商太巨，银势紧急，故此占点影响，亦是咱国之旧年关临迩，各行用款之故，明正价钱许能提昂，虽为此说，亦未敢定。按刻下景况仍不看好，咱之毛出样，有嫌潮者，有价银递不到者，万一价银照大众之四十二两五（钱）做不到，弟拟明正再售。至于石印局之脚费再信结要，勿念。

兹于昨日交讫日新蔚口票大洋二千四百七十元，津按六钱九（分）作西平注要之册，祈注来往是妥。咱与宁贪之洋货，拟托吉泰隆运包，随统去货号折一个，祈注号账转宁是妥。所凉之货，一俟开车呈知，勿念。兹，于初九日至昨接凉二电，云针市街德兴栈、复兴隆廿五交华泰厚泾银竿作。接电之下，不知数目若干，咱向该号关照，该亦见电是泾银五千两，大谱即是此数。又一电云针市街德兴栈、复兴隆腊廿五交德盛魁泾银五竿。昌日前平和买过宁毛一千来包，价银四十二两五（钱）；瑞凝霞市过一百六十四包；隆茂买过五百六十来包，价银四十二两五（钱）；美最时买过一百来包，价银四十三两，因货较高，洋货行市显硬。随统去行市单一支，呈阅是也。

本月半廿日各期津谷对期票，津交主得一百七十来元，明正二半底一百六十三四元，大洋西平六钱八（分）六（厘）。其别再详。特此奉上。成信后，接电报局由凉复向交华泰厚之泾银数目确系泾银五竿。又及。兰亭当家台照。

弟常麓拜具
己巳十二月十一日泐　第二十一号

---

① 吉逢厚：民国年间山西商人开设的经营花布业的商号。

一月十七日收到二十二号信一封

敬启者，于月十一日奉去第二十一号信一封，内呈交讫日新蔚口票大洋二千四（百）七（十）元，按六钱九（分）作西平银结要，并统宁货号折一个，兼洋货行市单一支，斯信想早呈阅，今不复述矣。

兹呈，咱之宁货今日开车运包，至于咱之凉货大兴公司一二日开车运口，今随信统去凉货号折一个，祈注凉号账转凉是妥。所有到口报税扣脚，一应已与口日新蔚去信经办，已与咱包去信向口关照报知，勿念。

日前利和买过宁毛六百包；天德玉市过三百包，价银四十二两五（钱）；宁夏毛多日未做，大谱三十六几两；洋货行市与前相仿。本廿日廿五日津谷对期票，津交主得一百六十元，明正二半底一百五十三四元。大洋西平六钱八（分）五六。其别再详。特此奉上。兰亭当家台照。

弟常麓拜具
己巳十二月十三日泐　第二十二号

一月廿一日收到第二十号信一封

敬启者，于月初二日[①]奉去第一十九号信一封，内呈金源公运咱之毛一百件到津，吉泰栈之一百零六包亦到，卸平和西栈，收秤短二百斤。又咱之批水毛约已交讫，随统去市毛花单一支。又于上月底交讫自立公、万顺成凉票泾布平银各五千两，津已注要之册。并同期交讫天亨永包票大洋三千元；又交过日新蔚口票大洋五千元；又交过兴隆永包票大洋二千元，津皆按六钱九（分）合西平银结要。又张裕宅于斯日旋里由津带路费大洋二十五元，津已出账，异日该弟抵要，所剩多少无庸交柜，作为该弟今次赴津之酬劳。所带各物并盒儿捎谷会元号转咱之泾银、呼二把茶叶二斤，开一花单统要，祈注津货账为是。又咱代正记兑谷本月半会元银号交义福恒大洋八百元，祈达

---

① 于月初二日：据《十九年一月八日收到十九号信一封》之落款时间和寄信时间，应为初三日，此处显系误写。

该知照收等情，斯信想早收阅，今不复述矣。

兹呈，日前托吉泰栈运榆咱之海味罐头箱两支，今已开车，至日咱要赴榆关照取回为是。随统去号折一个，祈注津货账为是。至于咱之凉、宁洋货，三二日许能装车开车矣，号折再信统去，勿念。

日前义成昌①市与隆茂宁毛五百来包，价银四十二两五（钱）；宁夏毛做过三百来包，价银三十六两五（钱）。洋货行市显硬。本月半底津谷对期票，津交主得一百七十来元，大洋西平银六钱八（分）六五。其别再详。特此奉上。兰亭当家台照。

弟常麓拜具
己巳十二月初六日泐　第二十号

同日收到第二十三号信一封

敬启者，于月十三日奉去第廿二号信一封，内呈咱宁之洋货托吉泰隆开车运包，至于咱凉之货，托大兴公司日前开车运口。随统去凉铺货号折一个等情，斯信想早呈阅，今不再复矣。于月十四日接要第三十一号信一封，所嘱各情敬皆领悉，至于玉长兄逝世，闻之令人可叹，想死生亦人之大数，哀哉。

兹于昨日交讫天亨永包票大洋三千五（百）元，又交过会元银号包票大洋二千元，又交过和记钱庄包票大洋三千元，又交过元盛永凉票大洋二千元，皆按六钱九（分）合西平银注要之册。又凉石印局经大兴公司运口之货，共挽大洋四十一元，津已按六钱九（分）作西平银注要之册，至日结凉可也。再者，前结要与万裕恒兑榆谷交咱之大洋三千元，信至祈按六钱九（分）合西平银注津之册是妥。昨日乾和裕接口电，云咱等前者到贝勒庙②之货，业

---

① 义成昌：晚清民国年间山西忻州商人在包头设立的商号，专营大西路生意，并在归化城和新疆等地开有分店。

② 贝勒庙：百灵庙，位于今内蒙古自治区包头市达尔罕茂明安联合旗。始建于康熙四十二年（1703），康熙帝赐名"广福寺"，因系达尔罕贝勒所建，民间称为"贝勒庙"，后逐渐讹传为"百灵庙"。贝勒庙地处驿路要冲，商业繁盛，从新疆、甘肃、绥远等地而来的货物要取道草地时，均需经过此处。

已平妥到口。宁毛近一二日来未做，大谱行市四十二两上下。前此咱出之样，洋行不递价，嫌货太次，洋货行市显硬。

本月廿五日津谷对期票，津交主得一百四十三元，明正二月半底得一百三十八元。咱代正记与会元做妥津现交伊大洋二百元，兑谷，阳历一月廿日交义福恒大洋二百元，共得费三十一元，咱报正记二十九元。日前已与恒记去信，至祈见信关照达知。再者，咱包来信，兑津阳历二月底交天亨永大洋二千元，其别谅包呈明，津不复叙。大洋西平六钱八（分）六（厘），今统去银洋行市单一支呈阅是也。其别再详。特此奉上。兰亭当家台照。

弟常麓拜具

己巳十二月十六日泐　第二十三号

一月廿六日收到第二十四号信一封

敬启者，于月十六日奉去第二十三号信一封，内呈交过天亨永、会元银号包票大洋三千五百元、二千元；又交过和记包票大洋三千元；又交过元盛永凉票大洋二千元；又挽付过凉石印局运口脚大洋共四十一元，皆按六钱九（分）作西平银结要。又前结要与万裕恒兑榆谷交咱之大洋三千元，祈要亦按六钱九（分）作西平银注津之册。并统去银洋行市单一支等情，斯信想早呈阅，今不复述矣。

兹呈，咱凉电兑来腊廿五日交德盛魁之泾银五千（两），咱向魁记关照该是信电未见。但月前有一德盛裕关照，腊廿五日收咱由兰兑来交侯之泾银五千两，是此抬头不对，不悉是电报局将字译错，抑亦是原底之误。再者，咱与西贪货一层，咱之羊毛一日不能出手，一日不敢举办，因津银势后半年以来未尝一日显松。又兼咱津贷款实告不少，津已与凉去信未见羊毛出手之信，万勿兑津交项。因津指项就是点羊毛，若再兑津交项，津实不好抽办。今统去津贷款单一支呈阅是也。

日前隆茂买过宁毛六百来包，价银四十二两八九、四十二两五不等。瑞凝霞随市过一百来包，价银四十二两五（钱），咱之羊毛价银四十一两，洋行尚不显要。津谷对期票，年内津交主得一百零三元，明正二半底得八十一元。洋货行市仍硬，今统去行货行市单一支呈阅是也。大洋西平六钱八（分）五四。其别再详。特此奉上。兰亭当家台照。

弟常麓拜具
己巳十二月廿二日泖　第二十四号

一月廿九日收到第二十五号信一封

敬启者，于月廿二日奉去第二十四号信一封，内统去贷款单、洋货行市单各一支，斯信想早呈阅，今不复述矣。兹于今日接要第三十二号信一封，情悉勿念。所叙津寄要之廿号信一封，尚未收到，今特复滕［誊］原廿号信一封及货号折一个，至日呈阅是也。

兹呈，今日交讫华泰厚凉票泾布平银五千两。又今日应交德盛魁之凉票泾布平银五千两，该至今亦未见信，电德盛裕向咱关照，咱因抬头不对，已向该号言及有错退款，业已将泾布平银五千两今日交讫，皆注要之册，祈注来往是妥。日前，隆茂、安利①等买过宁毛二千余包，价银四十二两八九、四十二两五不一。咱之吉票宁毛内有一百来包，略高货好，日前出样，咱言自少价银四十三两不售，大谱即做不到，此价亦能市价四十二两九（钱），何时做成呈知，勿念。洋货行市与前相仿。

再者，咱包来信兑来阳历三月底交天亨永大洋一千元；又阳历三月廿九日交和记钱庄大洋一千五（百）元、兴隆永大洋二千元。至于咱要所关照正记兑谷腊月廿日交义福恒之大洋二百元，前信已报，今不复述。

津谷对期票，年内见信谷收，津交主得九十六元，明正二半底各对期得八十六元，大洋六钱八（分）五六。其别再详。特此奉上。兰亭当家台照。

弟常麓拜具
己巳十二月廿五日泖　第二十五号

---

① 安利：安利洋行，由英商于同治五年（1866）创立，是香港安利集团的前身。

民国十八年走信处

正月初九日邮去第吉号信一封

启者,于客腊月廿四日邮津第四十号信,谅想收阅,不再复述。客年终及月之初四日,接津第二十六、七号信两封,内统与要置货花单一纸,照注货账,其物暂未收到,嗣后妥收再为详布。

结来津交过凉票泾布平银五千两,并收过绥、口各宗票项兼子廉弟捎布等款,均依来信分别注账,所关照要铺标事,大谱共短五六千元。既津余款暂无用途,可以先为调谷,春标收项三四千元,如兑榆合宜,即调榆标亦可。下短之数由要布置,嗣后咱津谷有用项,若津地不如好张办,再为调谷或榆交项皆可。前托会元捎谷月份牌,年终已经收到,勿念。

附报,榆次各行生意家家皆有盈余,合城并关外共涨三百万元之谱。太谷尚未询明,要村义福恒涨九千余元;天顺德声明三四千元,大约亦在万余元;同合泉、锦生厚①各去三千余元;天裕当千余元;东阳②、北田③粮面行皆好。年终做过满加七元,大洋数五千四(百)三(十文)。余情再详。特此布上。张裕贤弟新春鸿禧。

余彭沂具
己巳新正月初九日泐　第吉号

正月廿三日邮去第二号信一封

启者,于月初九日邮津第吉号信一封谅早收阅,不再复述。于十一日及十七日接津第二十八、九号信两封,内统要铺津置皮袋等花单一纸,其物业已妥收,照收咱津货账。

兑来同积永春标期交咱大洋四千元,依信留底,届期照收为是。近接宁

---

① 锦生厚:民国时期位于山西榆次的经营绸缎业务的商号。
② 东阳:今山西省晋中市榆次区东阳镇。
③ 北田:今山西省晋中市榆次区北田镇。

信报及咱发宁之货,年终业已妥到,当即出售。出九成三兔粗斜布,价一十两零五(钱)五(分);一十二两二十五包洋烛,市价一十两零五(钱)。照此行市,粗估亦还合宜,信至弟可与宁速贪松雀粗斜纹布五六十件、三飞虎粗布十件、僧帽洋烛四件,务宜速贪速发,勿可延缓。咱贪松雀之货者,到宁比三兔之牌顺售,而且价码又小,故多相宜。至于需款,如能由津筹划更善,不然做汇榆谷三月半底交项均可。

货发绥包何处相宜,弟与咱绥去信关照,听信而办。至于弟在津改包等事,弟要精细,亲手办理,万勿含糊,以免单货不符等错,是为至要。前令津与要购之信封,但有顺人即为捎来是要。余情再详。特此布上。张裕贤弟青照。

彭沂具
己巳正月廿三日泐　第二号

二月初九日邮去第三号信一封

启者,于上月廿四日至日前,接津第三十号,三十一、二号信三封,各情均已尽悉。所云收过凉票大洋四千五百元,及恒记五兴之款,并王振声谷交咱大洋三百七十元,已向会元关照收回,均依来信照注津册。至托王老四捎谷转咱信封四百个,业经妥收,勿念。

前信令津与宁贪办之货,务宜购便速改速发,万勿延缓。若咱货能早到,有驼即能发起,否则待到天热,骆驼放厂,又得多压半年,诸处败亏殊非浅鲜,云弟即早贪发是要。接宁来信,咱由贵①通共②贪便混毛③一十五万余斤,又净毛二万斤,大约此时即可装筏。凉信报及上月初三日由

---

① 贵:今青海省海南藏族自治州贵德县。
② 通共:一共、总计之意。[明]施耐庵《水浒传》第一百零一回:"王庆势愈猖獗……通共占据八座军州,八十六个州县。"
③ 混毛:未经加工处理的羊毛。

凉发出运绥德州①产货六千余两，着生颐弟跟货，就便下班。今要已着彭年、秉温动身赴绥，接收去矣，报弟知之。信至与柜印红白名片各一百张，与余印红白各五十张，上面印上复兴隆记四字，即便遇顺即为捎来是妥。

附报，榆谷标事皆已通融过讫，谷开去年利一百一十七元、夏秋月息九厘七（毫），冬标九厘六（毫），满加二十二元；榆开去年利一百一十八元、夏秋月息九厘八（毫）、冬标九厘七（毫），满加二十五元，（满加）刻皆疲至廿元。本月半底津谷对期票六十一二元，大洋数五千一（百）五（十文）。余情再详。特此布上。张裕贤弟青照。

彭沂具

己巳二月初九日泐　第三号

二月廿四日寄去第四号信一封

启者，于月十四日及日前接津第三十三、四号两封，所叙各情均已尽悉。统来宁铺号折一个，照注咱津号账，其折暂存要铺，以俟后首将货发起，再为统宁。

近据宁信报及，客腊月廿九日，土匪突然到贵，初二日又窜至鲁沙②，此两处虽无人命之险，银钱损失亦在不少，不过轻重不一。惟咱号损失多寡，尚未见咱贵伙之信。有后贵至宁之人，并有接贵信者，云及咱伙平安，损失大洋一百三十余元，如此一为不幸中之大幸也。后经官兵由鲁将匪追至湟源，已将彼地蹂躏不堪，财物抢劫净尽，人民伤亡五六千名。天德玉乔老闾被匪击毙，其余咱帮人伍均安。所幸咱号去年彼地根毛未贪，不然亦难免其损失耳。咱凉信云，现闻土匪由湟源逃至甘州③、山丹④。目下正在扰乱之际，

---

① 绥德州：今陕西省榆林市绥德县。
② 鲁沙：今青海省西宁市湟中区鲁沙尔镇。
③ 甘州：今甘肃省张掖市。
④ 山丹：今甘肃省张掖市山丹县。

大约一二日内由兰定来军队分赴各处剿灭。凉城现属平安,津发包之宁货已着绥,如能就地翻[贩]售更善,否则看势而行,或发兰、凉皆可。

兹布,于十九日已着郝彪、孙麟赴凉矣。生颐弟同日由凉回柜,所押之产货已搁至镇川堡。现下彼地五十五两之包,行市八十六七元,咱货未售。

太谷满加一十七八元,大洋数五千五(百元)。余情再详。特此布上。张裕贤弟青照。

彭沂具
己巳二月廿四日泐　第四号

三月初一日寄去第五号信一封

启者,于上月廿四日邮津第四号信谅早收阅,不再复述。上月廿七日接津第三十五号信,内统洋货行市单均已明悉,勿念。近接凉信报及,由凉汇妥津见信转托北平恒裕源代咱交北平民国大学堂①内贾孟龄大洋一百五十元,又交张揆文大洋一百五十元,各依信凭,至日见信由津可托源记致信,请其与咱照交,务要向收主各讨收据,交毕均依六钱九(分)作西平结要为是。

咱到镇川堡之货,接得来信已售过二箱五十五两之包,市价洋八十八元,谷夏标交款。绥地行市起色,头货二元五(毛)、甘货二元三(毛),咱号净存头货五十件尚未出售,报弟得知。

咱处今春雪雨甚缺,粮价集上零星,仍不见疲,麦子一十二三元,谷米八元,茭子②五元四五。津谷对期票七十来元,满加一十六七元,大洋数五十五(元)。余情再详,特此布上。张裕贤弟青照。

彭沂具
己巳三月初一日泐　第五号

---

① 北平民国大学堂:即北平民国大学,由蔡公时于1916年创办,校址位于宣武门内石驸马大街。
② 茭子:玉米,亦称玉茭子、玉蜀黍、苞谷、苞米、棒子等,为一年生禾本科草本植物。

三月十六日邮去第六号信一封

启者，于月初一日寄津第五号信谅早收阅，不再复述。于初八日接津第三十六号信，中情俱悉，所津收交过凉绥票项，并由平交讫贾孟二兄，谷款均依来信分别注账。津托义丰泰捎榆之名片三盒，前已妥收，勿念。

兹布，咱到镇川堡之货，业经以九十元之价悉数售清，彭年弟等于初七日结束回柜。惟绥下剩之货，据绥来信还未出售，与天亨永、裕源永共兑津本底期收项五千元。吉泰隆运咱之货现已到包，惟是驼脚甚缺，暂下虽以发走，前据宁信云及大众开筏约在二月底左近。多日未见来信，不悉发起与否。

刻闻瑞凝霞接宁信，报及今岁筏价大涨，每担至包要加二十三四两，因其筏价过大，以致众皆未发。照此来历，大谱极少亦得廿两之价，大众之毛不能望其早到耳。

刻谷满加大洋一十一元，津谷对期票七十九元。昨日降雨二寸余，粮价与前仿佛。余情再详。特此布上。张裕贤弟青照。

彭沂具

己巳三月十六日泐　第六号

三月廿三日邮去第七号信一封

启者，于十六日邮津第六号信谅早收阅，不再复述。兹布，咱镇川售之款，本月半收过二千余元，已出满加，知津出月底有交项，遂与会元号做妥四月底在津交咱大洋二千元，咱谷发标交共贴伊谷结费洋一百四十元，至刻留底，届期照收。近日津谷票费陡然疲缩至四十余元，咱谷本月底还有收项三千余元，以俟妥收再为兑津可也。日前接津第三十七号信，情已明悉，勿念。

再布，郝彪弟等赴凉，行至周家签［硷］①，闻宁夏城于初四日已被马四少带领回蒙匪人数千攻陷，伤人万余，惠安堡②附近亦有土匪数千，为是无

---

① 周家签［硷］：今陕西省榆林市子洲县周家硷镇。
② 惠安堡：今宁夏回族自治区吴忠市盐池县惠安堡镇。

法前进，随同帮之人，昨已全行返回。近阅津晋报载亦说宁城失守，照此情形，财物损失料来不轻，回匪见汉人即为仇敌，人民伤焉能望少。将来大兵前往，虽能将宁城克复，然而回匪地理熟习，而且山多易于藏躲，亦难望其肃清，赴西路途不知何时才能太平耳。

刻谷满加一十一元，对月底利二元四（毛），大洋数五千六（百元）。余情再详。特此布上。张裕贤弟青照。

彭沂具

己巳三月廿三日泐　第七号

四月初三日邮去第八号信一封

启者，于上月廿三日邮津第七号信，内叙咱由谷与会元号定做妥在津四月底交咱大洋二千元，咱在谷夏标交伊，共贴伊谷结费洋一百四十元，斯信想早收阅留底，余情不再复述矣。

兹布，日前咱又与庆和裕定汇妥本月底在津，伊着协成裕代交咱大洋四千元，咱要现交，共贴伊要结费洋一百二十八元，各依信凭，至刻留底，届期向协成裕照收可也。至咱谷发标之事，咱凉兑来交项三千元，有咱镇川售货之款相顶，以刻择计下来，亦无余短，即为临时倘有用项数千，则可由谷布置至津，勿念。

前据宁信报及，咱之毛筏定于三月出头开行，每担至包脚价大谱一十九两上下。近日未见发起之信，想该发起否。刻谷满加大洋八九元，津谷对票费三十七八元，大洋数五千六（百元）。余情再详。特此布上。张裕贤弟青照。

彭沂具

己巳四月初三日泐　第八号

四月初七日邮去第九号信一封

启者，于月初三日邮津第八号信，内叙与庆和裕定汇妥本月底在津着协成裕交咱大洋四千元，咱要现交，共贴伊要结费洋一百二十八元，斯信想早收阅留底。

昨据庆和裕来伙言及，该号业与同和信说妥代理津地收交，信至可将前底更正，届期即向针市街德兴长内同和信照收可也。咱津借公记之款六千元，由谷业已说妥，本月底到期还下再原转五千元，半年期，下余本一千元，并二期利三百二十八元二（毛）七（分），如数交与一德银号为是。于初三日接津第三十八号信，内统洋货行市单，均已明悉，勿念。

近日津谷票费又涨，本月半底对期四十一二元；五月至冬月半底各对期四十八元。满加六七元，现洋加钱四十一二元，大洋数五千六（百元）。余情再详。特此布上。张裕贤弟青照。

彭沂具

己巳四月初七日泐　第九号

四月十一日寄去第十号信一封

启者，于月初七日寄津第九号信，内叙咱与庆和裕定妥本月底在津交咱大洋四千元，着津届期改向同和信照收。并有咱津借用公记之款，月底到期再转五千元，半年期，还下本一千元，并利三百二十八元二（毛）七（分），皆交与一德银号。内统泽田致弟一函，所要者由谷代王振声交到会元大洋二百三十元，言定兑津本月半如数交咱，斯信想早收阅照办，余情不再重述矣。

于初八日接津第三十九号信，情已尽悉，所交过自立公凉票泾布平银五千两，并收讫绥票大洋七千元，六钱八（分）作西平，均依来信分别注账，至刻勿念。

近日津谷票费又涨，本月半底对期五十二三元，后期五十四五元，预定满加四十一二元，对月份子利三元五六，大洋数五千八（百文）。余情再详。特此布上。张裕贤弟青照。

彭沂具

己巳四月十一日泐　第一十号

五月初五日寄去第十一号信一封

启者，于上月十九日及廿七日接津第四十号、四十一号信两封，内统洋货行市单，均已明悉。所津收过凉票同仁公益会大洋三百元，依照六钱九（分）作西平收凉取津之册，至刻勿念。

近接绥信报及，咱下剩之产货二十四件，业经市情价洋二元一（毛），定妥绥在津本月廿日交咱一千五（百）元、廿五日交一千四（百）元，细情谅绥报津得知，不再细述。至于咱之毛筏，于三月廿六日业经由宁开行，每担至包脚银一十八两五（钱）。惟是今岁甘省改为三省①，一切税务尚无正式章法，以致沿途经过多有留难。据宁上月初七起之来信，大众之筏仍在西河积贮，犹未至兰，照此来历，不定何日才能至包耳。

附报，榆谷标势皆已通融过局，谷、榆开去年利一百二十八两、一百三十四两；秋冬月息一分零六（毫）、一分一（厘）一（毫）；明春一分零七（毫）、一分一（厘）二（毫）；满加皆四十一两。本月半底津谷票费四十三元，本标谷收津月半交三十八元五（毛）。咱处雨水仍缺，粮价日渐升腾，麦子一十四元，荄子六元五六，谷米七元五六。大洋数五千八（百元）。余情再详。特此布上。张裕贤弟青照。

彭沂具

己巳五月初五日泐　第十一号

五月廿三日寄去第十二号信一封

启者，于初五日寄津第十一号信谅早收阅明悉，情不再述。于初七日、初九日收津第四十二、三号信两封，内叙转告义福恒本月底期正记兑谷万裕恒交伊大洋一千元，要已告知该号。

咱津所交过隆庆诚、自立公凉票泾布平银各五千两；又收讫天亨永绥票

---

① 今岁甘省改为三省：民国十八年（1929），从甘肃省分出青海与宁夏二省，原甘肃地区由此变为三省。

大洋三千元；又收谷票庆和裕大洋四千元、会元二千元，依六钱七（分）合西平银分别注账。又收福生和凉票大洋一千五（百）元，亦按津六钱九（分）合西平银收凉取津之账。惟裕源永交咱之绥票，据绥来信，要向该退款，该有绥无款交咱，业已与该津致信，教咱与伊津伙密接收之。谅绥亦与津有信，细详要不繁絮。

接口信云咱凉发出之产货四箱，于初四日到口，大众共到口货八十二箱，咱货尚未检验。党部①干涉大众，与善后局②办妥，每两加贴党部学校费洋③五分，其别花费手续，暂未办妥。刻下行市未开，太谷满加二十四五元，大洋七钱二（分）九（厘），钱数五十九（百文），津谷对期票六十四五元。余情再详。特此布上。张裕贤弟青照。

彭沂具

己巳五月廿三日泐　第十二号

六月初九日寄去第一十三号信一封

启者，于上月廿三日及月之初一日接津第四十四、五号信两封，内统洋货行市单，均已尽悉。所津收过新泰厚绥票共洋二千九（百）元，依照注津之账。至托宝源泰捎谷之宝石针二个，业已妥收，勿念。

近据宁信报及，咱之毛筏业经到兰两条，下余仍在黑咀山左近。闻及宁夏土匪已经退至磴口④一带，沿途再无妨碍为是。大众之筏定以开行，刻下筏户正值修理皮袋，以备不远就可东行，但所虑者今岁甘省划为三省，一切税务尚无总章，羊毛经过各卡未免阻挠。兼各地土匪四处窜扰，以此度之，

---

① 党部：国民党党部。

② 善后局：清中后期开始，在有军事的省份中设立的用以处理特殊事务的机构。地方实力派可通过善后局不按常规，支款办事。退思《广东人对于光复前途之责任》："吾民之财，为善后局所吸收者，每岁之中，以巨万计。"

③ 学校费洋：民国年间张家口以学校建设等名义征收的税目。

④ 磴口：今内蒙古自治区巴彦淖尔市磴口县。

定不能早至耳。咱到口之货，据口信云，因咱货身软，东客不要同积永之货，二元二（毛）之价售清。达泉涌二元一（毛）五（分）之价，亦完全市过，裕源字号暂无式样。

再者，咱凉做汇一事，所兑绥收项归津插捕往往尚得贴款，其因绥津汇费暴涨。津、绥信电不灵，故有此项亏折，嗣后咱津务将各路票费须要旋信报凉。倘银大涨大疲者，速电报晓，万勿因惜小费而吃大亏也。

咱处雨水甚缺，要村附近迄今赤地未种者约占半数，所有勉强种下，谷儿、荬子至今连地数寸，将以旱死。即为一二日内能得饱雨，亦恐难以挽救，不过荬、麦、小麻能以播种，颇微有点后望。若三五日内再无透雨，则荒年以就了。刻下，新麦价一十三元，荬子六元四五，谷米九元几，定白面一十二元。津谷对期票费六十二三元，满加二十元零五（毛），大洋数五千九（百文）。余情再详，特此布上。张裕贤弟青照。

彭沂具

己巳六月初九日泐　第十三号

七月初三日寄去第一十四号信一封

启者，于上月初九日寄津第十三号信谅早收阅，不再复述。兹接津第四十六、七号信两封，内统银洋行市单，均已尽悉，所收交过凉、绥之票项，依照来信分别注账，至刻勿念。

兹布，咱谷秋标此刻择计尚短洋六千余元，犹有人名之贷未曾订定，将来粗估还得二三千元，信至望津可以调回榆谷收项大洋五千元，临期倘有别用或短多寡，由家周办可也。

近接绥信报及，口存之货二箱，刻又售出一箱，价洋二元一（毛）三（分）。并叙与恒裕银号兑津，上月底交咱大洋一千元，谅口早与咱津有信妥收否。所以咱之筏毛，前据宁信所云，不日即可开行，但至而今来信未题[提]就，不悉发起与否，令人念念。由包发凉之纸烟一十八箱，接凉来信已经妥到五十一盒，迭凉价洋五元四五，刻下能市七元四五，正逢凉地货缺，故能沾些利息耳。

咱处雨水仍缺，要村附近荒年以成，北田、东山一带偏过雨数次，就能有点收成，水地秋禾甚好，粮价与前仿佛。津谷票费六十七元，满加八元五（毛），大洋数六千（文）。余情再详，特此布上。张裕贤弟青照。

彭沂具

己巳七月初三日泐　第十四号

七月初十日寄去第十五号信一封

启者，于月初三日寄津第十四号信，内叙咱谷秋标短项六千余元，着津调汇榆谷收项五千元，下短多寡，由家布置等情，斯信想早收阅照办，余别不再重述矣。

近接凉信报及由凉与津客提包卖药人郭聘唐定汇妥咱在津见信交奥国①地大昌兴大洋二百元，至日照给，依六钱九（分）作西平注要之账为是。又统来陕帮石印局托咱由津代买各货置价单、水程单各一纸，今将原单随书统去，至刻预为询问价码，划估能得费牧［利］若干，以早与凉去信，令其斟酌可贪与否，聆候凉信再为举办。

再布，咱之筏毛据宁来信仍在西河，前拟不日开行，后闻兰省公家有拉筏之风，如是不能前进，而且又逢暑热之际，羊毛入水诚恐变色有碍出售，祗［只］②可待到秋后再为东行耳。咱宁清查，业已齐备，净长余利银五千六百余两，报弟得知。前接津第四十八号信，情已尽悉，所收过玉记口票洋二千五百元，照注津册，勿念。

附布，咱处于初七日至昨连降普雨八九寸，大洋数五千七（百文）。余情再详，特此布上。张裕贤弟青照。

彭沂具

己巳七月初十日泐　第十五号

---

① 奥国：奥地利。

② 祗［只］："祗"旧同"只"，后续录文以"只"录入，不再一一标注。

七月廿五日邮去第十六号信一封

启者，于月十二日及昨日接津第四十九号，并五十号信两封，各情俱已尽悉，所兑谷本月秋标期万裕恒交咱大洋五千元，留底照收。并收过各号之口票，均依六钱八（分）作银，各照注账，至刻勿念。

前接凉信统来津置水程折，尚有染色货不少，务得先行贪便作染，而且骆驼转眼即要起厂，是以择定常麓弟偕秉温于此月廿七日由要起身赴津，办理一切。所以我弟驻津已有二年，应调回家，异日麓等至津可将账目结便，弟即带账下班为是。

附报，咱处近日雨水甚大，于廿日晚至廿一日，降大雨一昼但［旦］未息，入地旱地约有二三尺，水地更为无底，一切粮价均属回头[①]。津谷票费六十元零六七，榆次本标议开去年利一百四十五元，冬标月息一分二（厘），明春夏均一分二（厘）一，满加三十八元，大洋数六千（文）。余情再详。特此布上。张裕贤弟青照。

彭沂具

己巳七月廿五日泐　第十六号

八月初六日寄去第十七号信一封

启者，于上月廿五日寄津第十六号信谅早收阅，不再复述。初三日接津第五十一号信，内统洋货行市单，均已明悉。结来交讫凉票大昌兴大洋二百元，按六钱九（分）作西平收取津凉之册。

兹布，兑谷秋标收万裕恒之款五千元，业已妥收，依六钱八（分）作西平收注津账，勿念。近接凉信所虑咱宁撤庄为骑虎背，对于借款，进则可以得，退则定以失。既借款业已出过，不如与宁贪点货物，仅［尽］力维持，待看后景为何再说。余虑占庄不易，撤庄犹难，且有数千两之借款，不忍一旦抛弃为是。昨日与凉、宁各拍去一电，云宁庄缓撤，羊毛价小，可旋贪至

---

① 粮价均属回头：粮食价格下降，趋向正常水平之意。

津。与凉贪办之货，据凉信云，往西邮包对付能走就，未悉属实，至刻询问，如是能走，可将零星之货多邮为是。

再布，咱赴凉之伙询之小路仍是不通，如走草地，大同至绥远车路尚未修好。闻有乘汽车走南大路者，甚是通快，比较小路多费无几。如是咱定妥此月廿一日着郝彪、彭年、孙麟由谷乘汽车赴兰，再为转凉。所以郭耀宗因家中无人，经理已辞账回家，连永开除出号，报弟得知。

谷地秋标议开长年利一百三十七两、冬标月息一分零五（毫），明春夏一分零六（毫），满加三十四两，因无多用主，刻疲至二十七两。津谷票费六十七八元，大洋数六千（文）。余情再详。特此布上。常麓贤弟青照。

彭沂具
己巳八月初六日泐　第十七号

八月十九日寄去第十八号信一封

启者，于月初六日寄津第十七号信谅早收阅，不再复述。于十二日接津第五十二号信，各情俱悉，所交过凉口票项各款，已照来函分别注账，至代聚德正兑谷万裕恒本月底交义福恒大洋五百元，当已通知恒记留底照收，至刻勿念。

兹布，咱凉宁清查，业皆到要两处共长余利一万四千余两，阅凉清查，尚颇属实无虚。公家借款一千一（百）五（十）元皆已抛除，凡属疲账①，一律撒外不打②。存有产货五千五（百）两，共作价银二千五（百）两。凉地产货日见升腾，刻涨至九十元，咱货拟定七月十九日随大众之货发绥，着刘溢跟货就便下班，此特转布弟知。

刻谷满加二十三四元，津谷票费七十二三元，现洋加钱亦大七十三四

---

① 疲账：坏账、呆账之意。
② 一律撒外不打：全部不计入之意，不打即不计算在内。

元，大洋数六千（文）。余情再详。特此布上。常麓贤弟青照。

彭沂具
己巳八月十九日泐　第十八号

八月廿七日邮去第十九号信一封

启者，于十九日寄津第十八号信谅早收阅，不再复述。廿日接津第五十三号信各情俱悉，勿念。

近据凉信报及，由凉与郭聘唐定会妥见信咱在津交奥国地大昌兴大洋一百六十元，各依信凭，至刻照交为是。又叙咱之产货于七月廿二日业已随众发出，着刘溢弟跟货，并带有黄货二截，共重一十五两六（钱）五（分）。刻凉生意虽说微稀，对于兰柜上较比春季好之多矣。咱凉每日能市大洋二三百元，各货露短，布匹畅销，欲教由咱处购发杂布数十担，即着伙赴榆询问。永机布行市二元八（毛）七八，任庄布二元一（毛）五六，大尺布三元三（毛），虽有此市，亦属无货。京东铁机布，其货更无。如是不能贪办，就未悉宝砥等处价能廉否。随统去复腾［誊］凉信一纸，凉地行市单一纸，至刻询察，如由东路贪办相宜，可以拣贪数十担，不宜作罢，望弟斟酌办理。

日前又接凉一电，云太谷会元号转要呢底收乾和裕洋一万（元）会但，"呢"字必是电局打错，料来该是"本"字。拟于一二日着伙向裕记关照，如是收讫，欲将此款由谷暂出满加，如津地有凉票交项，可由津出利暂用，若即调津，正逢票费暴涨之际，又得吃其大亏也。咱绥结账业已到要，结束下来，除将晋川宏疲账洋一千一百余元撇除外，净亏银二百八十余两。咱赴凉之伙于廿一日由东阳搭乘汽车西下矣，报弟得知。

刻下津票本底对期费一百零三元，九十冬各半底八十七元，满加二十五元，现洋加钱八十元，大洋数六千（文）。余情再详。特此布上。常麓贤弟青照。

彭沂具
己巳八月廿七日泐　第十九号

九月初一日邮去第二十号信一封

启者，于上月廿七日邮津第十九号信，内统复滕［誊］凉信一纸，凉地行市单一支，想早收阅照悉，情不再述。

廿八日接津第五十四号信，内统洋货行市单均已明悉，所收过口票洋共三千元，依六钱七（分）七（厘）作西平照注津册。并兑谷本月半期交项洋四千元，谷冬标期交项洋八千元，依信留底照交，至勿计念。兹布，前信叙及接凉电兑谷呢底收项一万（元），着伙向谷乾和裕关照，该言亦接凉电，系着备九月底交款万元，未提交付何号，以此料来，咱电"呢"字必是"九"字，要已按照九月底暂行留底，一俟咱凉来信，始能明确耳。

今接桂弟由包来信，报及与凉共发起纸烟、洋布八担，每担至凉脚银三十二两。并叙与吉泰栈挽妥洋布、斜纹、洋烛税捐共大洋一千一百五十三元，言明由包清结，付伊省票八百元，杂票三百五十三元。惟丰台之粮货，统捐①每匹二毛四（分），该栈由津开来之花单未注其款，伊与咱关照。并洋烛之粮货统捐每箱一毛，亦未开之，想是从津归结也。如是出过则已，否则由津与伊结算。至与吉泰栈在包挽结之税捐花单已与咱津缮去一纸，信至如咱津结账尚未齐备，可将此款由津出账。如是已便，即来信提明，好为由要出账，以免咱津再多返往过账矣。再布，有光弟上月廿七日已平妥回要，王鼎、清宇亦回凉铺。刻宁所留者，定志与维仪耳，此报弟知。

刻谷满加大洋二十二三元，津谷票费本月半底谷对期九十七八元。秋禾水地正值混割，旱地尚未成熟，一切粮价较前均属回头，麦子一十一元七八，新荄子五元四五，绿豆一十一元五六，大洋数六千（文）。余情再详。特此布上。常麓贤弟青照。

彭沂具

己巳九月初一日泐　第二十号

---

① 统捐：指对货物实行一次课捐。为革除厘金重复征税之弊端，光绪三十一年（1905），湖北开始实行统捐，在境内设立统捐局6所，往来货物，只需在最初经过的关卡纳税，其他沿途关卡，不再征税，故称"统捐"。此后，其他省份也仿照实行。

九月初七日邮去第二十一号信一封

启者,于月初一日邮津第二十号信谅早收阅,情不再复。

兹布,张裕弟已于初五日已平妥抵要,带来咱津结账一本,兼宝丹五钵,火石一盒,吉泰栈挽账清单两纸,惟结账当即复核,无甚错处,月息汇费内略有微错,多共银数已照津之数结束下来,净收津铺来往西平银一万五(千)二(百)七(十)一两一(钱)零三(厘),依此挽总矣。至于吉泰栈之税款,由要业与咱绥一直过账,无须咱津再多往返矣。

据裕弟谈及津地宁毛批水四十六七两,现付定银三成,两个月交货,弟欲咱做数万与余商酌一节,查桂弟由包来信,述及世泽昌、瑞凝霞皆接有兰信。毛筏已于上月初十日由兰开行,倘路无甚阻碍,此月半左近即可到包。咱虽未见凉宁发起之信,缘咱兰地尚无住人,以致迟延。但咱毛一筏五万四千余斤,与霞记皆是德泰店之筏,既伊毛发起能到,咱号亦必随行相伴而至,如此料来,咱毛不远即能到包。即如路有阻碍,至迟月底亦许能以至包。照津批水价银估有利益,且津地银势奇紧,咱号就可先售四五万斤,所售款项弟可斟酌,可与咱凉先贪点染货或备津地用项,望弟看的办理为是。

昨接津第吉号信,情已尽悉,结[接]来裕弟在津支使银廿两,并兑谷之交项,共一万二(千)元,依六钱八(两)作西平银结要,当依来信照注津册。至裕弟由津带之路费一十五元,如数用完。再布,凉伙李恭由凉跟咱产货,昨已由绥回要,据该弟述及大众之货,上月廿三日已抵贝勒庙,汽车未至故不能运口。该弟随驼到绥,咱货留刘溢在彼等候,车到运口。该初三日由绥起程,已询及东口汽车卅日已到贝勒庙,计日三天就能到口,桂弟定于初四日由绥赴口接办,此布弟知之。

我弟临行带津捎货单内有王庆龄兄用挂镜二面,望弟注意,赶年亦准与该捎回。惟岳子州之物,异日购便即邮介休城内南街岳家车门交伊即妥。近日津谷票费飞涨至一百四十五元,亦不明因何所致。

大洋数六千（文）。余情再详。特此布上。常麓贤弟青照。

彭沂具

己巳九月初七日泐　第二十一号

九月十九日寄去第二十二号信一封

启者，于月初七日寄津第二十一号信，谅早以阅明，悉情不再述。

兹布，刘溢宅于十六日由口回柜带来口信，云及咱货泾客看后，二元四五、二元四（毛）完全售清，暂未过平。并云大众后帮来货还有五六十担，不知内有咱货与否。接凉来信，报及八月节后咱货定发二担，当约即在此帮乎。

据宁上月十八日起之来信，德泰店载咱毛筏抵兰，马老五之筏备一二日由张其寨开行。至于兰、宁、青三省之税，业已办妥，准其在青一省完纳。是以贪毛者将宁省之税完全由青上过，每百斤均税洋七毛五六。所兰省之税，因今青兰主席有借毛客之款，指明走毛扣除，是以由青未上。推此情形，但税务办妥再无逗留之余步。不过咱宁来信，未提筏毛从兰何日开行，使人念念。并叙湟源混毛价一十二两，津因有贪主共挂过四十几万（斤），兼今岁增有新贪毛之主数家，以致将价喧起，刻已涨至一十四两二（钱）。津兑来九月半交大来洋四千元，已照交讫，勿念。

刻谷满加二十元，大洋七钱二（分）九（厘）。遇顺兴要捎来印本号信封一二百个，洋车上白铁代门环气筒一个，皮胶、车油看捎。余情再详。特此布上。常麓贤弟青照。

彭沂具

己巳九月十九日泐　第二十二号

九月二十二日寄去第二十三号信一封

启者，于月十九日寄津二十二号信，内叙遇与要捎信封及洋车上气筒、车油、皮胶等物，前信谅早收阅，今不复繁矣。于日前收接津第三号信，情已尽悉，惟咱要冬标之事，以刻择点尚短洋五几千元，临期由要布置至津，亦无须再做津票，勿念。

据凉来信述及凉开之水程催贪甚急，并云以早贪发有利可取，若迟恐无利可沾等语。余虑咱口售货之款尚在万余，又兼咱凉于八月十六日发起第二帮产货五千二（百）两，届期亦该到口，是以划算。咱津就可将凉货先为贪发数十担，总以热货当先，预先与绥口去信关照驼脚有无，看是发往何处相宜。如东口有靠实之驼，即发东口转凉，能免两省之税捐，至望我弟酌办为是。

刻谷满加廿元，大洋七钱二（分）九（厘），津谷对期票一百五十元，现洋加钱一百二十二元，票洋三元。余情再详。特此布上。兰亭当家、常麓贤弟青照。

彭沂具

己巳九月廿二日泐　第二十三号

十月初一日寄去第二十四号信一封

启者，于上月廿二日寄津二十三号信，叙及咱要冬标之事，以刻择点短款五几千元，临期由要布置，无须做津票云云。斯信想早收阅，余情不再繁述矣。

于上月廿四日收津第四号信，统来置货花单均阅照悉。所代聚德正兑谷交义福恒九月底期大洋五百元，早已达知该号。接包来信叙及今春咱津托福泉聚发包麻袋三千条，垫付税洋五十八元，已由包付晋泰昌，按六钱八（分）合西平银，要已取津之账，至照收要出账为是。并云毛筏仍是无音，义同厚在官渠口住人，特为接办毛筏之事。但是毛到准以先信报晓，前凉电要上月底期收乾和裕洋一万（元），昨日已照收讫。所咱凉货总是以早贪发，免到凉地受价回头之虞，是为至要。

刻谷满加一十二三元，津谷对期票一百三十几元，现洋加钱一百三十元，大洋数六千（文）。余情再详。特此布上。常麓贤弟台照。

彭沂具

己巳十月初一日泐　第二十四号

十月初五日寄去第二十五号信一封

启者，于月初一日邮津第二十四号信，谅该收阅明悉，情不再复。

近接凉信报及由凉会妥，津托北平恒裕源代咱见信候交北平宣内超然公寓[1]凉州学生马永盛大洋一百元，两不加费，各信凭至，刻速托源记俟其收使讨保索据照付，依六钱九（分）作西平计要之账为是。

至于弟带津之凉铺水程，咱凉屡信催贪，只恐短客贪到，咱先该等货到，估其会费就要出售，不能把持。若咱货到于人后，定必受其影响，赔本不利出手矣。望弟极力维持款项，速将染色大路之货先发数十担，所以下剩之货，待咱羊毛至包，再为陆续贪发。凉信又云，接兰天德玉信报，德泰店载咱之毛八月廿八日业已由兰开行。

【下缺】

---

[1] 超然公寓：位于北京西城西铁匠胡同。

五、《民国十九年三至七月平遥庆源昌布花店各处走信底稿》

【简介】

该信稿为线装手抄本,封面为灰色,中间和左上分别以红底黑字书写"民国十九年三月续立""各处走信底稿"。内封贴有民国政府印花税票2分税票5张,上盖有"护封"[①]印章。信稿有文字者共计117页,以行楷抄录平遥庆源昌布花店寄往各处的书信,共158封信,信稿始于民国十九年(1930)三月三号,终于民国十九年七月十二号,故将原信稿名《民国十九年三月平遥庆源昌布花店各处走信底稿》更正为《民国十九年三至七月平遥庆源昌布花店各处走信底稿》。

【录文】

三月一号寄原之寿一信

之寿、幕韩仁兄阁下青鉴。敬启者,去岁发原煤油除售而外,仅有若干,务请见信代为鼎力销售,售款交津为妥。

兹查煤油过关税务,每筒花销均在三元之谱,照此税务花销甚大,不当获利,而反贴本[②],其中赔害苦不可言。屡听友人传言陕西潼关以及风陵渡[③]之

[①] 护封:古代多用于信札封口,防止别人打开偷窥。在一些文件、文书的接缝处,人们往往也要盖上印,即所谓骑缝印。亦有印花税票上盖骑缝章者。

[②] 贴本:亏本、赔钱之意。邹韬奋《患难余生记》第一章:"事实上当时因为纸张贴本太重,一部要靠广告收入贴补。"

[③] 风陵渡:渡口名,位于今山西省运城市芮城县风陵渡镇,与河南灵宝市、陕西潼关市和大荔县隔黄河相望,由此可渡黄河到达陕西。风陵渡同时也是同蒲铁路最南端。

过载行，对于脚力加价上税，朦蔽黑暗不堪。咱等昔无运过煤油，不免该等暗中多加税务，祈挽账时间注意留神，详细考察，总宜多为扣省运费是为至要。余不多渎，谨此。即请时安。

三月二号寄晋昌永一信

晋昌永宝号台照。敬缘兹为敝号前存台处榨花包甬八十筒，至祈见信悉数照交杨子祥兄为妥，有费神处，容后图报可也。余无别呈。此请时安。

三月二号寄子祥一信

子祥仁兄阁下伟鉴，想台莅绛①，公事清吉为慰。敬恳者，兹有敝号在绛晋昌永寄存榨花包八十筒，务请见信向其关照，数目相兑，祈为移存永昌正②宝号内，而正记尚存敝包甬二百个，请为择点函示为祝，琐费神处，容后再谢可也。

附呈，平地银势漏紧，满加五十四元，津票对期二百二十二元。余情再呈，谨此。兼颂筹安。

三月三号寄榆一信

礎轩贤弟升照。启者，于昨午街一记返号带来之信，内叙各节均为明悉，至望勿念。惟前信叙及谷交大昌货花大洋四百元，日前业已函呈，同永利代为照办，俟接交毕之信，再行呈报可也。及玉同义栈存咱棉花，我弟勿庸忸怩，仍请遵照前信料理是为善策。对于经手之费，暂时勿庸提议，总照该栈声明，只以最后挽账时间再为结局对说为是。

刻平一六③棉纱二百八十元，满加五十二元。余情再详，谨此。即欣刻安。

---

① 绛：新绛县，属山西省运城市。
② 永昌正：民国时期由汾阳商人刘氏在新绛县开设的钱庄。
③ 一六：棉纱的支数，按英制标准，每磅棉纱的长度除以840码，得数即为棉纱支数，数值越大，则棉纱越细。根据支数高低，棉纱可大体分为低（粗）支纱、中支纱和高支纱三类。

三月四日寄榆未列次信一封

礎轩贤弟升照。缘三月三号寄榆一信，内叙各情谅该阅悉照办，今不再渎。

兹呈，榆存顶白禹州布，务请见信由榆发汾德生大四卷，下余一卷速为运平，至望照办乃荷。

刻平满加五十元，漏疲，津票二百三十元。余情续详。并请刻安。

同日寄榆未列次信一封

礎轩贤弟升照。缘今早从邮寄榆一信，内叙榆存顶白禹州布发汾德生大四卷，运平一卷，至请见信改发德生大三卷，运平二卷，务望速为催发是要是要，其别与前信同。此请时安。

三月五号以兴送汾第吉次信一封

敬启者，日前思荣回平带来吉次之信，内报咱在汾售妥永盛义寒山寺①贡缎一十板，秋期价，平头已照留底，静候该伙来平将货挑定，再为成发，祈勿念也。

兹呈，咱平津票会水节节渐涨，刻已涨至二百六十元，仍属后硬，露有交主。照此看来，会费一刻难望回疲，津票不能见疲，各货行市自必起色。惟我之货，祈兄亦可提价而售。所说永机一布，遇有相当贪主，设做远期②，即要加息，估计有利再行售卖。倘卖现款，望兄亦要见利而售。如照别家在汾所做行市，太实不符我号之布，总宜有利是售，万勿不可以随他人行市售卖，以致赔钱，是所切盼。即如别货得能提价，即要提价顿售，不然现在之货，遇此会费猛涨，月息很大，即有存货之家，只是能销，不能再

---

① 寒山寺：位于苏州市姑苏区，始建于南朝萧梁，历史上曾为中国十大名寺之一。此处为贡缎品牌。
② 远期：交易双方同意按照合约规定的价格（或执行价格）在特定日期交换约定数量的标的资产（金融或非金融）的金融合约。

贪。由此观之，是以不论何货看涨，不能看疲我存之货，务希提价酌量推销乃荷。

附呈，咱平各货行市刻露活动，白皮之货①比兄未走之前每匹增涨四毛之谱；板头之货②每码亦涨二头之分；本机各布，手工亦露变更，前则抽线，现时虽无手工，显露布缺。至于咱号所存本机大尺、定机两布，务则以本在平原议之市，勉力照售。不过如能售出多数，祈兄不防电平，以备张罗调收是要。今随统去平、榆各货价目底单一支，至希升阅乃盼。余后呈。此上。刻平满加五十元。子宏老兄升照。

七号寄离石③广和长一信

广和长宝号台照。敬缘本标有收台号满加大洋三百元，又有利洋六元六毛，今已悉数列入台号往来，务祈见信与敝暂为注账。盼台委敝津收内地会款，刻仍未来信，俟接敝津收毕之信，再行函告可也。谨此奉知，并请财安。

三月六日寄榆未列次信一封

敬启者，日前接榆第六号信，内叙切情均悉。克平本标收义合公大洋一千五百元，已妥收讫，祈勿念也。惟榆所售自立厚喇叭童④毛市布五件，现款价洋一十二元一（毛），当照注账发贴，今随恩荣带去，谅在核阅，已照转递矣。

兹呈，咱平津票会水节节升涨，刻至二十五元几，露有交主，牵动各货行市大见起色。所咱平存之货，除本机外，别货所存无几。毛市今已如数发陕，只匹不存。所我榆存之货，遇此行市活动之际，即可稍形把持把持。据

---

① 白皮之货：未经染色的布匹。
② 板头之货：行业暗语，意指绸布。
③ 离石：今山西省吕梁市离石区。
④ 喇叭童：棉布品牌。

弟声称闻及省城^①出有军庄［装］消息，惟咱存之二飞虎布就可看看再说，行市能到一十一元以外再为售卖，如其一十元几，万勿不可顿售。至于喇叭童市布，照榆报来之价，夏期行市一十二元六（毛），如能贪买，祈弟顶以于数件张罗搜买，不然多顶^②一半毛亦可贪买十来八件。设能贪买，买便将货仍存榆次，候信再发。惟是飞虎粗布，平亦货缺，如榆有货，祈照一十元五六之行市亦可以再为添贪三二百匹，如价再大，则不可贪。至日将我榆存喇叭童市布，有时速为运一件以补平空，下余之货原仍存榆乃妥。

再，同义公之事，今标标事未曾过局，该已张明倒闭，所我在该栈存之棉花，不论好花、红花，一律起存吉泰栈为要。红花该栈与咱汇烂十数包，可向该栈声称汇花约有多少，着其留底开条，以备将来挽账与该交涉，令其抱赔乃耳。至祈照办乃盼。

刻平津票四五六对期二百五十四元，满加五十元。二斤布现款一元七（毛）五（分）、一六纱二百八十元，钱数四千（文）。余后呈。此礎轩贤弟升照。

三月七日寄榆米脂县^③正川堡永裕长一信

永裕长宝号台照。敬启者，兹为本标敝有应还台号满加大洋五百元，标前未接台谕，勿悉此款别有筹谋否，待至昨日过局，仍是未接函谕。敝思与台浮存他处，又恐其中受背，彼此维［为］难。又念与台素交，勿敢致［置］之度外，是以与台出过夏标满加大洋五百元，共利洋二十四元，务请见信注账，并祈赐复为盼。谨此，即颂筹安。如台别有交项，请为函示敝知，以好照办。又及。

三月七日寄陕增盛恒一信

增盛恒宝号台照。敬启者，本标有敝应还台号满加大洋一千元，今遵来

---

① 省城：太原。
② 顶：加价之意。
③ 米脂县：今陕西省榆林市米脂县。

谕，随开利仍为原转夏标，满加定明利洋五十元。惟本标应付利洋三十八元，业已注台之账，务请请①录底赐复为盼。专此。并颂财安。

三月七日寄米脂县正川堡世诚永一信

世诚永宝号台照。敬复者，日前接得两函，内委敝随市出放满加，当即遵谕出定夏标满加大洋五千元，共利洋二百五十元，至请留底乃荷。

兹据台函云及敝存台洋五千四百二十元，按以敝账择计，数目不符，遂将各款详细呈报台端，请为查阅。计呈台号来往净存洋四十九元。又本标应收借项本利洋五千零八十五元，除讫出过满加大洋而外，下余八十五元已登台册，齐此往来仅存台号大洋一百三十四元，务请核计是妥。惟委敝旧历二月半津收元盛永大洋五百元，业已函达敝津照收，一俟接津收毕之信，并台津出短期利若干，再行奉告可也。

刻平满加四十八元，其别无善可陈。专此。即请筹安。

三月八日寄榆未列次一信

敬启者，昨日学程记带去未列号信，叙各情谅想阅悉照办，今不再渎。

兹叙，国历三月半，咱榆收交另缮花折随信统去，至请转呈晋丰吉②代为办理。择计下来，榆次余款省城缺项，务望见信由榆觅磕。榆交省收大洋一千元如是克妥，请为速呈正义银号③照收。而平已与该号去信，祈其代为收，万勿有误，是为至要。再叙，咱榆存之毛市布如是价值提高，并飞虎粗布，均宜提看势出脱为是。

刻平满加四十八元，漏快，津票二百二十五元。迩来西路生意稍见活动。刻白皮洋货缺乏，一六铜叶纱现款二百八十元。其别无事。此请磋轩贤弟升照。

---

① 请请：此处为误写，多写一"请"字。
② 晋丰吉：民国年间位于榆次的钱庄。
③ 正义银号：民国年间位于太原的银号。

三月九日寄省正义银号信一封

正义银号台照。敬缘国历三月半，敝省应收大成银号①大洋三千元，该系和记代办。又同期交永盛德大洋二千元，请向和记关照。又同期交台号大洋二千二百一十二元，尚有经敝伙由榆克去省收大洋一千元，如是克妥，定当从榆直达呈报台端。俟接敝驻榆之信，务请一并留底，届期照办，办毕祈为赐是盼。

同日寄省正义银号复报信一支，其文与前信同

同日寄榆一信

磋轩贤弟升照。缘今晨托李掌柜捎榆未列号一信，内叙咱榆存之喇叭童、飞虎市布、粗布，价能提高出售，并买一德银号一六纱悉数发平等情。

随统去自立厚发帖一支，又转呈晋丰吉榆次国历三月半收交单一支，谅想阅悉照办矣。未恐前信有误，故而今日复呈榆次收交单一支，至请查兑照办是妥。又今午佩华记抵平，榆地各货行市均为叙悉，请勿锦念。惟叙榆次存项，前信令榆往省磋榆交省收大洋一千元，务望预为磋之，磋定函知正义银号收之。省城月半缺项，即指榆款，万勿有误为要为要。

再，榆次棉纱请见信改发汾阳同裕长一十包。今接魁记来信，云及售妥该号，言明榆次交货，至望照发为妥。下余之纱平已全行售清，务宜速发平号，勿延为要。惟榆次存之喇叭童毛市布，除发平一件而外，下剩五件。并飞虎粗布请可不时访问，如有提价贪购者，总宜争先出售，祈勿把持售卖，现款为宜，倘办不到，至远卖国历三月底之款。万勿售卖远期，系因咱号月底用款甚巨。迩来时局不靖，未恐银势变动，又收利息之败，至望照办。如是行情勿能提高，今据原号来信，叙及原地行情相宜，划估发陕其

---

① 大成银号：民国年间成立于汾阳的银号，资本超过一万元。

利可观。咱号客岁买货未跟子口税票①，务请发榆询问。最近有效之税票，其票限期三月为度，过期作废无效，如能觅得有效之票，以备往陕用，祈为进前觅之为要为要。

刻平满加五十元。余无别叙。专此布达。并请时安。

十一日寄榆未列次信一信

礎轩贤弟升鉴。缘今晚接榆第七号一信，内克省大洋一千元，业已由榆函达正义银号收之。又发平棉纱一十四包，俟收到之日，再信奉知。兼叙各情均为明悉，请勿计念。惟叙榆收裕隆久大洋一千一百三十元，无宗，当即接信关照该号稽查，会册原留地收交榆地，该号未曾备款也。是以解决妥当，由平过局，至请见信将收该之款作为罢论，取销原底为要为要。今与协和银号②磕定国历三月半榆收伊大洋一千元，该系晋丰吉代办，务望见信关照办理为荷。

再，咱榆存文水棉花一宗，据弟来信，云及华兴③、大兴④两纱厂贪买，至望见信可将此花出样，如能卖到五十八元，国历三月底收款，将发记之花除讫而外，下余悉数出脱，万勿卖远期之款。今番咱号出脱棉花，系念利息很大，起见非是为棉花行市回疲之故。今早恩荣记赴榆，意想提价出售市布，亦是满加陡涨六十一元原因，务望弟等互相商酌办理为是。再，咱同义公未起之东花，请为时常注意访问销路，若有贪主，致信往返耽误，祈可由电话告平行市就可。立时谷复售否，万勿置之度外，是为至要。

刻平满加六十一元，津票二百四十元，一六棉纱二百八十元，尚漏疲，随统致晋丰吉一信，照转乃妥。余事再叙。特此附知。并请时安。

---

① 税票：税收票证，政府机关征收税款所使用的各种专用凭证的统称，也是商人已纳税款的完税凭证。此处当为印花税票，民国年间，印花税票曾作为有价债券在市面上流通。
② 协和银号：民国年间设在山西平遥的银号。
③ 华兴：纱厂名，民国年间河南卫辉、天津、青岛等地均有华兴纱厂。
④ 大兴：民国年间位于河北石家庄的纱厂。

三月十三日寄榆次聚丰泰一信

聚丰泰宝号台照。敬复者,今午并接台号三号、十号二敝明信[1]两件,敬读之下,得悉与台再发二斤本机布十卷,当即按照原售一元七(毛)一(分)之价发榆,务请择点查收,将款祈为拨交驻榆敝伙为妥。

惟台本标收交早已由邮局函呈台端,至今为何未接,想是途中遗误否。今又按照本标收交底册原录一单,其款均为办毕,至祈分别与敝注账为荷。今次报台收交并发榆之布迟迟,其错竟在邮局,务请原谅是祝。余事再呈。谨此。兼颂财安。

三月十六日绥寄广和长一信

广和长宝号台照。敬复者,兹呈台安,敝津收内地会款大洋三百元,今接敝津信报及业已收讫,务请勿念乃荷。余无他呈。谨此。并颂筹安。

补三月十五日寄世诚永一信

世诚永宝号台照。敬复者,昨接来函,内情聆悉,报来我台由镇会津本月底津收中兴成大洋五百元;又同期收广兴胜大洋一千元,敝已业经遵照泐底函咨津理,祈勿为念。

惟台所委此款,如数照期抽平,随市出放满加,敝遵在办,谁料津路有变,火车隔关,不能可靠。掘计本底之期太促,信息恐有阻隔,惟恐误期,抱偿利息殊属可观,因而未敢遵函做会。近期汇项,因念素交,是以与台随市收会妥国历四月半津交之款一千五百元,平对期收,每千得费二百二十元,至祈留底与敝注账乃盼。着敝所出满加之事,届期将款收回,定当照办,一俟办毕咨信奉告可也。

附呈,敝平津票前期后期行市不一,前期因关银势所迫,较比后期每千相差费小数十余元,尚无交主之家,后期所望硬者,不讲定事,均是空做行情而

---

[1] 明信:商业明信片,商号间用此传递商情。

已。刻有做过行市四月半底对期二百二十元；五六七月二百四十元；六七八二百五十六元；满加五十六元，钱数四千（文）。余容后呈。肃此，即请财安。

十三号寄榆未列次信一封

礎轩贤弟升照。缘日前接榆第八号，内叙种种均为明悉，至希勿念。又今午电话叙及刻榆有贪南路棉花，顶价五十六元，当即答复请弟看势出脱，谅想照办。惟恐电话说之不明事实，因而复报。

前来祈弟榆地南路棉花能坐五十六元，可将临汾①、霍州②两处棉花提前售之，售款指本底期为宜，万勿售卖远期为要为要。再，洪洞③之花，洋花④居多，毛眼甚细，此花暂可留存，务请过细选择，万勿混在一气［起］售之为要。倘是临汾、霍州棉花贪主看他不上，即就洪洞之花酌量售之亦可，不过总是能售临、霍为宜也。惟我弟在省售过德裕丰二斤定机布五卷，并纯细布一卷，划价一元九（毛）五（分），兑月期款，业已均为注账。布已安置齐备，一俟有脚，即为发省，莫误。

再，我平二斤定机布现时货势甚广，容易掉之，售布较比卖线⑤甚属划算，务望我弟注意遇暇访察，如有贪主，请为提前出脱，勿误此机。若能多数售脱，可由电话达平知晓，以好备布照发耳。再，请询问卅码寒山寺青地白花丁绸价坐三毛三（分）、卅码寒山寺梅兰芳兰白条丁绸价坐三毛二三，以上两宗之货照限价能于贪买，祈为各购三二十板，如购就时迅速发平是为至要。

刻平满加四十八元，津票二百六十元，漏硬。余情渎叙。并请时安。后批，大尺布如能售对月款坐价二元五（毛）五（分）亦可竭力销售为是。又

---

① 临汾：今山西省临汾市。
② 霍州：今山西省霍州市。
③ 洪洞：今山西省临汾市洪洞县。
④ 洋花：与土花相对，为国产的美洲棉花。
⑤ 线：棉纱。

及。再，日前聚丰泰来信叙及添购二斤本机布一十卷，现款，价洋一元七（毛）一（分）。布已昨日发榆，至请见信关照，向伊收款，共计布洋三百四十二元，如是收毕，来信提明为盼。再，与步华记照前捎之鞋式样尺码稍为大点，购捎一对，遇便寄来，需款结平为妥。又及。

三月十七日寄碛口本号一信

敬启者，顷接由离寄平第四号信一封，统来离售货折一个，并叙各情均经阅悉，留底计［记］账矣。照开之货，除条丁绸净存八板，两号均发菜青直贡呢①所存一板，已与协胜泰计发别货，如数照发，祈勿念也。

兹呈，我号所存各货，除售而外，择计刻存拔尖二斤布一百余卷、普通货五十来卷、槐阳②定机布一十二卷、拔尖一十八卷、本机大尺十余卷、五枚寒山寺直贡缎三十板、郭巨红标五十匹、第一功直贡呢三十来板、荡芦舟荷兰绸二十板。

刻平行市夏期三毛六（分），其别之货均已售清，至祈将咱有存之货，望兄酌量提价售卖。惟系本机布如有贪主，能售近期更好，不然估息竭力推销售妥多数，务宜电平乃荷。否则诚恐纱价有变，行市变动不好补收。咱平售过余庆长拔尖二斤布五十卷，所计现款二十卷，价洋一元八（毛），国历四月半款三十卷，价一元七（毛）三（分）；又售过吉祥生十卷，四月半款，价洋一元七（毛）五（分）；又售过临县义隆厚③一十五卷，秋期，价洋一元九（毛）一（分）。再我之货，除本机布能于陆续调收而外，别货据现货会费浩大，各货难已［以］④进行。再贪只可将有存之货尽得售卖，别法再难

---

① 贡呢：精纺毛织物，具有质地紧实、色泽鲜艳、穿着舒适的特点，同时耐磨性较差且易于起毛。常用作礼服、男女套装面料，鞋料和帽料等。按斜纹倾斜角度可分为直贡呢、斜贡呢与横贡呢。菜青为直贡呢品种。
② 槐阳：今河北省石家庄市元氏县槐阳镇。
③ 义隆厚：商号名，经营棉布生意，位于山西临县，1940年被日伪军烧毁。
④ 已［以］："已"通"以"，后续录文随文更正，不再一一标注。

施展，只是本机布能为旋卖收讫，兄照售乃荷。

刻平一六棉纱现款二百八十二元，津票近期二百二十元，远期六、七、八月对期二百六十元，满加五十元，现洋贴水①一百八十元，钱数四千（文）。余后呈。此。子宏老兄升阅。后批，我号汾存永机布除售而外，刻存一百四十四卷。再，平售过协泰源郭巨红标五匹，秋期，价洋六元八（毛）；寒山寺贡缎三板，四毛七（分）；第一功贡呢十板，四毛六（分）五（厘）；三马头贡缎五板，四毛八（分）；宁绸二板，六毛八（分）；市布三匹，一十七元三（毛），合并奉闻。又及。

三月十八日寄榆一信

敬启者，日昨托刘光庭兄捎榆未列号一信，内叙榆存南路棉花，如能坐价五十六元，请为先将临汾、霍州之花提前出脱。若是货看不上，即就洪洞之花亦可酌夺出售。并着弟买卅码寒山寺梅兰芳条丁绸，兼售省之布业已发起等情，想该升阅照办，今不细渎。又昨午接榆第九号来信，内云收过自立忠货款大洋三百二十元，业已注账。兼叙种种均为明悉，至请勿念。

兹叙昨接石庄来信，据云咱在同义公石存东花，该栈扣存不让咱起等，因窃思在石交涉不若在榆，务请见信向该榆号交涉质问为何扣货。咱号与该号并无拖欠纠葛，谁［虽］有庆合盛运津东花，一则系合盛全完全经理，二则该栈前已声明向全记算结，今该倒闭，又为向咱算结运费，借此扣留咱花，其理不合，显系该栈言不践行，真［怎］奈可恶之极，祈为严行交涉，勿论如何教伊与该石号去信，将咱花起出勿误。咱事至于运货一层不当，尚有合盛全经手，就是咱号经手，榆次存咱花五十包，尚不敷该之运费，何以两处扣费，意欲捎人否？至望依理交涉为要为要。再榆发平之纱，均已收到，勿念乃荷。

刻平满加四十八元，津票二百七十元。余请再详。此请。

---

① 贴水：此处指银元与其他货币兑换时因相对贬值而支付的额外差额。

三月十九日寄榆一信

敬启者，日前寄榆未列号一信，内叙石庄同义公存咱东花一百包，该栈不然起货，请弟在榆向伊榆号交涉妥当，达石起花等情，想该升悉照办矣，今不细复。又于昨午接榆第十号来函，内云售妥南花一百三十包，价洋五十六元。并叙各情均皆明悉，至请勿念。

再叙本月底择计榆次收交，并花款尚是余项，省城仍是缺款，务请见信预为觅磋本月底榆交省收大洋四千元，如是克妥，请为由榆函呈正义银号，祈其代收为妥，下剩之款，务宜预先择计。除克省而外，仅存若干，定当由榆克平，以抵平之交项。而平定勿克榆，以免两歧错误，至望照办为要，榆次收交再信呈报可也。再请询问榆次棉纱现货四月半款价洋若干，来信提明以好酌夺裁贪，愈快愈好，勿延乃荷。

刻平满加四十六元，津票二百五十元。余无别叙。此请。

三月十九日寄汾一信

德生大宝号台照。顷接华函，内统来敝原发帖一支，并叙各情均经领悉。

所为敝与台发去顶白禹州布三卷，据台声言原未说好，是敝冒然而发。窃查此布原系敝伙雷子乾与贵温执事所说，此属区区几卷，彼此交好，务请照敝所划之价代为分销。一再我家台不好出售，只可将布与敝另存，随后遇机，再望惠顾别货乃盼。余不多具。特此。即颂财安。

三月廿日寄榆一信

敬启者，昨日从邮寄榆未列号一信，内叙本月底榆次收交并花款择计下来尚是余项，省城仍是缺洋，至请见信觅克本底榆交省收大洋四千元。一俟克妥，请为由榆函达正义银号代为办理。

而平业已与该去信矣，下剩之款，务祈预先择点，仅余若干，请即早觅寻悉数克平，以抵平之交项。大约今底咱邑钱行榆次均是余款调平居多，咱号克款总宜提前，万勿迟延，以免临时再出克费，是为至要。再询榆次棉纱现货四月半款要价若干，来信提明，以好核估贪办，愈快愈好，勿延乃荷。惟恐前信迟延，是以复报，前来至望升阅是妥。随统去致晋丰吉收交信一件，祈转为妥。

附呈，平地白皮毛市布、粗布行情起色，世乐鸟①一十四元四（毛），双龙珠②货缺，喇叭童一十二元九（毛），飞虎粗布一十元零八（分）。满加四十六元，津票二百六十元。余情再呈。谨请。

同日寄榆一信

晋丰吉宝号台照。敬缘日前接得台谕，内叙代敝办毕收交，逐宗皆兑，分别注账，至请释念。

兹呈，去敝本月底贵处收交折一个，仍烦台号代为办理，务祈留底，届期照办之毕，赐示乃祝。

刻平满加四十六元，津票二百六十元。余事再呈。谨此。兼颂筹安。

同日寄太原正义银号一信

正义银号台照。敬缘顷接华函，其情领悉，兼叙代敝办毕收交，逐宗皆兑，分别登注台册，至希勿念。

今随信统去敝本月底贵处收交折一个，又经敝伙由榆磕省收大洋四千元，俟兑妥时，定当由榆直呈台端，务请一并录底，届期办毕赐复为祝。

刻平满加四十六元。余事再呈。并请筹安。

补三月廿日另一信寄榆

再者，见信将榆之双龙珠毛市布、寒山寺直贡缎，现刻有货与否，行市如何，来信示及。寒山寺直贡缎夏标行情如照四毛三（分），挑些杂色能买，

---

① 世乐鸟：日产棉布品牌。
② 双龙珠：日产棉布品牌。

务祈将品兰十板、真红五板、灰色五板、元青四十板，搭配定以两箱贪买，但有原箱务代税票箱皮为要。八两仙牛红标布，顶价八元三（毛），如其能买，亦可购买三四十匹，买便以速运平。倘其价大，信商再说可也。再咱榆存之喇叭童毛市布，如榆能卖一十二元八九即可由榆出脱，不然发平，先为电语报平乃荷。

三月廿二号寄榆未列号一封

敬启者，日前捎榆一信，内统去托晋丰吉代办本底收交信，并叙本底我省缺款，望弟由榆克省四竿，克妥函咨正义银号。及云余款克平兼报各情谅已升阅照底转递照办矣，情不细述。

兹呈，庆予昌①榆售花款择计共数六千来元，亦已由平克定，至祈转告泰记李世卿兄务赶本底拨交通裕银号②大洋二千元，下余之款均归咱③。同期拨交世昌永大洋一千五百元，该系榆次富户街④宝聚源代收，下余之款，均归咱克统。望将我榆售花款，除备克省款四千元外，连榆月底收交余款，一并以择妥实之家，扫数⑤由榆克平，倘不顺克，如能临期向栈房挪用票票携款送平，至希预为绸缪，先函告平乃盼。

再我榆买各货务照前信办理，如其价大，定为先信报平是否可贪，再定主张，奉告可也。惟我榆存喇叭童毛市布，据榆电话报告照价一十二元一（毛），平货本月底款业经售出四件，未知行市确真与否，如其行市属实，我货所售之价，太不相符，弟等俨然毫无耳目，毫无经济。前售之货现款，榆货价为一十二元二（毛），彼时所做夏标行市一十二元六（毛），满加五十

---

① 庆予昌：《三月二十三号寄榆未列次信一封》中写为"庆豫昌"，二者为同一商号。
② 通裕银号：民国年间山西商人开办的银号。
③ 下余之款均归咱：原文此处有标记，其意不明，或为划去之意。
④ 富户街：榆次街道名。位于今榆次老城东大街以南，东西走向，西起南大街，东到佛爷巷（今已不存）。
⑤ 扫数：尽数、全数。

余元，现刻夏期亦已涨至一十二元八（毛），月底满加疲见四十二三元。而我之货，既不提价，而又下价，况我之货现遇行市增涨之际，本不应当赔钱，弟等粗率，不察行情，不划月息，不应赔钱之货反为赔钱。弟等对生意练达，概无研究，可见既已卖出之货，即不说矣。下留余存二件，如榆能售到一十二元八九，即可由榆出售，不然尽早发平。再咱榆存双飞虎粗布，夏期能售十元零八（分），即可提前出售，不然遇有贪主，电话报平乃荷。再一六纱即榆行市不宜，无须由榆贪买。咱今亦已由平贪便十包，暂有应市之货，亦即不可再贪，候候以俟价小，可否贪买，再为报榆知也。

附呈，刻平一六棉纱月底款二百八十元，津票五六七对期二百五十元，月底满加四十三四元，拔尖二斤布一元七（毛）五（分），普通布一元六七八，大尺布二元五（毛）五（分）。余后呈。此佩华、礎轩二位贤弟升照。

三月二十三号寄榆未列次信一封

启者，今晨寄榆未列号一信，内叙各节想该升阅，今不繁述。又今午接榆第十一次来函，内云售花过秤毛重一万九（千）七（百）九（十）八（斤），除皮五百二十斤。随统来花号码折一个、清单批单各一支，业经查收录底。

又克省大洋四千元。又咱榆售与庆盛恒喇叭童毛市布四件，价洋一十二元一（毛）五（分），平地交货，榆次本底收款，业已注账，至请见信将榆存喇叭童之毛市布速为发平，以好交货。惟售双龙珠毛市布三十二匹，价洋一十三元二（毛），现时平地不说行情大小，其货甚缺，咱存之货，早已出脱。对于各样毛市布，只卷不存，别家尚须存点。独双龙珠不当，咱号勿存，就是别家无货，务祈见信询问，如能赚点，由榆拣补更好之至，不然即照原价亦可补之。照弟等信云白皮各货漏疲，请弟由榆拣补划估，尚可易补。倘是不能拣补，可该如何答复前途，祈弟由榆设法料理。而平大势货缺，无处拣补，是以复呈前来，速理为荷。

再，庆豫昌榆次存款电话答向泰记是收款，非是交项，前函呈明，今勿再叙。又云德顺恒之欠款，令向聚盛店截扣，该栈与聚盛店亦有纠葛，焉能使此手断［段］？不过既今来信提及，遇暇派人询之能扣与否，尚在两间之中。又子乾君之毡包，请向广顺栈关照，原系托王鸿佑兄捎之，如有遇便，捎平可也。再，榆卸到东石布日前平已售过，未到之货赶快催迫发平，勿延为要。兹叙日前发榆聚丰泰二斤本机布一十卷，大约妥收矣，此系现款，务请关照收款为妥为妥。余事再详。此请佩华、礤轩贤弟升鉴。

成信后，接榆第一十二号来信，内叙本底克平收晋泉源[①]大洋四千元，该系晋泰昌代办。又收过聚丰泰大洋三百四十二元，已与晋丰吉取账。其余各情均皆明悉，务望勿念。随统去致石一信，至请转石，勿延为要为要。又及。

二十五日寄绥德本号一信

敬启者，日前寄柳林、碛口各一信，内呈各情想该升悉，今不复叙。

兹呈，昨日业已将卖过离石、大武[②]、三交[③]等处之货，均已发清，至请勿念。再叙，咱之永机布，除碛口之货计发而外，择计仅存四十四卷。目刻平地永机布，宁夏并西路客帮多贪，做过行市三元二（毛）五六，冬标，大为漏快，其货甚缺，视此生意活动，即就本机布亦有升涨之势为是。我平今春家家存货不多，若有贪主，则就非涨不克［可］，为此呈克。

刻平满加三十八元，津票二百五十元，二斤本机布一元七（毛）五（分），一六棉纱现款二百八十三元。余情续呈。此请子宏仁兄台鉴。成信后，增盛祥、世恒长在平搜买永机布，冬标行市亦已顶至三元三（毛），尚是无人应酬，皆因货缺之故。由此看来即二斤本机布，价亦必随之而涨，惟家之货，至希亦可提价而售。即如本机布，但卖五七十卷即请电平，否则家号存货无多，如售空货，则恐照价难补矣。专此。又及。今日又寄柳林信一封，其文与前信略同。

---

① 晋泉源：民国年间位于山西太原的钱庄。
② 大武：今山西省吕梁市方山县大武镇。
③ 三交：今山西省吕梁市临县三交镇。

三月廿六日捎榆一信

启者，昨日托聚盛店捎榆未列号一信，内叙种种想该升阅。并统去致石一信，谅该照转莫误。又今午接榆第十三号信，内云榆次存款不顺克平等情，业已领悉，请勿计念。

兹呈，今与新升义克妥见信交伊大洋六百二十元，该属广顺栈内，务请凑洋照交，万勿有误是要是要，下余之款，据来信报及一六棉纱二百七十九元，现款能坐二百七十五六元，请为贪买一十包，能小更好。买就发平为妥，如是照限价不能贪，即可出夏标，满加二千元，务宜选择殷实字号，勿可糊涂是要是要。若是棉纱能贪，满加一事作为罢论，除此款而外，平地亦是克榆无宗。如榆克平不顺，只可届期向知交之家凑票送平，而平月底缺款即指榆项，万勿临期有误，是为至要。

刻平满加三十八元，津票二百五十元，一六棉纱二百八十一元。余情续叙。此请佩华、礎轩贤弟升照。按来信云一六纱四月半款二百七十八九元，现款总得错三四元，至日核估而贪。

三月廿七日捎榆一信

敬启者，日前托新升义捎榆一信，内报克榆见信交义记大洋六百二十元，并叙各情谅已升阅照交办理矣，情不再述。日午接榆第十四号信，内云均悉，勿念。惟榆售庆盛恒之双龙珠毛市布三十二匹，不谈行市大小，此货平缺，难以补买，至希仍可从榆拣补，由榆照交。不然只可问其婉谈作退，遗情再为后补，否则不谈吃亏，碍难拆补，能为作退，总是作退为妙，不能只可从榆补买乃妥。

兹呈，今由平克妥各凭信，本月底榆交永庆奎大洋四百元，该系福庆煤油庄代收，至希留底，届期照交。再榆之款，除讫交项择计余洋多寡，恳赶月底定派恩荣带款回平，万勿致误月底之期乃要乃要。再前信着榆贪买棉纱之事，如不能贪，缓后再谈榆款，扫数带平。榆出满加之事，务请作罢可也。

刻平津票五六七对期二百五十元，满加三十五元；二斤布、拔尖布一元三（毛）五（分），大尺布二元五（毛）五（分），现款我平之货，现存本机布外，别货均已售清不存矣。余后呈。此上。礠轩、恩荣贤弟升照。后批，见信代贤拨交吉泰栈大洋一百元，着其与贤收账，交毕将款结平为荷。又及。

三月廿七日寄绥未列次一支

敬启者，于月廿五日由邮局与绥、米①寄去未列号信各一封，内呈平情谅早升览矣，今不细述。今接我兄由碛寄来第八次信，内报碛售天成永永机布十卷，复义魁本机大尺布六卷、二斤布十卷，世恒长元青直贡呢三十二板，并叙各情均经阅悉，分别注账矣。有脚定发不误，祈勿念也。惟长记之贡呢，因我刻存之货择点独元青色只存二十板，是以少发一十二板，拟已与该另呈明矣。

兹呈，咱平棉纱日晚冒为涨价，闻来皆因绛帮在榆抢贪，以致纱厂纱价猛涨，每包冒六元。刻平行市亦已增至二百八十八元，我号之纱存属微末，以现调布不敷应用。至于咱存本机之布，除发而外，刻计净存所购庆予昌之二斤本机布五十卷，价为庆头来；本大尺布十九卷，价均贺平来；惟家本收之布，旋掉旋卖，日换不过数十余匹布，属齐楚每块抽纱三四圈，稍稍含糊者，能抽六七卷。

照今落饱雨，生意涌广，津票不疲，路布不能贪买，势必本机各布露快，将来调布非加手工不可。惟家之货，除别布售清不计外，只存本机一门，至祈以本现平，纱价不打手工，估息售卖，但要售出五七十卷，定为电示平知乃盼。今平落雨四五寸许，临笔除雨未晴，麦苗以见畅茂。

刻平津票仍系二百五十几元，满加三十五元，一六纱二百八十八元，生意无多。永机布碛口之家，在平贪过冬期三元三（毛），任庄布平漏货

---

① 米：米脂县。

缺，棉线二斤布秋期二元一（毛）八（分），略次在二元一（毛），钱数四千（文）。余后呈。此上。子宏老兄升照。后批，咱之永机布除发而外，净三十四卷，其别路货均不存矣。再发标后，加据照预定人看六十八元，总是将来利不能望小，不过后事人实难料，合并奉闻。又及。

三月廿八日拍绥德一电，文曰：
绥德余庆长转米脂庆源昌各货，止售，信详，贤。

同日又续一页
再者，信成后回想赶此信至，事属有误，诚恐我兄随照前价再售空货，照价则难补矣。

是以今早与兄拍去一电，其文曰"绥德余庆长转米脂庆源昌各货，止售，信详，贤"之样，谅在审悉。惟咱之布，祈兄见信，本机布如陕提价，能售二斤布行市，酌量顶以一二百卷出售，大尺布务以三四十卷推销，但要售出，速请电平为荷。又及。

三月廿九日寄碛口世恒长一信
世恒长宝号台照。敬缘顷奉台谕，示及经敝杨掌柜售台本机布二十卷，价洋一元九（毛）五（分），与别家行情不一，命敝罢发等情，接信之下，敝即派人赴汾止货，不料汾店将布业已发起，追之不及，尚希收到谅情售卖。

至叙汾阳客帮下价售货，敝亦深信。惟是该等在平收布，每匹常与敝号所收之布错价成毛，其情人所共闻，非敝之希词也。查近时敝处之布，所出好歹不一，其内曲折谅台早有所闻。当敝之货，历来挑选优等之货，稍有含糊者拒绝不收，原底迭价就与别家错之多矣。向来不论售于何处，敝货概无说词。敝之货势齐整素所著名，况且迩来售数，其价划一，非只台号一宗，焉敢特价对待，务请将货收毕，鼎力推销，俟后遇事定当抱补，决不失信，为此奉知。刻平货短，价值提涨，皆因西客多贪，货空之故。专此。并请筹安。

三月二十九日寄榆未列号信一封①

敬启者，于廿七日托吉泰隆郝兄捎榆未列号一信，内克榆本底交永庆魁大洋四百元，该系福聚煤油庄代办，代贤交吉泰。

三月卅日寄榆第吉号信一支

敬启者，于廿七日托吉泰隆郝兄捎榆未列号一信，内克榆本底交永庆魁大洋四百元，该系福聚煤油庄代办，又代贤交吉泰栈大洋一百元，着其与贤收账。又统去谨齐君烟酒特税券一账，请为托妥向太原省银行本利照领，及叙各情谅想升阅查收照办矣。又于今午接榆第十四号来函，内叙交过新升义大洋六百二十元，亦已注账，并叙一切均皆领悉，请勿锦念。

兹叙，寄榆信未列号次，虽然榆信复平，报接平之信勿悉系何日寄榆，实难择点，未恐路途遗误耽隔［搁］事件，因而今日之信列为吉号，以好最后择点有底。再榆今来信复列十四号，奈系重号，务望稽查乃荷。

刻平满加卅元，平和，六七八津票二百三十六元，一六纱月半款二百八十六元。余情另呈，此请。再榆东石固布已然出售，请为催发平号为要。佩华、礎轩贤弟升照。

再启者，贤于前日到号查阅榆来各信已悉，弟等在榆买卖各事，均属耽误，按这半月内卖花卖毛市布以及买纱，皆与别家办之错点，其所错点者，各各不同，理合叙叙。按平意，不论文水南路之花，照榆做市②均乐出脱，不料咱只卖出一百三十包，要以大兴买花一千余包，咱之南花应该全数售清，其所少卖者，不悉系何情由。据同泉利告贤，伊之南花全数售清，系

---

① 该信原文以毛笔圈起，似为删除之意。
② 照榆做市：按照榆次的市场行情销售。

本月底款五十七元，下月半款五十七元五（毛），令人赞成之至，望楚［礎］轩弟以后在榆要勤苦用心，万勿意大欺友，即不难各事顺办也。

至于今次售庆升恒毛市布之事，更属无味之极，虽有礎轩弟驻榆，而错归恩弟也。情因我弟赴榆，贤再三嘱托，咱之天津货若估不出利来，定把不卖，谅我弟亦该注意其言也。最后榆地棉纱月半款已涨至二百八十三元，弟等未曾电话报平致我。平前三二日多寡未得贪住，谁不抱怨也。以我榆常川①驻人，应当较别家办有鲜敏事件才算手段，不照与人平肩亦好，实不想弟等常落人后，贤甚奇怪之至也。事已过去，不当多说，惟念荣辱相关，不得不明白提叙提叙，望弟等努力前进，勿怪言语不周为盼。况我号范围很大，通年开除甚巨，贤常虑及丢人，每逢独思之间，欲赖弟等辅助成功不说，我等赚钱多寡，只求个作基立根而已，且弟等人材皆高，万万不可落在人后为盼。余事后叙。此请佩华、礎轩二位贤弟升阅。

三月卅日寄榆大昌号一信

敬启者，兹收到台发来一十六匹喇叭童毛市布一件，照数查收。同脚验妥挂破里布三匹，每匹破及二层，其破指竖之大，敝记向脚追赔。该脚声言系原之病，难以忍［认］赔，该脚便即［即便］认赔，脚资无几，不敷赔偿之价。因而敝将脚洋暂扣，具情以呈台知，至希查究乃荷。惟此破烂之布，敝难分销，祈台见草与敝或调或是指破拨价，无论如何，速迅示及乃盼。特此奉上。

三月卅一日寄绥本号一信

敬启者，于月之廿七日寄去一信，内呈种种想该升悉，今不再渎。又于日前接柳②第九、十次来函，内叙售与万顺仁二十匹本机布二十卷，价洋一

---

① 常川：经常地、连续不断地。
② 柳：柳林。

元九（毛）五（分），冬期；又售与余庆义六尺郭巨红标布十匹，价洋六元七（毛）；又卅码五枚寒山寺元青直工[贡]缎五板，价洋一十四元一（毛）；外包灯色布二匹，俱是秋期。发汾永和店照转，业已分别注账，货发于汾。又买妥天成永神木官碱①两锭，俟收之日，再信呈报。兼叙一切均为领悉，务请勿念。

兹呈，昨接津信报及买妥宝坻永机布五十卷，价庆水水平，估此货尚属相宜，遂即与津拍去一电，令津续贪二百卷，大约贪妥多矣。俟接津信贪否，再为电达我兄。如果能售冬期，太太则就更好之至。再叙日前平见生意活动，遂将庆豫昌并发记之二斤本机布全归于咱，作价庆头贺。现时择计共存二百四十余卷本机大尺布，咱有现存之布三四十卷，务请见信竭力酌估出脱是要是要。

刻平满加卅元，四五六月津票二百三十元，一六棉纱二百九十六元，夏标款。及至调布一层，刻平仍是每块抽纱三四卷②，不然尚得平调③，未能多收，皆固大众伸手调布之故。余后呈。此请子宏仁兄台鉴。

后批，咱存东石固白布，现平售过秋期九毛八（分），至祈我兄估价由陕售卖十数八卷，售就示及为盼。惟余庆义包皮现时灯色布无货，是以将二斤本机布用为皮包。又及。二斤本机布如能提价，冬期能做二元、一元九（毛）八（分），酌量顶以三二百卷出脱，倘或能售二元零几更为妥要。以现平纱价调布但要稍为加点手工，则售二元零几，冬期，亦将敷本。不过我存布较比现收之布，迭底属为相宜，祈兄酌估出售可也。

---

① 神木官碱：神木官碱局生产的碱，该碱局位于陕西，前身为瑶镇碱厂，产品畅销于陕西、山西、河北等地。民国二十九年（1940）由陕西省企业公司接办，改名陕西省企业公司神木碱厂；民国三十三年（1944）后倒闭。
② 每块抽纱三四卷：纱与布之间的调换方式。
③ 平调：纱和布等价交换。

三月卅一日寄柳广茂隆一信

广茂隆宝号台照。敬启者，兹呈，敝有与绥德吉祥生发之三十匹任庄白布八卷，因敝一时仓卒［促］，致将税票误跟其布到柳，恐有搁关，敝今随信正副税票四张，至祈检收。务将该号之布有脚从速照转乃荷。余情不具。专此。即颂财安。

三月三十一日寄绥德余庆长一信

余庆长宝号台照。敬复者，兹呈，遵前谕本底收过广源长大洋一千元，当即随市与台号出定夏标满加大洋一千元，言明利洋二十八元，至请注账，并望赐示为盼。余无他呈。谨此。兼颂财安。

同日寄米脂镇川堡世诚永一信

世诚永宝号台照。敬启者，前奉寸笺，谅台早鉴，今不复叙。

兹呈，遵前谕本底收过天兴魁大洋七百元，又交过庆顺恒大洋一千元，至请分别注账。择计除收下缺之款，敝号暂行垫过，俟国历四月半收回津款再行核计，为此预先奉知。谨此。并请财安。

同日寄绥德吉祥生一信

吉祥生宝号台照。敬复者，前遵郭君留底，今日收广源长大洋一千元，已妥收讫，遂与该开去收条一纸。刻又接台来函，委交永全诚大洋三百元，当已交毕，下存之款是何提用，遵交不误。昨日郭君回府，一并奉闻。

附呈，平做津票国历四月对期二百二十元，五月二百二十四元，六七八月者二百三十元，露硬，满加二十八元。各布均涨，因前日绛降普雨五六寸之故耳。阅毕将各情转告余庆长、增盛恒等知，勿误是荷。余后呈。此请刻安。

四月二日寄榆晋丰吉明信片一支

敬缘刻接来谕，内示代敝办毕收交，逐宗皆兑，分别注台之账，务请勿念。

刻平满加二十八元。余无别呈。谨此。财安。

同日寄省正义银号明信片一支

敬缘刻接华函，内叙与敝办毕收交，逐宗皆兑，分别注台之账，务请释念。

刻平满加二十八元。余情续呈。谨此。财安。

四号拍绥德一电

绥德余庆长转庆鸿昌津贺来贪妥永机三百五、本机平存二百五，酌售，贤。

四月四号托崇丰厚[①] 捎榆第三号信

敬启者，今早接榆电话之后，接榆来第二十号信，榆情尽悉，报来由榆克妥本月半省收永亨银号[②] 大洋四千元，已照留底，祈勿念也。

惟向同义公起花之事，既该不让我起，勿庸硬然理论，只可对该声明。我之红花拟经义合永照价三十二元接洽，业已如数售出矣。既该阻挡，不让我起，致将已卖妥之花竟作无效，我花算归该用照价清款，看此就［究］竟如何。虽是如此，不过今平察闻该号米仲耆今日由平趋榆，祈弟遇该之面，如此别无话说。有该不循情理之处，勿深追究，只可将我之花仍未起出，以托义合永经手售卖。起花之时，紧计留神勘验，如有沤烂之花，同该剔出，

---

① 崇丰厚：民国年间位于平遥西大街的商号，经营布匹生意，民国三十年（1941）曾遭到日军洗劫，损失白洋 80 余万元。

② 永亨银号：民国年间山西省地方银号。

将秤回掉，沤烂多少同该留底。一俟将挽账之时，再为严重交涉，令其照价赔补，万（勿）将烂花混起乃荷。

今随统去米仲耆之信一封，至祈加封转递为要。再我榆本月半余款除克省款计净余洋一万七（千）五（百元），今已由平克妥，本半各凭信代识发祥榆交复升泰大洋七千二百元，至祈留底收交，次信另开。再呈，报我榆之款，除讫今平克去之款，净余洋一万一（千）三（百元），平已与石去信，托庆泰昌与咱代为贪点南宫任庄布、槐阳定机布，贪就大约需款五千余元，见石之信，往石备送票票。惟我榆款，祈弟见信择点，除备送石之款，下余之项六千元，仍可由榆克平，克妥速示平知乃荷。

再我榆之花，望弟留意，但有贪主，南路花能售五十六元，文水五十八元便可，照售无许相商，如照限价不到，再为电话报平是否可卖，再定主张可也。前托我榆所贪五枚贡缎，贪便速为发平。所咱平存二斤本机布，榆有买主，兑月款能做到一元七（毛）六七，即为提前售卖，行市能多做点，更为幸甚之至矣。

刻平津票近期未做，六七八二百三十元，满加二十八元。一十六支纱二百八九十元，不快。钱数四千（文）。余后呈。此上。礎轩贤弟升照。

三月五日寄孝义崇发厚[①]信一封

崇发厚宝号台照。顷接来函，内情领悉，承蒙赐顾。敝之永机一十卷，敝即与台去信者，系因敝伙回号之时，敝记汾存之货已然售清不存，路搁之货不悉何日才能卸到，敝恐误台之事，是以奉信前来。既台指货售出，务请以向前途婉转，说项多于等待几日，一俟敝货卸到，再行照发可也。敢恃主客谅不以怪。

附呈，刻平布行市平和，满加二十四元，钱数四千（文）。别无罕呈。专此谨复。并候财安。

---

① 崇发厚：商号名，位于山西孝义，民国五年（1916）曾为修建中阳楼和永安市场捐资。

三月六号寄正义银号一信

正义银号台照。敬缘兹国历四月半，敝在贵处应有收交。随信奉上花目单①一支，至请升阅录底，届期劳神代为照办，一俟办毕，祈赐佳音是祝。余无别呈。谨此。兼颂财安。

附呈，刻平满加二十四元，津票五六七对期二百二十四元。

同日寄晋丰吉一信

晋丰吉宝号台照。敬缘兹为国历四月半，敝在贵处应有收交，随信奉上花目折一扣，至请查收录底，届期劳神代办，一俟办毕，祈为赐示为祝。余情再呈。谨此。兼颂筹安。

呈报，刻平满加二十四元，津票四五六二百二十四元。

四月七日寄榆第四号一信

敬启者，于四月四号托崇丰厚捎榆第三号一信，内叙种种想该明悉，今不再渎。

兹呈，昨晚丕庆记由榆返号，带来第二十一次来信，内叙买妥寒山寺孔雀各色贡缎一十五板，价洋四毛三（分）五（厘），太汾夏标清款，业已照信注账。随捎来义合隆发帖一支，亦已查收，兼示各节均为领悉，务望勿念。再同义公存咱红花容让起花，不过沤霉之花，总宜先行声明，勿可遗误，至挽账时间，又费一层手续耳。再咱榆存之款，择点下来，除备石庄布款兼克款而外，仅存余项四千元，务望竭力觅寻克平。而平月半缺款，及指榆项至祈照办为要。榆地收交仍托晋丰吉替咱代办。随统去吉记一信，祈为转交是妥。

再咱国历四月十三日省收德裕丰布款大洋二百一十五元，请弟与正义银号去信，祈其代为向该收款是要是要。再榆如有由石卸咱南宫任庄布以及宝

---

① 花目单：商品清单。

坻卸榆永机布，务请留神询问。如有速为发汾源顺店，再行迅速达平，而平日前售妥西路未到之货，因用货在急，是以预为呈弟知，以好留神照发，而免耽误迟延交货为荷。

刻平满加二十四元，津票九十冬对期二百二十七元，一六纱二百八十八元，其别仍照前状。余情渎叙。此请礎轩贤弟升鉴。成信后与隆茂兴磕妥，榆交利晋公司①大洋二千八百元，已注收勿念。

再启者，接成信后接津第十一号信，示上月底收交依折查核，各宗皆兑，只是多交正义银号大洋三千元，此项前信已经呈明。惟闻会项，因而叙叙所错之原因，系我津去岁与正义银号做会交平大洋三千元，彼时平号思想津号结账，统归于平，而平将会款各项均注于簿，今正往津开呈会项花折，又无另立，并未详细提明，以致费此手续。务请见信将款仍向正义银号收之为荷。

随统来收条二十一支，亦已妥收。又会太原五六七月半底各交大来银号大洋一千元，业经依函录底，届期照交莫误。兼叙还过德兴长短期，又尚永亨银号拣借等情均为领悉，至请释念。再津做会正义银号之款，其费津结，平号混开一处，殊属糊大，约其费谅津号拨交会款，由内除讫矣。特此附呈，并请再为升鉴是幸。又及。

四月九号寄榆号五次一信

敬启者，于四月七日寄榆第四号一信，内叙除克平而外，榆地仅存大洋一千五（百元），并统去致晋丰吉收交信一封。又有国历四月十三日省收德裕丰布款大洋二百一十五元，请弟与正义银号去信，请其代为向该收款等情，该谅想升阅照办矣。

兹呈，咱本月半在省应收裕隆久大洋一千元，此款未曾与正义银号收

---

① 利晋公司：民国二年（1913）设于太原的公司，专制鞋帽；民国十年（1921）正式成立利晋织染有限公司，主要生产青蓝色布、条格布等，日染布4000米，产品销往省内及陕西等地。

交。上提去掘计现时临迩往省克款无宗，是以呈信前来，务请我弟由榆与正义银号去信，请其代收，并将此款克榆，由榆而克平也。但平缺款，即指榆项，无论如何皆赖我弟筹楚克平为妥。该裕隆久省城亦是正义（银号）代办，以平择计，榆存共洋二千五（百元）。

刻平满加二十三元，疲。津票九十冬月对期二百三十元。余无他呈。此请礎轩贤弟升鉴。

同日寄榆第六次信一封

礎轩贤弟升照。敬缘今晨托源利亨捎榆第五号信，内叙咱本半省收裕隆久大洋一千元，请弟由函达正义银号代收，并祈将此款克榆等情，谅想升悉照办矣。又今早接榆第二十二号来信，内云同义公咱存红花起于义合永出样等情业已明悉，至请勿念。

兹呈，今与庆泰昌克妥榆交平收大洋二千五百元，系月半期，务请转达晋丰吉留底照办为妥。再咱克款择计克齐，祈勿再兑是妥。再叙咱石贪货，据茂斋兄来信未贪，又思咱号前已出售有空，故而今派五洲兄赴石看势贪购而补空售之布。该兄赴榆，至祈将备石五千元之款向知交凑票带石，倘凑不足，少数带点均可，务望照办乃荷。其余仍照前状。谨此。刻安。

同日寄石庄泰记信一封

茂斋仁兄阁下伟鉴。顷接来函，内云领悉，请勿锦念。

再源记意想贪布，不料石庄现货无存，原想迟缓数日，亦属想［相］宜，未恐往还信件不免耽误，是以今派王五洲弟赴石照理。又念该弟不到石，人地两生，对于布店亦无相交，务请阁下如该弟到石凡事额外关照。是所至祷。谨此。兼颂筹安。

同日寄省正义银号一信

正义银号台照。敬启者，日前奉上一信，内统呈敝本月半贵处收交折一个，谅想升阅泐底，未恐前信有误，是以复呈。前来祈为查核照办乃祝。

兹呈，今晨接台来谕，内云三月底津错洋①三竿，此请敝津日前函询，业已答复，原系敝平错报。查核原因，系敝津号去宗在津做会津交台号大洋三竿，客腊月下帮结账归于平号，今年赴津列去收交花目，统归一期。不想敝津又为另立交款，是以错误，多费手续，务请转达前途乃荷。

刻平满加二十三元，疲。余情再呈。谨此。即颂财安。

四月十日寄榆第七次一信

敬启者，于昨日五洲弟赴石带去第六号一信，内呈各情谅想阅悉照办，今不再渎。

兹呈，今平买过同全德南宫轻任庄布四十卷，价洋一元七（毛）六（分）五（分），夏期，言明每卷五十八九斤，务请见信亲身赴同全德挑选五十八九斤极重之货。紧计验看湿潮霉沤之货，如选择齐备，发汾和盛店、源顺店各二十卷，将税票跟去，并请函达平知为妥。

再，前仰榆将东石固布税票速为寄平等情，迄今数日未见捎来，而榆信并未提及，勿悉系何缘故。至望速催吉泰栈将税票赶快寄平，以资应用，不然货已退出，因税票阻隔定收拨价之害，特此呈知。

刻平满加二十三元，津票九十冬二百三十元，一六纱二百八十八元，未做。又及。

四月十三日寄榆第八次信一封

敬启者，于月之十日并十一日接榆第二十三、四号两函，内叙由同义公起于义合永红花，因花包破烂，而义合永不容存放，今咱起往别处。平思该号未恐存隔日久吹耗短秤，以及漏显他项，情弊总归咱负完全责任，分毫勿庸该号负责，庶免再往他栈起花丢耗。但此花咱号意想出脱，仰祈该栈宽存

---

① 错洋：实际钱数与应有金额之间的差额。

数日，以备售脱，及至改轧花包，缓后再议可也。

再报，南花晋华纱厂①递价五十三元，照此行市不当获利，尚得贴洋，至请我弟时常注意花市，得有相当之布，祈为由电话叙知。平号宗旨意在急为出脱，系因去岁原底迭本甚重，加之今春雨水广涌，而花苗均能普种。揆其大概情状当有回疲，不在一二元之内，务祈留意察问为要为要。又磕平本月半收云隆泰大洋一千六百八十元，业已留底照收。惟念石庄贪布需款，据茂盛兄来函，云及石无现款即就能贪，掘计需款总在月底，务请见信择点榆款。五洲弟带去之洋则勿计议。磕平之款勿庸重行磕榆，只将榆次仅存若干随市出放满加为是。惟石庄克款，定行函石磕榆月底之款矣。

又买瑞凝霞杂色贡缎，价洋四毛三（分），双龙珠毛市布一匹，价洋一十三元九（毛），夏标清，已照注账。又统来发帖一支，石固布税票五张，业经妥收。又买彩球毛市布一匹，价洋一十二元四（毛），均为录底。又昨日收到廿支棉纱两包，又贡缎两包，均各相兑妥收。惟彩球市当用包皮，外面完固而折包，细验其内有磨破大孔一筒，其孔系原来之病，非是脚夫磨伤。平将此布另为存放，请弟转达前途，或将布捎榆亦或抱点价目，均无不可，务祈照办乃荷。

刻平满加二十一元，九十冬月津票二百二十八元。余情再详。

四月十三日寄石第吉号一信

敬启者，日前接榆来信，内叙我弟由榆带款二千元，谅想妥至石庄矣。

兹叙，我弟走后，平号买过榆次客南宫轻任庄四十卷，一元七（毛）七（分），夏标清。又忆石庄现货缺乏，迟货不大相宜，是以计议轻任庄平号已然买就几卷，勿庸再贪，因而今午拍石一电，其文曰"石庄义合公内庆源昌带石票尽款贪定机，贤"字样，谅该译悉照办矣。今平又为信复，务请见信将带石之款悉数贪为定机，务要现货。如独定机不好贪购，稍为配点拔尖，

---

① 晋华纱厂：创建于民国十三年（1924），位于榆次县城外，距离正太铁路250米路程，是山西省规模最大的国有纺织厂。

系因拔尖不大利手，售时其中夹败，是以令弟稍为贪点。倘是石无现货，定机贪亦维［为］难，请可将款仍为托妥捎榆，我弟在石等候。

咱津贪之永机，据津信详报，赴宝催发之布大约此货早到丰台，务望询问丰台往石车皮通快与否，再就近函津咨问宝坻晋通泉、裕成源，丰台对栈系何号，问确何号就可函咨质问，咱货能可早至石庄，而平设谋就可卖未到之货。如石见货，祈为速示平知，不然电达，均无不可，但平亦与津号去信催发耳。

刻平满加二十二元，津票九十冬月二百二十八元。余再呈。此请。

补同日寄榆八号信，再启

再成信后，云隆泰之伙向咱声称，惟咱榆与裕盛布店克平收云隆泰洋一千六百八十元，该云此款日前由平克榆，该裕盛布店，平无存款，此项勿能指事。至望我榆向该布店提明此情，榆交该号之款作罢可也，以免双方错误是为至要。特此。又及。

四月十五号寄陕北米脂世诚永一信

世诚永宝号台照。敬复者，日前接得惠函，内示阴历三月底津收戈登路① 同利皮店大洋一千元，该系代榆林新泰店送交。又同期津收集义店大洋一千元，又同期津收广兴胜大洋二千元，业经照信录店函咨敝津照收。

又叙阴历三月底平交永长远大洋三千八百五十元，着与宁夏源泰居代收，定当届期依信照办，惟示津款调平着敝与武掌柜商议做作。敝想现时尚未睹武掌柜之面，刻已临迩，敬候台驾，又恐耽误时间，往津寄信更之不及，是以与台担做。今做妥阴历三月底津交平收会款大洋四千元，共贴台号平结费洋八百三十二元，务请录底以备查核为荷。届期除交而外，下余之款，如能凑成一竿，定为出贷，请勿锦念。

再台号阴历二月半，津收顺德府永祥增大洋五百元，业经妥收，此款还

---

① 戈登路：晚清民国时天津英租界内的道路。

过台号去岁津借贷项。又付过利洋一十四元，但此项本应早为奉告台端，系敝一时粗心遗漏未报，务请谅责是祝。又日前接敝津信，云及阴历二月底津收广兴胜大洋一千元。又同期津收中兴成大洋五百元，亦已收讫，本半会款，业已办毕，台号应得费洋三百三十元，已入台册。又遵信与台出过夏标平还满加一千五百元，共利洋二十七元，至祈录底，并请赐示为荷。

刻平满加一十五元，现交津见信收津票二百零四元，本底对期二百零八元，四月半底二百一十四元，五月半底二百一十八元，六七八月二百二十二元，九十冬月二百二十五元。余无别呈。敬请筹安。以上所报会费俱是阴历期口。又及。

四月十六号寄榆第九号信一封

敬启者，于十四日接榆第二十五号信一封，日晚又接榆之电话，榆情尽悉。

兹呈，本半咱平收交平安已过，惟榆克平交晋丰吉大洋一千七百元已妥交讫，至希过局，祈勿念也。至我所购榆同全德之南宫轻任庄布四十卷，原该应秤卷重五十八斤，既彼货不齐楚，咱即可以少挑几卷，务将稍重者挑要。如其皆是五十六七斤之货，不妨与该当面解决作退。倘该之货能够五十七八斤，即为尽得挑选，挑便务望觅脚并将卸榆永机布速为发汾，除卸源顺店任庄布二十卷、永机布十卷，下余扫数发汾和盛店为妥。将布发起速函平知乃盼，祈弟见信将榆各货行市确实详细报平为要，否则行市不确耳目不明，难免遇有吃亏之处，是以望弟不时将榆各情报平乃要。

刻平各情，津票五月半底对期二百一十八元，九十冬二百二十七元，满加一十八元；永机冬标三元二（毛）八（分）；任庄南宫轻货冬标一元九（毛）八（分）；槐阳定机冬标一元六（毛）二（分）；拔尖一元七（毛）二（分）；通宁夏标二元三（毛）；二斤布冬期一元九（毛）；大尺布冬期二元九（毛）；一六纱月底款二百九十元；二十纱三百二十五元。余后呈。此请礎轩贤弟升照。

另启者，信成后咱接得津、石两处来信，报及咱在宝坻前后共贪永机布三百五十卷，业已由宝发榆，分卸吉泰、广顺两栈，我石贪妥南宫任庄布轻货四十卷，重货二十卷，槐阳定机、拔尖布各三十卷。俟货到榆，祈弟将永机择点改发汾和盛店二百卷，轻任庄布与该店改发廿卷，下余之布全数改发源顺店，务将统税① 大票择点跟随为要。特此。又及。

四月十六号拍绥德一电

绥德余庆长内庆源昌十三号信悉，永机再售百五，贤。

四月十七号继禹带柳广茂隆一信

缘杨烟外，红芍风中，近维广茂隆宝号财祺日增，事业兴隆为颂是慰。启者，敬缘前接敝伙杨子宏来信，述及有与宝号推荐之人，已蒙慨允函催速往。今着敝伙刘继贤之弟继禹持函登台服务，至恳推情录用，并望关注提携。俾其恪守正业，不啻该弟戴德，则敝感激亦无既矣。该弟进号之后，如有不正当之行为，一切事端归敝负担可也。余情不具。专此。敬请财安，余惟心照不一。

同日寄绥子宏一信

敬启者，于月七日暨十六、七日连接绥、米寄平第十一、二、三次信，共三封。又由四十铺来明信片一张，情均阅悉，所售各号之货，均为留底拟照发矣，祈勿念也。

兹呈，咱在宝贪永机布共买三百五十卷，至半津款榆货均价贺，贺平合估平货平款迭本贺头，水货已卸榆一百五十余卷，下余之布不日亦可到。今平择计我号之永机布，自接米十三号信后，除连咱平售出之布，现存一百五十卷，因恐我兄不明平情，以本前信所限之数售卖，而售空货，是以日晚与兄拍绥一电，其文"绥德余庆长内庆源昌十三号信悉，永机再售百五，贤"之字样，谅在译悉，依售电照售矣。惟本机之布二斤布，刻平咱存二百余

---

① 统税：民国十九年（1930）国民政府裁撤厘金，实行统税制，并扩大到棉纱、火柴、水泥等项。

卷，见信之日，如照前价但能售三二百卷，售就以望电平，不然即便行市少做一点，以照庆水来亦可竭力张罗推销是荷。因平此布，虽是棉纱涨价，手工露的缩小，便当售点空货，近来出布涌广，收之易收，掉之易掉，故而望兄尽力售卖为盼。

再咱由石贪便南宫轻任庄布四十卷，卷重五十五六斤，迭平夏标均价庆头太。刻平所做行市冬期二元零二（分），照此行情，如西①能售，咱亦可售卖数十，售就即请电平，以便照发可也。

今接石信报来石价仍与前同，南宫任庄轻货、庆太重货、庆头咱平各布行市，刻平所做之价：永机布三元二（毛）八（分）；二斤布普通货一元九（毛）、一元八（毛）八（分）；拔尖一元九（毛）五（分）；南宫任庄布重货二元六（毛），轻货二元零二（分）；本大尺布二元九（毛）五（分）、二元九（毛）二（分）。以上均是冬期。一六纱二百九十元，手工抽纱一码左近，津票五至九（月）对期二百二十七元，满加一十四元，夏标预定平贺之谱，是以我货祈兄酌量是售可也。余后呈。此请子宏老兄升照。

四月十八日寄榆第十号信一封

敬启者，于日前接榆第二十六、七、八号来信，内叙托妥揣石票洋四千五百元，贴过加洋三元二（毛），业经一并注账；又发汾源顺店永机布四十三卷，随统来晋丰吉收交一支，亦已妥收。兼叙同全德任庄挑选一十三卷，下余之货解决作退，并云种种均为领悉，至请勿念。再叙平号与石去信，令其续贪轻任庄四十卷，需款着伊由石磕榆或与榆去信，仍是托妥揣石，务望勿论何时石号来信提款请可照付，付毕此款随便克平为妥。

又咱津卸榆永机务祈择点，如够二百卷，悉数先发和盛店，再发任庄二十卷，除发永机布二百卷，下余之货仅［尽］数发于源顺店可也。如榆卸到永机，至望随到随发，万勿迟延，系因咱售妥之永机为日已久，未恐再迟，

---

① 西：西路。

贪主借口生奸，不免吃亏，至请照办乃荷。

刻平满加一十五元。其别无他可呈。此请礎轩贤弟升照。

四月十九日寄绥本号一信

敬启者，于四月十七日寄绥德、米脂正副信各一封，内呈种种想该早为升鉴，今不再为繁渎。

兹呈，今据津号来函，报及咱在宝坻续贪妥永机布二百卷，至请见信如能价坐太贺以上，祈可随市按照二百卷之数售脱，其余各货祈为仍照前信竭力推销是荷。不过做此垫期，生意刻值时世艰难，勿论与何号共事，不宜太垫过多，祈为择点。如前垫过太多，今番勿可再垫。俗语云，放账莫巧，零星就好，请为酌夺出售为祝。

刻平本机布行情仍照前信，满加一十四元，津票九十冬月对期二百三十二元。余情续呈。此请子宏仁兄台鉴。

再启者，今午李养泉在咱号吃饭，应酬过该号永机十卷，又应酬过米脂元兴昌永机十卷，嗣后该等贪货，咱可推开，待冬标将款收清，何妨续做些可也。即天盛源等连号，亦不宜再为多数补做，总宜注意是荷。倘陕地无盈实贪主火速电平，咱好由平出脱，不然永机成本太重，隔压日久夹赔非轻，不可不注意也。余情正信呈明。此请子宏老兄升阅。

四月十九日寄省正义银号信一封

正义银号台照。敬复者，日前奉接华函，内示敝之收交均已办毕，逐宗相兑，分别与台注账，务请释念。今又统呈敝本月底在贵处收交花单一支，仍祈烦劳录底代办，一俟办毕，请为函示乃盼。

刻平满加一十四元。余情再呈。谨此。兼颂筹安。

四月十九日寄榆晋丰吉信一封

晋丰吉宝号台照。敬启者，日前由驻榆敝伙信内统来台号与敝办毕本半收交单一支，业经皆兑，分别注台之账，至祈勿念。今又统呈本月底在贵处收交花单一支，仍请烦劳代办，届期办毕，尚祈赐复为祝。

刻平满加一十四元。余情续呈。专此。兼颂财安。

四月廿日寄榆第十一次信一封

敬启者，于昨日托恒裕晋梁润生兄捎榆第一十号信，内叙石号需款如与榆号去信提使，请为照付等情，谅想早为阅悉矣。

兹叙，今晨电话谈及榆地现满加一十元零五（毛），现交见信津票二百一十五元，当即达弟，由榆觅交。榆现交津见信收津票大洋五六千元，如是交毕，需款由榆借用满加，谅该觅寻照办，信至交妥则已，若尤未也。平估榆次满加较比平地相宜，务望竭力照做为妥。再咱勿论永机任庄卸榆，请可时常注意催发汾阳，愈快愈好，以资早发前途而好交货为要。

刻平满加一十四元，津票未做，一六棉纱二百九十一元，月底款。余情再叙。此请礎轩贤弟升照。再咱榆次本底余款业已由平克齐，至于收交，再信另呈。又榆所短二十纱二包，迄今未收，望催速发为要为要。又及。

成信后接榆第二十九号一信，内叙共挑同全德任庄卅卷，发汾和盛店廿卷、源顺店十卷，税票跟去；又叙义和隆皮布拨洋二毛，其吼太大，碍难从权，定当作退，请为转达是妥。再咱本月底省城缺款，务请见信由榆觅克榆交省收大洋三千三百元，一俟克妥，祈为函咨正义银号请为代收，万勿有误是要是要。再请见信发平永机布五十卷，此系售过限日之货，勿论脚价大小，望祈速发，愈快愈好，勿延为要。又及。平限系廿五日交货，我榆本底收交，随信与晋丰吉统去，至祈核阅转递，恳托代办为荷。又及。

四月二十日寄榆第十二号一信

敬启者，今早托汽车上与榆捎去第十一次信，内叙咱省本底缺款，请弟由榆觅克榆交省收大洋三千三百元，克妥就近函咨正义银号代为照理等情，并叙各节。兼统去托晋丰吉代办收交信一封,谅已升阅照办转递矣,情不细述,今早接榆电话,榆情尽悉,祈勿念也。

惟咱平售九成号之永机布五十卷,言定不误,本二十六日由平交货,见信勿询脚大小,望催速运。再祈将我石购南宫轻任庄布,俟货卸榆,并望发平十卷,至我发汾之布,不论任庄、定机、永机、拔尖,有脚注意加紧催发,一刻发汾,脚缺即为发平,亦无不可。勿论平汾,觅脚速发,愈快愈好。总之我货候用在急,不然我号之货亦已指数售出,货如延迟恐其雇主借口生枝,是以望我弟将我之货提前一力催发乃要乃要。再祈将榆各布行市,以及货存多寡、有无生意、店口一切并榆棉花、棉纱情形,不时来信,详细提明乃盼。

刻平津票五六七二百二十八九元,九十冬二百三十二三元,满加棉纱仍似前信,本机布二斤普通货现款价洋一元七(毛),大尺布二元五(毛)五(分),二十纱三百二十六元。余后呈。此请礎轩贤弟升照。随统上榆复报收交折一个,至希该[核]阅送呈晋丰吉以托代办为荷。又及。

四月二十一日寄府本号一信

经元贤弟升照。缘顷接崇发厚来信,据云经贤弟售过该之永机布,至今货未收到作罢等情,当即平号以遵该之前信令咱货备于汾源顺店答复,请其向汾催货,谁[虽]然答复未恐其事不妥,因而与弟奉信,务请可该如何料理酌夺办之为妥。再咱之永机布,汾府卸到之货,迅速改发前途是要是要。专此。即请时安。

四月廿一日寄孝义崇发厚一信

崇发厚宝号台照。敬缘顷接华函,内叙前购永机布至今未收等情,展读之下,遂即查得台号来谕原系令敝将货存汾,敬候运发前途。但敝之永机布早已遵照钧谕备存于汾源顺店,候台提发,不想台号未提,以致耽误,至今务请见信速为与汾源顺店去信,令其照发可也。惟是多延数日,谅念宝主之交，定有一方额外推情原宥，俟后遇事再为补报，决不失言。余情再呈。谨此。并颂筹安。

四月廿二日锡福君捎省正义银号信一封

正义银号台照。敬启者，日前奉去上寸笺，内统敝之本月底收交单，谅台早鉴录底矣，未恐前信延隔，是以重行复报一单，至请查阅核办乃祝。

刻平满加一十二元，津票六七八月对期二百三十元。余情再呈。专此。并请时安。

四月廿二日寄太谷同泉利信一封

同泉利宝号台照。敬恳者，兹为敝号由三原会谷本月底有应收永和兄会款一千元。又同期克交崇丰厚大洋一千元，该系溥晋银号代收，务请留底，届期费神代办，一俟办毕，祈为赐示乃祝。

刻平满加一十二元。余情续呈。谨此。即请财安。

四月廿三日寄省正义银号信一封

正义银号台照。顷接华函报来日前敝伙任礎轩由榆电话托台交妥现期津票大洋五千元，汇津见信收，共贴台省结费洋一千零七十二元五（毛），并托台与敝用妥夏标省还满加洋六千元，共加利洋六十六元，情均阅悉，留底注册津款咨津照理矣，祈勿绮注乃荷。劳神之处容后泥谢。专此。即颂财安。

附呈，敝平津票现期未做，后均二百三十四五元，满加一十二元，钱数四千（文）。

四月廿三日寄榆晋丰吉一信

晋丰吉宝号台照。今接敝伙任礎轩由榆来信，统来与台做妥津票、满加定条各一支，当照留底，咨津照理，满加已注尊册，至希勿念乃盼。

附呈，敝平津票现期未做，六七八二百三十二三元，九十冬二百三十八九元，满加一十二元，现洋贴水二百零几元。余不赘及。专此。即请公安。

四月廿四日寄西路本号一信

敬启者，自弟走后，咱平别无甚事，惟系津票日前又为露硬，五六七月对期二百三十六七元，九十冬月对期二百四十一二元，所咱之货，祈弟到西近期生意酌量售卖，远期生意务择盈实相当之家，少数垫之，万勿多垫，以补含糊。前有垫数不少者注意，祈勿再垫。

我存之货，除槐阳定机轻任庄布备西售卖，本机、永机如其相当，能售则售，否则拟欲发甘走西，除弟能售几卷，下余空留多少，平亦不愁出售。是以远期生意，祈勿含糊多垫乃荷。余情后呈。此请步华贤弟升照。

随捎去名片一盒、大衫一件，至祈查收乃荷。

同日寄省正义银号明信片一札

正义银号日前奉上草函，谅荷升览矣。兹呈，敝省本底交收前函奉上底单，谅已录底，内载敝交华兴厚之款五竿，该系着豫慎茂①代办，至祈留底照办乃盼。余不多具。此请。财安。

四月廿四日寄正川堡永裕长明信片一札

永裕长宝号台照。昨接恒义隆信，内统来台之信一封，所叙台号前购敝之定机布，如未发起，着恒义隆作染六卷发起作罢等情。

接信之下，此布早业已与台发汾源顺店以资运转。所染之布敝遵台命，亦未敢着其恒义隆作染，为此呈报。前来见信之日，如台欲染，务请再添几卷亦无不可。作染与否，望台速行示及乃盼。余不多赘。专此。即颂财安。

---

① 豫慎茂：民国时总号位于山西太原的银号，创于民国九年（1920），在天津等地设有分庄。

四月廿五日寄谷同泉利信一封

同泉利宝号台照。敬启者,于月廿二日与台寄去草函,内报本月底敝谷有收永和兄大洋一千元;又同期谷交崇丰厚大洋一千元,博[溥]晋银号代办,谅台留底与敝代为照理矣。

兹呈,本底敝谷又有收协泰源大洋七千元,同期交永亨银号大洋七千元,该系东来银号①代办,务恳留底,届期一并照理,统望见复乃盼。

附呈,津票会水五六七对期二百三十七八元,九十冬二百四十一二元,满加一十二元,钱数四千(文)。余不多赘。专此,敬请财安。

四月廿五捎谷同泉利一信

同泉利宝号台照。今早与台寄去草函一封,内报本月底敝谷有收协泰源大洋七千元,同期交永亨银号大洋七千元,谅荷升览留底,届期代为照理矣。特此复呈。即请财安。

廿七日寄榆第一十三次信一封

敬启者,于月廿三日并今接榆来第三十一、二信两封,内报来与晋丰吉克妥省款大洋三千三百元,统来定条一支。今午又接榆之电话,各情均悉留底,勿念。

惟叙石要之款,祈弟由榆备捎,能可克平,即为克平,不能由榆借用,满加酌办是荷。所我卸榆之布,不论平、汾,有脚务请速发,祈勿延迟。永机之布更属于要,不然此布我号售出之货,雇主来行,屡屡催要,如再迟慢,发西之脚骆驼不久下场[厂],则恐雇主将货则退,我号吃亏深矣。是以望弟催发,愈快愈妙。前信所报着榆发平轻任庄布十卷,俟货到日,即为发平是要。

兹呈,今平接汾来信,报及源顺、和盛两店共收到榆发之永机布九十四卷、定机六卷、轻任庄一十一卷、重任庄二卷。同全德发之轻任庄卅卷,下

---

① 东来银号:民国年间成立于太谷的银号。

短未到之布，祈弟择点催发。同全德所短任庄布之验证税票，今午电话报核，至祈向其择点勘要验证，与税票对号索取，即为以早统平。如其该号验证抓乱，恐其不能与正税票相对，即可着其择点重行，补尔原尔。随后定为与其稍核，如其不然则该之尔无用，该号之布发陕补税之款，即归该认，是以鉴。弟与其择点合式，将尔随信统平乃要。再平又有买妥大昌号之一六铜叶纱十包，至祈向该关照，看其发起与否，如未发起，着其速发，随示见复乃盼。

刻平津票六至冬各对期二百四十元，（有）交主无收主，满加一十二元，一六纱夏标款二百九十二元，生意显露清淡。余后呈。此请礣轩贤弟升照。

再启者，咱宝所贪之永机布，据津来信声称，屡次所购三百五十卷，晋通泉经手一百卷又五十卷，信成公经手五十卷，均是言定抱送平遥，价洋二元二（毛）五（分），裕成源经手二百卷，独是裕成源经手抱平二元二（毛）四（分），有［由］榆至平脚洋均归该等责任。至祈择何栈，发平几卷，发汾若干，务请留明。一俟将布发完，来信提及，以备报津，将来与该等结账扣款是也。

附呈，有贤舍亲张万金去津，就及宝生厚初次出门，又无相伴，沿途生疏，经过榆次，祈弟照拂，搭车便为与五洲记往石去信，托其关照转途为荷。又及。

四月廿七日捎汾本号一信

敬启者，接弟来信，内报所售各号之货，并叙各情均悉。惟售元兴昌之永机布三十卷，今平择点，除交前售之货，卷数不够，至祈我弟可与杜荫棠兄相兑，少发几卷，连平售该之布，定对税票共指二十几卷，与该改发是也。

我号之布，现平择计除卖而外，净存槐阳定机布六十卷、南宫轻任庄布五十六卷、二斤本机布一百五十余卷、本大尺布十几卷，祈弟见信如有相当买主，各布照报之数售卖，以刻观之，万勿不可另售空货。如售空货，照以现刻会费增涨，预定满加漏硬，照价则恐难补，以致吃亏。故而我货除去本机布能于收调别货多少，暂刻不敢再售空货乃要。

刻津票前期二百六十元，后期二百六十二元，现满加一十三元，预定省城亦已涨至三十八元五（毛），一六纱现款二百九十元，夏标款二百九十三元。余后呈。此步华贤弟升照。再者，有同全德之税票，平已电话报榆向其调换，一俟捎来定于派人送汾，至祈将该之售票原数随人带平乃荷。又及。

四月廿九日捎汾第吉号信一封

敬启者，于日前培庆记送去一信，又着封川记送去各布统税大票，谅在收阅照办矣。今接弟由汾捎来第吉、二次信两封，报来前售复盛公之加重任庄解决作退，及售各号之货均经留底，希勿念也。

兹呈，日晚接石来电，所报现洋贴水亦已涨至二百五十元，尚属露硬，惟我之货祈弟见信除将有存之货提价售卖，本机布酌量而售，别货万勿不敢售卖空货，不然如售空货照此会水暴涨，恐吃大亏，是以望弟紧要察听会水乃要。

刻平津票会水五六七月对期二百六十元，现满加一十二元，一六纱现款二百九十元，夏标二百九十三元。余后呈。此请步华贤弟升照。

四月廿九日丕庆记送榆信，带吉履谦①一信

吉履谦宝号台照。敬启者，今日敝东王五堂由榆返号，带来与台做妥津票定条一支，当注留底，咨津照理，希释绮注乃荷。

刻平津票六至冬二百六十元，未做，满加一十二元，钱数四千（文）。余情不具。专此。即颂财安。

四月廿九日寄省正义银号一信

正义银号台照。敬启者，今日敝东王五堂由省返号，带与台做妥津票定条三支，当经留底，咨津照理，希释绮注乃荷。

刻平津票六至冬二百六十元，未做，满加一十二元，钱数四千（文）。余情不具。专此。即颂财安。

---

① 吉履谦：民国时位于山西榆次的钱庄。

四月卅日丕庆记送榆十四次本号一信

敬启者，于月之廿八日接榆第三（十）三、三（十）四号信两封，又今五堂君带来第三十五号信一封，内报托晋丰吉与咱调过捎石票洋一千五百元，加钱三元七（毛）五（分），业经分别过局与石注账，并云各情均悉，勿念。

兹呈，前统来同全德之统票，因税票卷数搭兑不开①，特派丕庆趋榆调换，随统去四卷之税票，正副各三张，至祈向该相兑调成六卷之票，便为带平。有该号之旧票，至祈照转是盼。至我之布，如其全数发起，亦望催促，万勿临期将布隔于中途，是为至要。倘未发起，务祈提前催发乃盼，不然以前售出之货，雇主纷纷来信将布要退，平亦无法对待。希望催发越快越好，能早到汾是即幸也。

刻平津票五六七月对期二百六十元，九十冬二百六十二元，一六纱夏标二百九十二元五（毛）。余后呈。此请磋轩贤弟升照。

四月一日捎汾第二号信一封

敬启者，于上月廿九日托忠信永郭兄捎去第吉号信一封，内呈因石贴水暴涨，祈弟将我有存之货提价售卖，不售空货等情，谅在阅悉照办矣，情不细述。廿九日又接汾第三号信，内报切情均悉，勿念。

今统去统税大票四张，至祈检收照理是荷。再，弟在汾所售复盛公之轻任庄三十卷，敬盛长永机二十卷、重任庄十卷，已照留底，至祈将货由汾改发。发帖该两号应承三日咱号吃饭，俟其面呈可也。祈弟照料将布发毕，务着和盛店将平至汾之脚洋，每担以一元与咱兑收乃盼。

附呈，今平津票会水仍为升涨，刻已做至二百七十五元，尚属露硬，今次会水增涨，皆因由公家备出军用票②六百万不能兑现，各处现洋异常缺乏，牵连会水不能看疲。是以我号之货，望弟紧要注意，会水不时察听，酌量售

---

① 税票卷数搭兑不开：税票与货物无法完全对应之意。
② 军用票：中原大战期间，阎锡山为筹集军费而发行的一种货币。

卖是为至要。余后呈。此请步华贤弟升照。

再者，昨接义源成陈美亭兄由汾来信，意在将该在米脂所购之永机布四十卷，因货迟误，拟欲作退，如其该兄在汾，是否改发，祈弟可与该兄面为解决，便示平知，以便更账是盼。惟元兴昌之布，至汾售该之布解决作退，有平售该永机十卷，该亦来信要退，平已将账退起，该货至祈无用改发为要。又及。

五月四日送榆第十五号信一封

敬启者，今午接榆电话，榆情尽悉，俟我之布卸榆见信留底，务将永机改平五十卷，货到有脚速发，以将税票跟来是要。

再咱榆前发汾之永机布，今日步华记由汾返平，声称前后共收到永机二百二十几卷、轻任庄收到二十一卷、重任庄一十一卷、定机布六十卷，下短之货尚未收到。统税大票除前捎平二百卷之票，下短之票一张未见，至祈前途追催，并将统票可向栈房择点，以早寄汾为盼。

兹呈，咱榆月半收交择计余款一万九千余元，省有缺款二千余元，至祈由榆克省二千三百元，克妥函咨正义银号代为照理。除磕省款，月半榆余之款定指一万七千元由榆克平，能克与否，电话报平。再咱省城省〔夏〕标缺款六千元，月底短洋二千元，月底榆有余款二万四千元，除备付榆交货款外，择点我榆余款一万八千元。祈弟由榆招磕省标省收之款六千元，月底省收之项六千元，余款再行磕平，便函示及乃盼。

刻平津票夏标六月半二百七十五元，后期未做，满加十元，一六纱夏标二百九十一元。余后呈。此上礠轩贤弟升照。

五月六日捎榆第十六号信一封

敬启者，日前并今接榆第三十六、七次两封，内报来榆交过吉逢厚大洋一百零七元，又出过利洋八毛。又榆克平本底收义兴布店大洋二千三百七十三元，该系中兴裕代交一千六百九十五元，天兴魁代交六百七十八元。又克平本底收同升布店大洋二千五百元，该系福星聚交八百四十元，源泰昌交八百六十元，中兴裕交八百元。又报与崇丰布店克妥六（月）半平收伊洋二千五百元，天兴魁代办。随统来永机税票十张，均经查收，信内所报各情已照留底过局，勿念。惟系崇丰布店之款，想是笔误错报，误将"五"字写为"六"字，至祈择点见复提明，以便更正乃盼。

兹呈，咱平今与协和银号克妥本半省交该洋一万三千元，该省正义银号代办，至祈将我本半榆余之款克省一万三千元，而资抵交该号之项，克妥就近由榆函咨正义银号代为照理，并望见复乃荷。

今据丕庆弟由榆①回平，声称永机布本底津款榆市二元三（毛）几，如果属实，我号之布俟货到日，照此行市亦可售卖数十余卷。如有贪主，祈弟打搅照价能卖，未到之货，更属万幸之至矣。再咱榆前发汾之各布，接汾来信，声称亦已全数收齐。及有发平轻任庄十卷，已妥收讫，希勿念也。

刻平津票六至冬二百七十二元，满加六七元。余后呈。此礚轩贤弟升照。

再者，随统去月半收交折一个，至祈核阅，务将克省之款条折送呈晋丰吉托其与咱代为照理。再榆克平各号之款，今向各号订兑，均未接信，至祈向前途着其与各号来信为要，至崇丰布店之款，平已照开收交，至祈择点。如是五（月）半即不说矣，倘是六（月）半，祈弟将折更正为盼，特此。又及。

五月十日寄榆第七号一信

敬启者，于月之六日寄榆第六号信呈各情谅想升阅，今不再渎。又于日前接榆第三十八号来信，内叙一切均是领悉，请勿计念。今据电话叙及与兴业钱局②克洋五千元，并叙省情均悉。

---

① 今据丕庆弟由榆：原文此处多"丕庆弟由榆"五字，应为误写。
② 兴业钱局：全称河东兴业钱局，民国二年（1913）创立，1951年清理结束。业务种类包括汇兑、存款、制盐、运盐、典当、印刷等，并投资过纺织、电灯等行业。在西安、太原等处设有分号。

今又统去榆省收交复报折两个，务请升阅核计。榆省之款何方存款、何方缺项，定当由榆料理克定，以免两致错误，是为至要。再咱榆存红花，请可询问出售，若有贪主，总宜注意乃要。再榆如有卸咱永机布，务宜催迫，赶快发汾，紧计随跟税票，以免往反［返］多隔日期。系因咱售西客为日已久，现时行情露疲，逐日退货之信层见叠出，但平无法答复，只有函达我弟时常注意照发为要为要。

刻平津票二百七十五元，满加七元。余情再叙。此请磋轩贤弟升照。

五月十四日寄米脂、绥德本号各一信

敬启者，于日昨接正川第一十七号信，叙售与富庆祥七十一二斤重南宫任庄布一十六卷，价洋二元二（毛）二（分），夏标款。业经照信注账。但此货现时咱号勺卷不存，尚得由外拣补。刻遇平地货缺，定当派人赴榆拣补，以致未能速发，随后贪妥，再行发去可也。

再呈，咱平择计现存永机布一百卷、本机二斤布二百五十卷、大尺布五十卷。除此而外，各宗外省之布，勺卷不存，前贪之货悉数售清，欲想续为贪点，而现时会费又涨六七十元，核计暗中加价一毛之谱，对于售货提价碍难，是以未敢再贪，只可缓后而已。以现时重任庄布核计，至平迭价二元三（毛）之谱，竟是会费升涨，不言之中而价涨矣。务请见信将咱存之货提前出售，别样他省之货暂行止售为要为要。

刻平津票二百七十八元，满加六元，一六棉纱二百九十八元，夏标款。余情再呈。此请子宏老兄台照。

五月十三日寄正川世诚永一信

世诚永宝号台照。敬复者，日前接得瑶章，内云会津阴历四月底收聚兴同大洋六百元，该系托顺德府德和店送交；又同期收永茂昌大洋五百元，该系送交，业经依函录底，函咨敝津照收。兼叙各情均为领悉，请勿锦念。

再呈，津收永茂昌大洋五百元，于月之十六日经贵号武掌柜之手与敝做妥会平夏标期交台大洋五百元，言明共贴台平结费大洋一百三十元，此项大约函达台等矣。又嘱敝系后台号来函，如有津款，妥敝随市照做。今又遵嘱与台定做妥本月底津收夏标平交大洋六百元，定明共贴台平结费大洋一百六十三元八毛，务请见信依照录底，并望见复乃盼。

刻平满加六元，津票对期二百七十三元。其别无罕可陈。谨此。兼颂财安。

五月十五日寄榆第十八号一信

敬启者，于日前接省寄平第三十九号兼培庆记带来第四十号，又谨齐君带来第四十号来信三件，内叙本半底磕款均已相兑，惟六月半之款，照兑无宗。不过咱已留底，届期再行关照可也。

再德裕丰拨价等洋，业已注账，又税票五十卷之票，业经妥收，并叙节节均为领悉，请勿锦念。再叙榆存红花，请为注意关照出脱，勿可略之。惟咱榆存永机布五十卷，前信令榆发平，今据谨齐君还号言及榆次（发）平车缺乏，至请见信务将永机布完全发汾源顺店为是。再请将税票催迫早割，随货发汾为要为要。

刻平满加六元，九十冬津票二百六十八元。再平地各样津货亦是货缺，咱号未贪。其别无甚他事。此请礚轩贤弟升照。

五月十六日恩荣记带榆第十九号信一封

敬启者，于月之十五日由邮局寄榆第十八号一信，内叙榆存永机布发平车缺，请为改发汾阳源顺店是妥，并叙种种想该依日升鉴，今不细述。

兹呈，请询榆次津票行情，如九十冬半底津票会费能坐二百九十二三元，祈为收各期津票大洋二千元。倘行情不到，就坐二百九十元亦可，先做六千元。下余六千元，如坐二百九十元以外，请为看势做之，总是察问榆次、省城两处行情，何处相宜，即在何处做之，万勿拒定榆次。如是做就，请为由电话达平知之为要为要。

刻平满加五元，津票未做，余事再叙。此请礎轩贤弟升照。后批，当此生意原系省城正义银号所做，为是省城合宜，请可赴省会正义银号代做之甚好之至，以免临期烦琐，再为走款，特此附知。又及。

五月十六寄三交、碛口未列号各一信

步华贤弟升照。敬缘兹为津费屡屡提高，掘计他省之布系关会费，其内暗中加价尤为可观。未恐我弟在外多售空货，由榆拣补不免其中受赔，是以将咱现存之货，逐宗开列于右。

计存二斤本机布二百五十卷、大尺布五十卷、永机布一百余卷、三四上定机布三十六卷。除此而外，别宗他省之布，勺卷不存，万勿售之，只将现存之货提前售脱为是。再叙三交义成源来信云及东石固布过秤分两轻点，又任庄布税票未跟，至请就近向其择点，可该如何解决，务望照理为妥。再，同和久来信，据云收到之货内有水湿之布，平想水湿定是由汾往碛口发办之错，理应追问汾阳和盛店，令其负责。今平已与该店去信，质问究竟何处湿之，令其答复，务请见信速达同和久，请其追究和盛店，以免拖延内中生搅为要为要。

刻平满加六元，津票二百八十八元，一六棉纱夏标款二百九十元。余无他叙。并请时安。

五月十七日寄绥德本号一信

敬启者，于月之十四日寄米脂、绥德正副信各一封，内呈各情想该升阅，今不再渎。

兹呈，惟前售富庆祥重南宫任庄一十六卷，彼时接信咱号勺卷不存，遂即派伙赴榆、谷各处搜索拣补，其货甚缺，未能补之，系因会费猛涨，家家均不乐售去。石贪买会费太大，更属划估不来，加之石庄来信，据言亦无现货，以致未能续贪。是以在平尤为搜索，巧遇庆泰昌存重南宫任庄布一十二卷，当即向泰记购妥，言明头标款价洋二元三（毛）二（分），系天益店之货，今已号发。又闻晋泰、庆泰在绥、米，此布有售之行市，冬期二元五

（毛）四（分），务请见信向富庆祥婉转说情，将咱售过之布照该两号售过，行情改为冬期，以免内中受赔，甚好之至。不然只可与该相兑，稍为加之行情，咱号少吃亏矣。为此呈知，祈兄酌办是祝，为与该之发帖，俟接信后，再为呈报可也。再，咱存之二斤本机布并大尺布，请为酌售。惟永机布能于提价祈可售之，不然暂行缓售，至于别宗外省之布，万勿售之为是。

附呈，祁邑议开长利一百一十八元，满加二十五元，大约咱平开卅元之谱，津票二百九十元，一六棉纱三百零二元。余情再呈。此请子宏兄台鉴。

五月十七日寄[1]

敬启者，于十六日寄三交、碛口正副信各一件，内叙咱存二斤布、大尺布，请弟酌售。

惟永机布现时会费节节升涨，若照前售之价出脱核计，会费加价，划估不来，祈弟能于提价则可，不然只可暂未缓售是要是要。再别宗他省之货，仍是勺卷不存，为此呈知。

刻平满加五元，津票二百九十元，一六棉纱三百零二元，夏标款，祁邑标满加二十五元。此请步华贤弟。

五月十八日寄榆晋丰吉信一封

晋丰吉宝号台照。敬复者，日前敝伙信内统来代敝办毕贵处收交单一支，业经逐宗相兑，分别与台注账，务请释念是祝。

刻平满加五元，津票二百九十元，前后期相仿。余无别呈。谨此奉复。并请财安。

五月二十一日寄榆第二十号一信

敬启者，兹于近几日内接榆来第四十二、三、四次信三封，内统来榆省

---

[1] 原文如此，未写明寄信目的地。

做妥津票定条，已遵注账，咨津照理，惟晋丰吉之前条依照作废。并报来与正义银号克妥省款本标省收大洋六千元，本底省收二千元，咱榆本底一期代交兴华等情，兼叙各节均悉，勿念乃盼。

兹呈，今晚电话告榆，请弟坐费三百二十几元，由榆酌收津原六竿，谅照办矣。再咱平今购妥崇仁厚一十六支铜叶纱二十八包，言定榆货平标款，价洋二百九十八元。随统去该致利晋凭信一封，至祈持信向利晋照拨觅脚，先为发平八包，下余之数仍存利晋，静俟平信再发。如榆涨至三百一十来元，设有贪主，祈弟电话报平，可卖与否，定与弟答复，再行售可也。

再呈榆本底榆标收交各款，随统去收交底折一个，至祈核阅送呈晋丰吉，仍为恳托该号与咱代为照理。所付各号货款，照咱开去之款，分别转告各号，届期向晋丰吉照收为妥。至呈省城本底收交择计过局，毫无余项，意想与正义银号拨点浮存，祈弟由榆兑项克省大洋三百二（十）元，便函正义乃盼。

刻平一六纱现款三百零六元，无货；津票后期三百零二元，未做；现满加四元。余后呈。此请礎轩贤弟升照。

五月二十二日拍榆一电

榆次吉泰栈内庆源昌棉纱止售，贤。

二十二日拍碛口一电

碛口世恒长转庆源昌各货止售，贤。

二十二日拍绥德一电

绥德余庆长转庆源昌各货止售，贤。

二十三日拍侯马一电

文曰：五九四零，侯马转庆源昌信悉，款带平，勿出协和，停止收交，贤。

五月廿三日拍绛一电

云：五九四零，侯马转庆源昌电悉，省现三三除交德源亨四竿，余款原调带票回平，贤。

二十四日拍绥德一电

云：绥德余庆长转庆源昌，天丰蛋厂①停业，贤。

廿七日寄怀仁②庆茂隆一信

庆茂隆宝号台照。昨接来翰，内情领悉。

承蒙不弃，所顾之纯细白布本应遵发，惟是现在行市比前增涨，照台前买之货，刻备现款价洋二元三（毛），略次之货二元一（毛）五（分）。市涨之情，因关纱价陡涨之故，是以台号之布，敝恐现在行市与前相错太多，未敢冒发。今底寸朽知照台来，并随统去染单一张，至祈升阅照报行市，好合尊意，务请便中示下，敝遵照发不误是也。附呈，敝平所染各色，虽与京染不同，大概不相上下，盼台颇染速行是复，以作试染几卷可也。

刻平一六棉纱现款每包价洋三百二十三元，廿支纱三百五十五元，本机禹布二元五（毛）五（分），钱数四千（文）。余不多赘。专此，即请财安。

五月卅日以兴记送榆③

六月五日寄省正义银号一信

正义银号台照。敬缘昨接来谕，内示代敝办毕贵处五底收交，逐宗皆兑，分别登注台册，务请释念。

---

① 天丰蛋厂：民国十四年（1925）由平遥商人冀祖寅在离石开办的蛋厂，并在兴县、静乐等地建有分厂，民国十九年（1930）歇业。
② 怀仁：今山西省怀仁市。
③ 原文只有标题，无内容。

刻平满加三十五元,漏快,未做,其别无甚事属[嘱]。谨此奉复。兼请筹安。

六月九日寄绥德增盛恒一信

增盛恒宝号台照。敬缘兹为本标宝局在敝满加大洋一千元,业经遵照台谕原转秋标。随开满加利洋二十七元,惟敝本标应付满加利洋五十元,业已列入台号货款之账,务请升阅,分别注敝之账,尚祈赐复为盼。余容再详。谨此。即颂财安。

六月九日寄正川永裕长一信

永裕长宝号台照。敬复者,本标遵台来谕收过天兴魁大洋一千元;又交过同泉利大洋五百元;又敝应付台号满加利洋大洋二十四元;又委敝将在账满加原转,并令新添共与台列为秋标。

满加大洋一千元,随开利洋二十七元,务请升阅,分别注台、敝之账,并祈赐示为荷。并请筹安。

六月九日寄米脂天顺亿一信

天顺亿宝号台照。敬缘本标遵照台谕,在谷收过同泉利大洋一千三百二十元;又收过庆豫昌大洋二百五十元;又收过协泰源大洋六百七十元,三宗共收大洋二千二百四十元,业经登入尊册,至请升阅,分别注账,尚希赐示为妥,余再详。专此。兼颂财安。

六月九日寄正川堡协泰昌信一封

协泰昌宝号台照。敬缘本标敝应付台号会款大洋三千七百零八元,业经遵照来谕,拨敝货款大洋一千九百元,下余大洋一千八百零八元,亦已悉数送交天兴魁妥收,务请关照注账,尚希赐复为盼。专此奉呈。敬请筹安。

六月九日寄正川堡协泰源一信

协泰源宝号台照。敬复者，本标敝应还台号满加本利大洋六千零七十二元，又应交会款大洋二千四百七十二元；又遵来谕交过庆豫昌大洋七十元；又交过天兴魁大洋六千六百八十元；又交过天顺亿大洋六百七十元。除交而外，下余洋一千一百二十四元，业经列入台册，务请择点分别注账为祝。余再详。敬请财安。

六月九日寄碛口世诚永一信，此信未定，留稿作废①

世诚永宝号台照。敬缘本标敝应还台号满加大洋七千元；又利洋二百九十三元；又应交台号会款大洋一千三百九十三元八毛；又遵来谕拨交同心昌大洋三千七百元；又交过公兴西大洋九百五十元；又拨敝货款大洋一千四百四十九元八毛。惟委敝出放满加一层，今据贵号武掌柜言及台号平有需款，遵嘱交过天兴魁大洋三千元，务请择点分别注账，尚祈赐示乃盼。

刻平满加三十元，津票未做。其别无呈。谨请。兼颂筹安。

六月九日寄米脂长顺永一信

长顺永宝号台照。敬缘本标代台号收过天兴魁大洋五百元，业经收讫，已登台册，务请升阅注账，尚希勿念为荷。专此奉知。敬请财安。

六月九日寄碛口同顺庆一信

同顺庆宝号台照。敬缘本标依照敝伙来信，在谷收过同泉利大洋一千元；又收过同和久大洋三千三百元；又交过聚长庆大洋二百元；又交过聚兴隆大洋一百元；又登入台号货册大洋四千元。业经均为办讫，务请择点分别注账乃荷。此请筹安。

---

① 原文中，此信作了标注。

六月九日寄榆同全德一信

同全德宝号台鉴。兹呈，本标台号委敝办理收交，业经依照留底，逐宗办毕，至请勿念乃荷。余无他呈。此请筹安。

六月九日寄榆聚丰泰一信

聚丰泰宝号台照。敬缘兹为台号本标委敝办理收交，业经依照留底，逐宗均为妥办，务请释念是荷。余情再呈。谨此。并请财安。

六月九日寄碛世诚永信一封

世诚永宝号台照。敬缘敝本标有应还台号满加大洋七千二百九十三元；又应收敝会款大洋一千三百九十三元八毛；又遵来谕交过同心昌大洋三千七百元；又交过公兴西大洋九百五十元，惟示委出满加一节，今据贵号武掌柜之命作罢。又嘱敝交过天兴魁大洋三千元，下余之款悉数登注台册，务请分别注账，尚希赐示乃盼。余事续呈。此请筹安。

六月十日寄榆晋丰吉一信

晋丰吉宝号台照。敬启者，兹因本半敝有榆交崇丰布店大洋二千五百元；交瑞兴成大洋二千二百零一元；同期榆收永亨银号大洋二千五百元，该寓世义成内敝榆收交缺款，省有余项，今已函着敝伙任礎轩由省调榆，至祈留底。届期务恳与敝代为收交照理，并希见复乃荷。

附呈，平情标事平安过局，津款未做，满加卅元，疲别无罕述。余容后详。肃此，即颂筹安。

同日寄太原正义银号一信

正义银号台照。敬启者，兹因本半敝记省有应收裕隆久大洋一千元，收汾农工银行[①]大洋一千元；又应收台款大洋一千二百五十七元。同期应交大

---

① 汾农工银行：山西汾阳农工银行，成立于民国九年（1920），有资本十万元。

来银号大洋一千元，收交余款，敝记榆有缺款，已着敝伙由榆克省，仰请留底，届期恳为代敝收交办理是荷。余不赘及。肃此。容后泥谢。即颂财安。

附呈，津票未做。

同日寄榆号一信

礎轩贤弟升照。缘国历六月半，咱榆收交下来净缺款二千二百元，择计太原本半余洋二千二百元，务请见信定当由榆觅礎本半榆收省交大洋二千二百元，一俟克就，请为由榆函达正义银号照交。而平号亦与正义银号去信报知由榆克款之事，随统去转信，祈为阅毕，再行照给可也。

刻平别无他事。谨此布。

十一日寄榆信一封

敬启者，于日前托裕惠公捎去一信，内报本半我栈收交缺款二千二百元，省有余项二千二百元，祈弟由榆觅克本半榆收省交之项二千二百元，克妥便函正义。并统去晋丰吉、正义银号之信各一封，谅已升阅，留底照办，加封转递矣。情不再述。

并统去晋丰吉、正义银号复报之信各一封至祈核阅，照转乃盼，弟祈勿误。余情后呈。专此礎轩贤弟升阅。

二月十三号寄榆一信

敬启者，今日树一趋榆带去一信，内述各情谅升览矣，今不细叙。顷接榆话，榆情尽悉。

惟我之花据榆报来，有人递价榆货津款四十二元五（毛），祈弟见信看势而行。如有行市见涨，人心望硬，即可稍为把把提价出售。设若平和，文水南路花均价津款能做四十四元更好，不然能卖四十三元，几将我之花扫数顿卖。其留发记之花，如照平限行市四十五元，能卖定以百包照售，以平限价倘办不到，即便少卖一点，行市顶以四十四元，酌量办理。如要行市再小，暂作缓售，来信提明乃盼。总总我号之花，望弟见景生情酌夺是办，售卖之时，务将南路之花，紧先出售是荷。

刻平各情仍与前同。余情后呈。此上礎轩贤弟升照。

补六月十二号寄榆一信

敬启者，于日前邮局寄榆一信，内统去晋丰吉、正义银号复报收交信各一封，所咱省本半有应收正义银号大洋一千二百五六（十）元、裕隆久大洋一千二（百）元、汾农工银号大洋一千元。同期省交大来银号洋一千元，榆有应交崇丰布店大洋二千五（百）元、交瑞成兴大洋二千二（百）零一元，收永亨银号大洋二千五（百）元，择计省有余款二千二（百）来元，榆有缺款二千二（百）元，请弟由榆觅克榆收省交之项二千二（百元），谅已阅悉，留底照办转递矣。

兹呈，平情津款生意无形停顿，别项生意亦属清淡，总之时在空月之际，惟我之事，暂刻亦无贪之货，只可坐食待时而动。至祈见信可将榆次近刻之情，津票现洋各货行市以及一切，是复为盼。

刻平满加二十五元，疲。余后呈。礎轩贤弟升照。

六月十五号托位纶弟捎去未列号一信

敬启者，日前树一记回平带来一信，统来定条一支，并叙各情均悉。

所与大昌荐妥之人，今着贤之堂弟位纶逢吉前往上工，至祈照拂以送该弟上工进号，代贤嘱托该号推情垂顾，指道一切，俾其成才，贤为厚望，则其全家感德，亦无既矣。进号之后，面达该号，有其一切，完全责任归咱负担是也，祈弟照料，将情对该声明办乃荷。

再，我之花除挑卖而外，所留之花能卖四五十元更好，不然照价紧发记之花加价售卖。如卖之时，要系单独文水花，本照前售之价，务要高加价洋二元，不能看酌量售卖可也。至少加价一元，如此其大势心气露硬，货势露短，我花刻就稍行看看，提价再售。祈弟见景生情，相机办理为盼。

刻平各情仍与前同，津票现见信三百五十元，满加未做。余后呈。此礲轩贤弟升照。

六月十七日寄谷协义长一信

协义长宝号青照。敬启者，刻逢敝伙回平带来出妥宝号满加条一纸，上注正款二千元，至谷秋标共利五十二元，已照条注账，至请释念是荷。

现平津票三百六十元。余情再续。此请财安。

同日寄谷汇通银号[①]一信

汇通银号台鉴。敬启者，刻逢敝伙回平带来出妥宝号满加条一纸，上注正款二千元，至谷秋标共利五十二元，已照条注账，至请释念是荷。

现平津票三百六十元。余情再续。此请财安。

同日寄谷东来银号一信

东来银号台鉴。敬启者，刻逢敝伙回平带来出妥宝号满加条一纸，上注正款二千元，至谷秋标共利五十二元，已照条注账，至请释念是荷。

现平津票三百六十元。余情再续。此请财安。

十八日寄省正义银号信一封

正义银号台照。缘顷读来函，内示代敝办毕，本半收交，逐宗皆兑，分别与台注账，至请释念乃荷。

刻平满加二十四元，津票对期三百六十五元之谱。余情再呈。谨此。兼颂财安。

同日寄榆晋丰吉一信

晋丰吉宝号台照。缘顷读来函，内示代敝办毕，本半收交，逐宗皆兑，

---

① 汇通银号：民国十九年（1930）3月在太谷西大街成立。

分别与台注账，至请释念乃荷。

刻平满加二十四元，津票对期三百六十五元之谱。余情再呈。谨此。兼颂财安。

六月十九号寄隰州① 一信

玉成庆宝号台照。启者，昨接台端尽悉，惟云敝前与台发去之永机布二卷，缘耽误日期，货势底［低］次，意欲作退等情。但系今年之货，大势如此，非独一家，而且现刻会水涉陆行市大为起色，以刻时所作现款三元一（毛）之谱，至请我台见蕙。念在至交，是以奉函前来，祈为推销，仍按前书之价，将款以早寄平，是为至要。

临笔大洋数四千（文），满加二十四五元，现洋贴水三百一十七元。余无罕陈。专此。即请上。

同日寄省正义银号一信

正义银号台照。兹缘敝本月底省有应收裕隆久大洋一千元、汾农工银行大洋一千元；又收台号会津款大洋一千二百五十七元；又同期应交大来银号大洋一千元；又交世昌永大洋一千五百元。该款省交开化市②锦恒庆收，至请泐底，届期务恳代为收交是荷。其有余款七百元之谱，祈候敝榆信拨交何号再为照交可也。屡烦精神，容后申谢。

刻平津票三百七十几元，满加二十四元。余无他赘。专此。即请财祉。

六月廿号寄榆同义公一信

同义公宝号台鉴。启缘刻接华函，其情敬领，据云敝存台石号之款三百一十六元，内有敝雷子乾用过洋一十六元之等情，当查敝账不当，此巨款即小数，亦无存台石号款之宗项。只有四月间敝伙杨学程在石售红花时，交过

---

① 隰州：今山西省临汾市隰县。
② 开化市：位于太原市钟楼街，原为寺庙，民国二年（1913）开辟为市场。

台号庆合盛之运费洋二百元，此款敝早已取注盛记之运货处，至请查兑与盛记收账为是。或者倘有别项之硑［砰］葛，祈台就近由榆与敝雷子乾照兑是荷。余无他呈。专奉复。

六月初十号寄[①]

锦树荣宝号台鉴。敬启者，昨接华章，所谓兼布稍次等情，敝聆明矣。惟永机布，近来宝坻所出此货大几普通，稍有轻者，不相上下，有敝之布，恳请念之深交，摧情［请］相兑出售，遇机后另补报可也。

现平永机布因关津票会水猛涨，以致布价特涨。日前敝平晋泰昌等在平搜买过永机布三百余卷，价为三元三（毛）至三元三（毛）五（分），意在多买。若无存货之家，非只此布，即如别货，亦均货缺价涨。现平津票行市，平交津收每千贴费洋三百七十元，照此会费屡涨屡大，各行情实指难望看疲，故敝之希望，台留用推售是切盼也。

附呈，平各货布因关系会水暴涨，暂无正式行市价，只是银势又层［显］露硬，满加三十三元，一六棉纱三百七十元，钱数四千（文）。余不多叙。此请财安。

六月十一日寄正川富庆祥信一封

富庆祥宝号台鉴。兹与我台寄呈草函，谅荷升览，情不缕述。昨接琅奉，内情领悉，本标敝有收尊款，标中向云隆泰收过台洋八百二十五元，已注尊册。随补去发帖一支，至祈升阅照底分别过局，是为之要。

所再台阅，问三原会款情形如何，惟会三原之款，暂平不好会兑。如会西安，兑［对］付能会，但系会水近因津费牵连，忽涨忽吊［掉］，实无一定。西安会款，日前做过，在平现收，会西安国历七月底交每千得费四十二元，惟台承问之款，如其欲兑，着该将款兑平。行市如随在平交款，日之行市与台效

---

① 参照下文可知该信寄与锦树荣。

棉照办是也。祈台具情转运前途，照敝所报之情，如该相兑，令其将款克平，便函示及，敝则定当遵办不误。不过款会西安，为期远点尚属相宜，近则信息不能灵通，路途耽搁数十余日，故而期远为宜，祈见无日，如其不做，则不说矣。倘欲交会，务将平、陕收交之日空期一月，否则信息沿途耽搁，尤恐不及，故平收款之日、西安交款之日，彼此错期一月，以免误期，事属妥当。

附呈，现刻敝平津原行市，现交见信交主贴费三（百）七十元，满加卅元，各货未做，亦无正式市价，各货俟有做价，容后再为详呈。专此。即颂财安。

六月廿二日寄省正义银号一信

正义银号台鉴。昨日由榆寄呈一函，内云本底敝省又应收裕隆久洋一千元、汾农工银行洋一千元；又收台号大洋一千二百五十七元；又同期交大来银号洋一千元；又交世昌永洋一千五百元，该省交开化市锦恒庆收，诚恐前有遗，故而再为复报一笔，务请照兑留底，届期照理是荷。

惟余款一层，今已由平克妥本底省交义聚厚大洋七百元，至请一并泐底，届期照交是祝。办毕见复乃盼。余无他呈，此请财祉。

同日寄榆未列号一信

敬启者，于月之十九日竹齐赴津，随带去榆未列次信一支，内统去晋丰吉、正义银号信各一支，及云均情，谅早升阅转交照办矣。惟咱省本底收交下来余款七百元，前信令榆克等情，走信后适义聚厚省有点用款，随与该照数克妥。本底咱省交平收该之，已由平函启正义，请该照理，是以今早以电话告榆，想已听清拣顶矣。平恐电话未曾说明，故又函请我弟将榆克省之款如数由榆丁清[①]为是。余情后详。特此。即请培基贤弟升照。

后批，将花过毕津收之款与吉泰栈挽兑，并将榆次账目、手续理清，返号可也。为此。又及。

---

① 丁清：核实、明确之意。

六月廿三日寄绥德天盛源一信

天盛源宝号台鉴。启，缘顷接华函，内情领悉。所委敝代交聊源泰鞋铺大洋七十元，今已遵谕照数交讫。随统去收据一支，至请分别注账是荷。至于行利一节，彼此契交，何在此区区小事相说，至请释念乃祝。

刻平各货渐为起色，皆因会费屡涨之故，永机布现款三元一（毛）五（分），二斤布二元一（毛），津票三百七十元，一六棉纱三百五十元。余无他赘。专此。即请筹安。

六月廿四日寄榆本号一信

启者，前信令弟在榆稽查税票一事，而我弟来函，就以最后一百七十卷之数达平，照此还是不克清白，故再函请我弟过细，向吉泰、广顺二栈将今次到榆之永机布五百五十卷、任庄一百卷、定机六十卷，随货各跟多少，托人捎平若干，细细齐数开两单报平为荷。

惟据今次由榆所跟之税票，票上书只是随票几张，盖未定出卷数，以致栈房之办事浮涂［糊涂］之极。兼有源顺店将今次之税票捣乱异常，以现刻择点，共短四十卷之数，因此而由底考查，倘考查清楚，其害则免咱受，至祈照办乃荷。余事后详。此请礤轩贤弟升照。

六月廿五日寄绛通裕银号信一封

通裕银号台鉴。启，缘贵处中和祥①欻［欠］敝大洋三十六元七毛五分，务祈见草向该依数照收款注敝册，见复乃盼。

刻平津票三百七十几元，满加二十四元。余容后详。专此。即请财祺。后批，随统去中和祥信一支，至祈劳转是荷。

---

① 中和祥：民国年间位于山西新绛县的钱庄，股东为汾阳人。

同日寄绛中和祥信一支

中和祥宝号台照。启，缘去年来往账欠[欠]敝大洋三十六元七毛五分，至请见芜拨交贵处通裕银号为是。余无他赘。专此。即请筹安。

六月廿五日捎榆未列次信一封

启者，日前托汽车连寄榆未列次信两支，内云各情谅早升阅照办矣。

兹缘晋通泉等今此由榆发汾平之永机布五百五十卷，净垫过三百八十卷之脚洋五百零八元八（毛），其外一百七十卷系广顺栈发汾。上批平至脚洋四十六元四（毛），其内错洋五元六（毛），令该与咱退账为荷。

随统去垫脚花目单一支，至请核阅结算乃盼。余无他呈。此请磁轩贤弟升鉴。

六月廿六号寄三交本号一信

敬启者，刻接由交来吉号信一封，内情已悉。所云夏标永盛义由安边[1]汇至汾阳大成银号大洋二千元，专着该伙侯俊喜照应，迄今未接回音等情，大约此款系侯俊喜择其交厚者暗为交付是多。不过咱号并不得确察，其前在碛口时，该号已经倒闭，伊尚与天兴魁等会款，殊属可杀。信至务将该侯俊喜居心不良等情，向彼地并东路之各债权叙明，后可恳求公家行文由根上追款，万勿向扣款家交涉。想债权内必有明事者主持办理，总以全体债权成立债权团，主二位懂[董]事者为代表。不论花费若干，按洋数分摊，待后将其款追收多寡，亦按洋数均分。此种办法，系天公地道，谅大众无不赞成也。按永盛义王东系堂堂大东，倘其有点昧心欺骗，非追到其家产尽绝之地步，决不息讼。事关该地市风，对三交之债权更该努力攻击，即我东路债权，亦要奋斗到底，万勿放松是为至要。余情再渎。此请子寿贤弟升照。

---

[1] 安边：今陕西省榆林市定边县安边镇。

六月廿七寄榆未列次信一封

敬启者，于日前陶星汽车捎榆未列次信一封，内叙各情谅早升览矣。

所前教弟在榆稽查税票之事，以平择点尽短任庄布之税票四十卷，其别税票，前者丕庆由榆返平，布票早已割齐捎来，尽留四十卷。任庄布之税票，彼时因未割出票，未捎平，嗣后将此票一时迷误，祈弟见信可向吉泰栈根究，看此票在该栈押存，亦或尚未割出，祈弟稽查，回平之日即便带平为要。余情仍照前信办理乃荷。余后呈。此请磋轩贤弟升照。

七月初四日寄省正义银号信一封

顷接华函，内云代敝办毕上月底之收交，逐宗相兑无讹，分别注入台册，至请释念是荷。余容后呈。专此。即请财安。

七月九日寄省正义银号一信

正义银号台照。敬启者，兹呈，太原本半敝有应收汾农工银行大洋一千元，应收台号大洋二千五百一十二元五毛。又同期应交大来银号大洋一千元，交泰恒号大洋二千元，该系太原紫市巷阜民通代办。至请留底，务恳费神届期与敝代为照理，统望见复是荷。有恃爱风，屡渎清神，容后泥谢。肃此。即颂财安。

附呈，敝平津票未做，满加二十八元。

七月十号寄省正义银号信一封

正义银号台照。敬启者，日前奉去草函，内呈太原本半敝有应收汾农工银行大洋一千元，应收尊款大洋二千五百一十二元五（毛）。又同期应交大来银号大洋一千元，交泰恒号大洋二千元，该系太原紫市巷阜民通代办，谅经留底与敝代为照理矣。

兹报，敝今由平克妥各凭信本半省交大来银号大洋五百元，恳祈留底，届期代敝照交讫见复是荷。

附报，敝平日前落雨五六寸，新麦下价，行市九元七八，满加二十七元，别无罕述。专此。即颂财安。

十一日寄陕西复恒昌一信

敬启者，兹缘国历六月底津省应收台大洋四千五（百）五（十）二（元），昨榆敝津信报及此项已照数收迄，至祈释念是荷。

刻平别无新闻。专此。即请财安。

十五日武滋轩先生赴石带去致义合公一信

义合公宝号台照。敬启者，兹因友人武滋轩君因事以趋北平，初次出门路情不熟，经过石门下榻，贵号叨扰一宿，有恃爱风，务恳推情宽待，并希照料购票搭车，诸荷关注，感激之处，容后致谢。专此。即颂公安。余惟心照不一。

同日寄三交第二次信一封

敬启者，于本月七号、十四号叠接三交来第二、三次信各一支，内报由商会区公所①将王祚昌家产契据全行检点，至公所录底。又将安边碛口与义记汇东之款追回，存至商会，殊属妥善之至。但不悉我弟至交与该地绅士会长等接洽与否，咱号之债权加入该地团体以内否，倘未加入，务要恳求。兴隆原李东家将咱加入该等团体，其内一再困难不好私行加入，即要求李翁代咱做公事，由区公所参加入案。倘再迟延，惟恐临时参加不进。此种讨债，惟质一经公家办理，丝毫不敢图有小费，遗害将来也。咱如此主张，由区公所参加入案者，系今午佚敦厚兄将我等在交办理。义记始来手续，前后叙明才知我东路债权递至商会之节略，未批未问。对于区公所，则未递双家片文，

---

① 区公所：区为民国时期县以下的一级行政单位。《县市组织法》规定：每县每市，各按户口、地方情形，划分为若干区。区治之间有公所。《区公所章程》规定：区设区公所，办理区自治事务。

将来汇款恐有分别，是以咱可与武家商议，一并加入。如大家不甚同意，咱定单独加入，不可有误。余事后渎。此致之寿贤弟升阅。

七月十九号寄石庄信一封

同顺兴宝号台鉴。兹缘敝榆存现东红花五十包，意欲发石出脱，但不悉刻石行市如何，并有客贪办与否，祈为代敝一询，速启示下乃荷。余无他赘。专此。即颂财祉。

七月十九日寄省正义银号一信

正义银号台鉴。昨接华函，其情领悉，内示代敝办毕本半之收交，逐宗相兑无讹，各照过局注入台册，至请释念是荷。

兹恳者，缘敝本底省之收交，随信统去花目单一支，至祈泐底，届期务恳代为办理之毕，并望见复乃盼。屡渎精神，容后巾［谨］谢。余及再详。此请财安。

七月二十日寄陕北米脂世诚永一信

世诚永宝号台鉴。敬启者，昨接云章敬悉，容端所报来我台由正会津本月底各凭信收广兴胜大洋三百元，着委照期抽平，业经留底咨津照理。

今敝遵命随市与台收妥津款三百元，每百得费三十六元，共计费洋一百零八元，至祈留底注账是荷。与台收回之款届期过局，暂存往来，所台作何用途而资或交何号，静候来谕，敝定效力照办不误是也。再者，彼此往来账错大洋一元，今随统呈花目一纸，至希核阅照对为盼。

附呈，敝平景况刻逢空月，生意萧条，各货亦无确实市价，永机布冬期三元三（毛）几，未做，通宁任庄现款二元七（毛），货均属短①，本机布二元一（毛）几，冬期满加二十元，钱数四千（文）。余后详报。专此。即颂财安。

---

① 货均属短：货物短缺之意。

其他篇

一、花布商人运单

【简介】

《晋商史料集成》中与锡和明记有关的运单共计 103 份，为道光二十五年（1845）十二月到道光二十六年（1846）十二月之间位于山西忻州的锡和明记从河北邢台庆春和布店、任县元庆布店、任县九如布店、鹿泉天顺亨店，山西平遥东盛布店、盂县大西布店等处购买布匹和棉花的运单。此处选择 6 份运单予以展示。

通过对运单进行分析，可以发现运单的书写有一定格式，体现了道光年间运输业的成熟。运单中的内容包括发货商号及地点、收货商号及地点、脚户、商品种类及数量、运费、运输日期及期限、超过约定日期运费如何支付，以及其他商业信息。

【录文】

第一份

庆春布店，正月廿日立揽脚户人张学乐今揽到本店锡和明记名下白布四卷，三五①，送至忻州城内交卸，言定每大脚大钱二十九文。如有路途包皮损坏，货物短少，斤秤不足，脚户人照市价赔补，关津过税在此，发帖存证。计开随苫布四匹，限于二十天送到，如误限期，脚钱按七扣付与②，随书查收号。道光廿五年③十二月廿四日，邢台庆春和布店。

---

① 三五：与下文中类似的表述，如二连二、一一、十一等，均为关于包装规格的商业术语。
② 按七扣付与：按照原价的 70% 支付。
③ 道光廿五年：公元 1845 年。

第二份

元庆布店，正月十八日。立揽脚户人王禄信今揽到本店锡和明记名下白布三卷，三五；细皂青布二包，一一（内有银袄），送至忻州城交卸，言定每匹脚大钱二十九文。如有路途包皮损坏，货物短少，斤秤不足，脚户人照市价赔补，关津过税在此，发帖存证。计开苦布二连二，外加苦布脚大钱二十九文。祈本铺爷台视今有原脚户欠小店钱三千一百文，至日收货与小店，容日面谢。盂邑①大西店具拜托。限至明年正月十二日送到，如误限期，每匹罚钱五文。本铺爷台查收号。道光廿五年十二月二十五日，任县元庆布店发帖。

第三份

九如老店，正月十二日，立揽脚户人张克敬今揽到本店锡和明记名下白布二卷，三五，送至忻州城本铺交卸，言定每匹脚价大钱二十九文。如若路途货物短少损坏，脚户照市价包赔，凭此帖存照。渡口在脚②。计开苦布二匹，共布七十二匹。又驼去细白布一包，一一；细皂青布一包，一一。祈宝号爷台视。今有原脚户兑欠去小店钱二千五百文，收货之日与小店除下，容日面谢。盂县大西店具拜托。限至明年正月十二日送到，如过期者，每匹除大钱十文。道光廿五年十二月二十五日，任县九如布店发行。

第四份

天顺亨店，二月初一日，第壹号立揽脚户人王大元等今揽到本店客人锡和明记名下布一担，送至忻州城交卸，言定每担脚钱一千四百五十文。如路途货物短少损坏，脚户照市价包赔，关钱在客③，此帖存照。计开新市布二

---

① 盂邑：今山西省阳泉市盂县。
② 渡口在脚：过渡口的费用包含在脚费之中。
③ 关钱在客：过关费用不包含在脚费之内。

卷，三七；共该脚浮捎二匹头苦布一连，去年发至五十一号，至祈查公文。本局爷台查收。限十天送到，如过期，脚价按七扣付与。道光二十六年①正月初七日，鹿泉郡②发。

第五份

东盛布店，二月初五日，立揽脚户人张绪云今揽到本店锡和明记名下一二号布二卷，合卅，送至忻州城交卸，言定每匹脚钱一十七文清。如有路途包皮损坏，货物短少，斤秤不足，脚户照市价赔补，关津过税渡口在脚，恐口无凭，立发帖存证。计开。限七天送到，如过限期，脚钱按七扣付与。本铺号查收。道光廿六年二月初一日，平邑东盛布店发。

第六份

大西老店，十二月十六日，立揽脚户人高云喜今揽到锡和明记名下白布共一卷，三五，驮其货送至忻州城交卸，言定每脚价。如有货物路途损坏短少，脚户照市价包赔，关津过税渡口在脚，恐口无凭，发帖为照。苦布一连二，共布三十七匹。脚钱现付不欠。系原发帖未到，小店写去发帖所等原发帖到清脚钱。本铺爷台视查收。道光廿六年十二月十二日，盂县大西店具。

---

① 道光二十六年：公元 1846 年。
② 鹿泉郡：今河北省石家庄市鹿泉区。

二、花布商人合约

【简介】

本书选取了《晋商史料集成》中与山西花布商人有关的合同共计 6 份。从花布商人合约中，我们可以看到商号合伙人，商号组成人员，商号名称、地点、开立时间，资本构成，银（钱）人股份占比，铺约等内容。合约反映出清代民国山西花布商人经营特点有：合伙方式上，有亲族之间、个人与商号、商号与商号之间的合伙等多种形式；商号组成人员上，包括财东、管事、伙友；开设地点上，不只是设在城市，也设在村庄和乡镇；经营方式上，不只是经营棉布，也兼营钱庄等；资本与人力股份构成上，若为小本经营，身股与银股大致相当，且领身股者通常亦领银股，如果是资本较大的花布商号则往往是银股数倍于身股。

【录文】

第一份

立合伙文券人太平县伯皇村人毛绪元、安邑县北相镇[①]杨保吉，窃因情意相合、义气相投，两家情愿在北相镇经营花布行生意，同中言明毛入本银一千二百两，入人一股半；杨入本银一百两，入人三股。所获利息银六人四，账目一年一清，毛得银分不使，仍作资本，以三年为度；杨得银分任从自便，人分全使，不许长支。自合伙以后，苦乐均占，如有积私肥己，神灵鉴察，恐后无凭，故立合伙文券为证，约存毛宅。

---

① 北相镇：今山西省运城市盐湖区北相镇。

乾隆二十八年[①]正月初九日立。合伙人毛绪元、杨保吉。

义合铺二十两，马顺手法比兑。

中人：柴中櫂、杨宗时、田维芃。

【简单解读】

这份契约规定银股、人股的比例为六比四，确保了银股的优势地位。人股方面，毛绪元占 1.5 股，杨保吉占 3 股，可见后者主要负责商号的业务经营。同时，合约还规定分红时杨保吉所得分红可任意使用，显系为了照顾其生活开销。但为了利润分配平衡，故毛作为主要银股股东也占有 1.5 股身股。

第二份

立合伙人王维省今领到任俊逸财主名下本纹银三百两作为一俸；王维省本纹银一百二十两作为四厘；王维省人一俸。今在顺天府宛平县南各庄[②]开设源盛布铺生理，日后获利按俸均分。言定每年人俸支使银五十两，下班铺送骡脚路费银六两，上班骡脚路费一应不管。铺中俸股伙计不许私放土账、酗酒嫖赌。如有违禁者，罚俸五厘；如有瞒心昧己者，诸神鉴察。恐后无凭，立合伙二纸，各执一张存照。

合同□□中人：任彦、郝建勋。

乾隆四十八年[③]三月二十七日。立合伙约人：任俊逸、王维省。

第三份

立合同约人董贤策、董勋策、董鸿策、董三策、邢天申等今在归化城设立咸美泉梭布庄生理。窃思生财有道，须当协力经营，取利无疆，惟有同心节俭，合志同声，共成美事。今因人银俸股不齐，开列于左，嗣后天赐获

---

① 乾隆二十八年：公元 1763 年。
② 南各庄：今河北省廊坊市文安县大柳河镇南各庄村。
③ 乾隆四十八年：公元 1783 年。

利，自然按股均分。财连银汉，必须始终无二。恐人失信，立合同约五账以为永远兴隆存照。

计开

董勋策垫本银二千八百两，作为二股。

董鸿策垫本银二千八百两，作为二股，随人力一股，共作为三股。

董贤策垫本银二千八百两，作为二股。

董三策垫本银七百两，作为五厘。

董光策垫本银二百八十两，作为二厘，随人力三厘，共作为五厘。

董邦泰垫本银二百八十两，作为二厘。

邢天申垫本银二百八十两，作为二厘，随人力一股，共作为一股二厘。

道光十九年八月初六日公立。

第四份

立合伙执照德远堂、五福堂、宁远堂，因思财从义起，利由伴生，今我同在本家各出资财多寡不同，议在永清县韩村镇①开设丰盛恒记字号钱粮布生理。共入资本永钱二万四千吊整作为钱股四俸，公请执事人冯镇、赵晋阳二人，领本自立之后务要同心协力，不可各怀异志。倘蒙天赐获利，按股均分，如存私心瞒昧，神灵鉴察。恐后无凭，立此一样执照四张为证。

钱股人股开列于后：

五福堂入资本永钱九千吊整，作为一分五厘。

德远堂入资本永钱四千二百吊整，作为七厘。

宁远堂入资本永钱五千二百吊整，作为八厘六毫七丝。

广丰堂入资本永钱三千吊整，作为五厘。

广聚堂入资本永钱二千五百九十八吊整，作为四厘三毫三丝。

领本执事人：

---

① 韩村镇：今河北省廊坊市永清县韩村镇。

冯镇人股，作为一俸。

赵晋阳人股，作为一俸。

大清同治元年①九月初九日立合伙执照。百事如意，大吉大利，万事亨通。

第五份

一本万利。

立合同人双盛元、王熊元、王锡元、王增元，今在东石侯村②开设元盛公布铺生理。东伙议定本钱五百千文作股一俸。王熊元入本钱五百千文；双盛元入本钱三百千文；王锡元入本钱一百千文。财东共入本钱九百千文，共作钱股一俸八厘。王锡元人力一俸，王增元人力七厘。三年年终，财发万金，按股均分，同心协力，各出情愿，立合同存照。

大清光绪十二年③十一月初八日立。玉成人蔚超杰。

第六份

尝闻人依财富，财赖人生，无不借而昌隆者也。惟吾等义气相投，愿在交城县郑村④设立源泰玉记绸缎布行生理。自立之后，务须秉公贸易，而取四方有道之财；同心协力，以立万世无疆之业。日后蒙天获利，按股均分。

今将银人俸股开列于左：

荣玺堂郭宅入本大洋四百圆作为五厘。

三庆堂武宅入本大洋四百圆作为五厘。

积德堂连宅入本大洋四百圆作为五厘。

玉明堂连宅入本大洋四百圆作为五厘。

---

① 同治元年：公元1862年。

② 东石侯村：今山西省吕梁市交城县东石侯村。

③ 光绪十二年：公元1886年。

④ 郑村：今山西省吕梁市交城县郑村。

义厚堂连宅入本大洋四百圆作为五厘。

泰吉堂曹宅入本大洋四百圆作为五厘。

源连堂宋宅入本大洋二百四十圆作为三厘。

永福堂杨宅入本大洋二百圆作为二厘五毫。

德厚堂董宅入本大洋二百圆作为二厘五毫。

继和堂罗宅入本大洋二百圆作为二厘五毫。

世鸿曹宅顶人力五厘。

世鹏曹宅顶人力七厘。

董傅宅顶人力五厘。

丰源宋宅顶人力五厘。

继汤罗宅顶人力三厘。

民国十四年[①]二月二十五日合同。玉成人张栋先生。

---

① 民国十四年：公元1925年。